제도사(制度史)로서의 한국 근대문학

The Study on Korean Modern Literature as an Institutional History

지은이 이현식
1966년 외가인 경기도 여주에서 태어나 조부 때부터 살았던 인천에서 성장하였다. 연세대학교 영문과에 들어갔다. 같은 대학교 대학원 국문과에 진학해서 1996년 「1930년대 후반 한국근대문예비평이론연구」로 박사학위를 받았다. 연세대 · 인하대 · 인천대 · 경인교대 · 광운대 · 협성대에서 강의를 하고, 1997년 『문학과사회』(문학과지성사 간) 평론 추천으로 등단하였다. (재)인천발전연구원에서 문화정책을 연구하는 연구위원을 거쳐 현재 인천문화재단 사무처장으로 근무하고 있다. 지은 책으로 지역 문화와 문화정책을 다룬 『문화도시로 가는 길』(다인아트 간)이 있다.

制度史
제도사로서의 한국 근대문학

1판 1쇄 인쇄 2006년 9월 10일
1판 1쇄 발행 2006년 9월 20일

지은이 / 이현식
펴낸이 / 박성모
펴낸곳 / 소명출판
출판고문 / 김호영
등록 / 제13-522호
주소 / 137-878 서울시 서초구 서초동 1621-18 (란빌딩 1층)
대표전화 / (02) 585-7840
팩시밀리 / (02) 585-7848
somyong@korea.com / www.somyong.com

값 18,000원

ISBN 89-5626-221-7 93810

제도사(制度史)로서의 한국 근대문학

The Study on Korean Modern Literature as an Institutional History

이현식

소명출판

책머리에

나이 마흔이 되는 새해, 가족들이 둘러앉아 떡국을 먹었다. 이제 열 살 난 아들놈이 떡국을 먹으면서 연신 "아빠는 마흔 살 나는 열 살, 아빠는 마흔 살 나는 열 살" 하며 조잘대었다. 그 조잘거림을 무심코 듣다가 떡이 목에 걸렸다. 내가 마흔 살이 되었다는 사실이 갑자기 내 마음을 무겁게 내리눌렀던 것이다. 아들놈이야 자기가 열 살이 된 게 스스로 대견스러워서 즐겁게 조잘거렸던 것인데 나는 내가 마흔이 되었다는 게 영 편치 않게 다가왔다. 아, 나도 어느새 마흔 살이 되어버린 것이다.

그래서 그런지 요즈음은 스스로 살아온 날들을 돌이켜 보면서 자책하는 때가 많아졌다. 그동안 너무 갈피 없이 살아온 건 아닌가 하는 후회도 크다. 평생 연구자로서의 길을 살아가겠다고 마음먹었으면서도 그걸 나는 제대로 지키지 못했다. 보잘것없는 글들이지만 그래도 이렇게 그동안 공부해온 결과를 묶어내는 것은 스스로 다시 연구자의 길을 가기 위한 내 나름의 몸부림이다. 그럼에도 불구하고 그동안 써온 글들이 보잘것없음에 자괴감을 느낀다. 논리는 허약하고 글의 밀도 역시 떨어진다. 글 쓰고 공부하는 일에 대해 나 스스로에게 더욱 엄격해져야 되겠다고 다짐해 본다. 그간 써온 글들을 이참에 정리하면서 나를 돌이켜 보고 다시 길을 떠나야 할 나그네처럼 신발끈을 조여 매는 자세에 대해 생각하는 중이다.

책은 내용에 따라 크게 세 부분으로 나누었다. 1부는 한국의 근대문학이 어떻게 형성되었는가에 대한 글들을 묶었다. 박사 과정을 수료하고 논문을 준비할 때 사실 나는 이 분야에 대한 관심을 크게 갖고 있었다. 도대체 우리가 지금 알고 있는 '문학'이라는 관념이 어떻게 형성된 것인지 그 기원을 찾아가고 싶었던 것이다. 대학원에서 1930년대 후반의 비평사를 주제로 석사논문을 쓰고 난 뒤, 나는 내가 정글 같은 곳으로 나도 모르게 굴러 들어온 것 같은 느낌을 받았다. 무성한 논쟁과 주장들이 내 머리를 어지럽혔고 때로는 마음에 상처를 받기도 했다. 혹시 내가 남에게 상처를 준 일이 있는지도 모르겠다. 그 와중에 스스로 어디로 가야 할지 길을 찾기 어려웠다. 더구나 몰락한 사회주의는 그 몰골이 참으로 앙상했다. '문학'의 기원에 대해 혼자서 조용히 탐구해 보고 싶은 생각이 든 것은 그럴 때였다. 그러나 유감스럽게도 그것은 어설픈 논문 한 편으로 끝나고 결실을 맺지 못했다. 엉겁결에 시작한 비평사 연구이지만 그것 역시 어설픈 대로라도 정리해야 된다는 어떤 실존적인 의무감이 있었기 때문이다.

그래서 박사논문은 다시 석사논문의 주제를 확장해서 정리할 수밖에 없었다. 학위논문을 마치고 그동안 고민하고 구상했던 것을 몇 개의 글로 정리한 것이 이 책 1부에 묶인 글들이다. 계속 연구를 하려고 마음먹었지만 내가 밥 먹고 살아가는 현실이 논문을 쓰도록 내버려 두지 않았다. 그래서 여기에 실린 글들은 모두 미완인 채로 남아 있는 것이나 마찬가지이다.

2부는 소설사에 대해 그동안 나름대로 고민했던 것을 정리한 결과들이다. 나는 학문이라면 그것을 가능케 하는 이론적인 뒷받침이 있어야 한다고 생각해왔다. 소설을 분석할 때는 특히 그렇다. 방법론이 결여된 소설 분석은 그냥 감상문에 불과하다는 생각이 은연중에 내게 자리 잡은 것 같다. 그래서 그런지 어떤 형식으로 소설 속의 주제가 외화되는가, 그리고 그런 형식을 가능케 한 사회·역사적 맥락은 무엇인가에 대해 자연스럽게 관심이 간다. 「김동리론」을 제외하고는 대부분 그런 관심 속에 쓴 글들을 여기에 묶었다.

3부는 비평사에 대한 연구들이다. 대개 김동석(金東錫)을 중심으로 묶여진 것인데, 두루 아는 바와 같이 김동석은 해방 직후에 활발하게 활동하다 월북한 영문학자이자 평론가이다. 김동석이라는 개인의 삶을 추적하면서 한편으로는 해방 직후의 정치적 상황과 문학적 환경을 세밀하게 아는 기회가 되었고 다른 한편으로는 식민지와 분단 시대에 지식인으로서의 삶이 어떠해야 하는가를 느끼는 계기가 되었다. 김동석의 삶과 김동리, 그리고 이헌구는 비슷한 시기를 살아갔거나 비슷한 지적 배경을 갖고 있으면서도 전혀 다른 삶을 살아갔다. 문학 연구는 기본적으로 인간학(人間學)인데 사람을 깊이 이해하는 것을 제쳐놓고 제대로 된 연구는 불가능할 성싶다.

몇몇 문장과 오자, 오류를 바로 잡는 것을 빼고는 대부분 발표 당시의 글에 크게 손을 대지 않았으나 어떤 글들은 일부 보완을 했다.

사실, 몇 년 전에 나는 조용히 책을 한 권 냈다. 지역 문화와 지역 문학, 그리고 문화정책에 대해 내가 사는 인천에서 써온 글들을 묶은 것이었다. 그 책을 낼 때 서문에서 "내가 내는 첫 책이 이런 모습일 줄은 생각하지 못했다"고 썼었다. 이제 두 번째 책을 내는 것이지만 나에게는 이 책이 이태준(李泰俊) 식으로 '冊'으로서는 첫 번째나 다름없다. 연구자가 연구서를 출간하는 것이야말로 얼마나 영광스러운 일인가. 부끄러운 글들을 염치 불구하고 세상에 내놓으면서도 기쁜 마음은 솔직히 숨길 수 없다.

내가 이런 기쁨을 누릴 수 있도록 지금까지 살아오면서 은혜를 입은 모든 분들께 감사를 드린다. 특히 이선영 선생님과 임헌영 선생님, 그리고 최원식 선생님은 내게 큰 가르침을 주신 분들이어서 특별히 감사의 말씀을 드려야 할 것 같다. 이분들 덕분에 그래도 알량하나마 연구자의 길을 지금도 포기하지 않는 것이라고 생각한다. 김영민 선생님 역시 늘 내게 공부하는 사람으로서 가야 할 길에 대해 가르침을 주시는 분이다. 함께 감사드린다. 이 외에 회강학사의 양문규 · 하정일 · 김재용 · 한수영 · 김재영 · 유성호 · 최현식 · 김신정 등 여러 선후배 동료들, 민족문학사연구소의 여러 선생님들과 선배들은 1980년대 이후 지금까지 내게 든든한 후원자들이었다. 그들과 함께 공부하고 고민한 경험이 없었다면 과연 오늘의 내가 존재했을까 싶다.

연구자 이전에 자연인으로서 나를 이 세상에 내놓으신 부모님들께 깊이 머리 숙여 감사드린다. 부모가 되고서야 그 분들의 큰 사랑을 더욱 실감으로 느낀다. 연구자로서 처음 내는 이 책을 그분들께 드리고 싶다. 내가 이 세상에 살다 간 또 다른 흔적인 나의 아내와 아이들 역시 그들로 인해 삶이 행복해졌다는 것을 이 자리를 빌어 고백한다.

학술 출판이 날로 어려워지는 요즈음 보잘것없는 글들을 묶어 이렇게 한 권의 책을 만들어 주신 소명출판의 박성모 사장님께 큰 빚을 졌다. 편집부 여러분들의 노고 역시 내게는 또 다른 빚이다. 마음 깊이 감사의 말씀을 드린다. 더 좋은 글로 빚을 갚는 날이 오기를 바랄 뿐이다.

2006년 7월
인천의 송림동 누추한 연구실에서
李賢植

制度史

제도사로서의 한국 근대문학

차례

1부

한국 문학사 서술과 근대의 기점

그간의 논쟁을 중심으로

1. 근대성의 개념과 근대 기점

이 글은 한국문학에서 근대성(modernity)과 관련된 논의가 등장하게 된 배경과 의미를 간략히 서술하고, 그 연장선상에서 지금까지 발간된 한국 근대문학사와 문학사론 중에서 중요하다고 생각되는 것을 가려 뽑아, 그들이 근대의 기점을 어떻게 설정했는가를 살펴보려는 목적에서 작성되었다. 먼저 이 글에서 사용하는 근대성이라는 용어는 사람에 따라 종종 현대성으로 사용되기도 하는데 일단 이 글에서는 잠정적으로 근대와 현대를 넓은 의미에서 같은 범주로 생각해서 근대성, 근대로 용어를 통일시켜 사용하기로 한다. 물론 논자에 따라서 특별히 근대와 현대를 구분하여 사용하는 경우가 있고 이런 용어의 문제 역시 간단하게 생각할 수는 없다. 종종 근대의 극복으로서 현대가 논의된 사례가 없지 않기 때문이다.

어쨌거나 여기에서 사용하는 근대성이라는 용어의 개념은 백낙청 교수가 규정한 바 있듯이, '근대의 근대다운 특성'으로 폭넓은 의미를 지니고 있다. 우리가 살아가는 지금 이 시대를 거시적인 인류사의 차원에서 근대사회라고 할 때 그 근대사회를 중세, 혹은 고대와 구별되도록 만드는 특성, 또 앞으로 올 새로운 사회와 다른 현재만의 특성을 근대성이라고 지칭하는 것이다.

그렇다면 보는 사람에 따라 이 주제는 매우 광범위하다고 느껴질 수 있다. 그러나 여기에서는 가급적 서술 범위를 좁혀서 한국문학에서 왜 근대성이 중요한 문제 거리로 등장하게 되었는가, 또 그것이 한국문학을 이해하고 연구하는 데 어떤 의미를 지니는가에 초점을 맞춰 교양적인 수준에서 언급할 예정이다. 또 근대문학이 도대체 어느 시점에서 시작되었는가에 대해서도 설명할 것인데, 이에 대해서는 주로 기존의 논의를 정리하는 차원에 그치도록 하겠다. 이 글에서 한국문학의 근대성을 근대 기점과 연결시켜 설명하는 이유는 그 두 주제가 밀접히 관련되기 때문에 그렇다. '근대'가 무엇인지 알아야, 혹은 '근대'를 어떻다고 규정해야 '근대문학'의 출발점도 뚜렷해질 수 있는 것이기 때문이다. 결국 한국문학을 체계적이고 역사적으로 이해하려는 사람이라면 근대성과 근대의 기점 문제를 무시할 수 없다. 이 문제는 도대체 무엇이 한국의 '근대'문학이고, 그것이 애당초 어떤 형태와 성격으로 비롯되기 시작했는지에 대한 질문을 내포하고 있다. 따라서 그것은 궁극적으로 한국문학의 정체성(identity)을 되묻는 일과 다르지 않다.

2. 근대성 논의의 배경과 의미

한국문학을 '근대성'이라는 차원에서 이해하려는 노력은 우리 문학을 역사적인 관점으로 접근하는 일과 매우 밀접하게 연관된다. 고대 가요로부터 현재의 소설 작품에 이르기까지 다양하게 존재하는 문학 작품들은 자기 멋대로 생성되고 발전하고 소멸되는 것이 아니라 특정한 시대적 국면과의 연관 속에서 일관성을 갖고, 혹은 경향과 체계에 의해 그렇게 되는 것이다. 그렇다고 한다면 동시대의 문학인 근대문학도 그것이 갖고 있는 보편성 · 경향 · 체계가 있을 것은 당연한 이치이고, 나아가 한국문학만의 특수한 성격도 있을 것이기 때문에 이를 한국문학의 근대성이라는 문제틀로 접근할 수 있는 것이다. 조금 더 쉽게 말하자면 한국문학의 근대성이라는 문제는 왜 『춘향전』이 신경숙의 『외딴 방』과 다른 것(『외딴 방』과 황석영의 「객지」가 서로 다른 것과는 차원이 다르다)인가, 그리고 염상섭의 『삼대』는 왜 프랑스의 작가 스탕달이 지은 『적과 흑』과 비슷하면서도 다른가, 또 염상섭의 『삼대』와 이상의 「날개」가 보여주는 시대적 공통성과 차별성은 무엇인가 등에 이르기까지 넓게 펴져 있다. 단편적으로 말해서 『춘향전』과 『외딴 방』의 다름, 『삼대』와 『적과 흑』의 거리, 다시 『삼대』와 「날개」의 관계 등에 대한 문제의식도 궁극적으로는 한국문학의 근대성 테제로 귀결되는 것이다. 『외딴 방』은 근대의 산물이지만 『춘향전』은 그렇지 않다는 것, 『삼대』와 『적과 흑』은 모두 근대문학이긴 하나 그 민족적, 사회적 조건이 다르다는 것, 『삼대』와 「날개」는 비슷한 시대의 한국 근대문학 작품이지만 근대의 다양성을 드러내는 서로 다른 작품이라는 사실이라는 것이 그런 문제 안에 담겨 있다.

따라서 이런 문제의식과 물음은 그런 차이와 관계들이 문학만의 문제를 넘어서서 우리가 살아가고 있는 지금, 달리 말하면 근대사회(modern society)의 삶의 체제와 연관되어 있기에 근대성 담론과 외따로 떨어져 있는 것이 아니다. 문학 작품은 그것을 만들어낸 시대적 조건과 아주 복잡하고도 다양하게 연관되어 있는 것이다. 또 그 시대적 조건이라는 것도 끊임없이 생성하고 변화하는 것이므로 그것을 역동적이고 역사적으로 파악해야 한다. 결국 이런 문제제기들이 한국문학의 근대성이라는 문제로 귀결되고 그런 점에서 우리문학을 역사적인 관점에서 접근하려는 노력의 일환이라고 말하는 것이다.

한국 문학사에서 근대성 논의가 이루어진 것은 임화의 신문학사로부터 시작해서 1970년대 전후에 본격적으로 논의된 내재적 발전론과 근대화론, 그리고 1990년대 포스트모더니즘 논쟁으로 비롯되어 근대성 논의로 발전된 최근까지 세 차례 정도를 꼽을 수 있을 것 같다. 이 장에서 그것을 모두 다루기는 어렵고 최근의 논의만을 대상으로 해서 그것이 등장하게 된 배경과 의미만 간략하게 짚고 넘어가도록 하겠다.

두루 아는 바와 같이 1990년대 포스트모더니즘 논쟁은 1980년대 사회 변혁의 물결이 썰물처럼 지나간 자리를 대신 차지하면서 본격화되었다. 1990년대를 전후로 현실사회주의 국가들의 몰락이라는 세계사적 사건과 국내적으로는 문민정부의 탄생 등과 엇물리면서 포스트모더니즘 논의는 그 세를 얻기 시작하였다. 포스트모더니즘은 아주 넓게 말한다면 이제 인류사가 근대를 넘어 근대 이후 사회로 접어들었다는 역사 인식을 그 밑바탕에 깔고 있었다. 포스트모더니즘의 포스트(post-)라는 접두어가 이미 이후(以後)라는 뜻을 내포하고 있듯이 이들은 각종 예술 장르는 말할 것도 없고 사회체제·이데올로기·경제시스템 등이 더 이상 근대사회라고 부를 수 없는 징조를 확연히 드러내고 있다고 주장하였다. 그러나 이런 주장은 엄격히 말해 국내 현실보다는 서구 유럽을 중심으로 한 논의를 직수입해서 소개한 것이었다. 그럼에도 불구하고 포스트모더니즘 논의는 저널리즘의 힘을 등에 업고 대중적 호응과 일부 지식인들의 합세로 한때의 유행이 되기도 하였다. 이에 대해 일부 비판적 지식인들이 포스트모더니즘론이 갖고 있는 제국주의적 이데올로기 효과를 경고하기도 했으나 마땅한 대응 논리를 개진하지 못한 것도 사실이다.

그런데 1990년대 중반을 넘기면서 보다 더 진지한 모색이 이루어지기 시작했는데 그것이 바로 근대성 논의이다. 근대성이란 담론은 비단 문학계에 국한된 것이 아니라 한국의 인문사회학계 전반에 걸쳐 광범위하고도 지속적으로 퍼져가게 되었다. 그렇게 된 직접적인 계기가 포스트모더니즘 논쟁이다. 근대 이후를 말하기 이전에, 도대체 근대가 무엇인가를 진정 알았다고 말할 수 있겠는가에 대한 지적(知的) 반성과 모색이 점차 확산되기 시작한 것이다. 포스트모던을 말하려면 모던에 대한 암묵적인 합의가 필요할 텐데 정작 모던과 모더니티에 대한 인식도 부족했다는 자각이 일기 시작했다. 또 근대를 제대로 알아야 근대 이후에 대한 전망도 조금 더 뚜렷해지고 근거도 분명해질 것이라는 인식도 자연스럽게 대두되었다. 문제는 탈근대성이 아니라 근대성이었던 것이다.

근대성이라는 문제의식이 공유되면서 우리가 살아가고 있는 지금 이 현실에 대해 근원적인 지적 탐색이 학계에서 일기 시작했다. 근대성이란 앞에서도 언급했듯이 이 세계를 이 세계답게 만든 특성이라고 할 텐데, 그 원인과 조건, 그리고 이 세계를 유지하는 체제에 대한 관심이 근대성이라는 패러다임에서 새롭게 문젯거리로 떠오른 것이다. 그것은 한국사회를 세계사적 보편성과 한국적 특수성 속에서 이해하려는 노력으로 정리된다. 특히 1990년대 근대성 담론의 특징은 그 이해의 폭이 과거와 비할 수 없을 정도로 넓고 깊고 또 근원적이라는 데에 있다. 왜냐하면 이 세계에 존재하는 모든 것은 근대성이라는 그물망을 벗어나기 어렵기 때문이다. 그래서 종종 근대성 개념이 개념으로서 기능하기에는 너무 외연이 큰 것 아니냐는 회의가 제기되기도 하지만, 역사학은 역사학대로, 철학은 철학대로, 사회과학은 사회과학대로 한국적 근대의 특성에 대한 본격적인 논의가 그로부터 비롯되었다는 것은 부인하기 어렵다.

문학 연구 역시 마찬가지이다. 근대성에 착목하면서 한국문학 연구는 그 지평이 넓어졌다. 리얼리즘과 모더니즘에 대한 통합적 이해의 가능성도 열리고, 문학사도 풍부하게 이해할 여지가 많아졌다. 또 문학 작품을 읽을 때도 그 전과는 달리 다양한 해석의 가능성을 제공받을 수 있게 되었다. 그러나 무엇보다도 근대성이라는 화두는 한국문학을 역사적인 관점에서 접근하도록 연구자들을 유도하고 그들에게 거시적 관점을 제공했다는 데에 의의가 있다. 문학 작품에 대한 미시적 형식 연구도 그것이 근대성과 결합되어 해석될 수 있을 때 연구의 가치가 살아날 수 있었던 것이다. 1980년대의 소장 연구자를 중심으로 일었던 연구열이 조금은 진정된 형태로, 그러나 보다 더 깊이 있게 진전되어 나타난 것이 근대성이라는 패러다임이었던 것이다.

3. 1970년대의 근대 기점 논쟁

이렇게 볼 때 한국 문학사, 특히 한국 근대문학사를 서술하는 과정에서 근대의 시작을 어디로부터 잡을 것인가 하는 것은 간단치 않은 문제를 내포하고 있다. 근대기점론에는 한국 근대문학이란 무엇인가, 그리고 그것을 가능케 한 이념과 방법, 역사적 지향은 무엇인가를 묻는 근본적인 문제제기는 물론, 보편사로서의 근대 일반의 문제를 안고 있기 때문이다. 지난 시기의 근대문학사 서술에서 나타난 근대기점론도 그런 점에서 되새겨 볼 필요가 있는 것이다.

주지하는 바와 같이 근대문학사 서술에서 근대의 기점, 근대문학의 정체성을 본격적으로 언급한 사람은 식민지시대의 임화였다. 그는 「개설 신문학사」를 비롯한 일련의 '문학사론'에서 한국의 근대문학이 여러 유보 조건에도 불구하고 기본적으로는 서구문학의 '이식(移植)의 역사'라고 규정하고, 그 첫 출발을 1894년 갑오경장으로부터 잡는다.[1] 이 같은 임화의 견해는 해방 이후, 1960년대에 이르기까지 근본적인 변화를 겪지 않고 지속되거니와, 문제는 이런 견해가 어떤 반성적 자의식 없이 그 이후 문학사 서술에 통속화된 형태로 유지되고 관례화된다는 점에 있다. 백철의 『조선신문학사조사』[2]나 조연현의 『한국 현대문학사』[3]는 그렇게 해서 제출된 결과물들이라고 말할 수 있을 것이다.

이런 관행에 종지부를 찍고 문학사 서술의 문제를 근원적으로 다시 사고하기 시작하는 것이 바로 1970년대이다. 1970년을 전후로 한 시기는 한국 근대문학사에서 하나의 중요한 결절점을 이루는 것으로 보인다. 분단 이후 거의 단절되다시피 한 한국 근대문학 전통의 한 축이 뚜렷한 획을 그으며 발전하고 한글 세대들이 문학사의 새로운 전망을 갖고 발랄하게 활동하던 시기가 이 무렵인 것이다. 여기에 대학이라는 제도가 체제를 정비, 학문 연구자들을 배출함으로써 근대문학에 대한 연구가 본 궤도에 오르게 되는 사정 역시 간과할 수 없다. 나아가 이 시기는 국사학계를 중심으로 축적되어 온 한국 근대사에 대한 내재적 발전론의 시각이 어느 정도 실증적, 이론적 성과를 거두어 학계의 비상한 관심을 끌어내고 있었고, 박정희 정권은 정권 나름대로 권력의 취약한 정당성을 확보하기 위해 '조국 근대화'라는 슬로건을 국민들에게 선전하고 있던 때였다.

---

1) 임화, 『신문학사』, 『조선일보』, 1939.9.2~1940.5.10; 『인문평론』, 1940.11~1941.4 (임규찬 · 한진일 편, 『신문학사』, 한길사, 1993).

2) 백철, 『신문학사조사』, 신구문화사, 1968. 초판은 『조선신문학사조사-근대편』이 1948년 수선사에서, 『조선신문학사조사-현대편』이 1949년 백양당에서 출간되었다.

3) 조연현, 『한국 현대문학사』, 성문각, 1982. 초판은 1956년, 현대문학사에서 출간되었다.

이런 시대적 분위기는 자연스럽게 자주적 근대화와 민족주의적 각성을 다시 한번 환기시키는 효과를 낳았고,[4] 이는 문학계에 '민족문학론'이 본격적인 화두로 떠오르는 계기가 되었다. 민족문학론이란 주지하는 바와 같이 민족 현실에 대한 인식을 기반으로 민족이 당면한 위기(당시로서는 정치적 독재와 분단)를 극복하기 위한 문학계 나름의 고민이 총체적으로 반영된 결과였다. 이는 당연하게도 한국 근대문학의 역사적 전개에로의 관심을 촉발하였는바, 국문학 연구자들 역시 이에 동참하였다. 1970년대 전개된 한국 근대문학의 기점을 둘러싼 분분한 논의에 국문학 연구자들과 더불어 민족문학에 관심을 둔 평론가들이 참여하게 되는 것은 이런 사정에서 말미암는다.

근대문학 기점 논의에 불을 댕긴 것은 김윤식 · 김현이 함께 쓴 문학사였다.[5] 이 책이 쟁점이 될 수 있었던 것은 근대의 기점을 18세기 조선의 영 · 정조로 올려 잡았기 때문이었다. 18세기 기점론은 문학사 서술에서 근대 기점이 갖고 있는 문제성을 단번에 입증하고도 남을 만큼 한국문학계에서 도전적인 문제제기였다. 이들이 이렇게 18세기로 근대 기점을 올려 잡을 수 있었던 것은 앞에서도 언급한 국사학계의 내재적 발전론에 영향 받은 때문이기도 하지만, 그동안 관행처럼 굳어진 임화의 이식문학사론, 정체성론

---

4) 이와 관련해서는 박찬승, 「분단시대 남한의 한국사학」(조동걸 · 한영우 · 박찬승 편, 『한국의 역사가와 역사학』 하, 창작과비평사, 1994)에 내재적 발전론의 등장과 민족 담론의 대두, 당시의 시대적 정황 등이 요령 있게 정리되어 있다.

5) 김윤식 · 김현, 『한국문학사』, 민음사, 1973. 이 책 이전에 1971년 10월 11일자 『대학신문』에서 정병욱 · 정한모 · 김주연 · 김윤식 · 김현 등이 근대문학의 기점 문제에 대해 토론한 것은 그 서막이었다.

을 극복하려는 의도가 강하게 작용했던 탓도 있다. 이 책의 서장에서 그동안 금기의 대상이었던 임화의 문학사론을 거론하고 있는 것부터가 그것을 상징한다. 이들은 또한 문학 내부적으로도 이 시기가 "이조(李朝) 사회의 구조적 모순을 문자로 표현하고 그것을 극복하려 한 체계적인 노력이 싹을 보인" 때라고 규정함으로써 시기 구분의 타당성을 나름대로 입증하려는 노력을 보인다.

한편, 이들에 대한 직접적인 문제제기는 김용직과 김주연에 의해서 이루어진 바가 있다.[6] 김용직이 문학사의 구체적 내용을 거론하면서 이의를 제기했다면, 김주연은 근대와 근대 기점에 왜 그토록 집착해야 하는가와 같은 근본적인 문제점을 들고 나온다. 그러나 이 문제에 대해 『한국문학사』를 쓴 당사자들이 침묵을 지킴으로써 논쟁 자체가 별다른 성과를 보이지 않는다.

그렇지만 이후 근대기점론은 더욱 심화되는 양상을 보이는데, 주로 민족문학론자들이 개별적으로 이 문제에 대해 천착해 들어가면서 한국 근대문학에 대한 인식의 폭이 넓고 깊어지는 계기가 된다. 그런데 이들이 한국의 근대문학사를 바라보는 관점은 비교적 분명한 입장과 원칙에 의거해 있다는 점에서 주목할 만하다. 즉 이들은 근대문학의 설정을 민족적 위기에 대한 자각과 이를 극복하려는 문학적 노력의 표출로 잡는다는 점에서 유사한 문학사적 관점을 보여주고 있는 것이다.[7] 염무웅 · 백낙청 · 임헌영 등 이 시기

6) 김용직의 「근대문학과 비평의 진실—70년대의 연구실황에 부쳐」(『창작과비평』 30호, 1973년 겨울)와 김주연의 「근대문학 기점 논의의 문제점」(『뜨거운 세상과 말의 서늘함』, 솔, 1994. 이 글은 원래 『세대』, 1972년 6월호에 발표되었던 글이다)이 그것이다.

7) 대표적인 예가 백낙청의 「시민문학론」(『민족문학과 세계문학』, 창작과비평사,

에 활발한 활동을 보인 민족문학론자들은 비록 구체적인 부분에서는 조금씩 차이점이 있고, 스스로도 입장의 변화를 보이기도 하지만,[8] 큰 틀 자체가 바뀌지는 않는다. 이들은 대개 봉건 세력과 제국주의적 침략에 맞서 단호하게 저항한 문학적 성과를 근대적 민족문학으로 편입하기에 주저하지 않는다. 그것이 논자에 따라서는 17세기 후반과 19세기 말엽으로 각기 다르긴 하나, 이들은 적어도 근대 기점을 올려 잡는 것이 우리 문학사의 주체적 발전을 강조하는 것이고, 시기를 뒤쪽으로 잡는 것이 정체성론(停滯性論)에 빠지는 것이라는 강박 관념에서는 벗어나 있다. 이제 문제의 핵심은 한국의 근대와 근대문학의 정체성(identity)을 어떻게 바라보느냐에 있게 된 것이다. 요컨대 근대의 기점을 어디에 놓을 것인가 하는 '시점(始點)'의 문제가 핵심적인 사안은 아니라는 사실이 민족문학론자들의 글을 통해 자연스럽게 유포됨으로써 이후의 문학사 연구를 한 단계 진전시키는 계기가 된다.

1978)과 「민족문학의 현단계」(『민족문학과 세계문학』 II, 창작과비평사, 1985. 이 글은 원래 1975년 발표된 것이다), 염무웅의 「식민지시대 문학의 인식」과 「민족문학관의 모색(원제－식민지 문학관의 극복문제)」(『민중시대의 문학』, 창작과비평사, 1979), 그리고 임헌영의 「근대문학사론고」와 「민족문학의 사적 전개」(『창조와 변혁』, 형성사, 1985, 초판은 1979)라고 할 수 있다.

8) 예컨대 백낙청이 「시민문학론」에서는 3・1운동을 근대문학의 첫 출발로 보았다가, 「민족문학의 현단계」로 오게 되면 19세기 후반에서 민족문학의 시작을 찾는다든가, 염무웅이 「식민지시대 문학의 인식」에서 19세기 후반을 근대의 시작으로 보다가 「식민지 문학관의 극복문제」에 오면 입장을 수정, 17세기 후반설을 제기하면서 민족문학의 비연속적 계기를 강조하는 쪽으로 나아간다거나 하는 것이 그 예이다.

4. 1980년대 이후 근대 기점 논쟁—근대성과 관련하여

1980년대 초에 고전문학 연구자들은 근대기점론, 근대문학 형성론과 관련된 소중한 연구 성과를 내놓는다.[9] 그 중 김명호의 다음과 같은 지적은 1970년대 민족문학론과 국문학 연구의 업적이 이룬 결과이자 새로운 단계의 문제제기라고 말할 수 있을 것이다.

> 근대 사회의 총체적 구조 속에서 문학이 문학 이외의 현실과 맺고 있는 상호 관계, 환언하자면 문학 내적 근대성과 문학 외적 근대성의 대응 양상을 역사 발전의 동적 시각에서 조명할 수 있는 일반 이론이 구비되어야만 한다. 이러한 일반 이론이 전제된 연후라야 서구의 근대 문학과 한국의 그것을 함께 대상으로 해서 보다 보편타당한 근대 문학 개념이 정립될 수 있을 것이며, 이에 호응하는 문학적 현상의 구조적 연관이 실제의 문학사에서 검증될 때, 비로소 한국 근대 문학의 자생적 발전도 논의 될 수 있을 것이다.[10]

김명호의 이런 지적은 1970년대까지 이루어진 문학사 연구 작업과 근대기점론을 반성하면서 보편적인 문학사 방법론, 나아가서는 독자적이고 체계적인 문학이론의 필요성을 학계에 제기한 것이었다.

그러나 1980년대에 들어와 근대 기점에 대한 천착은 의외로 소소하다. 많은 연구자들이 카프와 해방 직후의 진보적 문학 전통을 복원하고 그 문학사적 의미를 규명하는 데로 달려간 까닭이다. 그렇게 해서, 1970년대 이후 축적된 국문학계의 연구 성과와 민족문

---

9) 한국고전문학연구회 편, 『근대문학의 형성과정』, 문학과지성사, 1983.

10) 김명호, 「근대문학론의 기본 쟁점」, 위의 책, 87면.

학적 문제의식, 1980년대 이후 소장 연구자들의 연구 결과를 적극 수용한 문학사가 발간되기도 하는데,[11] 여기에서 이들은 근대문학의 조건을 근대 민족국가의 형성, 민족의식의 성장, 민족 공통어의 형성으로 들고 민족문학의 기본 성격을 반봉건적 · 반제국주의적 과제로 설정, 19세기 후반 개항 무렵을 근대 민족문학의 첫 출발로 삼는다.

그러나 이를 제외하면 이 시기에 한국문학의 근대적 형성 자체를 근원적으로 접근한 업적은 거의 눈에 띄지 않는다.[12] 이 문제는 글의 첫머리에서 언급한 근대성 문제를 둘러싸고 본격적으로 전개되는 조짐을 보인다. 1990년대 초반부터 한국의 인문사회학계에 화두로 대두한 근대성 문제는 포스트모더니즘 열풍이 불기 시작한 이래, 보다 근원적으로 우리가 발 딛고 사는 이 땅의 삶의 양태와 그 시원을 반성적으로 사유하고, 그를 통해 앞으로 우리가 만들어 가야 할 바람직한 사회의 대안적 모델을 모색하자는 데로부터 비롯된 것이라고 할 터인바, 근대문학 연구자들도 여기에서 예외가 아니었다. 근대성 문제를 계기로 해서 다시, 우리 문학의 근대적 성격과 관련된 다양한 문제가 발본적으로 재사유되고 있는 것이다. 여기에는 당연히 근대문학의 기점 문제도 포함된다.

---

11) 김재용 · 이상경 · 오성호 · 하정일, 『한국근대민족문학사』, 한길사, 1993. 아마도 이 책은 남북한 통틀어 냉전 이데올로기를 극복한 최초의 문학사 서술이라고 말할 수 있을 것이다.

12) 조동일의 『한국문학통사』가 나오긴 하나, 이것이 이 시기에 한국 근대문학의 형성을 근원적으로 검토한 본격적 작업이라고 보기는 힘들다. 『한국문학통사』는 이미 1982년에 첫 권이 출간되는 만큼, 그 이전에 이루어진 작업으로 보아야 할 것이다.

이에 대해 가장 먼저 문제를 본격적으로 제기한 사람이 최원식이다. 그는 1994년 민족문학사연구소가 개최한 '민족문학과 근대성'이라는 주제의 심포지움에서 「한국문학의 근대성을 다시 생각한다」라는 발제문을 통해 1970년대 근대문학의 기점을 끌어올리려는 시도들이 제국주의 담론과 짝을 이룬 반제국주의 담론의 변주라는 점을 지적하면서 1905년 애국계몽기를 근대문학의 기점으로 설정해야 한다고 역설하였다. 그는 그렇게 해야 우리 근대 민족문학의 실상에 보다 더 맞는다고 설명한다. 이에 대해서는 조그만 논란이 없는 것은 아니나,[13] 최근에는 이미 앞 절에서 살펴본 바와 같이 기점 자체만은 큰 의미를 갖지 못한다. 사실, 최원식의 발표에서도 중요한 문제제기는 1905년 애국계몽기설보다는 다음과 같은 지적에 있다고 할 것이다.

> 우리 문학의 근대성의 지표를 올바로 설정하기 위해서는 제국주의적 담론인 비교 문학적 시각과 반제국주의적 담론인 내재적 발전론을 넘어서 국제적 시각의 도입을 모색해야 할 것으로 판단된다. 근대 이후도 그렇지만 특히 근대 이전의 한국 문학을 제대로 해명하려면 한・중・일을 아울러 파악하는 동아시아적 시각의 유효성에 대해 숙고할 필요가 있다.[14]

---

13) 최원식의 견해에 대해 임형택・백낙청이 각각 문제를 제기한 바가 있다. 이들은 1905년보다 1894년이 근대의 기점이 되어야 하지 않을까라고 주장하는데, 그 이유를 갑오경장과 갑오농민전쟁, 청일전쟁의 발발, 후발 자본주의사회에서 획기적 근대문학 출현의 어려움(백낙청), 중화체제의 붕괴(임형택)로 설명한다. 그러나 이들 역시 근본적으로 최원식과 입장을 달리 하는 것이라 보기는 어렵다. 1894년이냐 1905년이냐는 큰 차원에서 보자면 공동의 인식론에 기반한 것으로 보이기 때문이다. 이에 대해서는 민족문학사연구소 편, 『민족문학과 근대성』(문학과지성사, 1995), 5부 토론을 참조할 것.

14) 위의 책, 48면.

이른바 동아시아적 시각의 필요성을 제기하고 있는 셈인데, 그는 이 글에서 문제를 제기하는 차원 이상으로까지는 나아가지 못한다. 동아시아적 시각에 입각할 때 애국계몽기설은 문학사 서술에서 근대 기점으로서 얼마나 설득력을 확보할 것인지, 한국 근대문학과 민족문학의 정체성이 동아시아적 시각 내에서 어떻게 구체화될 수 있을 것인지 등과 같은 문제에 대해서는 아무래도 그의 이후 작업을 지켜봐야 알 수 있을 것 같다.

근대성과 관련된 최근의 쟁점적인 문제제기는 고미숙에게서 더욱 확연히 드러난다. 그는 전혀 새로운 시각과 방법으로 근대 기점 문제에 접근하고 있다. 탈근대를 지향하는 서구의 이론에 영향받은 것이 분명한 그의 글은 기존 체제에 도전적인 자세와 새로운 세계에 대한 낭만적 동경으로 가득 차 있다.[15)]

그는 우선 근대문학 연구에 있어 '애국계몽기' 담론을 해소시키고 근대 계몽기라는 문제틀로 이 시기를 재설정해야 함을 강조한다. 왜냐하면 '애국계몽'이란 담론은 근본적인 차원에서 내재적 발전론과 구별되지 않는, 민족주의의 억압적 담론 중 하나이고, 또 '애국계몽'이란 관점으로는 이 시기가 보여주는 놀라울 정도의 역동성을 파악할 수 없기 때문이라는 설명이다.

> 물론 명칭의 변환이 그저 시기의 외연을 넓히는 차원에서 그치고 만다면 다소 허망하다. 좀 더 심층적인 문제의식은 이 시기의 중심을 '애국계몽운동' 노선에 두는 것을 지양하고자 하는데 있다. 왜냐하면, 하나의 일의적인 심급을 설정하고 나머지를 주변에 배치할 때, 근대 계몽기에 형성된 계몽담

15) 고미숙, 「근대 계몽기, 그 생성과 변이의 공간에 대한 몇 가지 단상」(민족문학사연구소 5회 심포지움 발제문, 1998), 『민족문학사연구』 13호, 소명출판, 1999.

론의 다면적 스펙트럼이 간과될 우려가 있을 뿐 아니라, 결국은 작가의 신원과 언표의 정치적 노선에 따라 텍스트를 선규정하는 데로 나아갈 수밖에 없는 까닭이다. 말하자면, 그간의 연구들이 종종 노정했듯이, 텍스트 안에서 '반제/반봉건'이라는 슬로건이 얼마나 적확하게 언표되었는가에 집착하게 된다는 것이다.

이러한 정치적 독법으로의 환원을 탈피하기 위해서는 문제설정의 방식을 근본적으로 바꾸지 않고서는 불가능하다. 말하자면, 표층이 아니라, 이 시기 담론들의 심층의 근저에 작동하는 '새로운 인식론적 배치'(푸코)가 무엇인지를 주목해야 한다는 것이다. 그와 관련하여 친일개화파나 애국계몽주의자를 가르는 기존의 몇 가지 준거들이 예상처럼 그다지 견고하지 않다는 점도 유의할 필요가 있다.[16]

이렇게 보면 그의 칼날은 기존의 민족문학론자들과 그 연구자들에게 겨누어져 있다. 애국계몽기라는 명칭도 그렇거니와 이 시기 문학사를 '반제/반봉건'이라는 과제로 접근한 것이 그들이기 때문이다. 어쨌거나, 근대와 탈근대의 경계를 자유로이 넘나드는 그의 문학적 상상력이 계몽기에 이르러 자신의 거처를 찾은 형국이다. 근대 기점이라는 문제틀 역시 그에겐 단일한 기원을 찾아가려는 거대 서사에 다름 아니다. 그래서 그는 이 시기가 보여주는 역동성이 "단지 봉건체제에서 근대로 전환했다는 거시 정치적 측면만의 문제가 아니라, 사유 체계와 삶의 방식, 규율과 습속 등 구성원 개개인의 신체를 변환시키는 차원까지를 아우르는 폭넓은 것이었다"는 관점에서 문학에 대한 기존의 고정 관념도 허물 것을 권한다. 오늘날의 문학 개념으로는 이 시기와 접속할 수 있는 영역이 별로 없기 때문이기도 하고, 이 시기의 실상을 알몸 그대로

16) 위의 글.

인식하기도 어렵기 때문이라는 것이다.

> 그러므로 이러한 글쓰기의 방식들을 문학적인 것과 비문학적인 것으로 분할하는 것은 불가능할 뿐 아니라, 무의미하기까지 하다. 그간의 연구들은 대개 하나의 텍스트가 얼마나 문학적 틀에 가까운가, 혹은 어떤 경로를 거쳐 소설 혹은 자유시로 나아갔는가 하는 방식으로 접근했기 때문에, 늘 어떤 도식을 만들어내고자 하는 강박증에 시달렸던 셈이다. 그렇게 되면, 결국 근대 계몽기는 시대의 강압으로 인해 '덜 문학적'이거나, '비문학적'이라는 결론에 도달할 수밖에 없는 법이다. 그러므로 이러한 횡단성이 창출해내는 잠재력을 채취하기 위해서는 무엇보다 글쓰기의 근대적 분할 체계라는 규준에 대한 회의가 선행되어야 한다.[17)]

이 같은 주장은 기존의 문학사 연구 방법과는 근본적으로 시각을 달리하는 것이다. 문학을 바라보는 틀, 역사를 이해하는 방식 등 패러다임 자체가 다른 곳에 고미숙은 서 있다. 그에게 근대기점론이란 애당초 설 자리가 없다. 이런 식의 문학사 연구 방법은 그것이 전면적으로 대두한다면 아마도 학계에 상당한 토론 거리로 대두될 가능성을 안고 있다. 그만큼 문제적인 것이다. 김윤식・김현의 문학사가 그랬듯이, 새로운 문제제기를 안고 있는 이 글과 그것이 발 딛고 있는 방법론의 운명이 앞으로 어떻게 변화할지 자못 궁금하다.

필자로서 여기에 한 마디 보탠다면, 일단 그의 주장에 경청할 바가 없지 않다는 생각이다. 고미숙의 글은 앞의 최원식의 견해와 날카롭게 대비되면서 한편으로는 기존의 연구 관행에 반성적인 사유의 실마리를 제공해 주기도 한다. 그렇지만 그의 주장 역시

---

17) 위의 글.

아직 설익은 부분이 많다. 계몽기는 그렇다고 쳐도 이런 주장이 어떻게 새로운 근대문학의 상(탈근대의 관점에서 보는)을 제시해 줄 수 있을지 아직 그 실체는 베일에 싸여 있다. 잘못하면 그간 힘겹게 쌓아 놓은 업적들이 단 칼에 잘려나갈 운명 역시 예견되기도 한다. 그만큼 그의 언어가 또 다른 배제와 억압으로 들린다면 그것 역시 문제임에 틀림없다. 근대적 사유 일체를 부정하는 논리에 쉽게 동의할 수 없는 것 또한 그 때문이다.

5. 새로운 근대문학사를 대망하며

지금 우리는 새로운 모색기에 놓여 있다. 1970~80년대 이후의 연구 성과는 그것대로 인정하면서도 우리의 근대문학을 근원적으로 재사유할 필요성이 절실하다. 최근의 근대성 논쟁이나 앞에서 살펴본 계몽기를 둘러싼 새로운 시각은 그런 지적 노력의 일환임이 분명하다. 그럼에도 불구하고 우리는 관점의 혼란에 몹시도 시달리고 있다. 현실 자체가 그만큼 간단하지 않게 얽혀 있기 때문이다. 자본의 전지구적 운동, 인터넷과 네티즌의 등장, 유전자 조작과 동물복제로 상징되는 과학기술혁명, 자유시장경제체제의 전면적 재등장, 냉전체제의 와해, 새로운 성과 가족의 윤리, 환경과 생태 문제, 대중문화에 의한 생활세계의 식민화 등, 우리가 하고 있는 문학적 작업이 이런 현실 속에서 어떤 운명에 놓일지, 어떤 과제를 문학은 떠맡아야 할지 생각하면 할수록 난감한 질문만 떠오를 뿐이다. 그러나 이럴 때일수록 역사를 보는 지혜가 필요할 때이다. 임화가 1930년대 말 카프의 역사적 정통성을 껴안으면서 동시에 근대문학의 주류를 확인하려는 일환으로 문학사 서술로 나아갔듯이, 오늘 우리는 이 혼돈의 와중에서 우리 문학과 역사에 대해 발본적인 사유로 버텨나가야 한다. 그리고 바로 그런 이유 때문으로라도 오늘의 현실은 새로운 근대문학사 서술이 절실하게 요청되는 시기인 것이다. 근대 기점을 어떻게 볼 것인가는 그런 작업의 일환으로 새로운 답변을 얻을 수 있을 것이다.

한국 근대문학 형성의 사회사적 조건

1. 한국 근대문학사에 대한 제도사(制度史)적 접근의 필요성

우리가 통칭 말하는 근대문학이란 과연 무엇인가? 그것은 중세문학과 어떻게 구별되며 또 어떤 과정을 거쳐 발생되었는가? 이 같은 물음은 어떻게 보면 전후 맥락을 도무지 모른 채 난데없이 던지는 도발적인 문제제기일 수도 있다. 하지만 동시에 이것은 근대문학에 대한 원론적이면서도 근본적인 물음이기도 하다. 그리고 이 글은 그런 원론적이면서도 근본적인, 그러나 도발적인 질문으로부터 비롯되었다.

도대체 근대적인 의미의 문학이 어떻게, 그리고 언제부터 일반인들의 관념 속에 자리잡기 시작하였는가? 조선시대 일반 민중이 생각했던 소설과 지금 우리가 흔히 사용하는 소설의 의미는 분명히 다를 터인데, 그것은 어떤 과정을 거치면서 변화하게 되었는가? 100년 전만 하더라도 소설은 일종의 여기(餘技)였고 소설을 쓰는 사람은 자기 이름 석 자를 밝히기조차 꺼렸던 것이 보통이었는데, 지금은 문학가가 하나의 직업으로 인정되고 이들의 사회적 지위가 상승된 것은 과연 또 어떤 이유에서인가? 이런 단편적인 질문들만 보더라도 문학의 사회적·역사적 변화의 문제, 그리고 궁극적으로 근대문학의 발생 문제는 단순해 보이지 않는 많은 과제를 우리에게 제시하고 있다. 그리고 실제로 이런 문제들이야말로 문학이 역사와 더불어 변화하는 실질적인 양태를 점검하는 데 있어서 빼놓을 수 없는 과제이기도 하다.

이렇게 문제가 심상치 않은 곳에서 한국의 근대문학사를 조금 다른 시각에서 바라볼 필요가 대두된다. 그것은 작품을 그 내적 측면으로부터 해방시켜 폭넓은 사회·역사적 자장 안에 놓는 일이다. 다시 말해 지금까지 문학사 연구가 대부분 작품 중심의 분석과 해석의 역사였다면, 이제는 제반 사회적 관계망 속에서 문학 작품의 발생·소통·소비·재생산의 역사도 해명해야 할 단계에 이르렀다는 것이다. 물론 이런 문제의식의 배경에는 문학 행위도 일종의, 개인과 집단의 사회적 행위라는 생각이 깔려 있다. 요컨대 문학도 다른 사회제도들 가운데 하나라는 것이다.[1)]

---

1) 그렇다고 문학이 다른 사회제도와 같다는 의미는 아니다. 문학은 그 나름대로의 자율성을 가지면서 동시에 독자적인 구조, 그리고 재생산시스템을 가질 때 사회제도로 성립될 수 있다. 김화영, 「문학이라는 제도」, 『세계의 문학』 39호, 민음사, 1986.

이런 점을 고려할 때에야 비로소 서두에서 제기된 물음처럼 문학사의 변화 발전에 대한 구체적이고도 실질적인 현상들을 해명할 길이 발견된다. 이는 작품, 혹은 작가에만 국한된 연구로서는 밝혀지기 힘든, 다양한 사회적 관계들과의 연관 속에서 밝혀질 문제들인 것이다. 예컨대 근대비평이 발생되는 과정이라든가, 문단이 형성되는 사회적 이유, 상업적 대중소설과 정통소설의 분화 현상, 문학사의 정전(正典, canon)의 확정과 변화, 문학 저널리즘의 문제 등은 문학사의 실질적인 변화 요인이 됨에도 불구하고 지금까지 작품 중심의 연구에서는 간과되어 왔다. 문학에 대한 제도사적인 접근을 통해 우리는 문학을 그 근저에서 유지·변화·발전시키는 구체적인 사회적 역학 관계를 확인할 수 있게 됨으로써 문학사 발전의 실질적 동력을 규명할 수 있게 되는 것이다.

그러나 여기에서 경계하지 않을 수 없는 것은 제도사적 접근이 단순한 사회학적 고찰에 안주하는 경우일 것이다. 마치 제도적인 것이 문학사의 모든 문제를 해명할 수 있다는 허상 역시 경계할 일이다. 그때 이런 연구 방법은 텍스트 중심의 문학사 서술을 보완하는 이상의 의미를 지닐 수도 있다. 단순히 제도사에 대한 지나친 집착이나 출판·유통의 측면에서만의 고찰은 문학을 계량(計量)사회학의 대상으로 전락시킬 가능성도 있기 때문이다.

이 글에서는 앞에 제시한 문제의식을 기반으로 근대문학이 형성되는 사회사적, 문학제도사적 조건을 일반적으로 개괄해 보려 한다. 앞으로도 구체적인 설명이 뒤따르겠지만 근대문학이 형성되는 시기를 19세기 말 20세기 초로 잡아, 이 무렵을 논의의 주된 대상으로 삼겠다. 주지하다시피 이때는 중세적 질서가 몰락하고 새로운 사회 질서와 체제가 등장해가던 시기이므로 사회를 그 근간으로부터 유지해오던 물질적 토대로부터 사회제도, 사상, 그리고 일반인들의 일상적 관념에 이르기까지 삶에 관계된 모든 체제가 전면적 변화를 겪는 때이다. 따라서 이 시기에 대한 사회사적 · 제도사적 접근은 더욱 절실한 바가 있다. 더구나 이런 과정에서 한국 근대문학의 사회적 조건이 해명된다면 그것은 한국문학의 근대적 성격을 설명하는 데에도 중요한 근거를 얻을 수 있다는 생각이다.

물론 이 무렵을 대상으로 해서 문학사의 변화를 탐구했던 논문이 없었던 것은 아니다. 멀리는 임화가 『신문학사』에서 근대문학이 출현하게 된 사회사적 조건을 정리한 예가 있으며, 그 외에도 애국계몽기 문학을 다루어 왔던 많은 논문들에서도 단편적인 검토가 있었다.[2] 그러나 과문한 탓인지는 몰라도 문학을 사회 행위의 하나로 보고 제도사적으로 접근한 본격적 논문은 찾아보기 힘들다.[3] 그런데 최근에 보고된 몇몇 글들은 필자의 관심과 관련해 시사해주는 바가 많다. 이선영 교수,[4] 홍정선 교수[5]와 김종철 교

2) 조동일 교수의 『한국문학통사』가 특히 이런 점을 배려하면서 서술된 것으로 보인다. 4권(지식산업사, 1986), 328~372면을 참조할 것.

3) 이런 시각과 관련해서는 이재선 교수의 『한국 개화기 소설 연구』(일조각, 1972)가 참조될 만하며, 김영철 교수의 『한국 개화기 시가의 장르 연구』(학문사, 1990)도 마찬가지이다. 한편 고전문학 분야에서는 모두 검토할 여유는 없었으나 특히 임형택 교수의 「18, 19세기 '이야기꾼'과 소설의 발달」, 『한국학 논집』 2집(계명대 한국학연구소, 1975)과 유탁일 교수의 『한국 문헌학 연구』(아세아문화사, 1989)에서 많은 시사를 얻을 수 있었다. 이외에도 고전문학 연구자들의 이 분야에 대한 논문은 고전문학연구회 편, 『고소설의 저작과 전파』(아세아문화사, 1994)를 참조할 것.

4) 이선영, 『한국 문학의 사회학』, 태학사, 1993.

수[6]의 연구가 바로 그것들인데, 이분들의 연구는 궁극적으로 문학사를 작품 자체에만 국한해서 접근하지 않고 텍스트의 안팎을 자유로이 넘나들며 일관된 역사주의적 방법으로 탐구하고 있어서 필자에게 좋은 안내자 구실을 하였다.

이제 이 글은 선행 연구들로부터 도움을 받아서 조선 후기의 문학적 환경을 전사(前史)로서 검토한 연후에, 19세기 말 20세기 초에 근대문학이 형성되는 제반사회사적 조건과 문학적 환경을 살펴보려고 한다. 그러나 여기에서 한 가지 단서를 달아두어야 할 것은, 이 글이 전체적으로 개괄적이고, 시론적(試論的)인 성격을 넘지 못하고 있다는 점이다. 결국 근대적인 문학제도가 형성되어 가는 개략적인 사회 배경과 윤곽만을 정리하자는 데 글의 목적이 있으며, 구체적인 문제는 앞으로 후속 연구를 기대한다.

2. 상품 · 화폐경제의 등장과 문학 존재 방식의 변화

임진 · 병자 양란을 거치면서 흔들리기 시작한 조선 봉건왕조는 18세기로 넘어오면서 서서히 그 내부로부터 해체의 조짐을 보이기 시작한다. 농업 부분의 생산력 발전과 아울러 수공업과 광업 등의 발전은 상품 · 화폐경제의 발달을 불러오고 이전과는 다른 규모의

---

5) 홍정선, 「근대시 형성에 있어서의 독자층의 역할 연구」, 서울대 박사논문, 1991.
6) 김종철, 「19세기~20세기 초 판소리 변모 양상 연구」, 서울대 박사논문, 1993.

상업자본의 성장을 가능케 한다. 상품·화폐경제의 발달은 필연적으로 유통 구조도 뒤바꿔놓아 서울·평양·대구·개성 등 대도시 지역에서 상설시장이 발달하고, 향촌(鄕村) 지역에서는 장시(場市)가 더욱 발달하는 결과를 낳는다. 또한 각 산업에서의 생산력의 발전으로 말미암아 봉건사회의 신분제가 동요되어, 노비와 평민들에게는 신분 상승의 다양한 길이 열리고 기술관·향리·서얼 등 중인들은 자신들의 지위를 상승시키는 반면, 이제껏 지배적 지위를 누려왔던 양반들은 몰락하는 경우도 발생한다.[7)]

이 같은 사회의 변화는 궁극적으로 사람들의 일상적인 삶에도 영향을 끼치게 마련이다. 그에 따라 문화도 달라져, 상품·화폐경제의 발달에 편승해 새로운 소비문화가 싹트게 된다. 여기에는 경제의 발전에 따른 신흥중간 계층의 대두가 큰 역할을 하는데, 즉 이들은 삶의 여가를 즐길 유흥을 요구하게 되고, 그에 따라 대도시 지역에는 새로운 유흥이 발달할 가능성이 커지게 되는 것이다. 그리하여 18세기 무렵에는 서울만 하더라도 주사(酒肆)와 기방(妓房)이 번창하고, 술과 매음을 영업 종목으로 하는 색주가(色酒家)가 성업중이었으며, 유흥도 상업화 경향으로 흘러 유랑예능인, 각종 연희집단 등이 돈이나 쌀을 받고 공연을 하기도 했다.[8)]

사회의 변화와 유흥의 발달은, 문화도 이제 명확히 생산자와 소비자라는 교환가치에 의해 지배받는 상품으로 자리잡아간다는 것을 의미한다. 이는 매우 중요한 사회적·문화사적 의미를 갖는 변

---

7) 한국역사연구회, 『한국 역사』, 역사비평사, 1992, 144~156면.
8) 강명관, 「조선 후기 서울의 중간 계층과 유흥의 발달」, 『민족문학사연구』 2호, 창작과비평사, 1992, 183~184면.

화이다. 문화(특히 유흥과 관련하여) 역시도 상품·화폐 관계에 편입되어 들어가면서 사회 전체와 유기적 관련성을 맺는 한편으로, 문화 자체의 재생산 구조가 형성되기 시작한다는 것을 의미하기 때문이다. 이런 사회의 변화와 더불어 이제 소설도 지금까지와는 다른 방식으로 자기 존재를 드러내기 시작한다.

17세기 무렵만 하더라도 소설은 광범위한 독자층을 확보하지 못하고 일부 사대부 가문의 부녀자들이나 왕궁의 여성들이 주된 독자층으로 자리잡아 가고 있을 따름이었다.[9)] 그도 그럴 것이 이 때는 아직도 상품·화폐경제의 미발달로 대량 출판은 물론 그 유통도 쉽지 않아서, 소설에 대해 호사가적인 취미를 갖기 이전에는 서적을 접하기가 매우 힘들었던 실정이었다. 게다가 접한다 하더라도 대부분은 필사본이었고, 몇몇 개인들이 돌려보는 차원이었기 때문에 사회 저변에서 소설이 광범위하게 유통되어 하나의 사회적 현상으로까지 나타나지는 못했던 것이다. 다시 말해 소설은 그것을 접하는 각 개인들에게만 의미 있는 존재였지, 사회 전체적인 차원에서는 아직 실질적인 자기 영역을 갖는 정도로 발달하지는 못했던 것이다.

그러던 것이 18세기 들어서는 경제·사회·문화의 변화로 말미암아 소설도 지금까지의 존재 방식에서 탈피해 사회적·문화적 자장 안으로 포섭되기 시작한다. 강담사(講談師)·강독사(講讀師)·강창사(講唱師)와 같은 전문적 직업적 이야기꾼의 등장이 바로 그것이다.[10)] 이들은 사장(射場 : 활터)·약국·객점(客店)과 같은 시정(市井)

9) 大谷森繁, 『조선 후기 소설 독자 연구』, 고려대 민족문화연구소, 1985, 70면.
10) 임형택, 앞의 글. 강담사·강창사·강독사라는 용어는 모두 임형택 교수의 것

의 주변에서 이곳을 자주 드나들던 중인 서리층, 상공인층과 더불어 나타났다. 직업적 이야기꾼들은 시정의 주변에서 사람들을 모아놓고, 또는 재산가의 집안을 드나들며 재미난 이야기를 하거나(강담사), 이야기를 창으로 구연하거나(강창사), 소설을 낭송하면서(강독사) 생계를 이어갔다. 이들의 존재는 위에서 언급한 새로운 유흥의 등장과 무관하지 않으며, 소설이 사회적으로는 읽는 소설보다 듣는 소설로부터 출발하고 있음을 암시한다고도 하겠다. 여기에는 국문 해독 인구가 매우 적었던 원인도 작용했을 터이다.

한편 상품·화폐경제의 출현은 한글 해독 능력이 있는 사람들을 대상으로 소설책을 직접 상품화하는 조짐도 나타나게 되었다. 그것이 바로 세책점(貰冊店)의 출현이다. 세책집이란 말 그대로 책을 일정한 대가를 받고 대여해주는 곳으로, 대개 필사본으로 된 장편소설을 취급하였다. 1890년부터 1892년까지 프랑스 공사관에 근무했던[11] 모리스 쿠랑(Maurice Courant)의 다음과 같은 글에서 당시 세책점의 풍경을 엿볼 수 있다.

> 세책가도 상당히 있어, 그곳에는 특히 대중의 서적, 즉 인본(印本) 또는 사본(寫本)의, 대개는 한글로 쓰인, 이야기책 노래책이 구비되어 있는 바, 이 집 책은 서섬의 매품(賣品)보다도 정성스럽게 되어 있어 종이도 상질로서 인쇄되어 있는 일이 많다. 책세는 여간 헐치 않아 하루 한권에 1푼의 십분지일 이 정도이지만 현금 또는 물품을, 예를 들면 돈으로 삼사 냥, 물품으로 화로 혹은 냄비 등을 보증금품으로 요구하는 일도 적지 않다. 전에는 꽤 많았던 이러한 영업도 그 수효가 퍽 줄어들었다고 조선 사람들이 나에게 말하

을 빌린 것이며, 이에 대한 아래의 논의도 마찬가지이다.

11) 정진석, 『한국 언론사』, 나남, 1990, 27면.

고 있었거니와, 더욱이 시골에는 — 송도 · 대구 · 평양과 같은 큰 도읍에도 — 그러한 세책가가 있다는 이야기를 들어본 일이 없다. 이 직업은 이익은 박하나 점잖은 생업으로 인정되어 있는 까닭에 영락한 양반들의 자진 종사하는 바가 되어 있다.[12]

1890년대의 시점에서 세책가가 과거에는 꽤 번창했음을 짐작할 수 있다. 게다가 서울 이외의 지역에서는 발견되지 않는다는 술회에서 당시 소설의 전파 범위도 짐작케 한다. 여러 권으로 묶여 있는 필사본 장편소설이 주로 대여되었던 세책가였던 만큼 박한 이익을 가지고 장사를 이어가려면 어느 규모 이상의 시장성을 요구하였을 것이다. 그러나 세책가의 존재 역시 직업적 이야기꾼의 등장과 마찬가지로 소설이 더 이상 개인의 은밀한 취미가 아닌, 사회의 공적 영역의 한 위치를 차지하는 계기가 되었음을 말해주는 근거라 하겠다.

소설의 상품화 경향은 방각본 소설이 등장하면서 본격적으로 진행된다. 방각본이란 영리를 목적으로 서점에서 출판하는 사각본(私刻本)을 말하는데,[13] 그 출현은 논자마다 다르지만 대략 17세기 무렵이었던 것으로 추정된다.[14] 처음에는 전주 지방을 중심으로 서당 교재나 소학서 · 사서삼경 등과 같은 과거 시험용 서책을 주로 출간하다가 이후에는 서울에도 퍼져, 한글 방각본 소설은 대략 19세기 중엽에 성행되었던 것으로 보인다.[15] 한글 방각본 소설들은

---

12) 모리스 쿠랑, 김수경 역, 『조선 문화사 서설』, 범장각, 1946, 6~7면.
13) 제홍규(諸洪圭) 편, 『한국 서지학 사전』, 경인문화사, 1974, 70면.
14) 김동욱, 「방각본에 대하여」, 『동방학지』 11집, 연세대 동방학연구소, 1970.
15) 大谷森繁, 앞의 책, 103~107면과 김동욱, 앞의 논문 참조.

대개 인기 있던 필사본 소설을 저본으로 하여 제작되었다. 이 같은 방각본의 등장 역시 조선 후기 봉건제 해체기의 실상을 잘 보여주는 것으로 생각된다. 방각본이 맨 처음 출현한 전주 지방의 문헌을 고증하고 사회적 배경을 연구한 유탁일 교수에 의하면, 전주는 지리적 특성상 판재(板材)와 종이[韓紙]를 구하기 쉬웠을 뿐만 아니라, 무엇보다도 수공업이 발달하고 상업이 번성했던 곳임이 실증되고 있다. 이렇게 발달된 민영 수공업은 각판(刻板)에 응할 인력을 쉽게 제공할 수 있었으며, 상업의 번창은 도서 유통의 중요한 터전이었다. 거기에 전주를 중심으로 한 호남평야는 다른 지역보다 임금으로 생계를 유지하는 임노동층이 많이 형성되어 있었고, 영세 소작농 역시 타지역보다 다수를 점하고 있었다. 이들 농민들은 겨울철 농한기에 자연스레 소일거리를 요구하게 되었고, 그 요구에 부응했던 것이 완판본 방각소설이었던 셈이다.[16]

방각본은 이렇게 전주에서 비롯되었지만 호남 일대와 서울·안성 등지에서도 인출(印出)되어 소설의 대량 제작이 가능하게 되었고, 이런 책들은 정기적으로 서게 되는 각 지역의 장시를 통해 담배·성냥·붓 등과 함께 팔려나갔던 것이다.[17] 소설이 이렇게 대량 출간되어 상업적 유통 대상이 되었던 것은 앞에서 보아 왔듯이 사회의 변화와 더불어 잠재적인 독자가 광범위하게 존재했었기에 가능했던 일이었을 것이다. 물론 역으로 한글 방각본 소설의 출현으로 말미암아 소설의 독자가 더욱 늘어났으리라는 것도 쉽게 짐작 할 수 있다. 방각본 소설의 독자는 일률적으로 단정지을 수는

16) 유탁일, 앞의 책, 127~154면.
17) 모리스 쿠랑, 김수경 역, 앞의 책, 1면.

없으나 대개 중인 이하의 신흥 계급·계층이었다. 이들이 방각본 한글 소설의 소비자로 등장하면서 소설은 이들의 문화로 정착하게 되는 것이다.

이제 소설은 방각본의 등장과 함께 작가[18]·출판업자·독자 등이 미약하게나마 형성됨으로써 독자적인 구조를 가지고 사회 전체의 문화 구조 중 한 요소를 차지하기에 이른다. 다시 말해 문학도 사회의 문화 현상으로 자기 재생산 구조를 갖게 되었다는 말이다. 이것은 문학이 사회 전체의 시장 원리에 지배받게 되었음을 의미하는 것이고, 또 한편으로는 시장 원리 가운데에서도 다른 상품과는 다르게 문학이 생산·유통·소비되는, 문학만의 재생산 원리가 형성되기 시작했음을 의미하는 것이기도 하다. 그리하여 일반 대중들도 막연하게나마 소설에 대한 관념을 갖기 시작하면서, 소설은 사회 내의 실질적인 의미론적 장을 형성하게 되었다.[19]

그러나 이런 현상이 곧 근대적 문학제도의 성립을 의미하는 것은 아니다. 작가는 사회 속에서 직업적 소설가로서 뚜렷한 자기 존재를 드러내지 못했으며, 출판업자 또한 영세한 규모였고, 판권이

---

18) 작가가 명확히 사회적인 직업으로 형성되었다는 의미가 아니라 어떤 형태로든 소설의 콘텐츠를 제작하는 사람을 가리킨다.

19) 이 말은 소설의 사회적 유통으로 말미암아 '소설이란 대개 어떤 것이다'라는 사회적 합의가 사람들 사이에서 형성되어 간다는 의미이다. 그러나 필자는 당시 평민들이 소설을 실제로 어떤 관념을 갖고 받아들였는지는 파악하기 힘들었다. 다만 당시는 실학의 등장에도 불구하고 여전히 주자학적 세계관이 지배적인 형편이었기에, 대부분의 지식인들에게 소설은 타기해야 할 대상이었던 듯하다. 그러나 이런 논의의 등장이 역설적으로 소설의 사회적 영향력을 반증해준다고도 하겠다. 아울러 이 시기에 들어오면 소설에 대한 논의도 비교적 왕성하여 초보적인 소설론이 등장하기도 한다. 장효현, 「조선 후기의 소설론」, 『어문논집』 23집, 고려대 국문과, 1982.

존재하는 것도 아니어서 같은 작품을 여기저기에서 출간해도 문제되지 않았다. 따라서 어떤 작품이라 하더라도 확정된 판본이 있다기보다는 수많은 이본만이 존재할 뿐이었다.[20] 이런 현상은 작가의 존재가 아직도 분명하게 사람들에게 각인되지 못한 사정의 반영이었다. 서책의 유통도 책 거간꾼이나 행상상인·세책방 등을 통해 영세적 규모로 이루어질 따름이었다. 서점을 설치하자는 의론도 있었으나 제대로 시행되지 못했고, 민영서사(民營書肆)도 번창하지 못하는 형국이었다.[21]

근대적인 의미의 문학에 대한, 공식적인 제도적 교육 기관도 마련되지 못한 상태였으므로 소설에 대한 감식안을 제대로 갖춘 독자들의 존재 또한 지금 우리가 생각하는 정도는 아니다. 그리하여 서점이 어느 정도 생겨났던 1890년대에 이르기까지도 소설은 천대를 받았던 것이다. 당시 서점 풍경을 묘사한 쿠랑의 글에서도 "한글로 되고 값이 싼 잡서라면 이를 밖에 내어놓는 것을 큰 수치로 알고 혹시 그러한 서적이 있을 경우, 이를 구석에 깊이깊이 감춰둔다"는 언급이 보일 정도였다.[22]

결론적으로 소설은 꾸준히 성장을 거듭하여 자기 존재를 사회 속에 각인시키고 마침내 상품·화폐경제에 편입됨으로써 자기의 재생산 구조를 갖게 되었지만, 여전히 중세의 완강한 봉건적 질서

20) 조동일, 앞의 책 참조

21) 안춘근, 『한국 출판 문화사 대요』, 청림출판, 1991; 백운관·부길만, 『한국 출판 문화사 변천-도서 유통의 성립과 발전』, 타래, 1992.

22) 모리스 쿠랑, 김수경 역, 앞의 책, 5면. 물론 이런 언급들을 그대로 받아들여 한글 방각본 소설의 의미를 필요 이상으로 폄하할 문제는 아니며, 그에 대한 소설사적 의미는 또 그것대로의 검토가 필요할 것이다.

는 소설의 존재를 인정치 않으려는 분위기였으며 그렇다고 이제 막 싹트기 시작한 새로운 사회체제가 구질서를 무너뜨릴 만큼의 힘을 갖지도 못한 상태였다.

3. 근대적 공공 영역의 등장과 정론적(政論的) 담론의 형성

조선은 18~19세기 동안 꾸준한 산업 생산력의 발전에도 불구하고 문호 개방 이전에 자율적으로 산업혁명을 이뤄 근대자본주의로 이행할 단계에 이르지는 못하였다. 앞 절에서도 살펴보았듯이 중세적 질서는 사회 전면에서 근대의 성장을 억압하고 있었으며, 새롭게 성장하는 사회 세력과 경제 형태도 낡은 질서를 뒤엎을 만큼의 힘을 지니지는 못했던 것이다. 18~19세기 갑오농민전쟁 이전까지 빈발했던 농민들의 항쟁과 좌절의 과정이 이를 반증한다. 게다가 토착 자본이 경제적 · 정치적 영향력을 나타낼 만한 조건을 갖추지 못한 단계에서 외세의 강요에 의해 문호가 개방됨으로써, 보호무역주의와 선진 기술 도입에 의한 국내 산업의 자본주의화는 불가능했고, 외국 상품의 무제한적 침입과 국내 원자재의 유출 또한 방치될 수밖에 없었다. 결국 국내의 산업 구조는 외국의 자본과 상품의 침투 앞에서 무력하게 무너져갔다. 일부 상업 분야에서만 활발한 상품 유통에 힘입어 어느 정도의 부를 축적할 수 있었으나, 그것도 대외 의존적 정부 아래에서 외국 자본에 맞

서 성장하지 못하고 거기에 예속되거나 몰락하는 길을 걸을 수밖에 없는 처지였다.[23)]

상황이 이러했기에 정치적인 근대화도 정상적으로 수행되기가 힘들었다. 일부 급진 개화파를 중심으로 한 정치적인 개혁의 움직임도 정변으로 끝나거나(甲申政變, 1884), 지속적인 추진력을 갖고 시행되기 어려웠다(甲午更張, 1894). 물론 정부 내의 수구 세력과 외세의 개입이 개혁 실패의 주된 요인으로 작용하기도 하였다. 국내의 정치적 상황과 더불어, 외세 열강들의 이전 투구도 심각하여 한반도를 자국의 이권 다툼의 장으로 만들어 전쟁을 일으키거나(淸日戰爭, 1894; 露日戰爭, 1904), 심지어 궁궐에 침입하여 황후마저도 살해하는 국권 유린(乙未事變, 1895)을 자행하기도 한다.

이 같은 민족의 위기 상황에서 민중들은 자연스럽게 반침략·반봉건을 요구하게 되는데, 1894년에 일어난 갑오농민전쟁도 이런 사정과 무관하지 않다. 반침략·반봉건의 요구는 특히 1900년을 전후로 보다 자각적이고, 목적의식적으로 대두되기에 이른다. 황후 시해와 단발령(斷髮令)에 항거하여 광범위하게 일어났던 1896년 의병운동은 비록 구체제를 지향하는 봉건적 성격을 지닌 것이기는 하지만 외세에 대항하여 반침략의 의도를 분명히 한 것이었고, 더욱이 같은 해 결성된 독립협회는 반봉건·반외세를 지향하는 시민운동의 싹을 보여주는 것이라 하겠다.

즉 독립협회를 시작으로 전개되기 시작한 근대적 개혁운동은 그 이전과는 질적으로 다른 사회체제를 지향하고 있었고, 그 운동 방

---

23) 강만길, 『한국 근대사』, 창작과비평사, 1984, 243~244면.

식 또한 과거 민중 봉기나 지배 계급 내의 권력 암투에서 벗어나 시민운동의 가능성을 보여준 것이었다. 독립신문을 발간하여 여론을 형성・주도한 것이나, 만민공동회를 개최하여 민중들의 민주적 의사 결정을 도모하고 자주적 국권 수호를 위해 구체적 행동을 보인 것이나, 입헌공화제를 지향하여 근대 부르주아적 의회설립운동을 벌인 것이 그것이다. 물론 결성 초기의 독립협회는 일부 개화파 관료들의 서클 성격을 벗어나지 못하고 있었지만, 각종 토론회를 개최하면서 민중들의 진출이 눈에 띄게 늘어나 일종의 대중 단체의 성격을 갖게 되었던 것이다. 결국 독립협회는 종래의 정치적 개혁이 혁신적인 소수파에 의한 위로부터의 개혁이었다는 한계에서 벗어나, 근대적 개혁 사상을 대중 속으로 파급시킴으로써 아래로부터의 대중적 정치운동을 전개하여 개화 곧 왜이화(倭夷化)라는 기존의 관념을 민중들로부터 지양시켜 근대적 정치개혁의 중요성과 의미를 확산시켰던 것이다.[24] 그리하여 독립협회를 시작으로 다양한 개혁・계몽운동이 민중들 사이에서 일어나, 언론・출판운동, 교육운동, 식산흥업(殖産興業)운동 등이 본격적으로 전개된다.

이 같은 각종 사회운동의 전개는 이제 조선사회가 중대한 전환기에 처하게 되었음을 의미한다. 즉 그것은 중세적 질서하에서처럼 국가나 봉건적 군주가 더 이상 사회를 통합할 힘을 상실하고, 새롭게 성장하는 계급이 자신들의 독자적 의사소통 체계를 형성하기 시작한 증좌이기 때문이다.

공공 영역(公共領域, public sphere)이라고도 불리는 새로운 의사소통

24) 강재언, 『신편 한국 근대사 연구』, 한울, 1982, 197~251면 참조

체계의 출현은 원래 상품·화폐경제의 발달에 따른 새로운 경제체제의 출현과 밀접하게 관련되어 있다. 상품·화폐경제는 필연적으로 사람들 사이의 원활한 소통 관계를 가능케 하면서 이들의 의사소통 체계 역시 과거와 다르게 구조화시키는 것이다. 따라서 공공영역은 사사로운 사적 영역(private sphere)과도 다르지만 국가의 지배질서 아래로 완전히 포섭되지도 않는, 근대사회의 독특한 사회 영역으로 자리잡아가면서 사회적 개인들 사이의 행위와 의사소통관계를 통해 구조화되어, 개인들을 정치적 공중(公衆)으로 변화시키게 된다.[25] 근대적 공공 영역의 출현은 그래서 시민 계급의 형성과 무관하지 않으며, 민주주의의 원리와도 밀접한 관련을 맺는다.

20세기를 전후한 한국의 사회운동 역시 그 근저에서는 이런 사회 변화의 기운을 반영하고 있다. 특히 우리의 경우에는 근대적 민주주의의 정착이 근대적 민족의식을 자각하는 과정과 뗄 수 없는 관계에 있다는 점에서 공공 영역의 출현은 근대적 민족주의와 필연적인 연관을 맺는다. 더구나 자본주의의 미약한 발달로 말미암아 한국에서의 공공 영역은 자각된 민족주의와 밀접한 연관을 맺을 수밖에 없었고, 그것도 계몽적 성격을 강하게 띠는 것이 되었다. 결국 당시 한국사회는 외부로는 민족적 위기와 내부로는 노쇠한 봉건적 질서의 몰락을 눈앞에 보면서 이를 총체적으로 극복하기 위한 새로운 형태의 대중적 계몽운동이 일어나기 시작한 것

25) 공공 영역은 원래 하버마스가 이론화시킨 개념이다. 때로 공중이라는 말로 번역되기도 한다. 이에 대해서는 김호기, 「공중과 의회 민주주의의 구조적 변동」, 『연세 사회학』 10·11호(연세대 사회학과, 1990)와 김용직, 「한국 민족주의의 기원－정치운동과 공공 영역」, 『사회비평』 11호(나남, 1994)를 참조.

이다.

그러나 우리가 근대적 공공 영역의 출현이라는 시각에서 당대 사회운동을 조망한다면, 그것을 가능케 할 수 있었던 사회적 조건 역시도 간과해서는 안 될 것이다. 공공 영역 자체가 사회의 다양한 제도적 요인들을 제외시켜서는 이해되지 않는, 사회 전 체계와 관계된 개념이기 때문이다. 그랬을 때, 가장 먼저 주목되는 것이 사회적 개인들의 자유로운 의사소통을 제도적으로 가능케 할 저널리즘의 출현을 꼽을 수 있다. 주지하는 바와 같이 독립협회는 독립신문이라는 저널리즘에 크게 힘입은 바 있지만, 만민공동회가 개최되던 1898년에는 당대 사회적 분위기를 반영하듯, 배재학당의 협성회가 주도한 『매일신문』, 순국문 일간지 『제국신문』, 장지연·남궁억 등의 『황성신문』 등이 잇따라 창간·발간되었다는 사실은 의미 있는 일이다. 더욱이 애국계몽기에 들어서면서 신문의 창간은 폭발적으로 증가되어 기존에 있던 신문 외에 무려 17종에 이르는 신문들이 창간되었으며, 게다가 당시 조직된 많은 애국계몽운동단체들에서는 저마다 잡지를 창간해 자기 단체의 주장을 홍보하거나 민중계몽의 수단으로 삼기도 하였다.[26)]

이런 점에서 20세기 전후로 사회의 공식적 표기 체계가 한자에서 한글로 전환되어 갔다는 것도 매우 의미심장한 대목이다. 공공 영역 자체가 개인들의 자유로운 의사소통과 합리적인 의사소통 능력을 전제로 한다는 점에서 이 시기 한글의 대두는 필연적 결과일

26) 정진석, 앞의 책, 195~214면. 그러나 당시 신문 종수의 증가를 긍정적으로만 볼 일은 아니다. 일본인들이 조선을 효율적으로 지배하기 위해 창간했던 신문들도 이 시기에는 상당수에 달하였다.

터이다. 그리하여 19세기 말에는 정부조차도 "국문으로 본을 삼되 한문을 부역(附譯)하거나 국한문을 혼용할 수 있다"[27]는 칙령을 내리기에 이르며, 과거제도를 폐지하여 한문 학습의 목적을 없애버리는 한편, 새로운 시험제도 속에 국문(國文)이란 과목을 부과할 정도가 된다.[28] 한글은 제도적인 측면에서 공식적으로 사회의 공인된 표기 체계로 등장하게 되었으며, 실질적인 의사소통의 수단으로 인정받기에 이른 것이다. 이제 공공 영역의 투명한 공간에서 발언할 수 있는 권리는 보편적 이성에 토대를 둔 담론을 만들어내는 능력에 있는 것이었지 사회적 신분이나 전통적 권위 같은 것은 아니었다. 더구나 공공 영역 내의 담론이란 것은 보다 많은 사람들과의 토론과 합의를 목적으로 한 것이었기에, 한글은 사회적 효용성 면에서 그 어느 때보다 사람들에게 절실하게 다가왔던 것이다.

이와 관련해서 그 같은 담론을 구사하고 이해할 능력이 있는 사람들이 다름 아닌 근대적 교육을 받은 시민과 지식층들이었다는 점도 간과되어서는 안 된다. 1885년 배재학당을 처음으로 하여 들어서기 시작한 근대적 교육기관은 1905년 애국계몽기에 접어들면서 폭발적인 증가 추세를 나타낸다.[29] 특히 애국계몽운동의 성격 자체가 문화운동의 면모를 강하게 띠고 있었기에, 운동가들은 교

---

27) 『한말 근대 법령 자료집』 1권, 대한민국 국회도서관, 1970, 120면; 홍정선, 앞 논문에서 재인용.

28) 홍정선, 앞의 논문, 19면. 이 논문에는 한글 문체가 어떤 과정을 거치면서 정착되는가가 자세히 정리되어 있다.

29) 1910년 사립학교령을 내려 각 급 학교들을 정리할 때 인가받은 사립학교만도 2,250개교에 이르렀다. 이만규, 『조선 교육사』 II, 거름(1991 / 1949년판 복간본), 104면.

육을 통해 민권·국권의식을 민중들에게 고취하려 했었고, 서북학회·기호흥학회·흥사단·교남학회 등과 같은 교육운동단체들이 속속 조직되면서, 학교 설립은 전국적 현상으로 번졌다. 그에 따라 초보적이나마 근대적 교양과 사유 방식을 배운 사람들이 사회에 다량 배출되었고, 이들이 이후 애국계몽운동의 중추가 되었다.

이렇게 보아온다면 한글 사용의 확산, 각급 학교의 증가, 저널리즘의 발전과 같은 문화상의 변화가 근대적 공공 영역의 발생과 유기적 관련이 있음을 알 수 있다. 즉, 한글을 통해 효율적인 근대적 교육이 가능할 수 있었고, 그 결과로 많은 식자층들이 생겨나면서, 이들은 활발하게 자신들의 의사를 신문과 잡지에 토로하기도 하고, 각종 출판 매체에 실린 글들을 읽으면서 근대적 개혁을 촉구하는 여론을 형성해갔던 것이다. 이것은 결과적으로 광범위한 문화의 민주화가 가능하도록 만들었으며, 또 국가권력과는 별개로 시민들의 자율적인 여론 형성 구조가 사회 속에서 생겨나도록 하는 구실을 하였다. 여기에 이런 변화를 가능케 해주었던 인쇄와 출판이라는 물질적 조건이 뒷받침되고 있었다는 것 역시 쉽게 추론해볼 수 있다. 필사나 목판본으로는 많은 양의 신문·잡지·단행본 서적을 신속하게 생산해낼 수 없을뿐더러, 전통 장시와 같은 유통 방식으로 이들을 공급할 수도 없었기 때문이다.

1883년 정부가 연활자(鉛活字)와 현대식 활판인쇄술을 들여온 이래, 1885년 배재학당인쇄소, 1888년 성서활판소(聖書活版所) 등 민간 인쇄소가 설치되어 근대 인쇄기기들이 들어오기 시작하였고,[30)]1905

30) 안춘근, 앞의 책, 309면.

년 이후에는 휘문관 · 우문관 · 대동광지사 · 동문관 · 창신관 · 탑인사 · 보문사 · 보성사 · 신문관 등 많은 인쇄소가 생겨나기에 이른다.31) 근대 인쇄술의 도입으로 이제 서적을 대량 제작할 수 있었을 뿐만 아니라, 빠른 시기에 인쇄가 가능해짐으로써 정보 전달이 한층 더 신속하게 되어, 근대적 언론이 출현할 물질적 조건이 마련될 수 있었다. 이와 아울러 출판물의 대량 제작이 가능해짐으로써 그에 따른 출판물 가격이 저렴해지는 결과를 불러온다. 일례로 1801년경에는 쌀 1석(10斗) 값으로 서적 2권 정도를 구입할 수 있었던 것이 고작이었다면, 1910년에는 서울 지역에서 중품 쌀 1가마니(180ℓ)로 약 22권의 책을 구입할 수 있게 되었다.32) 서적 값의 인하는 자연스럽게 많은 사람들이 직접 책을 사서 볼 수 있는 환경을 조성하였고, 기존의 방각본이나 필사본이 경쟁력을 잃고 사라져 가는 현상을 초래하기도 하였다.

이 같은 인쇄술의 변화는 앞에서 살펴본 교육운동의 전개와 맞물리면서 자연히 서적 수요층을 증대시키는 결과를 낳았고, 따라서 생산된 출판물들을 일반에게 공급 · 유통시키는 역할을 담당할 출판사와 서점의 출현을 보게 되었다. 특히 1905년을 넘어서면 출판사와 서점은 양적인 면에서도 커다란 신장세를 보일 뿐만 아니라 영업의 면에서도 호경기를 맞는다. 그리하여 신문광고면에도 책은 주된 광고 품목으로 오르게 되며, 광고 횟수도 1905년에 12

31) 이런 인쇄소들은 대개 출판사를 겸업하기도 하였다. 조기준, 「개화기의 서적상들」, 『중앙』 30호, 1970.9, 376~377면.

32) 참고로 당시 서적 평균 가격은 58전이었다. 유상호, 「애국계몽기의 출판문화운동」, 고려대 석사논문, 1986, 24~25면.

회이던 것이, 이듬해에는 57회, 1907년에는 153회, 1908년에는 233회로 폭발적으로 증가하게 되는 것이다. 1905년부터 1910년에 이르는 기간에 신문에 광고를 냈던 서점 및 출판사 수도 총 65개소에 이를 정도였다.[33)]

이제 출판업은 인쇄업에서 독립하여 독자적 기획을 갖고 책을 출간함으로써 영세한 가내 수공업 단계를 벗어나기 시작했다. 서점 역시 장터거리의 잡화점 수준이 아닌 전업적(專業的) 형태로 발전할 수 있었다. 이렇게 서점과 출판사가 번창하게 된 것은 당대 애국계몽운동의 전개와 맥을 같이한다. 대부분 초창기의 출판사·서점이 교과서 및 애국계몽서적류를 판매하면서 자본을 축적할 수 있었다는 사실이 이를 반증한다.[34)]

여기에 근대적 우편제도(1884년 우정총국이 최초로 우정 업무를 시작, 1900년 만국우편연합에 가입)가 도입되고, 철도가 개설됨으로써(1899년 경인선, 1905년 경부선 개통) 전국이 하나의 유통체제로 통합된 것 역시 서점과 출판사 발전에 기여했다.[35)] 빨라진 운송 수단과 우편제

---

33) 유상호, 위의 논문, 부록 참조. 이 숫자는 모두 『대한매일신보』와 『황성신문』에 실렸던 서적 광고를 토대로 한 것이다.

34) 『조광』, 1938년 12월호(311~323면)에는 「출판업으로 대성한 제가(諸家)의 포부」라는 이름으로 박문서관·영창서관·덕흥서림의 주인과 인터뷰한 기사가 실려 있다. 이들은 대부분 "지금은 이야기할 자유가 없는 서적"이나 척독류(尺牘類)[모범 편지 양식—저자], 교과서 지정 판매 등을 통해 자본을 축적하였음을 술회하고 있다. 특히 척독류가 많이 나갔던 것은 당시 우편제도가 도입되면서 편지 쓰는 일이 일반적으로 널리 퍼지게 된 사정과도 무관하지 않다. 박문서관의 주인 노익형은 출판사 설립 동기를 묻는 질문에 대해서 "그때 우리 조선에도 신문화가 수입되기 시작하는데 역시 책전(冊廛) 같은 것도 필요할 것 같기에"라고 대답하고 있어서 주목된다.

35) 그러나 이런 근대적 사회 기간 시설은 국내 자본에 의한 것이 아닌, 제국주의 자본에 의해 이루어진 것이고, 더구나 철도의 경우는 일제의 효율적 조선 지배

도를 통해 지방에서도 서적을 쉽게 구해볼 수 있었고, 이는 출판물의 소비자가 늘어나는 효과를 가져왔던 것이다.

그러나 우편제도와 철도의 등장은 이것말고도 전국이 빠른 시간 내에 하나의 여론을 형성할 수 있는 환경을 조성해주는 역할도 했다. 다시 말해 철도의 개통과 우편제도는 전국을 하나의 시장으로 묶는 역할을 했을 뿐만 아니라, 전국적 의사소통 체계를 만들어냄으로써 우리 사회 내에서 통합된 여론이 발생할 토대를 제공하는 구실을 담당했던 것이다. 이외에도 서울 시내 전차궤도부설공사 착공(1898), 경인간 시외전화의 가설(1900), 신식 화폐조례의 공포(1901) 등 사회 근간으로부터 일어나는 변화로 말미암아 사람들 사이의 일상적 생활도 점차 바뀌어 가고 있었다. 사람과 사람을 이어주는 끈들은 더욱 긴밀해져 갔고, 합리적 계약이 인간 관계의 핵심이 되어 가기 시작했던 것이다.

결국 지금까지 우리가 논한 바에 따르면 근대적 공공 영역의 출현은 자각된 민족주의와 계몽운동, 사회체제의 전반적 변화와 밀접한 연관을 지닌다고 하겠다. 물론 우리에게는 민족주의의 문제가 민주주의의 과제와 서로 분리되지 않는다. 외세의 개입은 민족의 자주적 발전을 억압했을 뿐만 아니라 필연적으로 민중들의 민주적 제 권리를 제약했기 때문이다. 그리하여 20세기를 전후로 하여 확산된 사회운동은 그것이 어떤 형태로 전개되었다고 하더라도 종국에는 근대적 민주주의와 민족적 자주의식과 연결될 수밖에 없었고, 그 같은 사회적 분위기를 형성시키는 사회의 주도적

및 대륙 침략의 방편으로 이용되기 위한 것이었다는 점도 간과되어서는 안 될 것이다.

담론, 다시 말해 공공 영역 내의 지배적 담론은 반제－반봉건과 민족 자주－민주주의의 신장과 관련된 정론적 담론이 될 수밖에 없었다. 이 글에서 그에 대한 세세한 분석을 할 여유는 없으나 각종 신문의 논설은 대부분 민주주의적 가치를 고창하고, 민족적 위기를 민중들에게 전파하고 있었으며,[36] 교육운동도 이 같은 문제의식에서 촉발된 것이었다.[37] 출판 사업 역시도 마찬가지여서 국권의 회복과 민족의식을 고취하는 정치·경제 서적이나 역사 서적이 다른 분야에 비해 압도적인 양을 차지하고 있었다.[38] 요컨대 민족주의와 민주주의를 근간으로 하는 정론적 담론이 계몽주의적 운동 형태로 전파되었던 것이다.

---

36) 당시 『독립신문』에 발표된 논설이나 일반 서민들의 투고로 지면이 채워진 독립가·애국가류를 보더라도 이 점은 충분히 알 수 있으며, 논설들 역시 대부분 충군·애국 사상을 고취하거나 민주주의적 가치를 옹호하고 있다. 물론 충군·애국을 그 내용으로 한 경우라 하더라도 그것은 과거 봉건적 군주 개념과는 다른, 근대적 국가 관념에 영향을 받은 것이었다. 참고로 『독립신문』에 실린 논설 중 154편을 표본조사해본 결과 충군·애국이 51회, 학문·합리가 29회, 민주·평등이 22회, 생활 태도 22회, 진보 17회, 준법·공정 14회 등으로 나타나고 있다. 유재천, 『한국 언론과 이데올로기』, 문학과지성사, 1990, 233면.

37) 이만규의 앞의 책(『조선 교육사』 II), 103면에는 다음과 같이 당시 분위기를 전하는 대목이 나온다. "열렬한 애국자들은 각처로 다니며 비분강개한 연설을 하다가 눈물을 흘리고 주먹을 치며 교육을 부르짖었다. 이리하여 반도에 가득한 기운은 교육열이었다. 당시에 이동휘 같은 애국자가 함경도 같은 지방을 한번 돌면 학교가 백 여 개교씩 일어났다. 그러한 지사의 애원·격려·호소에는 인색한 부자들도 어찌할 수 없이 돈을 내놓게 되었다."

38) 1905년부터 1910년에 이르는 기간 동안 『대한매일신보』와 『황성신문』에 광고되었던 국내 발간 서적을 조사해보면 총 171종에 이르는데, 여기에서 사회과학과 역사물이 86종에 달해 전체 서적 종수의 절반을 넘어서는 현상을 보인다. 유상호, 앞의 논문, 19면.

4. 정론적 문학의 대두와 과도기적 문학 환경

20세기를 전후한 사회의 변화와, 그에 따른 근대적 공공 영역의 등장, 정론적(政論的) 담론의 형성과 계몽주의운동은 문학의 존재 방식에도 변화를 불러일으키게 된다. 즉 정론적 담론이 공공 영역의 지배 담론이 되면서 문학도 이런 정론적 담론들 가운데 하나로 부상하기 시작한 것이다. 그 대표적인 것이 『독립신문』의 애국가·독립가류이며, 『대한매일신보』의 사회등 가사류(社會燈 歌辭類)이다. 일반인들이 투고를 통해서 정론적인 내용을 담아 자신들의 견해를 자유롭게 개진했다는 사실은, 문학이 공공 영역 내의 정론적 담론으로 자리잡아 가는 징후로 읽히는 것이다.

소설도 이와 마찬가지여서 1910년경까지 단행본으로 출간된 많은 역사·전기물, 신소설류가 대부분 애국계몽적인 내용을 다뤄 정론성을 강하게 띠고 있었다.[39] 이 시기의 소설을 생각할 때 종종 사람들은 신소설만 생각해서 마치 신소설이 이 시기 문학사 전체를 대변하는 것으로 여기는 경우가 많고, 그것도 신소설 전체를 뭉뚱그려 역사적 안목 없이 개화기 소설로 통칭하는 경우가 고질화되어 있지만, 정작 따져보면 우리가 신소설이라고 부르는 것은 1910년을 넘어가면서 변질되고 있으며, 애국계몽기 때에는 오히려

39) 물론 당시 간행된 역사·전기물 들을 무조건 애국계몽적 문학이라고 단정하는 것은 위험한 판단이 될 것이다. 이는 텍스트 자체에 대한 엄밀한 검증을 요하는 일이겠으나 많은 수의 역사·전기물들이 애국계몽적 성격을 갖고 있었다는 사실 또한 부인할 수 없다. 강영주, 「애국계몽기의 전기 문학」, 『전환기의 동아시아 문학』(임형택·최원식 편), 창작과비평사, 1985, 171~197면.

정론적인 역사전기류(歷史傳記類)와 신소설, 번안·번역물이 다수라는 사실을 발견하게 된다.[40]

특히 이것은 양적인 면에서도 뚜렷한 형태로 나타나는데, 하동호 교수의 조사를[41] 필자가 정리한 바에 따르면 단행본으로 출간된 전기류는 총 14종 중에서 12종이 1906년부터 1908년 사이에 출간되었으며, 신소설류는 총 267종 중 31종만이 1907년부터 1910년 동안 출간되고 있는 것이다. 그리고 31종의 신소설 가운데에도 『서사건국지』·『라란부인전』·『애국부인전』·『애국정신』·『애국정신담』·『금수회의록』·『자유종』 등과 같은 애국계몽적인 정신을 고취하는 정론적 내용의 소설들이 다수를 점하고 있다. 그렇지 않은 소설들이라 하더라도 대부분은 풍속 개량을 전면에 내세워 계몽적 성격을 드러낸 경우가 많았다.[42] 여기에 번역·번안된 역사, 전기류까지 더한다면 당시 문학의 판도나 분위기, 성격 등은 정론성이 주조였다고 해도 크게 어긋나지는 않을 것이다.

그런데 문학이 이 시기에 들어와 이렇게 정론적 담론과 결합되고 있음은 유달리 강조될 필요가 있다. 정론적 담론의 하나로 공공 영역의 장(場) 안으로 들어오면서, 문학은 과거와는 다른 방식으로 존재하기 시작하기 때문이다. 문학은 애국계몽기의 지배적인

40) 이런 시각과 관련해서 최원식 교수의 『한국근대소설사론』(창작과비평사, 1986)은 시사해주는 바가 많다. 이 시기를 개화기가 아닌 애국계몽기로 지칭해야 함을 강조한 것도 바로 이 책에서이다.

41) 하동호, 「개화기 소설의 서지적 정리 및 조사」, 『동양학』 7집, 단국대 동양학연구소, 1977 참조.

42) 예컨대 당시 사회상의 도덕만 파괴한다고 신채호에게 비난받은 바 있던 이인직의 『귀의 성』만 보더라도, 광고문에서는 "鄙風敗俗을 鑒戒할지어다" 하여 풍속 개량의 의도를 내비치고 있는 것이다. 『황성신문』, 1907.10.11, 광고란.

정론적 담론과 결합되면서 공공 영역 내의 공식적 담론으로 포섭되는 계기가 되었던 것이다. 이제 소설의 존재도 과거 일반 민중들의 유흥거리이거나, 일부 양반 부녀자들의 개인적인 소일거리에 불과하던 것에서[43] 벗어나 사회적 역할을 부여받은 의미 있는 존재로 변화하게 된다. 이런 변화는 소설이 18~19세기 무렵 상품·화폐경제에 편입되면서 나름대로의 재생산 구조를 갖추게 된 것과는 다른 의미를 갖는다. 소설은 사회적으로 공인된 자기 나름의 공공적 역할을 부여받았을 뿐만 아니라, 그런 역할을 자각할 수 있게 되었기 때문이다. 물론 문학적 담론이 이렇게 변화될 수 있었던 데에는 당시 애국계몽운동가들이 문학의 사회적 효용성을 깨달았던 사정도 원인으로 작용하였다. 민족 자주와 각성된 민권의식을 외치는 애국계몽론자들에게 소설은 유용한 선전 수단이었던 것이다.

> 夫小說子는 感人이 最易하고 人人이 最深하야 風俗階級과 敎化程度에 關係가 甚鉅한지라 (…중략…) 小說의 善本으로써 匹夫匹婦의 警鐘과 獨立自由의 代表를 作하고 東洋의 日本도 維新之時에 一般學士가 皆於小說에 汲汲用力하야 國性을 培養하고 民智를 開導하였으니 其爲功也 顧不偉哉이[44]

43) 이런 진술이 고소설의 문학사적 가치를 폄하하는 것으로 읽혀져서는 안 된다. 필자는 여기에서 다만 소설의 사회적 존재 방식을 말하는 것일 뿐이다.

44) 박은식, 『서사건국지(瑞士建國誌)』, 「서(序)」. 소설에 대한 박은식의 위와 같은 견해는 기실 따지고 보면 조선시대 사대부들이 문학을 생각했던 방식과 크게 벗어나지 않는다. 다만 보수적 사대부들이 소설의 사회적 효용성을 풍속괴란으로 매도한 점이 달랐을 뿐이지, 사유 방식 자체는 질적으로 다르지 않다. 똑같은 관점에서 박은식은 소설의 사회적 효용성을 강조한 경우일 텐데, 그것이 가능할 수 있었던 것은 당시 정세와 정론적 담론의 유행 속에서 문학에 대한 효용

문학은 이렇게 사회적 담론이 정론성 일색이던 분위기와 더불어 등장함으로써, 스스로도 정론성을 강하게 드러내기 시작했다. 그리고 그것은 애국계몽론자들의 문학에 대한 효용론적 인식에 의해 강력하게 지지를 받음으로써, 문학가 또한 선각자의 반열에 올라서게 되었다.[45] 이제 소설을 쓰는 행위는 사회적으로 공인되기 시작하였고, 작가 이름을 구태여 숨길 필요도 없었다. 소설가는 애국자와 같은 반열에 올랐으며 당연히, 공식적인 언론 매체를 통해 소설을 발표할 수 있었다. 여기에 새로운 인쇄문화의 출현으로 기존 필사본이나 방각본에서 성행하였던 판본 변화의 가능성도 상당 부분 사라지게 되어서, 글쓴이의 존재도 분명해지게 되었다.[46]

그리하여 이제 일군의 소설 작가들이 나타나는데, 이인직 · 이해조 · 안국선 · 김교제 · 이상협 · 육정수 등이 그들이다. 이들은 역사 · 전기물을 번역 · 창작하던 신채호 · 박은식 · 장지연 등과 더불어 대표적인 신진지식층이었던 것이다. 소설가도 점차 자기 정체성을 갖기 시작하였으며,[47] 사람들의 머릿속에서 소설가에 대한 관념도 싹트기 시작하였다. 근대적 교육제도의 확산으로 글을 읽을 줄 아는 사람들이 늘어남에 따라 소설은 어느 정도의 상업성을

성을 깨달았던 데에 원인이 있는 듯하다. 이에 대한 자세한 논의는 차후의 과제로 남기겠다.

45) 물론 똑같은 효용론적 입장에서 강력한 항의를 받는 경우도 있었다. 그러나 여기에서도 소설가의 사회적 영향력이 과거와는 달리 막강해졌다는 것을 역설적으로 확인할 수 있다.

46) 홍정선, 앞의 논문, 42면. 홍교수는 새로운 인쇄 문화의 출현으로 독서 행태가 듣는 독서에서 개인이 읽는 독서로 바뀌고 있음도 아울러 지적한다.

47) 소설가의 자기 정체성이란 소설의 사회적 역할을 자각한 것이라든지, 소설을 쓰는 행위에 대한 자의식이 생겨남을 가리킨다. 예컨대 이해조 같은 작가는 자기 소설의 서문 · 발문에 이런 자기 생각을 적어놓기도 하였다.

가질 수 있었고, 그 상업성으로 하여금 신문연재소설이 출현하는 계기도 되었다. 단행본으로 출간된 소설들은 전업적 출판업자와 분배자(서점)에 의해 전국적으로 팔려나가 근대적 유통 체계에 편입된 상품으로 자리 잡게 된다. 이렇게 보면 공공 영역의 대두와 더불어 변화해가던 문화 현실이 근대문학이 존재할 환경도 마련해준 것이라 할 수 있겠다.

그런데 이처럼 근대문학이 출현하는 과정은, 특히 서구의 경우와 비교되어 재미있는 사실을 우리에게 시사해준다. 서구 유럽은 근대적 공공 영역의 담론 형성 과정에서 정론성을 띤 문학적 담론이 먼저 형성되고 나중에 보다 직접적으로 정론성을 표방한 정치적 논설이 출현하는 데 반해,[48] 우리의 경우는 정치적 논설이 먼저 출현하여 정론적 담론을 확산시키는 과정에서 문학적 담론이 질적 변화를 겪게 되는 경우인 것이다. 다시 말해 계몽주의의 일환으로 정론적 담론이 유행됨에 따라 문학도 정론성을 담아내면서 계몽의 한 수단이 되었다는 것이다. 이것은 한국문학의 특수성과 관련하여 앞으로 탐구되어야 할 과제이지만, 직접적인 정치적 논설이 앞서게 되는 현상에 대해서는 다양한 설명이 가능할 것이다. 예컨대 당대의 위기에 처한 정치적 현실 등에서도 그 이유를 찾아볼 수 있을 터이고, 문학사 내적인 흐름과 관련해서도 조망이 가능하다.

문학 내적인 흐름과 관련해서는 특히 전시대에 일반인들이 소설에 대해 가졌던 관념에서 가설적인 실마리를 찾아볼 수 있을 듯

48) 테리 이글턴, 유희석 역, 『비평의 기능』, 제3문학사, 1991과 김호기, 앞의 글 참조.

하다. 즉 전대(前代)에는 대부분의 보수적 유생들이 소설을 패설(悖說)류 이상으로 생각하지 못했고, 또 그것이 사회의 일반적 정서였다는 점에서, 소설이 공공 영역의 한 담론으로 자리 잡기 힘들던 사정을 추측해볼 수 있다. 이런 관념이 사라지지 않는 한, 소설은 사회의 공식적 담론으로 자리 잡기는 매우 힘들었을 것이다. 그러던 것이 애국계몽기에 들어와 소설이 정론성과 결합되면서, 사회적 역할에 대한 명분을 얻게 되고, 그 결과 일반인들의 소설에 대한 정서도 과거와는 달라지지 않았겠느냐는 것이다.[49)]

그렇지만 이 시기에 한국 근대문학은 이제 막 싹튼 것에 불과하여, 임화(林和) 투로 말해 완미한 의미의 근대문학에 이르지 못한 것 또한 사실이었다. 이때에도, 이전만큼만은 아니지만, 여전히 필사본과 방각본이 세책가와 장터거리에서 나돌고 있었고, 이름 없는 작가의 다양한 이본(異本)들이 영세 수공업자들에 의해 인간(印刊)되고 있었다.[50)] 소설가라는 이름으로 신진 지식층이나 개명된 양반층에서 몇몇 사람들이 나오기는 했지만, 말 그대로 몇몇에 불과하였을 뿐이다. 아직 이름 없는 소설가가 훨씬 많았고, 신문연재소설이라 할지라도 무서명의 경우가 적지 않았다. 따라서 저작권이나 인세 개념도 사회적으로 정착하지 못해, 유명 작가라 하더

---

49) 한편 최원식 교수는 이를 정치운동이 불가능한 상황에서 전개된 문화운동과 관련지어 설명한다. 1905년을 경계로 본격적으로 시작된 애국계몽운동 역시 이런 관점에서 이해된다. 필자의 일면적 서술을 보완할 중요한 시사라 생각한다. 최원식, 「제국주의와 토착 자본」, 『한국근대소설사론』, 창작과비평사, 1986, 235~244면.

50) 20세기 초에도 방각본이나 필사본은 그전처럼 활발하지는 못하더라도 여전히 존재하고 있었다. 조동일, 앞의 책, 328~335면 참조.

라도 저작권을 대부분 출판사 주인에게 싼값으로 팔아넘기는 경우가 많았다. 신소설 뒷장 판권란에 저작 겸 발행자라는 이름으로 출판사주의 이름이 올라와 있는 경우가 바로 그것이다. 이해조의 『박정화』 같은 경우도 출판사주에게 판권이 넘어간 예이다. 이해조의 이름은 온데간데없이 『산천초목』이라는 제목으로 재출간되면서, 저작 겸 발행자로 남궁준이라는 전혀 다른 이름이 기재되어 있는 것이다.[51] 이런 현상은 아직도 작가의 사회적 지위가 그만큼 열악했음을 가리키는 것이며, 고소설을 읽던 습관이 여전히 남아 있음을 의미하는 사실이기도 하다. 즉, 독자들은 개성 있는 작가의 작품으로 소설을 대한 것이 아니라, 재미있는 이야기와 같은 오락거리로 소설을 대했던 것이며, 작가도 전문적 작가의식을 갖는다거나 직업적 작가로 독립될 만큼, 의식의 면에서나 물질적 토대의 면에서나 발전된 수준은 아니었다.[52]

신문에 소설을 연재하는 경우라 하더라도 마찬가지이다. 소설가의 대접을 받으며 원고료를 받는 것이 아니라, 신문사에 소속된 기자로서 소설을 썼던 것이다. 이인직이 『만세보』의 주필로 있으면서 『혈의 누』와 『귀의 성』을 연재한 것이나, 이해조가 『제국신문』의 기자로 『고목화』를 쓴 것 등이 모두 그런 예이다. 더구나 당시 언론이란 것은 일종의 애국계몽적 운동의 일환이었지, 상업적 저널리즘의 색채는 그리 강하지 못했다. 물론 당대 사회 사정상, 상

51) 『산천초목』이 이해조의 『박정화』라는 작품임을 밝힌 것은 최원식, 「이해조 문학 연구」, 『한국근대소설사론』, 창작과비평사, 1986에서이다.

52) 한기형, 「『황금탑』 연구」, 『민족문학사연구』 3호, 창작과비평사, 1993, 119~120면에 신소설의 판권 문제가 다뤄지고 있다.

업적 저널리즘이 출현할 기반이 취약한 탓도 있었다. 언론 사주도 빈번히 교체될 정도로 자본은 튼튼하지 못했고, 광고 역시 보잘것 없었다.[53] 발행 부수의 면에서 『대한매일신보』가 10,000부를 넘는 것이 고작이었고, 다른 신문들은 대개 5,000부 미만이었다.[54] 이런 형편에서 신문 경영은 매우 열악할 수밖에 없었고, 소설 원고료라는 것은 상상할 수 없는 일이었다. 예컨대 『제국신문』은 재정난에 화재까지 입어 일시 휴간케 되는 사정이 빚어지기도 했는데, 이에 실업계와 각 부인회에서 의연금을 갹출해서야 속간될 수 있을 정도였다.[55]

결국 유명세가 있는 작가라 하더라도 온전한 의미의 직업의식을 갖기는 어려운 상태였으며, 당시 사회 여건도 아직 전업 작가를 배출할 기반이 마련되어 있는 상태가 아니었다. 물론 이들에게 근대적인 문인으로서의 작가의식이 있었는가는 그것대로 따져보아야 할 일이겠으나,[56] 당시 사회의 물질적 조건은 전업적 작가를 배출시킬 정도가 못 되었던 것이다. 이것은 당시 한국의 사회·경

---

53) 참고로 당시 광고료는 1회에 행수에 관계없이 50전이었다. 『제국신문』의 경우 월 구독료가 15전 정도였음을 고려해 볼 때 이는 매우 싼 가격이었다. 신문 전체에서 광고가 차지하는 비율을 따져보면 월 약 600전 정도였으며, 구독료는 월 2,700전 정도였다. 이렇게 볼 때 신문사 전체 수입에서 광고료가 차지하는 비율은 22% 정도였던 셈이다. 그러므로 『황성신문』·『제국신문』 양 신문은 외형상으로는 광고가 상당히 늘어난 이후에도 경영이 어려워 이를 호소하는 논설을 여러 차례 싣고 있다. 정진석, 앞의 책, 292~296면.

54) 정진석, 위의 책 참조.

55) 최준, 『신보판(新補版) 한국 신문사』, 일조각, 1990, 126면.

56) 일반적으로 이 시기 문인들의 의식은 전문적인 문인으로서의 작가의식보다는 시대에 대한 사회의식이 강했었다는 연구 결과가 나와 있다. 문성숙, 「개화기의 문학 담당 계층」, 『국어국문학』 94호, 국어국문학회, 1985.

제적 현실이 난숙한 근대문학을 만들어낼 만큼 물질적 토양을 튼튼히 갖추지 못하고 있었음을 반증하는 사실이라 하겠다.

5. 정론성의 탈각과 근대문학의 굴절

그러나 이 시기, 정확히 말해 1905년부터 1910년에 이르는 애국계몽기의 양상은 생각보다 복잡하다. 주지하는 바와 같이 1905년은 을사조약이 체결된 해로, 이때부터 우리나라는 반식민지 상태로 떨어져 완전 합병만 남겨놓은 상태였다. 이것은 그만큼 일제의 탄압과 회유가 전사회적으로 공공연하게 이루어지게 되었음을 의미한다. 결국 20세기를 전후하여 애국계몽기에 이르는 시기에 한국은 반제·반봉건, 민주주의의 확립과 근대적 민족국가 수립이라는 근대의 과제를 완수하기 위한 몸부림을 보이면서도, 한편으로는 제국주의적 위협과 봉건성의 온존이라는 중세로의 퇴행에 발목을 잡혀 있는, 근대와 전근대(前近代)의 두 가지 계기가 얽혀 있는 형국이었다. 그러나 유감스럽게도 근대를 향한 민중들의 전진은 제국주의 외세의 개입과 이에 결탁한 수구 보수 세력들의 발호로 힘겨워질 수밖에 없었다. 점차 일제는 반일국권의식을 고취하는 애국계몽운동을 다양한 방법을 동원해 공공연하게 방해하고, 탄압하게 되었다.

그런 의미에서 이 시기에 제정된 출판법(1909)이나 신문지법(1907),

사립학교령(1908) 등은, 그것이 비록 근대적 의미의 판권(板權) 확립에 기여했고, 교육제도의 정비에 일정한 역할을 하였다 하더라도, 본질적으로는 우리 사회가 근대로 전환해 가는 데 걸림돌이 되었다. 특히 1907년에 조인된 한일신협약(정미 7조약)은 차관을 일본인으로 임명케 하여, 일본의 한국 내정감독권을 확립시킴으로써 한국 내의 반일민족·민주운동을 합법적으로 탄압할 수 있도록 하였다. 방금 언급한 각종 법령도 이때 제정된 것이며 보안법의 제정도 이 시기에 이루어진다(1907). 신문지법이나 출판법의 경우는 한국 내의 언론, 사상의 자유로운 활동을 근본적으로 규제함으로써 이제 막 싹트기 시작한 민주주의의 기운과 공공 영역의 정론적 담론을 억압하였다.

> 제11조 황실의 존엄을 모독하거나 또는 국헌을 문란케 하거나 **國際交誼를 저해하는 사항을 기재할 수 없다.**
> 제21조 내부대신은 신문지가 **안녕 질서를 방해하거나** 또는 풍속을 교란시켰다고 인정될 때에는 그 발매 반포를 금지하고 이것을 압수하거나 또는 발행을 정지 또는 금지할 수 있다.
> 제25조 제11조를 위반한 경우에는 발행인·편집인·인쇄인을 3년 이하의 役刑에 처하고 그 범죄에 사용된 기계를 몰수한다.[57]

> 제11조 허가를 받지 않고 출판하는 저작자·발행자는 다음의 구별에 따라 처단한다.
> 1. **國交를 저해하고 政體를 변형시켜** 붕괴케 하거나 국헌을 문란시키는 문서 및 도화를 출판했을 때에는 3년 이하의 역형. (2항 이하 생략—인용자)

57) 신문지법 일부 조항(鈴木敬夫, 『법을 통한 조선 식민지 지배에 관한 연구』, 고려대 민족문화연구소, 1989, 66면에서 재인용). 고딕체는 인용자의 강조로 이하도 모두 같다.

제13조 내부대신은 본법에 위반하고 출판하는 문서 및 도화의 발매나 반포를 금하고 當該刻板・인쇄본을 압수할 수 있다.

제15조 본법 시행 전에 이미 출판된 저작물을 再版하려고 할 때에는 본법의 규정에 따라야 한다.

제16조 내부대신은 본법 시행 이전에 출판된 저작물이 안녕 질서를 방해하거나 풍속을 해칠 우려가 있다고 인정될 경우에는 그 발매나 반포를 금지시키거나 또는 당해각판・인쇄본을 압수할 수 있다.[58]

위에 제시된 인용에서도 볼 수 있듯이 일제는 한국의 국권유린뿐만 아니라 민주적 제권리를 탄압하였으며, 자신들의 구미에 따라 법을 자유자재로 적용할 수 있도록 제한 규정도 애매하고 폭이 넓게 만들어 놓았다. 또 국제 교의를 저해한다거나, 국교를 저해하는 내용을 금시시켜 반일적 사상을 탄압하였다. 또한 법령 제정 이전에 출간된 출판물까지 문제삼는 소급 입법으로 철저한 사상 탄압을 펼쳐, 이미 출간된 각종 출판물 가운데에서 민족의식을 고취하는 것들을 압수・판금 조치하였다.[59] 이 같은 탄압으로 출판물은 양적인 면에서도 급격히 줄어 1908년 233종에 달하던 것이 1909년에는 43종, 1910년에는 34종으로 격감되게 되었다.[60] 그리하여 1907년을 넘어서면서는 정론적 담론이 점차 사라지는 한편으로, 단순히 계몽만을 내용으로 하는 담론들만이 남거나, 새롭게 생겨나게 된다. 1908년 『소년』지의 창간이 가능했던 것도 이 잡지가 지

58) 출판법 일부 조항(鈴木敬夫, 위의 책, 78~79면에서 재인용). 참고로 보안법은 집회・시위・결사의 자유를 제한하고 있다.

59) 1909년 한 해에 압수된 신문은 119회에 19,629장이며, 1910년 발매 금지 처분된 도서는 98종 125책에 달한다. 이종국 편, 『한국 출판사 연표』 1, 한국출판연구소, 1991 참조.

60) 유상호, 앞의 논문, 부록 참조.

향했던 계몽적 성격과 무관하지 않을 것이다.

일제는 이와 더불어 애국계몽적 언론에 대항하는 많은 친일 언론 매체를 적극 지원 육성하고, 국내에 들어와 있던 일본인들이 다양한 신문·잡지를 창간·발간하는 것을 지원한다. 일본인들은 한국인들보다 발 빠르게 신문연재소설을 도입해 민중들에게 친일적 사상이 쉽게 스며들 수 있는 다양한 경로를 모색하기도 하며, 여기에 부응하는 친일 한국인들도 생겨난다.[61] 결국 1910년 일제에 강점될 무렵에는 일본인 경영의 신문 잡지는 총 30종에 이르지만, 한국인 경영의 신문 잡지는 총 9종만 남게 되는 것이다.[62]

이 같은 일제의 탄압으로 말미암아 한국의 근대문학은 정론성을 급격하게 상실하게 되면서, 상업성에만 의지하는 통속적 대중문학과 단순히 사회적 계몽과 문명개화를 외치는 개량적 계몽문학만이 남는 기현상을 빚게 된다.[63] 애국계몽적 역사 전기물도 1908년 이후에는 거의 자취를 감추게 되고, 신소설은 이후로 갈수록 시정 세태에로만 눈을 돌려 애초에 갖고 있던 역사적 긴장력을 잃는다. 그나마 이것도 일제 강점 이후에는 통속화의 길로 치달아, 고소설로 퇴행하는 현상까지 보이게 되는 것이다.[64] 아울러 여전히 일정한 대중적 영향력을 갖고 있던 전대의 봉건적 고소설도 일제 강점을

---

61) 일인(日人)들에 의해 인천에서 발간되던 『대한일보』에는 이미 1904년부터 소설이 연재되고 있었다. 대표적인 것이 「일념홍(一捻紅)」으로 친일적인 내용을 주조로 하고 있다. 이재선, 앞의 책, 40면.

62) 이종국 편, 앞의 책 참조.

63) 최원식은 「장한몽과 위안으로서의 문학」(『민족문학의 논리』, 창작과비평사, 1982)에서 특히 1910년대 이후의 통속문학에 대해 논의하고 있다.

64) 이에 대해서는 최원식, 「이해조 문학 연구」(『한국근대소설사론』)를 참조할 것.

경계로 더욱 통속화된다. 더구나 고소설은 새로운 제작 방식, 유통 체계와 결합되어 대중들 속으로 광범위하게 유포되는데, 이런 현상이 특히 1910년대 이후에 나타나고 있음은 유의할 대목이다. 이는 이미 발달해가던 출판물의 자본주의적 생산·유통 체계가 점차 상업주의에서 자기의 살길을 찾게 된다는 사실과 무관하지 않기 때문이다.[65] 이 시기에 들어와 한국문학은 정론성을 박탈당하면서 근대문학으로의 진전이 주춤하게 되고, 그 결과는 고소설이 통속적 상업성과 결탁하면서 대중적으로 확산되는 것이었다.[66] 역사적 출구를 잃은 한국문학은 상업적 통속성과 결합되면서, 봉건적 유제를 극복하지 못하게 되고, 상업주의는 그 봉건성마저 자신의 포로로 삼았던 것이다.

---

65) 1910년대 이후의 고소설에 대해서는 권순긍, 「1910년대 활자본 고소설 연구」(성균관대 박사논문, 1990)를 참조할 것. 고소설의 대중적 영향력은 생각보다 막강해서 박문서관 경영주 노익형은 1938년 당시의 시점에서도 순수소설보다는 고소설·신소설류가 여전히 판매고의 많은 부분을 차지한다고 밝히고 있다. 『조광』, 앞의 대담 참조. 한편, 노익형은 기자의 물음에 대해 다음과 같은 흥미로운 술회를 하고 있다. 처음에는 "지금은 이야기할 자유들이 없는 서적"을 출간했었다고 말하다가 다음처럼 이어간다.

노: 네 그 후 말씀이오? 그 후엔 춘향전·심청전·옥루몽·유충렬전 그저 이런 것들이있습니다.

기자: 그래 그런 것들이 잘 팔렸습니까?

노: 잘 팔리구 말구요. 지금도 잘 팔리지요. 예나 이제나 같습니다. 춘향전·심청전·유충렬전 이 셋은 농촌의 교과서이지요.

기자: 그러면 그런 것의 출판으로 돈을 착실히 모으셨겠군요?

노: 네, 손해는 없었지요. 그러나 거 어디 몇 푼 남습니까?

66) 이런 논지는 자칫 정론성을 근대문학의 지표로 오해하게 할 가능성도 없지 않으나, 필자는 정론성만이 두드러진 경우도 온전한 의미의 근대문학으로 볼 수 없다는 입장이다. 필자가 이 글에서 정론성을 강조한 이유는 그것이 한국 근대문학의 사회적 조건과 밀접히 연관되기 때문이었다.

근대문학의 탄생

1. 전환기의 양상

『대한매일신보』 1905년 10월 19일 잡보(雜報)란에는 쾌재차행(快哉此行)이란 제목으로 다음과 같은 기사가 실려 있다.

> 學部 編輯局 委員 金澤榮氏ᄂᆞᆫ 本是 **文學家**로 著名한 人이라 近者에 청國 翰林家에 請邀가 되야 所帶職任을 辭免ᄒᆞ고 率眷 渡청ᄒᆞ얏더라[1] (고딕 강조－인용자)

‘문학가’라는 명사(名詞)가 1905년이란 시점에서 사용된 방식을

---

1) 이하 자료의 인용은 구두점을 포함해 모두 원문대로 하고, 띄어쓰기만 읽기 쉽게 조정하였다.

위 기사는 보여주고 있다. 문학가로 유명한 김택영이란 사람이 중국 한림가에 초청을 받았다는 짧은 기사 내용에서, 우리는 아직도 문학가를 포함해서 문학이라는 용어가 근대적으로 사용되고 있지 못함을 발견할 수 있다. '한림(翰林)'이라는 말이 그것을 증명하고 있다. 자주적인 근대적 개혁과 식민지로의 예속이라는 두 가지의 운명이 교차하는 와중에서 대한제국의 진보적 언론은 문학이라는 용어를 그렇게 쓰고 있었던 것이다.

그렇다면 근대적인 문학은 언제부터, 어떻게 자각되고 있는 것인가?[2] 이 질문은 문학에 대한 근대적인 인식, 나아가 근대적인 인식 일반이 언제, 어떻게 출현하는가의 문제와 무관하지 않다. 문학만이 유독 독불장군일 수는 없는 일이기 때문이다. 문학에 대한 근대적 자각은 세계에 대한 근대적 인식 체계의 등장과 더불어 비롯되었을 터이다. 그렇다고는 하더라도 또 근대적인 인식이란 무엇인가? 그것은 일상을 지배하는 근대적인 관습과 통념, 나아가 근대적 문명과 제도의 출현과 분리되지 않는다. 근대사회의 한 구성 부분으로서 문학은 근대 그 자체와 동떨어져 존재하지 않을 것이다. 문학이 근대적으로 인식되고 그것이 하나의 제도로 사회 속에 존재하기 위해서 문학은 자기를 낳고 길러줄 토양을 필요로 할 수밖에 없는 것이다. 다시 『대한매일신보』의 기사를 인용해 보기

---

2) 근대문학의 기점에 대한 논의는 갑오경장설로부터, 애국계몽기, 3·1운동설, 그리고 북한의 1866년설에 이르기까지 매우 다양하게 존재해 왔다. 최원식, 「민족문학의 근대적 전환」, 『민족문학사 강좌』 하(민족문학사연구소 편), 창작과비평사, 1995 참조. 그러나 내가 여기에서 문제삼으려고 하는 것은 기존의 기점 논의와는 다소 거리가 있다. 나는 문학을 근대적으로 자각하기 시작한 시기와 양상에 주목하려 한다.

로 한다.

> ○인사황사 : 남대문 밧긔 칠픠사ᄂᆞᆫ 사람이 빅암이 되엿다고 ᄒᆞᄂᆞᆫᄃᆡ 그 사상을 탐문ᄒᆞᆫ즉 빅암이 된 거시 아니라 그 사ᄅᆞᆷ이 여러 ᄒᆡ 병이 드러 지금 고항에 든지라 그 젼신이 누르고 왼몸에 검은 버셧이 나고 젼신이 기름 바른 것갓치 윤이 흐르고 눈이 누르고 머리털이 다 ᄲᅡ져 병셕에 누엇ᄂᆞᆫ지라 그 모양이 누른 구렁이와 ᄀᆞᆺ다 ᄒᆞᄂᆞᆫ 말을 사ᄅᆞᆷ이 빅암이 되엿다 ᄒᆞᆷ인ᄃᆡ 병인즉슨 이샹ᄒᆞᆫ 병이라고들 ᄒᆞ더라 (1905년 1월 13일)

엽기적이기조차 한 이런 기사 내용이 『대한매일신보』에는 부지기수로 등장한다. 인간이 뱀이 되었다는 이야기를 신문이 나서서 해명해야 할 만큼 당시는 주술적 담론이 지배하고 있었다. 개명된 극소수의 지식인을 제외하고 일반인들의 일상이란 것은 이같이 주술적이고 마법화된 관념과 담론에 지배되고 있었다. 그들은 아직 근대의 불빛을 보기보다는 자기들에게 익숙한 중세의 동굴에 안주하려고 하였다. 이들은 왜 함부로 길거리에 방뇨하면 안 되는지, 왜 전차가 지나가는 길에 물건을 쌓아 놓으면 안 되는지, 철도 건설을 한다며 왜 인부들을 마구잡이로 징발해 가는지, 그리고 철도는 건설해 도대체 무엇에 쓰려는 것인지를 이해하지 못하고 있었다. 『대한매일신보』의 '잡보'란은 이런 민중들에 대한 계몽의 담론들이 많은 부분 차지하고 있었다. 위의 인용에서도 확인할 수 있듯이 인간이 뱀이 되었다는 소문에 대해 언론은 그 사태의 전말을 합리적으로 해명함으로써 그 소문의 마법성을 벗겨내고 있는 것이다.[3)]

---

3) 물론 『대한매일신보』의 논조가 단순한 계몽에만 머물러 있었던 것은 아니다.

이런 와중에서도 근대로 이행해 가는 움직임 역시 만만치 않게 진행되고 있었다. 1894년 갑오경장 이후 특히 1905년부터 1910년에 이르는 애국계몽기에 들어서면 사회의 각 부분에서 자주적인 근대적 개혁과 계몽을 이루어내려는 시도가 하나의 운동으로 확산되기에 이른다. 그렇지만 꼭 그런 운동이 아니라고 하더라도 이 무렵에 들어서면 아주 일상적인 차원으로부터 삶을 지배하는 질서에도 변화가 찾아오기 시작한다. 철도가 놓이고 전차가 들어서며 밤에도 낮같이 밝은 전등이 들어오면서 이들은 자기도 모르는 사이에 그 전과는 다른 근본적인 변화 앞에 서게 된다. 인간을 둘러 싼 가장 근본적인 조건인 시간과 공간, 그리고 자연을 자기 자신도 모르는 사이에 객체화, 대상화시켜 바라보기 시작하는 것이다. 그리고 더 큰 변화는 그것의 배후에 자본의 힘이 자리 잡기 시작했다는 사실이다.

근대적 문물이 등장하기 이전까지 시간과 공간, 자연이란 것은 문명과 구별되는 것이 아니었다. 인간은 시간과 공간을 채 인식하지도 못한 채 일상적 삶을 영위했고, 자연 역시 그냥 주어진 절대적 조건으로밖에 여겨지지 않았다. 인간은 자연의 일부였을 따름이지 그곳으로부터 벗어나 자연을, 혹은 시간과 공간을 객체화, 대상화시켜 사고하지 못했다. 그러나 예컨대 철도와 전차가 등장하면서부터 시간과 공간은 전혀 다른 모습으로 나타난다. 철도와 전

일본에 의한 근대적 개혁이 얼마나 반민중적이고, 조선의 관료들이 얼마나 부패하고 무능한가를 알림으로써 애국계몽기에 조선의 자주적이고 민주적인 개혁의 방향을 끊임없이 환기시키고 있다. 실제로 당시 '잡보'란에는 조선 관료의 부패, 무능상과 더불어 일본인들의 패악적 행동을 고발하는 내용도 상당 부분을 차지하고 있다.

차는 정해진 시간 안에 원하는 공간까지 '나'를 빠르게 옮겨다 줌으로써 시간과 공간이 '나'에 의해 조정될 수 있는 대상으로 바뀌게 되었던 것이다. 더구나 전차는 비록 서울이라는 제한된 공간 내에서이기는 하지만, 철도보다 더욱 일상적이어서, 서울의 4대문 안에 거주하는 사람에게 시간과 공간이 자신의 계획에 의해, 스스로도 깨닫지 못하는 사이에, 통제되고 조정될 수 있는 대상으로 되는데 결정적 역할을 하였다.[4] 뿐만 아니라 전등(電燈)의 등장 역시 인간을 밤이라는 암흑의 시간으로부터 해방시키는 구실을 하였다. 밤이라는 시간대는 이제 마법과 주술의 공간으로부터 벗어나 인간의 통제 아래 놓이게 된 것이다. 시간과 공간이 '나'의 통제 아래에 놓일 뿐만 아니라 철도가 강을 건너고, 밤이 낮이 되면서 인간은 비로소 내 주변의 자연을 대상화시켜 바라볼 수 있었고, 자연을 이용과 정복의 대상으로 인식할 수 있었다. 그럼으로써 인간은 또한 자연과 대비되는 존재로 '나'를 발견하기 시작한다. 이광수의 단편 「무정」에서 보이는 다음과 같은 자연 묘사가 가능했던 것도 그와 무관치 않을 것이다.

"아이고 비야, 아이고 아이고 으마니, 이놈." 하면셔, 곱을낙, 닐낙 팔과 다리를 드럿다, 노앗다 하더니 約 一時間이나 디느니, 긍긍갑는 소리와, 잇다

4) 참고로 당시 서대문과 동대문을 왕복하는 전차는 매 10분 간격으로 운행되었고, 종로와 남대문을 거쳐 용산까지 운행하는 전차는 매 12분, 종로와 동대문을 왕복하는 전차는 20분 간격으로 운행되었다. 첫차와 막차는 노선별로 다르지만 대략 오전 6시 30분에서 7시 30분, 오후 9시 50분에서 11시 사이에 있었다. 대한제국 시기 중앙부서의 하나인 외부(外部)의 경우 출근 시간을 오전 10시, 퇴근 시간을 오후 2시로 정한 것이 1904년 8월 초였다. 『대한매일신보』, 1904년 8월 10일자 잡보와 광고 참조.

금 흑흑 늣기는 것밧게 업게 되더라. 나무는 依然히 셧고, 밤은 依然히 어두우며, 宇宙는 依然히 默默하도다, 自然(天地萬物, 但 人類는 除하고)은 無情ᄒᆞ고 冷酷ᄒᆞ여, 우라(리-인용자)야 슬허 하던, 즐거워 하던 잠잠히 잇고, 쏘 그 쑌안니라 其法則은 極히 嚴峻ᄒᆞ야 우리로 하여곰 決코 一步도 其外에 나셔게 하디 안이 하ᄂᆞ니, 卽 우리가 슬퍼한디야 慰勞하는 法 업고, 우리가 一分一秒의 生命을 더 엇으려 하야도 許티 안이 ᄒᆞ디 안는가.[5]

한 여인이 자신을 버린 남편과 그렇게밖에 될 수 없는 자신의 운명을 저주하며 자살하는 대목에서 서술자는 그 광경을 지켜보는 자연이 인간과는 다른 타자의 존재임을 뚜렷하게 부각시켜 놓는다. 자연은 여인의 운명과는 전혀 다른 질서에 의해 움직이는 존재인 것이다. 이 작품에서 자연은 인간과는 다른 논리, 다른 법칙에 의해 지배되는 것으로 드러난다. 자연은 이제 인간에게 정복의 대상이거나 위협의 대상, 혹은 이 소설처럼 무정한 존재로 나타난다. 그 자연이 대상화됨으로써, 자신과 다른 존재임이 인식됨으로써 인간은 나를 인식한다. 아니 인간은 나를 인식하면서 자연을 대상화된 존재로 바라보기 시작한 것이기도 하다.

그렇지만 이 모든 변화가 자본, 그것도 제국주의의 자본에 의해 매개되고 교환되는 것이란 점, 우리의 의사와는 거의 무관하게 어느 날 갑자기 들어오게 되었다는 점까지를 알고 있는 사람은 많지 않았다.[6] 더구나 그런 자본에 의해 이식된 문물들은 제국주의의

5) 孤舟, 「無情」, 『대한흥학보』 11호, 1910, 41~42면. 孤舟는 이광수의 필명이다.

6) 미국 자본이 조선에 들어와 설립한 한성전기회사는 전차와 전등, 전기로 작동되는 각종 놀이 시설을 운영하였다. 전등을 예로 들자면 양초 16개의 불빛(16촉)을 내는 전등이 한 달에 2원 50전, 32촉이 4원, 50촉 전등은 6원이었다. 아직 계량기가 보편화되어 있지 않아 금액은 250촉 미만의 경우 종량제가 아닌 정액제였다. 『대한매일신보』, 1904년 8월 10일자 광고 참조. 그러나 이 광고는 아이러

강압적인 정치권력과 무능 부패한 조선 관료가 결탁된 결과물이었다. 사람들은 밤을 휘황찬란하게 밝혀주는 불빛과 회전목마에 눈이 멀고, 휙휙 내달리는 기차에 어지러워했을 뿐이다. 조선에 들어온 근대 문물들이, 모두 그런 것은 아니겠지만, 도리어 자주적인 근대적 개혁을 갉아먹는 존재라는 것이야말로 조선의 근대가 맞닥뜨린 최대의 모순점이었다.

1894년부터 1910년에 이르는 기간은 대략 지금껏 살펴본 것처럼 중세의 주술적 담론이 일상적인 차원에서는 아직도 영향력을 행사하면서도 서서히 근대문명에 의해 그 어둠이 걷혀 가는 시기였다. 사람들은 세계를 마법적이고 주술적인 것으로 생각하고 받아들이고 있었으나 시공과 자연을 점차 대상화, 객관화시켜 인식하기 시작하고 그럼으로써 '나'라는 존재에 눈을 돌리게 되었다. 자연은 인간이 스스로의 노력을 들여 가공할 수 있는 대상으로 전환되고, 그로부터 인간이란 존재는 자연으로부터 벗어나 주체적 존재로 탈바꿈하기 시작했던 것이다.[7]

니컬하게도 영문(英文)으로 되어 있다. 그런데 놀이시설(회전목마) 광고만은 한글도 병기되어 있는데, 당시 제국주의 자본의 성격이 여기에서도 상징적으로 드러난다. 그렇지만 1905년에 이르면 한성 5署(서울의 하위 행정 구역으로 지금의 區와 비슷하다. 일부 城外 지역도 있으나 대략 4대문 안이 당시 서울의 행정 구역이었다) 내에 있는 5집마다 전등을 하나씩 설치하는 계획을 세울 정도로 전등은 보편화되기 시작한다. 이를 빌미로 당국은 각 호마다 지전 1원씩을 수령해갔다. 『대한매일신보』, 1905년 2월 29일자 잡보 참조.

7) 이 무렵의 자연관과 인간관을 근대성의 측면에서 접근한 것으로 장성만, 「개항기의 한국 사회와 근대성의 형성」, 『모더니티란 무엇인가』(김성기 편), 민음사, 1994를 참조.

2. 문학에 대한 근대적 자각

그렇다면 문학에 대한 근대적 자각은 언제, 어떻게 나타나는 것인가? 중세의 주술적 세계 인식과 근대문명에 기반을 둔, 자아와 세계에 대한 새로운 인식이 교차하는 와중에서 문학에 대한 체계적이고 논리적인 접근은 좀처럼 보이지 않는다. 물론 문학이 근대적으로 생산 유통될 만한 인쇄와 출판·신문·잡지·통신 등의 사회적 제도가 점차 형성되어 가기는 했지만, 아직 문학을 근대의 학문 체계에 입각해서 가르쳐 줄 교사나 교육기관은 존재하지 않았다. 다만 애국계몽운동에 힘입어 문학에 대한 그동안의 통념이 바뀌고 있었다는 점을 주목할 수는 있다. 애국계몽운동의 활발한 전개는 우리 사회에 매우 초보적인 형태이기는 하지만 공공 영역(public sphere)의 형성을 촉진시켰고 그로 인해 정론적이고 계몽적인 담론들이 유행처럼 들끓었다. 여기에 힘입어 문학 역시 그 계몽적 성격 때문에 애국계몽운동가들에게 새로운 주목을 받기에 이른다.

> 夫小說子ᄂᆞᆫ 感人이 最易ᄒᆞ고 人人이 最深ᄒᆞ야 風俗階級과 敎化程度에 關係가 甚鉅ᄒᆞᆫ디라 (…중략…) 小說의 善本으로서 匹夫匹婦의 警鐘과 獨立自由의 代表ᄅᆞᆯ 作ᄒᆞ고 東洋의 日本도 維新之時에 一般學士가 皆於小說에 汲汲用力ᄒᆞ야 國性을 培養ᄒᆞ고 民智ᄅᆞᆯ 開導ᄒᆞ여시니 其爲功也 顧不偉哉아.[8]

그렇기는 하지만 이 같은 계몽적 논설들이 근대문학을 인식한

8) 박은식, 『瑞士建國誌』, 「序」.

자리에서 나온 것이라고 말하기는 곤란하다. 이들은 아직 소설, 시, 평론이라는 개체들에 대해서 말할 뿐, 조금 더 추상도가 높은 문학이라는 보편적 개념에는 도달하지 못하고 있었다. 뿐만 아니라 이들의 문학관은 여전히 중세의 그것으로부터 벗어난 것이 아니었다. 주지하는 바와 같이 재도지문(載道之文)으로 대표되는 중세의 '문(文)' 개념은 문학의 자율성을 인정하지 않을 뿐만 아니라, 문장을 잘 꾸민다는 수사(修辭) 개념에 가까워 일종의 기예(技藝)에 불과한 것이었다. 이 글 첫머리에 인용한 기사에서 등장한 김택영도 사실은 한문 문장가였다.[9] 다음의 인용은 중세에 문(文)과 시(詩)라는 개념이 어떻게 받아들여지고 있었는지, 그리고 그것이 애국계몽기의 논설들과 어떤 친연성이 있는지 드러내는 바가 있다.

> 도는 문의 근본이고 문은 도의 지엽이다. 문에서 발하는 것은 모두 도이어야 한다. 이대성현의 문장은 모두 이런 마음에서 나온 것이다. 문은 이 도를 익히는 것이다.[10]

---

9) 본관 화개(花開). 자 우림(于霖). 호 창강(滄江). 당호 소호당주인(韶護堂主人). 개성 출생. 1891년 진사가 되고, 1894년 편사국주사(編史局主事), 1895년 중추원 서기관(中樞院書記官)을 역임하다가 이듬해 사직하고 낙향하였다. 1903년 다시 홍문관찬집소(弘文館纂集所)에 보직되어 문헌비고 속찬위원(文獻備考續撰委員)으로 있다가, 뒤에 통정대부(通政大夫)에 오르고 1905년 학부(學部) 편집위원을 역임하였다. 을사조약이 체결되자 국가의 장래를 통탄하던 중 1908년 중국으로 망명, 퉁저우[通州]에 살면서 학문과 문장 수업으로 여생을 보냈다. 특히 고시(古詩)에 뛰어나 문장과 학문에서 청나라 캉유웨이[康有爲]·정효서(鄭孝胥)와 어깨를 겨누었다. http://100.naver.com/100.nhn?docid=32654 참조.

10) 朱熹, 『朱子語類』, "道者文之根本 文者道之枝葉, 所以發之於文, 皆道也, 二代聖賢文章皆從此心寫出, 文便是道."(전형대 외, 『한국고전시학사』, 홍성사, 1979, 238면에서 재인용)

시는 소기이나 간혹 세교에 관계되는 바가 있으므로 군자가 마땅히 취하는 바가 있다.[11]

조선시대에 문이나 시는 결코 학문이나 교양의 중심은 될 수 없었지만 세상을 교화시키는 의의에 대해서는 어느 정도 인정받고 있었다. 이런 수단적이고 기능적인 문 개념은 애국계몽운동의 한 축을 이뤘던 진보적 유학자, 혹은 개명된 유학자들에게도 이어져 내려오고 있었던 것이다. 물론 실학의 등장과 더불어 전통적인 문 개념이 잠시 흔들리기도 하지만 그것이 체계적인 형태를 띠거나 전통적인 문 개념을 위협할 정도는 아니었다.

그런데 문학을 근대적으로 인식하기 시작한 것은 공교롭게도 애국계몽운동이 좌절되고 굴욕적인 한일병합이 이루어졌던 1910년 무렵이다. 이광수가 『대한흥학보』 11호에 이보경이라는 필명으로 「문학의 가치」를 발표한 것이 바로 그때였다. 이 글을 시작으로 최두선의 「문학의 의의에 관하여」(1914), 김억의 「예술적 생활」(1915), 안확의 「조선의 문학」(1915) 등이 이어지고 있다. 그러나 이 글들마저 상당히 제한적인 의미밖에 갖지 못한다. 「문학의 가치」가 발표되었던 『대한흥학보』는 일본 유학생들의 친목회지 성격이 강한 것이었고, 최두선·김억·안확이 쓴 글 역시 모두 재일본 동경 조선유학생학우회의 기관지였던 『학지광』에 발표된 것이기 때문이다. 요컨대 이 글들은 조선과 일본의 경계선에 놓여 있었던 것이다.

11) 서거정, 『동인시화』, "詩者小技 然或有關於世教 君子宜有所取之."(전형대 외, 위의 책, 244면에서 재인용)

사정이 이렇게 된 데에는 우선 문학에 대한 근대적 자각, 혹은 인식이라는 문제의 특수성에서 그 이유를 찾아 볼 수 있다. 문학이 자각되기 위해서는 먼저 그것이 현실 속에서 근대적으로 존재하고 재생산되어야 한다. 그렇지 않을 때 근대문학은 스스로 인식되기 매우 힘들다. 상상력을 동원해 창조해내지 않는 이상, 존재하지 않는 것을 자각하는 일이란 불가능할 것이기 때문이다. 게다가 문학이 근대적으로 존재하기 위해서는 상당한 정도로 뿌리를 내린 근대 문명의 토양을 필요로 한다. 즉 자본주의적 상품 생산 및 유통체제로부터 교육·언론·학문·관습·통념·교양·사고 방식에 이르기까지 사회의 전 체제가 근대사회로 접어들어야 문학은 근대적으로 존재할 수 있는 것이다. 그렇게 본다면 조선에서 문학을 근대적으로 자각하기 시작한 게 다른 여타의 사회 영역보다 뒤떨어질 수밖에 없었던 것은 필연적인 현상일 터이며, 이 글들이 조선과 일본의 경계선에 놓일 수밖에 없었던 것 역시 전혀 가당치 않은 것만은 아니다. 여전히 중세적인 삶의 질서가 완강하게 버티고 있되 근대적 개혁은 온전하게 진전되지 못하고 있는 것이 당시 조선의 현실이었던 것이다.

이 글을 쓴 사람들이 대부분 일본 유학생들이었다는 점 역시, 이미 상식이 되어 버린 일이긴 하지만 한국의 근대문학을 설명하는데 여전히 중요한 실마리가 될 수 있다. 앞에서도 말했듯이 『학지광』이나 『대한흥학보』는 모두 일본에서 인쇄, 발간되었다. 따라서 이 잡지에 참여하고 있는 필자들 역시 대부분 일본 유학생들임은 쉽게 짐작할 수 있다. 그것은 곧 문학에 대한 고급 담론들이 일본을 통해서 들어올 수밖에 없었음을 반증한다. 이것은 곧 자생적인 문학 담론이, 비록 근대적 문학 인식에는 이르지 못했다고 하더라도, 뿌리를 제대로 내리지 못하고 그 자리를 일본 유학파들에게 넘겨주었다는 점에서 재삼 강조되어야 할 일이다.[12]

되풀이하건대 이들에 의해 자각된 문학의 모습이 당시 조선에서 갖는 의미는 제한적일 수밖에 없었다. 그들은 조선의 문학적 성과를 기반으로 논의를 전개할 수 있는 위치에 있지 않았고, 또 당시의 조선문학이 그럴 만큼 난숙하게 발전한 것도 아니었다. 조선의 현실은 더욱 더 암담하기만 해서, 근대로의 진전은 식민지로 종착되고 중세적 삶의 질서는 완고하게 자신의 자리를 내놓지 않고 있었다. 이들은, 머리는 근대의 학문 체계에 비교적 익숙해 있으면서도 몸체는 조선이라는 현실을 결코 떠날 수 없는 기형적인 상태에 머물러 있을 수밖에 없었다. 그렇다면 이미 일본이라는 근대를 보아버린, 그래서 근대인의 눈을 갖게 된 이들이, 여전히 봉건적 굴레에서 벗어나지 못하는 조선의 문학에 대해 과연 어떤 말을 하게 되는 것인가.

---

12) 예컨대 『태서문예신보』를 중심으로 한 상징주의, 유미주의운동은 이런 수입 담론이 조선의 현실에서 어떤 역할을 할 수 있는가를 보여주는 전형적인 예에 속한다고 할 것이다. 『태서문예신보』를 통해 조선에 소개되었던 상징주의와 유미주의는 소지식인들의 치기어린 자기 위안이거나 섣부른 지식 영웅주의에 의해 빚어진 하나의 아이러니에 다름 아니었다. 그런 의미에서 안확의 존재는 매우 흥미롭다. 그는 이들과는 다르게 조선의 주체성을 유달리 강조하고, 국학 진흥의 길을 걷는다. 안확에 대해서는 이태진·최원식·이기문, 『자산 안확 국학 논저집』 6, 여강출판사, 1994를 참조할 것.

3. 문명개화와 문학의 자율성

일본 유학생들의 글은 문학에 대한 일종의 인정투쟁의 성격이 짙다. 문학을 지엽말단적으로밖에 알지 못했던 조선의 지식계에 항(抗)하여 이들은 문학의 자율성·독자성·대중성을 강력하게 주장하고 있기 때문이다. 그러면서 한편으로 이들은 봉건적 문학관을 비판하고, 문학의 효용성, 요즘 유행하는 식으로 말하자면 문학의 도구이성적 성격을 강조함으로써 실생활에 문학이 어떤 실제적 도움을 주는가를 설명하는 데 주력한다.

이광수·최두선·김억·안확 등이 문학에 대해 공통적으로 보이는 인식은 "정(情)의 분자를 포함한 문장"(이광수), "글 가운데에 정의(情意)를 넣는 것"(최두선), "미감상(美感想)을 문자로 표현하는 것"(안확) 등으로, 모두 정적(情的)인 요소를 들고 있다는 공통점을 드러내고 있다.[13] 이들은 문학의 이 같은 특수성에 착목함으로써, 다른 것과 구별되는 문학만의 독자성, 나아가 다른 학문과 문학이 대등하다는 사실을 강조하려 했던 것이다.

> 人類가 生存하ᄂᆞᆫ 以上에 人類가 學問을 有ᄒᆞᆫ 以上에ᄂᆞᆫ 반다시 文學이 存在ᄒᆞᆯ 디니 生物이 生存ᄒᆞᆷ에ᄂᆞᆫ 食料가, 必要ᄒᆞᆷ과 가티 人類의 情이 生存ᄒᆞᆷ에ᄂᆞᆫ 文學이 必要ᄒᆞᆯ 디며, ᄯᅩ 生ᄒᆞᆯ 디라, 更言컨된 人類가 智가 有ᄒᆞᆷ으로 科學이 싱기며 ᄯᅩ 必要ᄒᆞᆫ 것과 갓치 人類가 情이 有ᄒᆞᆯ 딘된 文學이 싱길 디며 ᄯᅩ 必要ᄒᆞᆯ 디라.[14]

---

13) 이들에 대한 더 자세한 연구로는 이선영, 「구한말~1910년대 한국문학비평 연구」, 『한국근대문학비평사연구』(이선영 외), 세계, 1989를 참조할 것.

초보적이고 미숙한 형태이기는 하지만 이들이 문학의 특수성에 주목하면서 문학의 자율성과 독자성을 강조한 점은 중세적인 문학관과 스스로를 구별시키는 중요한 지표가 된다. 한낱 기예(技藝)에 불과하던, 학(學)에 종속되는 존재에 머물렀던 문학을 독자적인 성격과 역할을 갖는 존재로 인식함으로써 문학은 근대사회의 시민권을 주장하게 되는 것이다. 따라서 이들이 기존의 중세적 문학관에 반발을 하고 나서는 것 역시 당연한 일이라고 할 수 있다. 특히 안확은 「조선의 문학」에서 과거의 문학을 비판하면서 공자와 한문의 사상에서 벗어나 "고유의 문학과 신성(神聖)의 정신을 발휘"하자고 주장하고 여기에서 한 걸음 더 나아가 공자는 본래 "부유(腐儒)오 타락생(墮落生)"이라는 과격한 발언까지 서슴지 않을 정도이다.

그런데 이들의 주장에는 신문학에 대한 소개를 넘어선 미묘한 절박감이 배어 있다. 그렇다면 왜 이들은 문학의 자율성을 그토록 강조하고, 과거의 문학에 대해서 그토록 적대적이었을까? 단지 신학문에 영향을 받은 때문이라고 보기에는 문제가 그렇게 예사롭게 보이지 않는다. 여기에는 문학과 현실, 문학과 생활에 대한 새로운 자각이 결정적으로 작용하고 있는 것으로 보인다. 즉, 문학이 실생활의 발전에, 문명의 진보에 중대한 역할을 할 수 있다는 믿음이 크게 작용하고 있는 것이다. 유미주의적 성격이 강한 김억의 글에서도 그런 사고 방식은 꽤 강력하게 자리 잡고 있다. 김억은 "인생을 향상시키며, 개혁시키며, 창조시키며, 발전시키며, 모방시

14) 李寶鏡, 「文學의 價値」, 『大韓興學報』 11호, 1910, 16면. 이보경은 이광수의 필명이다.

키는 것은 예술"이므로 생활의 예술화를 이뤄야 한다고 강조한다. 이 점은 이광수나 안확에게서도 마찬가지이다. 그들은 서양의 발전된 문명이 바로 문학의 발전에서 온 것이라는 점을 강조한다. 서양의 문예부흥도 정치의 발전도 궁극적으로는 문학의 혁신, 정(情)의 변화를 통해 가능했다는 논리이다.

> 今에 文學과 政治와 比見하면 政治는 人民의 外形을 支配하는 者오 文學은 人民의 內情을 支配하는 者이라 故로 一國民의 文明을 考함에는 政治의 變遷보다 文學의 消長을 察함이 大하며 쏘한 政治를 復興코쟈 할진대 몬져 人民의 理想을 復興하여야 其功을 可得하나니라.[15]

결국 정리해 보자면 이들의 논리는 문학의 발전이 정(情)과 이상(理想)의 개혁을 가능케 하고, 이것이 결국 문명의 발전을 이뤄낼 수 있다는 것으로 된다. 그렇다면 이들은 매우 현실적인 측면에서 문학의 자율성을 강조한 셈이 된다. 문명개화라는 현실적 목표가 무엇보다도 중요하고, 문학은 거기에 기여할 수 있다는 주장으로 요약되기 때문이다. 문학은 이들의 논리로 보자면 매우 실용적인 쓰임새가 강한 것이었다. 이들이 자각한 근대적 문학이란 바로 이런 모양이었다. 정(情)적인 요소를 근간으로 하는 문학은 민중들의 정서와 이상, 꿈을 변화시킬 수 있고, 그럼으로써 사회의 개혁과 문명의 발전에 기여할 수 있다는 점이 이들의 논리에서는 어느 정도 뚜렷한 윤곽을 갖고 드러나 있는 것이다.

그런데 이 점은 한국문학의 근대적 성격과 무관하지 않은 문제성을 내포하고 있다는 점에서 의미심장하다. 우선 애국계몽기의

15) 安廓, 「朝鮮의 文學」, 『學之光』 6호, 1915, 64면.

계몽적 논설의 성격, 다시 말해 문학의 계몽성을 이들도 상당 부분 강조하고 있다는 점을 지적해 두기로 하자. 사회 개혁과 문명개화의 도구적 쓰임새로 문학이 강조되고 있다는 점은 어찌 보면 애국계몽적 담론 체계와 매우 유사하다. 그러나 이들은 애국계몽적 논설들과는 달리 문학의 자율성을 뚜렷하게 내세우고 있는데, 문제는 바로 그 두 항목이 어느 순간에 갑자기 등치되고 있다는 점이다. 이들은 문학의 자율성을 내세우면서도 자율성의 근저에 문명개화라는 절대적 명제를 설정하고 있었다. 요컨대 이들이 갖고 있는 문제점은 문학과 사회의 연관성을 소박하게, 그러면서도 매우 직접적으로밖에 사고하지 못한 데에 있다. 문학이 얼마나 실제적인 쓰임새가 있는가에 사고가 집중되고, 그것을 통해 문학의 의의와 가치를 설득하다 보니 문학의 자율성 개념과 문명개화의 논리는 서로 접합되지 못하거나 아니면 등치되게 되는 것이다.

문학이라는 대상 그 자체를 사고하지 못하고 대상의 실제적 쓰임새나 실용적 가치를 앞세우는, 그것도 아주 직접적으로 앞세우려는 이런 사고 방식은 단지 문학에만 국한된 경우는 아닐 것이다. 그것은 문명개화를 역설하는 이 시기의 담론 체계들이 갖고 있는 미망(迷妄)이었다. 요컨대 근대를 따라잡으려는 욕망의 산물들이 그것인데,[16] 이는 문학이 내재적으로 성숙・발전함으로써 자

16) 그러나 안확의 경우는 조금 다르다고 할 수 있다. 오히려 그는 이런 세태에 대해 매우 비판적이다. 그는 「조선의 문학」에서 유교와 한문만 좇으려했던 지난 시대와 마찬가지로, 지금은 모두 서구 열강을 닮으려 한다고 지적하면서, 중요한 것은 조선의 주체성을 지키면서 서양의 문명을 수용하는 것이라는 점을 지적하고 있다. 안확은 아마도 문학 부분에서는 유일하게 애국계몽운동의 노선을 이어받아 국내에서 활동한 논자로 보인다.

연스럽게 근대문학으로 전진해 나아가는 것이 아니라, 그것을 수입할 수밖에 없는 조선의 운명이 불러온 결과물이었다. 이들이 문학의 실제적 효용성에 집착했다는 것은 그만큼 당시 조선의 현실이 문학이 싹트고 발전할 토양이 조성되지 못했다는 것을 반증하는 일일 것이다. 관념적으로 인식된 근대가, 자신이 뿌리내릴 비옥한 토양을 잃었을 때, 나타난 현상이었다. 이 글들이 조선과 일본의 경계에 놓여질 수밖에 없는 것도 그래서이다.

4. 「문학이란 하오」

이광수의 「문학이란 하오」가 본격적인 의미에서 근대문학에 대한 체계적인 인식의 첫 출발이라는 사실은 이제 상식이 되었다. 총독부 기관지였던 『매일신보』에 1916년 11월 10일부터 23일까지 연재된 이 글에서 이광수는 과거의 문학 개념으로부터 문학의 근대적인 정의, 문학과 감정, 문학의 재료, 문학과 도덕, 문학의 실효, 문학과 민족성, 문학의 종류, 문학과 문(文), 문학과 문학자, 조선문학에 대한 정의에 이르기까지 문학의 원론적인 항목들을 대부분 다루고 있다. 이전까지 단편적인 언급에 그쳤던 문학에 대한 논의를 이 글에서 이광수는 집대성하고 있는 것이다. 따라서 「문학이란 하오」는 그 시기까지 문학에 대한 근대적 인식이 총화된 것으로 볼 수 있다.[17)]

이광수는 이 글에서 문학의 자율성을 조금 더 뚜렷한 형태로 인식하면서, 그것을 강조한다. 인간의 마음이란 지·정·의 셋으로 나뉘는데 거기에는 어떤 우열도 있을 수 없고 서로 평등하게 인간의 정신을 구성한다는 것이 그 논지의 핵심이다. 이로써 문학은 과학·도덕·종교와 대등한 자리에 올라서고 있을 뿐만 아니라, 과거의 문학과도 그 질을 달리하게 되는 것이다. 조선문학을 논한 맨 마지막 항에서도 이광수는 조선문학은 오직 장래가 있을 뿐, 과거는 없다고 단언하기까지 한다. 과거의 조선문학이란 모두 도덕의 부속물들이거나 통속적 오락물들이기 때문이다. 문학을 통한 문명개화 역시 앞의 논자들과 다르지 않은 논리 구조에 입각해 있지만, 다만 그 방향은 그들과 상당히 다르다. 한일병합을 바라보는 그의 시각에서 이 점은 분명하게 드러난다.

> 倂合 이래로 萬般 文物制度가 悉皆 新文明에 依據하였거니와 思想 感情과 此를 應用하는 生活은 依然한 舊阿蒙이니, 從此로 新文學이 蔚興하여 新하여진 朝鮮人의 思想 感情을 發表하여서 後代에 傳할 第一次의 遺産을 作하여야 할지라.[18]

『매일신보』가 총독부 기관지였다는 점을 감안하기는 해야 하나, 문명개화 제일주의가 갖고 있는 위험성이 드러나는 대목이 아닐

---

17) 이 글은 그가 와세다대학 대학부 문학과 철학과에 입학한 직후 쓴 것으로, 당시 일본 대학의 학문적 풍토나 일본문학론과 밀접한 연관이 있을 것으로 추측된다. 따라서 이 글 역시 내가 2절과 3절에서 말했던 그런 특성으로부터 자유롭지 못하다. 당시 이광수의 전기적 사실과 일본문학의 영향에 대해서는 김윤식, 『이광수와 그의 시대』 2(한길사, 1986)와 같은 저자의 「초창기의 문학론과 비평의 양상」, 『근대 한국문학 연구』(일지사, 1973)를 참조.

18) 이광수, 『이광수 전집』 1, 우신사, 1979, 551면.

수 없다. 합방을 문물제도의 근대화로 읽어내는 시각은 관념적 근대가 다다른 막다른 골목이었다. 한편으로는 휘황찬란한 동경(東京)의 근대 문명에 감탄하고, 다른 한편으로는 중세의 질곡 속에서 아직도 빠져나오지 못하고 허우적대는 조선의 현실을 바라보면서 이광수는 문학과 예술이야말로 문명개화를 이루는 길, 인간의 정서를 근본적으로 바꿔놓을 수 있는 유력한 수단이 된다는 것을 더욱 뼈저리게 느끼고 있었던 것이다. 그렇지만 그의 눈에 보이는 것은 근대의 휘황한 불빛만이었다. 그 불빛에 가려 근대의 뒷골목과 자본의 욕망은 보지 못하고 말았다.

그렇지만 「문학이란 하오」에는 그것만이 있었던 것은 아니다. 인간의 정신과 이성에 대한 새로운 자각과 그로부터 연유되는 주체의 발견이 무엇보다 강조될 필요가 있다. 그는 인간의 정신이 진리 판단을 추구하는 지(知), 선과 의(義)를 추구하는 의(意), 미적 쾌감을 지향하는 미(美)로 구별됨을 명확히 하면서 이 셋의 균형이 인간의 품성을 완미하게 발달시킨다고 주장한다. 이 세 범주는 칸트가 그 구별을 명확히 한 뒤 전통적으로 통용되는 인간 정신 작용에 대한 구분법이다.

그러나 이런 구분은 과연 문학과 예술이라는 존재가, 진리 또는 도덕과는 별도로 완전하게 홀로 독립된, 무목적(無目的)적인 존재인가에 대한 물음이 제기되는 데에 이르면 다소 복잡해진다.[19] 미

19) 가라타니 고진은 쾌와 불쾌를 판단하는 미적 취향 판단이 칸트에게서처럼 '무관심'으로 괄호에 묶일 때, 다시 말해 미적 판단의 범주가 진리 판단, 선악 판단과 경계를 달리했을 때 어떤 문제가 빚어질 수 있는가를 서구와 동양이라는 경계를 통해 흥미 있게 드러내고 있다. 「미와 지배」, 『내일을 여는 작가』 9호, 민족문학작가회의, 1997.

적 쾌감의 추구가 진리 판단이나 선악 판단의 영역을 벗어나 있는 존재인가, 아닌가에 따라 문학관은 근본적으로 달라지기 때문이다. 미의 영역을 완전한 자율적 존재로 보느냐 아니냐에 따라 문학관이 좌우되는 것이다. 이것은 결국 예술을 인간 이성으로부터 독립시켜, 감성과 욕망의 산물로만 생각하는가, 아니면 도덕이나 특정한 목적에 종속된 존재로 생각하는가와 연관된다. 서구의 사드(Sad)백작 같은 극단적인 유미주의자들이나 구소련의 스탈린주의에 침윤된 관변문학자들은 바로 그런 양극단의 예라고 할 것이다.

그렇다면 이광수는 어떠했는가. 중세의 도덕률에 맞서 문학의 자율성을 옹호하려는 그가 취한 자세는 매우 온건한 사실주의를 내세움으로써 이 문제를 피해간 것이라고 할 수도 있고, 아니면 그 문제를 채 인식하지 못하고 상식적인 언급에 그친 것이라고 할 수도 있다. 아마도 후자에 가깝다고 보는 것이 더 정확할 듯한데, 왜냐하면 특정한 도덕을 고취하거나 권선징악의 효과를 내기 위해 글을 쓰지 않고 "실재한 사상과 감정과 생활을 여실하게" 재현시킴으로써 거기에서 품성도 도야하고 지능도 계발할 수 있다는 소박한 상식론에서 그의 논의가 더 진전되지 않고 있기 때문이다. 사실 그가 수행했던 것은 중세적인 문학관에 대한 공격과 근대문학에 대한 대사회적 인정투쟁이었다. 중세적인 도덕률에 문학이 종속되는 것을 막고, 문학이 그 자체로 인정받는 것이 그에겐 최대의 과제였던 것이다. 이 글에서 그 이상의 논의는 대부분 상식 이상으로 진전되지 않는다. 미적 자율성이란 개념 역시 그 이상으로 진전된 논의를 보이지는 않는다. 장르론이나 문학자의 사회적 위치 등을 논한 대목 또한 일본에서라면 쉽게 접할 수 있는 문학원론서의 수준을 넘지 않고 있는 것이다.

그런데 문학을 정(情)의 만족으로 설명하는 대목에서 우리는 이광수가 인간을, 이성을 갖고 있는 독자적인 존재, 타인과 구별되는 '나'라는 주체적 존재로 인식하는 데에 이르고 있음을 발견하게 된다. 이것은 그가 문학의 독자성을 정(情)의 만족과 미적인 쾌감에서 찾았다는 사실과 무관하지 않다.

> 情의 滿足은, 즉 興味니, 吾人에게 最히 深大한 興味를 與하는 者는, 즉 吾人 自身에 關한 事이라. 吾人이 戀愛의 談話나 書籍에 興味를 感함은, 즉 吾人 各人의 精神에 戀愛의 部分이 有함이며, 貧者의 苦痛은 貧者라야 能解하나니, 즉 他貧者를 見할 時에 貧者라야 自己의 經驗에 照하여 그 苦痛을 推知하고 同情의 念이 發하나니라.[20]

주체에 대한 심화된 논의는 없지만, 문학이 결국은 '나'로부터 시작되는 것임을 그는 명확히 하고 있다. 그리고 지(知)나 의(意)보다 정(情)이 바로 그런 '나', 주체의 영역에 직접적으로 관계됨을 위 인용문은 보여주고 있다. 아마도 '나'라는 존재가 문학론적으로 자각되는 것은 이 글에서 처음인 듯 하다. 이제 한국문학은 '나'를 발견하고 문학의 자율성을 강조함으로써 근대를 인식하기 시작하는 것일 터이다.

그런데 이광수는 문학의 정적(情的) 특성을 통해 한 걸음 더 나아가 민족문학·조선문학이라는 개념을 도출해내기도 한다. 그는 우선 정이란 인간에게 보편적인 자질이므로 거기에 근거하여 내가 타인과 문학을 통해 소통할 수 있다고 설명한다. 문학의 재료

---

20) 이광수, 『이광수 전집』 1, 우신사, 1979, 548면.

를 인간 생활로부터 찾아야 하는 것도 그 때문이다. 이렇게 타인과 소통되는 정은 한 민족의 정서를 형성시키고, 나아가 민족의 정서는 대대로 이어지면서 마침내 민족의 정신적 문명, 민족의 문학을 이룬다고 설명하는 것이다. 정의 만족, 미적인 쾌감으로부터 주체의 발견, 나아가 민족문학의 논의로 이어지는 이 같은 논리는 비교적 정연하다.

그렇지만 이광수가 말한 민족문학이란 개념은 다시 문명개화론으로 이어지면서, 앞에서 말한 실용적이고 도구적인 사유 방식으로 다시 빠져든다. 일본과의 병합으로 문물개화가 이루어졌으니 문학을 통해 사상과 감정을 개화시키자는 논리가 그것이다. 그렇지만 사상과 감정을 개화시키는 궁극적인 목적은 무엇인가? 그 답은 일본과의 합방을 문물의 근대로부터 찾는 논리의 연장선상에 놓여 있다.

한국의 근대문학이 미적 자율성을 소박하게나마 확보하고 '나'라는 주체를 발견했음에도 불구하고 문명개화 제일주의로부터 벗어나지 못한 것, 대상을 도구 이성적으로만 접근하는 사고 방식에 빠져 있었던 것은 한국의 근대가 파행적으로 진행된 그 사정으로부터 말미암는 것일 터이다. 이런 사실을 이론적인 차원에서 자각하고, 그곳으로부터 빠져나오려고 몸부림치는 고투는 이제 이광수로서는 불가능한 일일 터였다.

채만식은 학문적으로 어떻게 인식되어 왔는가
한국 근대문학 연구의 제도적 변화와 관련하여

1. 한국 근대문학 연구의 형성과 연구사(硏究史)

이 글은 채만식이라는 작가와 그의 작품이 학문적으로 어떻게 인식되어 왔는가를 검토하는 목적으로 작성되었다. 애초에는 채만식의 연구사 검토를 목적으로 했지만, 채만식 연구 목록을 검토하면서, 그리고 필자의 평소 문제의식에서 온전한 채만식 연구사는 불가능하거나 불필요하다는 판단을 내리게 되었다. 1925년 등단 무렵의 『조선문단』 창작평으로부터 1997년 『국어국문학』에 실린 논문에 이르기까지 채만식의 작품에 대해 직접적으로 논평하거나 분석한 비평・논문・저서는 대략 500여 편에 이른다. 이런 분량의 연구물들을 모두 검토한다는 것은 이미 불가능한 일이 되어 버렸다. 게다가 특정 연구물들만을 자의적으로 선별·검토한다는 것 역시 거기에 선택과 배제의 논리가 작용하게 됨으로써 특정 연구물들이 권력화되는 경향을 막을 수가 없다.

연구사 검토라는 학위논문의 항목들이나 연구사를 다룬 논문들은, 그 긍정적인 측면을 강조한다면, 대개 지금까지 이루어진 연구들의 경향이나 방법론 등을 점검함으로써 앞으로 연구될 새로운 과제를 도출해내는 역할을 한다고 말할 수 있을 것이다. 연구사를 일별하면서 연구자들은 자신들의 연구 목적과 방법이 갖는 학문적 정당성을 확보하는 것이다. 그러나 나는 바로 이 지점에서 보다 근본적인 반성이 필요하다는 생각을 강하게 갖고 있다.

과연 우리는 연구 행위 이전에 어떻게, 이떤 과정으로 연구 대상을 선택하게 되는 것일까. 채만식의 경우를 예로 들어보자. 우리가 그 작가를 연구 대상으로 삼으려고 생각할 때부터 이미 채만식이라는 작가는 우리에게 어떤 하나의 이미지로 다가와 있다. 채만식이 『탁류』와 『태평천하』를 쓴 작가이고 「레디메이드 인생」과 「치숙」의 작가라는 것쯤은 어느 정도의 교양 교육을 받은 고등학생·대학생 정도라면 대부분 알고 있는 사실이다. 하물며 한국 근대문학을 연구하는 사람들일 경우에야 그것은 두말할 필요가 없다. 물론 일반 대중들에게 알려져 있는 채만식의 상(像)과, 연구자들이 생각하고 있는 채만식의 그것은 다를 수도 있다. 그렇지만 적어도 이들 사이에 최소 공배수는 있을 것이다. 이건 비단 채만식의 경우만이 아니라 이광수(李光洙)·김동인(金東仁)·이상(李箱) 등등이 모두 마찬가지일 것이다. 문학사 속에서 숨어 있던 작가가 아니라면 우리들에게 한국 근대문학의 작가들은 저마다의 표상들을 갖고 있다.

그리고 거기에는 이미, 알게 모르게 그 작가에 대한 가치 평가가 스며들어 있다.[1)]

이 글에서 문제삼으려고 하는 것이 바로 그 부분이다. 채만식은 근대문학 연구에서 어떻게 다뤄져 왔는가, 채만식이라는 작가에 대한 학문적 담론이 어떻게 구성되어 왔는가, 그리하여 그것이 궁극적으로는 작가 채만식의 표상 체계가 형성되는데 어떻게 작용하였는가를 살펴보려고 하는 것이다. 따라서 이 글은 지금까지 채만식에 대한 연구 논문들을 다루기도 하지만, 채만식에 대한 다양한 글들의 언저리, 혹은 그 이면을 파고들기도 할 것이다.

그러나 과연 이 글이 그런 목적을 충실하게 수행할 수 있을 것 같지는 않다. 필자의 능력도 능력이지만 이 작업이 의도에 맞게 이뤄지려면 몇 가지 전제 작업이 필연적으로 요청되는데 그것이 현 단계로서는 녹녹치 않기 때문이다. 필자의 문제의식과 목적을 어느 정도 만족시키기 위해서는 우선, 대학에서 근대문학 연구가 어떻게 제도적으로 성립되어 왔는가가 정리되어야 한다. 채만식이라는 작가가 대학에서 연구되고, 그에 대한 학위논문이나 학술논문이 배출된다는 것은 당연하게도 근대문학 연구가 대학에서 분과학문으로 성립되는 과정을 배제하고서는 이해될 수 없는 일이다. 이것은 넓은 차원에서 '한국 근대문학 연구의 성립사'를 요구한다. 이를 위해 한국 근대문학 연구, 조금 넓게는 인문학 연구의 사상사적, 방법론적 흐름, 더 정확히는 그것들의 계보학을 구성하는 일이 필요하다.

---

1) Barbara Herrnstein Smith, "Contingencies of Value", Robert von Hallberg ed., *Canons*, University of Chicago, 1984, pp.5~6.

근대문학 연구는 임화의 『신문학사』로부터 따진다면 반세기를 훨씬 넘기고 있다. 이제 근대문학은 자기의 역사를 가질 수 있는 세월의 연한을 쌓아가고 있다. 뿐만 아니라, 지금까지 근대문학 연구와 그 사유를 가능케 했던 사상사적 흐름, 방법론적 변화, 에피스테메에 대한 역사적 고찰도 필요하다. 채만식이 연구 대상으로 부각되었던 것 역시 그런 흐름과 별개로 존재하는 것은 아니기 때문이다. 여기에는 당연히 문학 이론의 수용사도 포함되고 그것을 가능케 한 사회적 담론의 맥락들에 대한 고려도 포함된다. 뉴크리티시즘으로부터, 골드만·루카치·바흐친 등의 수용과 그 수용을 가능케 한 배경을 제쳐놓고 한국 근대문학 연구의 계보를 말할 수는 없을 것이다.

다음으로 텍스트 형성의 역사를 검토하는 일 역시 요긴하다. 채만식 전집은 주지하는 바와 같이 1989년에 창작과비평사(1차분 발간 당시는 창작사)에서 출간되었다. 그렇지만 이 전집이 나오기 위해서는 몇 차례에 걸친 유고 발굴 작업이 그 앞에 이루어졌다. 어떻게 그 텍스트가 발굴되어 연구자들에게 평가되었는가가 검토되어야 한다. 뿐만 아니라 그 이전에 출간된 채만식 작품집 목록과 '한국문학전집류'에 편입된 채만식의 작품들에 대한 점검 역시도 중요한 일이다. 그것은 대중들에게 채만식의 상이 특정한 방향으로 형성되는데 결정적 영향을 미쳤을 것이다. 한때 문학전집류가 교양인들, 학생들의 필독 도서로 여겨졌던 시기가 있었다. 그러나 채만식이란 작가가 대중들에게 그토록 광범위하게 알려진 결정적 계기는 중·고등학교에서의 문학교육이다. 중등 교육 과정에서 문학교육은 대중들에게 거의 절대적인 영향력이 행사되는 장이다.

중등 교육 과정에 편입된 작가는 문학의 제도적 권력 중심에 서는 것을 의미한다. 또한 그것은 곧바로 대학 입시와 직결되고 입시와 관련되는 순간 그 작품은 대중 출판의 대상이 된다. 그런 점에서 각종 학교의 문학 관련 교과서에 채만식의 작품이 언제, 무엇이 실려 있는가, 그것이 어떻게 교육되는가를 검토하는 일은 작가 채만식의 이미지가 대중적으로 정착되는 과정에서 빼놓을 수 없는 연구 대상이다. 게다가 그것이 전문 연구자들의 연구 행위와 직·간접적으로 관련되어 있기에 더욱 중요하다.

어쨌거나 채만식이라는 작가를 둘러싼 학문적 담론의 형성은 최소한 위의 과제들이 어느 정도 정리된 연후라야 비로소 제대로 규명될 수 있을 것이다. 그렇지만 이들 중 어느 하나라도 만족스럽게 정리된 결과물들을 찾아보기는 힘들었다. 학문사로서 한국 근대문학 연구사, 제도로서의 대학사는 단편적인 글 이외에 거의 정리된 것이 없었다. 텍스트의 형성 과정이나 문학교육사 차원에서 채만식과 관련된 자료 역시 많지 않거나 거의 없었다.

그런 점에서 이 글은 근본적인 한계를 갖고 쓰여질 수밖에 없다. 그럼에도 불구하고 지금까지 조사한 자료와 관계 논문들을 토대로 대충이나마 그 얼개를 구성해 보도록 하겠다. 그렇게라도 해서 논문이랍시고 이렇게 어줍지 않은 글을 쓰는 이유는, 한국 근대문학 연구에 대한 자기 의식을 환기하고 나아가 한국 근대문학 연구와 연구사라는 형식의 글쓰기에 대해 작은 토론의 계기가 되었으면 하는 바람 때문이다.

2. 근대문학 연구의 형성과 채만식 연구

채만식이 학계에서 본격적으로 연구되기 시작하는 것은 대략 1970년대 초반부터이다. 1970년대 초반 무렵부터 주요 대학에서 채만식을 연구 주제로 한 석사논문이 제출되기 시작하는 것이다. 그 이전까지 채만식에 대한 논의는 매우 소략한 편이었다. 백철의 『신문학사조사』와 김우종의 『한국 현대소설사』에서 언급한 것이 대표적이고,[2)] 그 이외의 글들은 본격적인 연구라고 하기에는 무리가 따르는 것들이다. 조연현 같은 경우는 『한국 현대문학사』에서 아예 채만식을 거론조차 하지 않고 있다. 또한 김우종은 채만식을 거론하면서도 그에 대해 시종일관 소설사적 의미를 거의 부여하지 않는다. 그나마 백철이 채만식을 비교적 자주 언급하고 있는데, 그 역시도 엄격한 의미에서 문학사적인 평가라기보다는 식민지시대에 이루어진 평론을 토대로 그의 작품 경향과 작가적 위치를 정리한 것에 불과하다. 백철에 의해 언급된 채만식의 모습은 그가 동반자 작가라는 점, 세태소설과 풍자소설, 지식인의 고뇌를 드러낸 소설을 썼다는 것 정도인데, 이는 식민지시대에 채만식에 대한 평단(評壇)의 일반적 평가를 벗어난 성격이 아니었다. 식민지시대 이갑기와의 동반자 작가 논쟁이나, 임화와 김남천의 세태 풍속소

2) 이 글에서 거론되는 채만식 연구 관련 문헌들은 별도의 각주를 달지 않았고, 인용할 때에도 인용문 끝에 면수만 적어놓았다. 대신 이 글 뒤에 해당 문헌의 서지사항을 목록으로 첨부하였다. 채만식 연구에 대한 자세한 서지 사항은 국어문학회 편, 『채만식 문학 연구』, 한국문화사, 1997의 부록을 참조할 것.

설론, 한식의 풍자문학론에서 언급된 채만식의 비평적 평가가 그대로 『신문학사조사』의 내용이 되었다.[3)]

이런 문학사류 외에 채만식만을 집중적으로 거론한 글들로 유화웅·두창구·장경숙·성낙희 등의 논문들이 있는데, 이들은 대략 학부 과정이나 대학원 석사 과정의 레포트 수준을 넘지 못하고 있다. 그런데 이들이 채만식에게 주목하는 한결같은 이유가 그 소설의 풍자적 성격 때문이라는 점이 특징적이다. 채만식 곧 풍자작가라는 인식이 이들의 글에는 매우 깊게 각인되어 있는 것이다. 결국 1960년대 말엽까지 채만식이란 작가는 그렇고 그런 군소 작가로서 그나마 풍자성에서 작가적 특징을 찾아 볼 수 있는 정도로 여겨지고 있었다.

그렇지만 이들 연구에 대한 평가는 몇 가지 보충 질문이 전제되어야 온전한 것이 된다. 이 무렵에 근대문학 연구가 과연 가능했을 것인가에 대한 질문이 그것이고, 동시에 그것은 우리나라 대학의 역사, 구체적으로는 국어국문학이라는 학문의 제도적 분과가 어떻게 출현했는가 하는 물음을 동반한다. 1945년 8·15해방 이후 대학으로 인가·승격된 서울대·연세대·고려대에서는 그 첫 출발부터 국어국문학과가 설치되고 있지만 국어국문학과에서 주로 개설된 강의들은 대부분 어학과 고전문학에 해당되는 것들이었지, 근대문학 연구와 관련된 과목들은 거의 개설되지 않았다.[4)] 근대문

3) 백철의 『신문학사조사』는 신소설 부분만 제외한다면 일종의 문단사 범주를 넘기 어렵다. 오늘날 이 책은 문인들의 인명록과 작품 사전, 그리고 일종의 문학적 연대기로서의 역할에 충실한 텍스트로 되었다.

4) 참고로 4년제 대학교로 출범 당시(1946년) 연세대학교와 고려대학교 국어국문학과의 커리큘럼(교양 과목 제외)을 제시하면 다음과 같다. 연세대학교의 경우

학은 엄격한 의미에서 아직 학문적 대상으로 여겨지지 않았던 것이다. 필자가 확인한 1965년 연세대학교 국어국문학과 커리큘럼을 보면 현대문학과 관련된 교과목이 조금 늘기는 했지만, 그것 역시 엄밀한 의미에서 한국 근대문학과 관련된 과목이라기보다는 문학의 일반 이론에 가까운 과목들이었다.[5] 사정이 이렇다 보니 1950년대 중반 무렵부터 체제를 정비해 가던 대학원에서 근대문학을

는 창작법, 수사학, 국문법, 국어학개론, 조선 문자사, 국어변천사, 국어학사, 국문학사(중세 이전), 국문학사(근대 이후), 국문학통론, 중국문학사, 조선문물제도사, 조선사상사, 비교문학, 국문학 특수강의, 국어국문학 연습, 신문학(新聞學) 등이고, 고려대학교는 국어학개론, 국어학강독, 국문학개론, 국문학강독, 조선한문학사, 중국문학사, 국어학사, 국어학 특강, 국문학사, 국문학 특강, 조선한문학 특강, 조선문화사, 조선사상사, 조선한문학 강독, 중국철학사개설, 중국문학개론 등이다. 연세대학교의 경우 창작법 · 수사학 · 국문학사(근대 이후) · 비교문학 등이 근대문학 교과목이라고 할 수 있는 반면, 고려대학교는 고전문학에 치중한 커리큘럼 운용이 특징적이다. 고려대학교의 경우는 근대문학 관련 교과목이 거의 개설되어 있지 않으며, 연세대학교의 경우도 엄밀히 말해 '한국 근대문학' 관련 교과목이라고 보기 힘든 것들이 대부분이다.

5) 당시 연세대학교의 국어국문학 관련 전공 교과목의 내용을 보면 다음과 같다. 국어학개론, 국문학개설, 국어문법, 수사학, 수필론, 원서 강독, 창작법, 국문학사, 현대문학사, 국어 구조론, 국문학 강독, 국어학 강독, 기술언어학개론, 국어사, 시론, 국문학풍물지, 이조가요론, 희곡론, 국어학사, 국어음운론, 국어형태론, 국문학 특강, 국어학 연습, 국문학 연습, 고대시가론, 고대소설론, 비교문학, 비평론, 작가론, 현대문학 연습, 한문학사, 중국문학사, 신문학(新聞學) 쎄미나 등이나. 『연세대학교 요람』, 연세대 출판부, 1965, 108~112면. 근대문학 관련 교과목은 이 중 현대문학사, 현대문학 연습, 시론, 작가론, 희곡론, 비평론, 수필론, 비교문학, 수사학, 창작법 등일 것이다. '현대'라는 시기 구분이 뚜렷해진 것, 장르 구분에 대한 인식이 확연해진 것이 특징적이다. 그러나 지금도 그렇지만 시론 · 희곡론 · 비평론 · 비교문학 · 수사학 · 창작법이 정말 한국의 근대문학, 혹은 현대문학 관련 교과목이라고 볼 수 있을 것인가에 대해서는 여전히 의문이다. 예컨대 영어영문학과의 같은 시기 영문학 관련 교과목으로 영문학사, 셰익스피어, 19세기 영시, 영시개론, 18세기 영소설, 19세기 영소설, 미국문학개론 등이 눈에 띄는데 국어국문학과의 그것에 비해 교과목의 성격이 훨씬 뚜렷하다는 점을 쉽게 알 수 있다.

제대로 연구한다는 것은 사실, 거의 상상하기 힘든 일이었다.[6]

이런 시기에 나온 문학사류는 그런 점에서 충분한 여유를 가지고 학문적 대상으로 연구한 것이라기보다는 식민지시대를 정리해야 한다는 시대적 요청과 대학에서 활용할 교재가 시급히 필요하다는 현실적 이유가 결합된 산물이라고도 볼 수 있을 것이다. 뿐만 아니라 채만식의 경우는 친좌파적 성향이 강한 작가였음을 그 시기 문단에 관심을 가졌던 사람들이라면 체험적으로 알고 있었을 것이며, 그를 제대로 평가해줄 평론가들은 모두 월북하고 난 이후여서 그에 대한 언급은 소소할 수밖에 없거나 비판적이었던 것이다.[7] 평론계에서도 실존주의와 순수 참여 논쟁으로 채만식에 눈을 돌린 비평가는 거의 없었다. 게다가 채만식이라는 작가의 존재를 쉽게 알려주는 텍스트 역시 많지 않았을 뿐만 아니라 자료 정리도 체계적으로 이루어지지 못하였다.[8] 근대문학은 학문적 연

6) 그렇다고 해서 채만식 연구가 소소했던 것이, 꼭 당시 시대적 조건이 근대문학 연구가 제도적으로 정비되지 못한 탓으로 모두 돌릴 수 있는 것은 아니다. 이 점은 이광수 연구와 견주어 본다면 뚜렷하다. 이광수는 시기에 관계없이 늘 상당한 분량의 연구물들이 발표되었다. 다시 말해 채만식 연구가 소략했던 것은 본문에서 다시 언급하겠지만, 그 시기의 다양한 시대적 조건과의 연관 속에서 이해되어야 할 것이다. 이광수 연구사에 대해서는 김영민, 「남북한에서의 이광수 문학 연구사 정리와 검토」, 『춘원 이광수 문학 연구』(연세대 국학연구원 편), 국학자료원, 1994를 참조

7) 이에 대해서는 신동한, 「채만식론」, 『창조』, 창조사, 1972를 참조

8) 필자가 확인한 해방 이후부터 1960년대까지 출간된 채만식의 텍스트 목록을 보이면 다음과 같다. 『제향날』(박문출판사, 1946), 『아름다운 새벽』(박문출판사, 1947), 『조선대표작가선집 8－채만식』(서울타임스사, 1947), 『조선문학전집 7－채만식』(한성도서, 1948), 『을유문고 14－당랑의 전설 외 3편』(을유문화사, 1948), 『허생전』(조선금융조합연합회, 1949), 『한국문학전집－탁류, 태평천하, 기타』(민중서관, 1958), 『옥랑사』(성화사, 1961) 등이다. 그런데 여기에서 1950년 한국전쟁 이전(그것은 채만식 생존시기와 일치하기도 한다) 시기까지 출간된 작품집들

구의 대상이라기보다는 체험의 영역이었으므로 실증적 자료조사나 정리는 고려의 대상이 아니었고,[9] 도서관에서도 식민지시대 각종 잡지나 출판물들이 체계적으로 정리되거나 수집되지 못하였다. 한국문학 전집류로 출간된 책들이 오히려 손쉽게 구할 수 있는 텍스트 역할을 하고 있었다.

이런 시기에 채만식을 풍자 작가로 조명한 앞의 논문들은 중요한 시사점을 던져준다. 1950~60년대라는 조건에서 학문적 보편성은 형식적 장치나 기법을 다루는 지점에서 쉽게 확보될 수 있었던

은 이와 관련해서 조금 다른 시각에서 바라보아야 할 것으로 보인다. 물론 작가가 생존해 있으면서 작품집을 출간했다는 의미에서이기도 하지만, 1950년 경까지는 넓게 보아 해방 직후의 연속선상으로 볼 수 있기 때문이다. 요컨대 이 시기까지는 아직 분단이 고착화되지 않은, 또 근대문학이 사적(史的) 대상으로 전화되지 않은 시기인 것이다. 한국의 근대문학이 역사화되는 큰 계기는 해방과 전쟁에 이르는 시기를 경계로 해서이다. 그런 의미에서 1958년에 간행된 민중서관판 『한국문학전집』은 매우 주목되는 존재이다. 이는 역사적 공간으로 물러난 한국 근대문학 작품이 처음 대중적으로 집대성, 보급되었다는 것을 뜻하는데, 그런 점에서 이후 이 전집이 한국 근대문학의 연구에 끼친 영향은 가볍게 볼 수 없다. 채만식만 하더라도 평론가와 연구자들에 의해 쉽게 눈에 들어올 수 있었던 직접적인 이유는 이 전집 덕이 크다. 많은 연구자·평론가들이 1970년대 초반 무렵까지만 하더라도 민중서관 판본에 근거하여 채만식을 논하고 있기 때문이다.

9) 김윤식 교수는 1950년대 대학의 국문과 분위기를 다음과 같이 술회한다.

"가령 향가 강독이라든가, 고려가사 해석 등의 과목이 제일 학문적인 것으로 인식되었는데, 단어 및 문맥의 정밀한 분석과 바른 해독을 중심으로 하는 강의였던 것입니다. 이른바 문헌학이었던 셈인데 정밀한 읽기 공부로 이 과정을 요약할 수 없을까. 이런 강의가 그럴싸하게 보였던 것은 인간이 이론적인 것에 대한 본능적인 지향성이 있었던 때문인지도 모릅니다. 그러나 불행히도 이런 강의는 많지 않았습니다. 관심을 가졌던 현대문학 강의는 기껏해야 신문학에 참여한 분들의 체험담 수준에 지나지 않은 것처럼 느껴졌습니다. 신문학 자체가 일천한 까닭도 있었겠으나, 박영희·백철·조연현 등의 신문학사 기술이란 모두 이런 범주에 드는 것이었습니다." 김윤식, 『체험으로서의 한국근대문학연구』, 아세아문화사, 1999, 220면.

것이다. 이론적 보편성이나 실증적 자료학을 기초로 하는 인문학 연구에서 국어학이나 고전문학은 학문이 될 수 있었지만, 근대문학은 여전히 체험의 범주에 머물고 있었을 때, 그것을 연구할 통로는 이론적 보편성의 영역, 다시 말해 문학 작품에서는 형식적 장치에 대한 경사로 드러났던 것이다.[10] 그런 점에서 이 시기 연구자들에게 채만식 문학의 풍자성이 주목의 대상이 될 수 있었던 것은 나름대로의 이유가 있는 것이다. 그러나 그것으로 정녕 채만식 문학의 본질을 설명할 수 있겠는가는 의문이다. 역사적, 시대적 맥락이 결여된 형식이란 구체적 보편성은 아니기 때문이다. 여기에 또한, 뉴크리티시즘의 수용이 큰 역할을 하였다는 사실을 배제할 수 없다. 1950년대 후반에 백철 및 일군의 영문학 전공자들에 의해 소개되기 시작한 뉴크리티시즘은 근대 시 연구와 비평에 커다란 반향을 일으켰을 뿐만 아니라, 문학을 형식적으로 이해하는 사고를 가능케 했던 것이다.[11]

어쨌거나 이 시기 채만식은 식민지시대의 군소작가, 그리고 풍자 작가로 연구자들에게 인식되었고 대중들에게도 그저 미미한 존재로밖에 인식되지 않고 있었다.

---

10) 김윤식, 위의 책 참조.

11) 백철은 1958년, 미국에서 귀국한 이후부터 『자유문학』·『사상계』 등에 뉴크리티시즘을 본격적으로 소개하는 글을 싣는다.

3. 내재적 발전론의 등장과 채만식 연구

앞 절에서도 잠깐 언급했지만 채만식이 본격적으로 학문적 조명을 받기 시작한 것은 1970년대 들어와서부터이다. 강금숙·이주형·송하춘 등 채만식을 연구한 석사논문들이 속속 제출되는 것이 이 시기이다. 1970년대는 필자가 보기에 한국 근대문학 연구가 온전한 학문으로 성립되는 시기이다. 채만식을 비롯한 한용운(韓龍雲), 이상 등은 이 시기에 들어와 빛을 본 작가들이다.[12] 후대의 연구자들에 의해 이들은 한국 근대문학을 구성하는 당당한 정전(正典)으로 편입되게 된 것이다. 특히 채만식은 한 조사에 따르자면 해방 이후부터 1994년까지 대학원의 학위논문으로 가장 많이 쓰여진 작가인데, 박사논문이 9편, 석사논문이 70편으로 그 중 한두 편을 제외하고는 모두 1970년대 이후에 발표된 것들이다.[13] 채만식은 1970년대에 들어와 화려하게 부활한 것이다.

이렇게 된 데에는 물론 1970년대 들어 대학 입학 정원의 증가와 그에 따른 대학원체제의 정비가 이루어졌다는 것을 그 배경으로 생각해 볼 수 있을 것이다. 대학원이 정비되면서 한국 근대문학 분

---

12) 이선영 교수의 『한국문학의 사회학』(태학사, 1993)에 의하면 이상에 대한 작가론은 1960년대에 38편이 발표되었다가 1970년대에는 무려 110편이, 한용운 작가론은 19편이던 것이 114편으로 폭증하는 기형적인 양상을 보인다. 채만식은 그보다는 미미하지만 10편이던 것이 52편으로 늘어난다. 그러나 김동인·이광수 등의 작가론은 1970년대에 들어와 소폭 상승하거나 오히려 감소되기까지 한다. 이선영, 같은 책, 32면 참조

13) 권영민 편, 「한국 현대문학연구의 결산」, 『한국문학 50년』, 문학사상사, 1995 참조

야에서도 논문이 쓰여질 수 있는 분위기가 조성되었을 것이기 때문이다. 대학원에서 구제(舊制)박사학위제도가 폐지된 것이 1975년이고[14] 1970년을 전후로 한국의 학위제도는 미국을 모델로 점차 정비되기 시작한다. 대학 및 대학원 정원의 증대는 이른바 근대화 논리에 따라 고급 두뇌를 양산할 목표로 추진되기 시작하는데, 한국문학 분야도 이런 사회적 분위기에 편승해 정원이 증가하게 된다. 여기에 자본주의적 경쟁 논리와 교육열풍은 사회적으로도 대학 진학을 부채질하였다.[15]

채만식에 국한해서 말하자면 이 시기는 또한 채만식의 유고(遺稿)가 문단과 학계의 관심 속에 발굴, 발표되기 시작하는 때이다. 채만식의 처녀작 「과도기」가 『문학사상』을 통해 요란스럽게 발표된 것이 1973년이었다. 그 이전에도 유고가 발표되기는 하였지만, 『문학사상』에 발표된 이 작품은 각별한 주목을 받는다.[16] 이와 관

14) 1975년은 대학에서 교양 과정부가 폐지된 해이기도 하다. 교양 과정부가 폐지됨으로써 국어국문학과의 전임 교원 수가 급증하는 계기가 된다. 교양 과정부에서 국어를 가르치던 교양 전임들이 국어국문학과로 편입된 것이다.

15) 1967년 정부는 문교부 장관 담화로 1968년부터 1971년까지 2차 경제개발 5개년 계획을 뒷받침하기 위한 인력 수급 정책으로 대학의 정원 27,000명을 연차적으로 증원하고 자연계 대비 인문계 정원비율을 6 : 4로 재조정한다고 발표하였다. 또한 1968년에는 중학 무시험 진학제가 법제화되고 74년에는 고교 평준화 조치가 시행된다. 지나친 입시 경쟁으로 중·고등학교 교육이 그만큼 파행적으로 이뤄진 현실을 타개하기 위한 조처였다. 김종철, 「한국고등교육사 연표」, 『한국고등교육사연구』, 배영사, 1979 참조.

16) 『문학사상』은 1972년 창간 이후 1973년 8월호(통권 11호)에 이르기까지 한용운·김종철·윤동주·이상화·신채호·채만식·박영희 등의 미발표 유고, 혹은 평가에서 소외되어 있던 작품들을 찾아 아홉 차례에 걸쳐 다소 '센세이셔널'하게 소개하고 있다. 물론 창간된 지 얼마 안 된 잡지의 상업적 전략으로 이해할 수도 있지만, 이들의 작품이 화제가 되는 그 담론적 맥락 자체가 이미 1차 자료의 중요성이 근대문학 연구에도 고려되기 시작하였음을 반증하는 사실일 것이

련하여 홍기삼은 지금까지 채만식 연구가 한정된 텍스트만을 대상으로 이루어짐으로써 그를 풍자 작가로 규정하는 관습이 생겼다고 비판하고, 그의 다른 작품들을 검토해보면 그가 풍자작가만은 아니라는 사실을 직접적으로 지적한다. 홍기삼의 이 글은 지금까지 연구 관행을 비판하는 글로 채만식 연구에서 자료의 중요성을 본격적, 대중적으로 언급한 글이라는 점에서 의미를 갖는다.

그와 아울러 1970년대 초반 김현·김치수·신동욱·이주형 등 신진 비평가, 연구자들에 의해 채만식에 대한 전혀 새로운 평가가 등장하기 시작한다. 이 같은 논의는 1973년에 간행된 김윤식·김현의 『한국문학사』에서도 크게 다르지 않은 모습을 보이는데, 이는 이후 채만식에 대한 연구를 급진전시키는 계기가 된다. 그리고 이런 논의를 가능케 한 방법론적 기초는 지금에 이르기까지, 1980년대에 한차례의 선 굵은 전환을 이루기는 하지만, 근본적인 차원에서는 유지되는 하나의 도도한 흐름을 형성하게 된다.

그것은 다름 아닌 역사주의적 태도와 민족 주체적 태도가 결합된 새로운 인식의 탄생이다. 어떤 대상을 역사적인 맥락에서 파악하려는 인식론, 그리고 그 역사를 민족 주체의 입장에서 정립시키려는 태도는 채만식 연구를 새로운 단계로 진입시키게 된다. 이 무렵 채만식에 대한 평가는 대부분 식민지 현실에 대한 그의 날카로운 관찰과 비판이라는 관점에서 언급되기 시작한다. 그런 맥락 속에서 채만식 소설을 둘러싼 기존의 평가들, 예컨대 풍자 작가라던가 세태소설을 썼다던가 하는 식민지시대의 비평적 평가는 지

다. 자료학으로서의 근대문학 연구, 실증적 사유를 기초로 한 근대문학 연구가 전제되지 않고서는 이런 기획은 성립 근거가 불가능한 것이다.

양되고, 풍자의 의미나 동시대에 대한 반영의 진정성이라는 관점이 강력하게 대두되게 되는 것이다.[17] 조금 도식화시켜 말한다면 그가 얼마나 문학적으로 저항적이었는가가 평가의 주요한 관점이 되는 것이다. 그리하여 이 시기 채만식이 언급되는 담론적 맥락은 그를 어떤 역사적 흐름 속에 위치 지울 것인가와 그가 어떻게 식민지 현실을 비판적으로 드러냈는가, 혹은 반영했는가에 모아진다. 이주형은 그의 석사논문 결론부에서 다음처럼 언급하고 있다.

> 채만식의 작품들은 현실반영이라는 점에서도 주목된다. 이 점에서 그것들은 식민지하의 당시 상황에 대한 하나의 산 증언이 되기도 한다.
>
> 채만식은 "엄밀한 검열과 가혹한 문화말살정치 밑에서 그래도 붓끝만은 굴복하지 아니하고"라는 자신의 말처럼, 많은 당대의 작가들이 현실을 직접적으로 반영・비판하지 않고 '자연'이나 '인생' 쪽으로 시선을 돌리고 말았을 때도, 30년대의 사회를 직시하고 그 치부를 파헤쳤다. (85면)

그렇다면 이런 인식론은 어떻게 가능했던 것인가? 여기에는 많은 계기가 있을 것이나 이 시대에 이렇게 인문학적 패러다임의 전환이 가능할 수 있었던 것은 이전부터 조금씩 축적되어 오던 한국 사학계의 학문적 성과와 무관하지 않다. 그것은 간단히 요약하면 식민사관의 극복과 내재적(內在的) 발전론의 등장이라고 할 수 있다. 내재적 발전론이란 조선사회 내부에 이미 근대사회로 발전할 수 있는 맹아가 존재했음을 입증하고 주장하는 관점이다. 한국사회의 정체성론(停滯性論)으로 요약되는 식민사관은 그동안 한국 사학계의 학문적 축적에 힘입어 1960년대 후반에 이르게 되면 내재

17) 흥미로운 것은 채만식과 더불어 염상섭도 같은 맥락 속에서 다뤄지기 시작한다는 점이다.

적 발전론의 모습으로 극복되기에 이른다.[18] 이 내재적 발전론을 구성하고 있는 이른바 에피스테메가 바로 역사주의적, 민족 주체적 인식론이다.[19] 내재적 발전론의 등장으로 말미암아 한국사회의 학문 연구사에서 온전한 의미의 인문학이 가능하게 된다.[20] 내재적 발전론의 기초는 사회경제사학이 제공했지만, 그것은 곧바로 사상사와 문학사와도 연결되는 문제를 포함하는 인문학계의 화두가 되었던 것이다. 한국사의 시대구분론이나 근대문학의 기점 등의 문제가 학계에서 활발하게 논의될 수 있었던 배경에 내재적 발전론이 있었다는 점은 쉽게 확인할 수 있다.

그 영향 아래에서 김윤식·김현이라는 두 무서운 아이들에 의해 『한국문학사』가 집필되고,[21] 문학사에 있어서 방법론적 탐색이 이 시기부터 본격화된다. 문학을 역사주의적이면서도 민족 주체의 입장에서 연구하려는 태도는 비평과 연구의 경계를 무너뜨린다. 현장성이 곧 근대문학 연구와 다르지 않았던 시기였다. 외국문학을 전공한 많은 평론가들이 앞 다투어 한국의 근대문학을 비평하고 연구하였으며 그것은 곧바로 문예지에 투고되어 발표되면서

---

18) 이에 대해서는 박찬승, 「분단시대 남한의 한국사학」, 『한국의 역사가와 역사학』 下(조동걸·한영우·박찬승 편), 창작과비평사, 1994를 참조.

19) 푸코가 말한 에피스테메(episteme)라는 용어를 여기에서 사용하기에는 물론 무리가 따른다. 푸코의 에피스테메란 한 시대의 거대한 인식틀, 담론 체계를 가능케 하는 인식소를 뜻하지만, 여기에서는 인문학 분야의 담론 구성이 전환되는 양상을 특별히 강조하기 위해 그런 용어를 차용한 것이다.

20) 1970년대 『창작과비평』, 『문학과지성』이 그 위엄을 누릴 수 있었던 이유의 일단도 이 점과 관련이 없지 않을 것이다. 역사학계의 내재적 발전론이 근대 인문학, 특히 문학의 근대적 연구에 끼친 영향에 대해서는 더욱 깊이 있는 연구가 요망된다.

21) 『한국문학사』를 쓰던 시절 김윤식이 36세, 김현이 30세였다.

동시대의 작품에 대한 평론과 같은 자리에서 논의되었다. 근대문학의 기점 역시 논쟁거리로 된다. 연구자들은 주체적 근대화론에 입각해 근대문학의 자생적 가능성을 탐색하기 시작한다.[22]

이렇게 형성된 에피스테메는 문학의 현실 반영, 문학의 역사적 발전이라는 틀을 문학 연구와 비평의 과제로 제기한다. 1970년대 유학을 마치고 돌아온 일군의 외국문학 연구자들에게 하우저·루카치·골드만·아도르노 그리고 벤야민이 소개되고 그것은 한국 근대문학 연구에 방법론적 기초를 튼실하게 제공하게 된다.[23] 문학 연구와 비평에 있어서 리얼리즘 미학이 점차 체계화되고 그것은 이제 무시할 수 없는 거대한 경향을 형성한다.

채만식 연구 역시 이와 더불어 1970년대 내내 지속적이고 체계적으로 이루어지게 된다. 그리하여 작가의 전기 연구, 문체, 장르 등으로 연구는 가지를 뻗어나간다. 물론 채만식 연구가 이렇게 1970년대 들어 폭발적으로 연구될 수 있었던 또 다른 계기로는 월북 작가의 작품이 묶인 상태에서 그나마 채만식이나 염상섭·최서해 등에게서 리얼리즘의 가능성을 발견할 수 있었다는 사실도 간과할 수 없다.[24]

---

22) 이에 대해서는 조동일·조병기·서연희, 「한국 근대문학 형성 과정론 연구사」, 『근대문학의 형성과정』(한국고전문학연구회 편), 문학과지성사, 1983을 참조.

23) 1970년대 후반에 들어서게 되면 '소설사회학', '문학사회학'이라는 이름이 일반화되며, 그 이전부터 문학계간지, 『창작과비평』, 『문학과지성』, 『세계의문학』 등에서 A. 하우저, L. 골드만, W. 벤야민, T. 아도르노 등에 대해 번역, 소개하는 글들이 실린다. 특히 1974년 태극출판사에서 간행된 태극신서 중 『문학과 행동』은 책임편집을 맡은 백낙청이 리얼리즘의 고전 원문들을 엄선하여 소개하였으며, 1979년에 이르면 국내 학자들이 서구와 한국의 문학예술 및 그 이론의 사회적 연관성에 대해 정리해 놓은 논문 모음집인 『예술과 사회』(민음사)가 출간될 정도에 이르게 된다.

채만식은 더 이상 풍자 작가로만 머무르거나 군소작가로 치부되지 않는다. 이제 그는 이광수 · 염상섭 등과 더불어 한국을 대표하는 주요 작가로 떠오르게 되는 것이다. 이 시기 근대문학 연구의 문제적 결과물이라고 할 김현 · 김윤식의 『한국문학사』에서 이뤄진 채만식 평가는 이를 압축적으로 드러내는 바가 있다.

> 채만식의 그러한 탁월한 현실인식을 가장 날카롭게 보여주고 있는 것이 그의 『태평천하』이다. 그것은 염상섭의 『삼대』와 함께 식민지 시대에 쓰여진 가장 우수한 작품 중의 하나이다. 거기에는 그의 아이러니가 유감없이 발휘되어 있을 뿐만 아니라, 그의 긍정적 세계관도 유루없이 행간 속에 제시되어 있어, 그의 세계를 단숨에 파악할 수 있게 한다. 특히 거기에서 묘파되고 있는 부정적인 망국인(亡國人) 윤직원 영감은 일종의 편집광으로서, 『탁류』의 꼽추 형보와 함께 한국 문학사에서 독특한 위치를 점유한다. 가해자의 입장에 서 있는 사디즘적 인물들인 그 두 인물은 발자크의 고리오 영감이나 보트랭에 필적할 만한 편집광들이다. (189면)

---

24) 예컨대 이주형의 「채만식 연구」(서울대 석사논문, 1973)의 참고문헌을 보면 이 시기 연구자들의 지적 관심사, 연구 경향을 한 눈에 알 수 있다. 그 문헌목록들은 채만식 연구가 어떤 맥락에서 이뤄지고 있었는가를 보여주고 있다. 몇몇 목록을 제시하면 다음과 같다.

임화의 『문학의 논리』, 김윤식 · 김현의 『한국문학사』, 임형택의 「현실주의적 세계관과 금오신화」, 김용섭의 「한말 · 일제하의 지주제」, 안병직의 「1930년대 이후 조선에 침입한 일본 독점 자본의 정체」, 신용하의 「일본 식민지 통치기의 시대구분 문제」 등과, 외서(外書)로는 아놀드 하우저의 『예술의 사회사』, C. 라이트 밀즈의 『사회학적 상상력』, 말콤 브래드버리의 『현대 영문학의 사회적 맥락』, 레이먼드 윌리엄즈의 「리얼리즘과 현대소설」 등이다. 레이먼드 윌리엄즈의 글만 백낙청에 의해 번역된 것이고 나머지 외서는 모두 영어본이다. 역사학자들의 글이 의외로 많으며, 외서는 몇몇을 제외하고는 전반적으로 리얼리즘 미학과 관련된 서적들이다. 이 같은 문헌 목록은 이전 석사논문에서는 보기 힘든 것들이었다.

4. 현실변혁운동으로서의 문학 연구

1980년대 대학은 졸업정원제로 인해 정원이 약 두 배로 급증하는 기현상이 벌어진다. 자연스럽게 대학원 정원도 증원되고 짧은 시기에 교수인력도 늘어나게 된다. 1980년대는 신진 연구자들이 대거 등장할 수 있는 제도적 변화가 일어났던 시기이다. 간단한 통계만 보더라도 이 시기의 제도적 변화를 실감할 수 있다. 1970년대에 제출된 근대문학 관련 학위논문이 석사는 208편, 박사는 18편인데 비해 1980년대에는 석사가 1,158편, 박사가 162편에 이른다. 석사는 500% 이상, 박사는 900%의 증가율을 기록하는 과잉 팽창을 기록한다.

그렇지만 이 시기는 주지하는 바와 같이 혁명의 연대였다. 1980년 광주민주화운동은 한국사회에 과거와는 근본적으로 다른 변혁 이념이 등장하는 기폭제가 되었다. 노동운동을 비롯한 사회운동이 급격히 성장하고 대학은 변혁 이념의 이론적 거점, 현실 변혁을 위한 실천적 투쟁의 진지(陣地)가 되었다. 한국 근대문학 연구도 이런 분위기에서 자유로울 수 없었다. 루카치와 골드만은 젊은 연구자들의 방법론적 기초로 급속하게 퍼져나갔고, 1980년대 중반에는 소련과 동독의 사회주의 미학 교재들이 속속 번역되었으며, 마르크스를 위시한 사회주의 이론가, 혁명가의 원전들도 번역되어 나왔다. 이런 이론들은 문학이 어떻게 현실을 반영할 뿐만 아니라 변혁의 무기가 될 수 있을 것인가를 고민하는 사람들에게 중요한 방법론적 기초를 제공하였다.

이 무렵 급증한 한국 근대문학 연구자들은 지난 시대의 진보적 문학운동의 성과를 다시 복원시키고, 한국 근대문학사의 이른바 '합법칙적' 발전에 관심을 집중시켜 나갔다. 1988년 월북문인들의 공식적 해금은 이런 연구 경향을 사회적으로 확산시키는 계기가 되었다. 카프를 중심으로 해방 직후에 이르기까지의 진보적인 문학 전통들이 실증적으로 복원되었을 뿐만 아니라 문학사의 발전이라는 관점, 당대의 민족, 민중문학운동이라는 관점에서 연구되었다. 이 시기 한국 근대문학 연구는 그런 점에서 실종된 자료를 복원시켰다는 점, 복원된 자료를 문학사적으로 재평가했다는 의의를 갖는다. 그러나 그럼에도 불구하고 1980년대 문학 연구의 문제는 가치 평가의 획일화와 이념적 단순화, 이론 편향주의의 결과를 초래하기도 하였다. 당파성 · 민중성 · 전형 · 전망 등 몇 개의 개념어가 작품을 쾌도난마식으로 재단해버리는 부정적 경향을 드러냈던 것이다.

한편 1980년대 중 · 후반 북한바로알기운동의 여파로 북한에서 간행된 문학사의 소개는 한국 근대문학 연구가 새로운 타자(他者)를 발견하는 순간이었다. 북한의 근대문학 연구는 남한의 연구자들에게 비판적으로 수용되면서 연구의 지평을 넓혀주었다.

채만식 연구는 이 같은 연구의 흐름을 타면서 새로운 국면을 맞는다. 그것은 우선 채만식이 이제 학계 일반의 관심사로 완전히 정착하게 된다는 점에서 그렇다. 다시 말해 채만식은 대학의 제도적 틀 내로 포섭되면서 대다수 연구자들에 의해 왕성하게 연구되기 시작하는 것이다. 예컨대 1970년대에 채만식 연구는 대학이라는 제도를 초월해 당대의 시대적 문제의식에서 발랄하게 연구가 이루어졌다면,[25] 1980년대의 그것은 기존의 제도권 학자들에게 주요 연구 대상으로 정착하게 되면서 대학마다 발간되는 학술논문집, 대학원 학위논문, 학회지 등을 주요 매체로 해서 이뤄지게 되는 것이다.[26]

그 자연스러운 결과로 채만식 연구는 이 시기에 들어와 양적인 면에서 상당한 수준에 이르게 된다. 약 200여 편이 넘는 채만식 관련 논문들이 이 시기에 발표되는 것이다.[27] 이들 논문들은 1970년대 채만식 연구가 이뤄냈던 성과를 수용하면서 그런 문제의식을 조금 더 심화시키고 구체화시키는 방향으로 진전한다. 그 대표적인 경우가 김상선 · 김윤식 · 최원식의 연구들이다. 이 연구들에서는 작품을 꼼꼼하게 분석하고, 작가의 세계관이나 장르의 문제를 치밀하게 밝혀낸다. 앞 시기의 연구들에서는 채 밝히지 못했던

---

25) 1970년대에 채만식이 한국문학을 주전공으로 하는 연구자들에 의해 학위논문이나 학술 논문의 형태로 연구된 것도 사실이지만, 많은 외국문학 전공의 평론가들도 채만식의 문학사적 중요성과 문학적 의미(주로 리얼리즘과 관련하여)를 적극적으로 인식 · 평가한 것 역시 무시할 수 없다. 홍이섭 같은 역사학자가 채만식의 『탁류』를 연구하는가 하면, 상당수의 외국문학 전공 평론가들이 채만식을 앞 다퉈 다뤘다. 채만식은 전공을 초월해 1970년대 한국문학의 한 가운데에 서 있었다. 그리고 넓은 의미의 민족문학 · 시민문학 계열의 평론가와 연구자들이 주로 이를 선도하였다.

26) 조금 도식적인 가름일지도 모르지만 1970년대 채만식 연구가 비평적 성격이 강했다면, 1980년대 발표된 논문들은 말 그대로 학술 논문의 성격이 강하다고 볼 수 있을 것이다.

27) 그런데 이 시기는 대학 입학 정원 증대와 더불어 대학마다 체제를 정비하고, 아울러 각종 학회가 왕성하게 창립되는 때이기도 하다. 그에 따라 논문집과 학술지의 간행 종수 역시 급격히 늘어난다. 필자가 확인한 바로는 1998년 현재 약 40개 정도의 한국 근대문학 관련 학술 단체가 정식 학회로 학술진흥재단에 등록되어 있는데, 그 중 거의 반에 해당하는 17개의 학회가 1980년대에 결성된 것으로 조사되었다.

부분에 이르기까지 연구자들의 관심이 다양하게 펼쳐져 있다. 채만식에 대한 그간의 거부감은 1970년대를 거치면서 완전히 사라지고, 채만식은 이제 제도권 주류 문학사의 정전이 되는 것이다.

한편 민중·민족문학 계열의 연구자들 경우는 이 시기에 와서 오히려 채만식에 대한 관심이 상당히 줄어드는 듯한 인상을 준다. 이들의 관심이 온통 카프와 해방 직후 문학운동에 몰려 있었던 이유가 클 것이다. 그렇지만 한 가지 재미있는 것은 1980년대 복원, 재조명된 진보적 문학의 연관성 속에서 채만식 문학이 이룬 점과 그렇지 못한 점을 정확히 밝히는 쪽으로 연구가 진행되었다는 점이다. 게다가 1980년대 더욱 본격화된 리얼리즘 이론은 그의 작품에 대한 엄정한 분석을 가능케 했다. 염무웅·이선영·한지현, 『한국근대민족문학사』 등은 1980년대의 그런 성과를 반영한 결과물들일 것이다. 이들은 대체로 채만식 문학이 갖고 있는 리얼리즘의 성과를 십분 인정하면서도 그의 냉소주의적 허무주의적 태도를 날카롭게 지적하고 있다. 예컨대 한지현은 게오르그 루카치의 『*The Meaning of Contemporary Realism*』을 인용하면서 채만식 소설의 한계를 다음처럼 지적한다.

> 『탁류』의 한계는 한마디로 이러한 목표 지점에 대한 비전의 결여에 있다고 할 수 있다. 그리고 이러한 한계는 채만식 스스로가 고백했던 대로 그로 하여금 '니힐리즘'에 빠져들게 하였다고 하겠다. 『태평천하』가 보여주었던 한계도 정한숙의 지적대로 '붕괴의 미학'일 수밖에 없었으며 드디어는 「냉동어」의 세계로 되는 것이다. (88면)

1980년대 채만식 연구는 한편으로는 그동안의 거품이 빠져나가는 조정기라고 할 수 있을 것이며, 또 다른 한편으로는 세분화, 구체화되는 단계라고 할 것이다. 현재 우리들에게 인식된 채만식의 이미지도 대략 1970년대와 1980년대에 이르는 과정을 거치면서 형성된 것일 터이다.

반면 북한에서 채만식이 본격적으로 조명되는 것은 1980년대 들어오면서부터인 것 같다. 그 이전에 간행된 문학사류에서 채만식에 대한 언급은 희곡 『제향날』을 제외하고는 거의 찾아볼 수 없다. 1986년에 간행된 박종원・류만의 『조선문학개관』에서 채만식은 식민지적 현실을 예리하게 풍자한 작가로 평가받고 있으며, 김일성 종합대학에서 나온 『해방 전 조선 소설사 연구』에서는 비교적 긴 분량으로 채만식 문학의 공과를 지적하고 있다. 그런데 공교롭게도 공과에 대한 해석은 궁극적으로 남한의 진보적 연구자들의 그것과 크게 다르지 않다. 그가 식민지시대를 날카롭게 비판하고 있는 점에 대해서는 매우 적극적으로 평가하면서도, 그것이 기본적으로 전망이 상실된 소시민의 것이란 점을 이들도 남한 연구자들과 비슷하게 꼬집고 있는 것이다.

5. 1990년대 인문학의 위기와 채만식 연구

1989년 창작과비평사에서 완간된 『채만식 전집』은 채만식 연구가 비약적으로 풍성해지는 계기가 된다. 연구자들에게 신뢰받을 수 있는 전집의 등장은 텍스트로의 접근 자체를 손쉽게 만들어 주기 때문에 연구의욕을 고취하기도 하는 것이다. 실제로 채만식에 대한 연구는 근 500편에 달하는데 그 중에서 1990년대 들어와 1997년까지 발표된 논문 편수가 160편을 넘어 거의 3분의 1을 차지하고 있는 정도이다. 여기에는 분명『채만식 전집』의 완간이 어느 정도 기여를 했을 것이다.

그렇긴 하나 이런 논문 편수가 말해주는 의미는 그렇게 단순하지만은 않은 것 같다. 논문 편수가 많다고 해서 연구가 풍성하고 왕성하게 이뤄졌다고 보기에는 석연치 않은 점이 있다. 그렇다면 그것은 무엇일까? 그것은 혹시 제도화된 논문 쓰기, 관습화된 글쓰기와 관련된 것은 아닐까.[28)]

앞에서도 잠깐 언급했지만 1990년에 들어와 각 단위의 학회 활동은 더욱 왕성해진다. 저마다 학술지를 발간하고, 그에 따라 무수한 논문들이 쏟아지고 있다.[29)] 1980년대 거의 배로 늘어난 대학 정원은 연구자의 양적 확대라는 반가운 결과를 가져왔지만 이것은 자연스럽게 대학 교수로 들어가는 관문을 좁혀놓는 결과를 초

---

28) 1998년 현재 학술진흥재단에 등록된 근대문학 관련 학회가 모두 똑같이 국어국문학, 혹은 국문학을 연구 대상으로 내걸고 있으면서도, 그 대다수가 특정 학연과 지연을 기반으로 결성되었다는 점은 그런 점에서 주목해볼 만하다. 이는 더구나 1990년대에 들어와 결성된 학회에서 더욱 강화되는 추세에 있다. 이런 현실은 우리나라 학회가 갖고 있는 실상을 그대로 보여준다. 이렇게 학연과 지연에 얽혀 있는 학회지를 통해 발표된 논문이 과연 학연과 지연을 뛰어 넘어 연구 대상에 대해 엄정한 문제의식과 방법을 갖고 접근할 수 있을지는 의문이다. 이들 학술지에 스승과 선배의 학문적 경향과 방법론을 무시하고, 지역에 연고를 둔 선배 학자의 견해를 거역하고 자유롭게 논문을 발표할 수 있는 학자가 몇이나 될까.

29) 그렇게 된 사정에는 컴퓨터의 대중적 보급과 한글 워드프로세서 프로그램의 확산도 얼마간 영향을 끼쳤을 것이다.

래하기도 하였다. 그러다 보니 교수 임용에 조금 더 유리한 고지를 점령하기 위해 많은 연구자들은 끊임없이 논문을 써댈 수밖에 없었다. 게다가 대학마다 경쟁의 논리가 도입됨으로써 교수들 역시 연구 업적 평가에 묶여 논문이 곧 승진과 보수(報酬)에 직결되는 것임을 체험하게 되었다. 연구자들에게 논문은 곧 권력과 지위가 된 것이다.

그러나 이런 현상이 꼭 잘못된 것이라고 탓할 수는 없다. 연구자가 언제나 논문으로 자기 존재를 검증받아야 한다는 것은 너무나 당연한 사실이다. 문제는 그것이 제대로 운용될 제도가 마련되지 못할 때이다. 연구자 고유의 문제의식이 담긴 논문을 도대체 어떻게 평가할 것인가. 그 같은 원칙과 기준이 제도적으로 정착되지 못한 상태에서 1990년대에는 많은 논문들이 양산되게 된다. 사정이 이런 데로부터 제도화되고 관습화된 논문적 글쓰기가 은연중에 일반화되는 풍토가 형성되는 것이다. 연구자 주체의 모습은 베일에 싸이고 논문이라는 형식에 연구자들은 편안히 안주한다. 논문은 그 형식 속에서 자동 기술되고 상호 소통의 장은 차단되는 것이다.

그렇지만 사태가 이렇게 된 데에는 1980년대 말로부터 1990년대에 이르는 저간의 사정이 더욱 깊게 자리 잡고 있다. 현실사회주의의 붕괴와 자본의 전지구적 확대, 국내의 포스트모더니즘 담론의 유행과 사회운동의 위축, 개인주의의 만연과 대중문화의 전면적 등장이 1990년대라는 시간대와 더불어 우리들에게 찾아온 것이다. 1980년대 진보적 문학 연구가 퇴조하면서 한국 근대문학 연구는 그 생동감을 잃은 것처럼 보인다. 1970년대 그 발랄한 문제의식이나 1980년대의 열정에 찬 젊은 연구자들의 쟁쟁한 목청도 1990년대에는 점차 사라져가고 있다. 연구의 주류적 방향이 해소되고 새로운 주류는 형성되지 않은 상태에서 한국 근대문학 연구는 대학이라는 제도와 논문이라는 글쓰기의 형식으로 경화(硬化)되고 있다. 이제 문학 연구는 전문화된 지식집단의 전유물, 강의실 속의 음습한 자기만의 밀어로 퇴행한다.

채만식 연구가 그 양적 확대에도 불구하고 풍성해 보이지 않는 것은 그 때문이다. 우한용의 채만식 연구는 그런 점에서 우리에게 중요한 시사를 제시해주는 바가 있다. 이는 한혜경의 논문도 마찬가지이다. 어쨌거나 우한용은 기존의 채만식 연구가 지나치게 리얼리즘 편향이었음을 지적하면서 담론 분석을 하나의 유력한 대응으로 내건다. 그는 구조주의적 분석 방법과 문학의 사회적 연관성을 강조하는 소설사회학이, 담론 분석 방법을 통해 모두 극복될 수 있다고 주장하면서 M. 바흐친과 J. 크리스테바 등의 이론을 기반으로 채만식의 작품을 세밀하게 분석한다.

우한용이 바흐친을 수용하는 것은 그 나름의 이유가 있다. 1980년대 열풍처럼 일었던 리얼리즘 연구 방법에 대한 회의로부터 그는 바흐친을 발견하는 것이다(바흐친이 리얼리즘 연구 방법론을 한 단계 진전시켰다는 것은 잠시 괄호쳐 두자). 그는 바흐친이나 크리스테바의 이론을 원용하여 채만식의 작품을 밀도 있게 분석해 들어간다. 우한용의 연구는 문학 연구가 매우 세분화되고 전문화되는 지점을 보여준다. 그는 기호론에 의존하면서도 소설 담론의 역동성, 대사회적 연관성, 작가의식의 문제에도 주목한다. 그는 이를 밝히기 위해 논문의 많은 분량을 할애해 가면서 그 양상을 드러내고자 한다. 그가 문제삼으려고 하는 것은 소설의 언어, 더욱 정확히 말하자면 작가가 사용하는 담론의 체계이다. 작가가 의식적·무의식적으로 말을 부리는 것을 분석하려는 것이다. 그러다 보니 분석은 세밀하고 더딜 수밖에 없다. 그러면서도 매우 기술(技術)적이고 전문적이다. 이를 보고 중세의 해석학자들이 성경의 자구를 따내는 모습을 상상한다면 지나친 일일까. 1960년대 논문을 읽다가 우한용의 글을 읽으면 문학 연구의 전문화가 어디까지 이르렀는가를 실감하게 된다. 그렇지만 결정적인 것은 그렇게 해서 도출된 결론이 기존 연구에서 어느 정도 합의된 것을 확인하는 수준을 넘지 못한다는 것이다. 요컨대 연구는 전문화·세분화되면서도 전체적인 연구 방향은 1970~80년대 연구의 성과를 크게 넘어서지 못하고 있는 것이다. 이는 꼭 연구자 개인의 탓만은 아니다. 거대 담론에 회의를 품고 엄밀한 객관성을 확증해내려는 연구자의 노력은 그 나름의 의미가 있는 것이기 때문이다. 1990년대 이후 한국 근대문학 연구가 맞닥뜨린 한 국면을 우한용의 연구는 우리에게 예시적으로 보여주는 것이다.

최근 인문학계의 화두로 강력하게 대두되고 있는 근대와 탈근대의 문제에 필자가 주목할 가치가 있다고 판단하는 것은 이런 현실을 감안한 것이다. 근대성의 문제는 전체에 대한 관심을 놓치지 않으면서도 우리가 살아온 과거와 현재의 삶의 조건들에 대해 발본적으로 사유할 계기를 마련해 준다. 한국의 근대를 살아온 우리들은 너나 할 것 없이 그저 앞만 보고 거침없이 뛰어 왔다. 우리의 삶을 규정해온 세목으로부터 정신에 이르기까지 반성적이고, 발본적인 사유를 단행해야 할 때가 지금이고, 그것이 근대성이라는 문제로 집결된 것이라고 보아도 좋을 것이다. 채만식 문학을 재인식할 필요도 여기에서 비롯된다. 채만식이라는 작가가 한국 근대문학에 각인시킨 뚜렷한 족적을 이제 다시 근원적으로 생각해 보아야 할 때이다.

분문에서 거론된 채만식 관련 연구서 목록

※ 채만식과 관련된 자세한 연구 서지는 국어문학회 편, 『채만식 문학 연구』(한국문화사, 1997)를 참조할 것. 발표 년도순으로 배열됨.

백 철(1949), 『신문학사조사』, 백양당.

유화웅(1963), 「채만식론」, 『국문학』 7호, 고려대 국문학회

김우종(1963), 『한국 현대소설사』, 선명문화사.

두창구(1964), 「채만식 작품론」, 『문경』 16호, 중앙대.

장경숙(1968), 「채만식 연구」, 『성심어문논총』 12집.

성낙희(1970), 「풍자문학론－채만식론을 겸하여」, 『청파문학』 9호, 숙명여대 국문과.

김 현(1971), 「식민지 시대의 문학－염상섭과 채만식」, 『문학과지성』, 일조각, 1971년 가을호.

신동욱(1972), 「채만식의 '레디메이드 인생'」, 『한국 현대문학론』, 박영사.

강금숙(1972), 「한국풍자소설의 구조－채만식의 작품을 중심으로」, 이화여대 대학원.

김치수(1972), 「역사적 탁류의 인식」, 『한국 현대문학의 이론』, 민음사.

이주형(1973), 「채만식 연구」, 서울대 대학원.

홍이섭(1973), 「채만식의 『탁류』」, 『창작과비평』 72호, 창작과비평사.

홍기삼(1973), 「풍자와 간접화법」, 『문학사상』 15호, 문학사상사.

송하춘(1973), 「채만식 연구」, 고려대 대학원.

최원식(1982), 「채만식의 역사소설에 대하여」, 『국어국문학』 72·73호, 국어국문학회.

김윤식(1979), 「서사양식과 극양식」, 『한국학보』 16집, 일지사.

염무웅(1985), 『채만식』, 지학사.

한지현(1987), 「리얼리즘 관점에서 본 『탁류』연구」, 연세대 대학원(박사).
이선영(1987), 「『탁류』의 시각에 대하여」, 『이병선박사화갑기념논총』.
김상선(1989), 『채만식 연구』, 약업신문사.
김재용 외 3인(1993), 『한국근대민족문학사』, 한길사.
우한용(1993), 『채만식소설담론의 시학』, 개문사.
한혜경(1996), 「채만식 소설의 언술구조 연구-서술자의 존재양상을 중심으로」, 이화여대 대학원(박사)

한국 근대문학 연구의 제도적 형성

한국 근대문학 관련 교과 과정을 중심으로

1. 대학과 국어국문학과(國語國文學科)

우선 이 논문의 목적부터 언급하는 것이 순서일 것 같다. 이 논문은 한국의 대학에서 우리의 근대문학 연구가 어떻게 시작되고 전개되어 왔는가를 제도사(制度史)적인 측면에서 살펴보려는 목적으로 기획되었다. 그 과정을 통해 오늘날 우리의 머리 속에 자리 잡고 있는 근대문학의 상이 어떻게 형성되어 왔는가, 나아가 근대문학 연구가 당면하고 있는 문제는 무엇이고, 앞으로 어떤 좌표를 갖고 문학 연구를 수행해 갈 것인가를 근원적으로 다시 생각해 보려는 계기로 삼고자 하였다. 꼭 푸코의 담론의 권력을 거론하지 않는다고 하더라도 이 주제는 여러 의미를 갖는다고 생각한다. 대학의 국어국문학과와 관련된 자료를 정리한다는 차원의 의미는 물론이려니와 하나의 학문사·대학사(大學史)를 서술하는 일과 직결되어 있을 터이기 때문이다. 그렇지만 그것은 그리 간단한 문제가 아닐뿐더러 풀어야 할 과제도 한 둘이 아닐 것이란 점은 쉽게 짐작할 수 있다. 학문의 역사를 서술하는 작업은, 학문 자체와 더불어 그를 관리하고 통제하며, 생산하는 제반 제도적 조건은 말할 것도 없고 한 시대의 사회·정치·경제·문화적 조건들과 떼어놓고 생각하기는 힘든 일일 것이다.

따라서 이 글은 그를 위한 일종의 예비 작업의 성격을 갖는다는 점을 분명히 해두고 싶다. 우선 여기에서는 가장 기초적인 작업으로 해방 이후 대학에서 어떤 교과 과정을 마련하여 근대문학을 가르치고 연구하였는가를 살펴보는 데 그칠 생각이다. 물론 단순한 자료제시에 그치기보다는 교과 과정이 변화되는 몇몇 의미 있는 국면들을 동시대 근대문학 연구와 관련하여 분석할 것이다. 연구자 나름대로 대학의 교과 과정은 그 대학의 연구 풍토, 나아가 한 시대의 지적 분위기와 경향을 압축적으로 드러내는 바가 있을 것이라고 판단했기 때문이다. 물론 한국의 대학은 재빠르게 시대의 흐름에 대응하지 못한다는 것이 일반적 견해이기는 하지만, 해방 이후 지금까지 약 50년이라는 기간에 걸친 교과 과정의 변화는 한국의 근대문학 연구가 어떻게 진전되어 왔는가를 대략적으로 가늠하는 지표는 될 수 있으리라고 생각한다. 그렇다고 모든 대학의 교과 과정을 다룰 수는 없는 일이고 그것이 꼭 필요한 일이라고 생각되지도 않는다. 이 글에서는 서울대학교 국어국문학과와 연세대학교 국어국문학과의 교과 과정을 그 모집단으로 삼았다. 본론에서 드러날 것이지만 이 두 대학은 유사하면서도 서로 다른 특징을 교과 과정 편성에서 보여주고 있으며, 그것이 오늘날까지 한국 근대문학 연구가 진전, 변화된 과정을 단적으로 드러내 주는 바가 있는 것으로 생각된다.[1)]

본론에서는 먼저 해방 이후 1990년대까지 대학의 교과 과정을 둘러싸고 전개된 교육 정책의 변화 과정을 간략히 정리하도록 하겠다. 오늘날 우리가 당연하게 받아들이는 교양 과목과 전공 과목의 구분, 필수 과목과 선택 과목의 구분들이 어떻게 정착되었는지가 언급될 것이다. 아울러 대학과 관련된 몇몇 의미 있는 사실(史實)들, 혹은 통계 수치들을 인용, 제시할 생각이다. 이것은 국어국문학과가 설치된 곳이 다름 아닌 바로 '대학'이라는 곳, 다시 말해 제도로서의 '대학'이기 때문에 필수적으로 요청되는 사항이다. 그러나 그것 역시 제대로 이뤄지지는 못하였다. 연구자가 의존할 수 있는 자료와 연구들이 충분하지 못했기 때문이다. 자료와 연구목록을 뒤적이면서 한국의 대학사가 이 시점에서 반드시 정리될 필요가 있다는 사실을 절감하였다. 어쨌거나 이런 개괄적인 언급을 통해 교과 과정이 변화되는 중요한 시기와 국면들이 드러날 수 있을 것이다. 이를 바탕으로 다음 장에서는 각 시기에 이루어진 국어국문학과의 근대문학 관련 교과 과정의

1) 국어국문학과의 교과 과정과 관련된 연구 논문은 거의 없다. 필자가 찾아 본 바에 따르면 『군산대 논문집』 5호(1983)에 실린 고헌 교수의 「실험대학 국문과 교과과정 연구」와 『홍익어문』 8집(1989)에 실린 최강현 · 이승복, 「각 대학 국어국문학과 교과과정에 대하여 살핌—신설 국어국문학과의 교과과정 편성을 위하여」가 전부이다. 이것도 교과 과정의 변천을 다룬 논문이라기보다는 글이 발표된 당시의 시점에서 실제적인 필요에 의해 작성된 자료 수준을 넘지 못한다.

개편이 어떤 내용이고 그것이 의미하는 바는 무엇인지를 서술해 나가도록 하겠다.

2. 해방 이후 한국 대학의 교과 과정 변천 약사(略史)[2)]

해방 이후부터 지금까지 한국 대학에서 교과 과정의 개편이 전면적으로 이루어진 것은 크게 볼 때 세 번이다. 1950년대 중반과 1970년대 중반, 그리고 1990년대 중반이 대략 그런 시기이다. 거의 20년에 한 번 정도 대학의 교육 정책이 변화하면서 교과 과정 역시 변화되었다고 볼 수 있을 것이다.

해방부터 1950년대 중반까지 한국의 대학은 혼란기 그 자체였다. 두루 아는 바와 같이 해방 이전에 우리나라에 대학다운 대학이라고는 일제 당국에 의해 설립된 경성제국대학이 유일한 존재였다. 민족의 인재를 양성하기 위해 민립대학설립운동을 전개하거나 외국인 선교사들에 의해 대학 설립이 시도되었지만 일제는 이를 허용하지 않았다. 해방 이후 이런 움직임은 일시에 터져 나와 그동안 전문학교라는 어정쩡한 형태로 묶여 있던 학교들과 각종학교(各種學校)로 분류되던 교육기관들이 대학 설립을 요청하면서 짧은 시간

2) 이 장은 주로 김종철의 『한국고등교육 연구』, 배영사, 1976; 차하순, 「현대 한국대학의 성장과 문제점」, 『한국사 시민강좌』 18집, 일조각, 1996; 김윤태, 『한·미 대학교육체제비교연구』, 문음사, 1999 등을 참조하였다.

에 갑자기 많은 대학들이 양산되기 시작한다. 게다가 해방과 분단에 이르는 과정에서 한국의 대학 역시 정치적 소용돌이 속에 급격하게 휘말려 들어갔고, 그에 대한 세세한 자료는 아직까지 정리되지 못하고 있다. '국대안(國大案) 파동'이라는 국립 서울대학교 설립에 관한 법령을 둘러싼 학계와 학생운동의 투쟁 정도만이 알려져 있을 뿐, 그 와중에 서울대를 비롯한 여타 대학들의 설립, 교수 충원, 재정 조달, 입학 규정, 교육 내용 등이 어떻게 변화를 겪었는지, 학계의 동향은 어떤 변화를 겪었는지 정확히 알려져 있지 않다. 해방 직후 학계의 상황과 관련해서는 몇몇 논문들이 없는 것은 아니지만 그 역시 충분한 연구가 이루어진 것이라고 보기 힘들다.[3] 이 시기에 서울대·연세대·고려대를 비롯, 서울의 주요 대학들이 설립 인가를 받았으며 대학원도 개원하였다. 그렇지만 아직 대학의 체제가 자리를 잡았다고 보기 힘든 시대였다. 식민지시대 일본의 대학체제와 미군정기 미국식 대학체제가 혼동되어 섞여 있었고 그나마도 급조된 대학들이 대부분이었다. 1952년 4월 교육법시행령이 공포되면서 비로소 대학 교육 과정의 구조와 학점 기준 등이 명문화되는데, 이에 따르면 대학의 교과목이 필수와 선택 과목으로 구분되기 시작하였고, 필수 과목은 다시 일반 교양 과목과 전공 과

3) 예컨대 방기중의 『한국 근현대사상연구－1930·40년대 백남운의 학문과 정치경제사상』(역사비평사, 1992), 趙東杰의 『韓國史學史研究』(于松趙東杰先生停年紀念論叢刊行委員會, 1997), 崔在錫의 「韓國의 初期社會學－舊韓末~解放」(한국사회학회, 『韓國社會學』 第9輯, 1974), 姜晋哲의 「社會經濟史學의 導入과 展開」(국사편찬위원회, 『국사관논총』 2, 1989), 김필동의 「이상백(李相伯)의 생애와 사회학 사상」(한국사회학회, 『한국사회학』 제28호, 1994), 강영주의 「홍명희와 해방 직후 진보적 문화운동」(역사문제연구소, 『역사비평』 38호, 1997) 등과 같은 논문에서 그와 관련된 단편들을 구해볼 수 있다.

목으로 나뉘고, 일반 교양 과목은 필수 과목의 3분의 1 이내로, 선택 과목은 전교과목의 3분의 1 이내로 규정되었다. 또 대학의 수업일수를 연간 210일 이상의 2학기제로 운용하고 한 학기 동안 한 주당 1시간 수업을 1 학점으로 하는 학점체제와 부전공제를 도입하는 등 대학 교육이 이 시행령을 계기로 하여 제도적으로 명문화되었다. 이 시행령에 따르면 일반 교양 과정이 40학점, 전공 교과 과정이 80학점, 선택교과 과정이 60학점으로 규정되게 되었다. 결국 대학에서의 교육이 교양·전공·선택 과목이라는 3원체제로 자리잡게 된 것은 이 시행령에서 비롯된 것이라고 할 것이다.

그러나 앞에서도 언급했듯이 대학이 체제 정비를 마치고 학문연구 기관으로 점차 자리잡아 가는 것은 1955년 이후이다. 전쟁이 끝나고 대학이 정비되면서부터 한국의 대학 역사가 본격적으로 시작된다고 보아야 할 것이다. 1955년부터 1970년대 중반, 실험대학이 발족할 때까지 대학의 교육제도와 교과 과정은 큰 변화를 겪지 않고 유지된다. 1954년 교육법 시행령 개정을 통해 180학점 체제가 160학점 체제로 바뀌고, 이런 160학점 체제는 1973년 실험대학이 발족되는 시기까지 한국 대학 교육의 기본 모형이 되었다. 이렇게 학점을 낮췄던 이유는 교수와 학생의 연구 시간을 확보하려는 의도가 컸다. 8학기 동안 180학점을 이수한다는 것은 대학이 연구기관이기보다는 교육기관임을 자인하는 것이며, 대학으로서도 교수 연구인력 확보가 쉽지 않았던 터에 교수들에게 많은 수업부담을 지우는 것이 여러 가지 부담스러웠으리라는 짐작을 할 수 있다.

그러나 이 시기는 한국의 대학이 초창기의 혼란을 이겨내고 연구와 교육기관으로서 성장을 기하는 때라고 보기는 힘들 것 같다.

그 이유는 우선 대학이 내실 있게 성장하기 위한 노력을 하기보다는 외형 위주의 성장(그것도 변칙적인 방법으로)만을 일삼았기 때문이다. 사립 대학이 정원을 마음대로 조정하고, 입학제도를 변칙적으로 운용함으로써 부정입학생, 졸업생이 급증하게 되는 것이 이 무렵인 것이다. 심지어 수업을 받지 않고도 졸업장을 살 수 있다는 얘기가 나오기도 했다.

급기야 정부에서는 이런 폐해를 방지하기 위해 1965년 12월 대통령령 제2332호와 제2469호로 학사등록제와 대학생 정원령을 제정하기에 이른다. 정부에서 대학생의 숫자를 관리·통제하겠다는 의도였다. 그런데 이런 조치는 사실, 당시의 독재체제에 저항하던 대학을 통제하려던 의도 역시 내재하고 있었다. 이 무렵 대학이 내실 있는 성장을 하지 못한 또 다른 이유가 바로 당시의 정통성을 결여하고 독재적이었던 정권의 성격에도 그 이유의 일단이 있다는 점을 염두에 둔다면 위의 대통령령을 선의로만 이해하기는 힘들다. 두루 아는 바와 같이 우리나라 대학은 단순히 학문 연구기관과 교육기관의 역할만을 수행하기에는 사회적 여건이 이를 허락하지 않았다. 그것은 일제강점기에도 마찬가지였었는데, 해방 이후에도 분단과 전쟁, 극심한 가난과 독재는 대학과 대학인을 상아탑 안에만 머무르지 못하게 만들었다. 대학은 사회의 모순에 대해 격렬하게 반항하였고, 정권은 자신의 의도로 대학을 통제하려고 하였다.4)

---

4) 이런 양태는 대학의 교양 과정의 운용을 통해서도 비교적 명확하게 드러난다. 그동안 한국의 대학은 교련을 교과목으로 편성하여 대학생들에게 군사훈련을 강제하였고 교양 과정부를 신설하여 국책 과목을 교양필수 과목으로 편입시키기도 하였다. 특히 박정희·전두환 정권 시절에는 이른바 '국적 있는 교육'이라는 미명 아래 대학의 교양 교육을 정권 이데올로기의 선전장으로 만들기도 하

그렇긴 하더라도 대학은 이 시기에 학문 연구 기관으로서 초보적인 제도 정비를 해나가기도 한다. 1946년 2월 학위령(학사·석사·박사·명예박사) 및 그 규정이 발표된 이래, 1955년 문교부에서는 박사학위를 수여할 수 있는 대학을 지정하고 1957년 서울대 대학원에 박사 과정을 신설하게 된다. 한편 1967년에는 서울대에 연구교수제를 신설, 1년 간 강의를 하지 않고 연구에만 전념할 수 있는 제도를 도입하기도 한다. 그런데 이 무렵까지 우리나라의 박사학위제도라는 것은 일본과 미국의 제도가 뒤섞여 있어서 본격 학술연구기관이라고 할 대학원 과정이 활성화되지 못하고 있는 실정이었다. 미국은 정해진 연구 과정에 입학해 훈련 과정을 거쳐서 실질적으로 연구 능력을 갖췄다고 인정되는 자에게만 박사학위를 수여하지만, 일본의 학위제도는 일종의 명예와 같아서 연구 능력 이외에도 일정한 경력과 품성을 요구하는 성격이 강하다. 요컨대 미국의 박사학위란 라이센스(license), 즉 자격증의 의미가 강하다면 일본의 그것은 명예의 전당이라는 의미가 크다. 그런데 우리의 경우 대학원에 박사 과정을 설치해서(서울대가 1957년, 연세대가 1961년) 미국식으로 학생들을 받아들여 수업과 연구 훈련을 시키는 한편으로, 일정한 자격 요건을 갖춘 사람들에게 별도의 박사 과정 훈련을 요

였다. 1968년 국민교육헌장의 제정이나, 1970년 교육법 시행령을 개정, 교양 학점의 하한선을 35학점에서 45학점으로 늘린 조치들은 그런 계획의 일환일 것이다. 국민윤리, 국사, 교련, 전방입소교육 등과 같은 교양필수 과목도 그 부산물이었다. 따라서 한국의 대학은 지금까지 학문 연구와 교육 이외에 이런 체제에 맞서 싸우는 것을 자신의 존재 근거로 내세울 수밖에 없었다. 1960년 4·19혁명을 필두로 유신, 5공 치하의 반독재투쟁, 1987년 6월항쟁이 그 상징적 사건들이거니와 그 때 이후부터 지금까지 한국의 대학은 줄곧 사회에 대한 변혁적 참여를 또 다른 자기의 이념으로 삼게 되었다.

구하지 않고 학위를 수여하는 이른바 구제(舊制)박사학위제도가 병존해 있는 형편이었다.[5] 그러다 보니 연구자들은 자연스럽게 구제박사제도를 선호하게 되고 대학의 연구 풍토는 진작되지 못하는 사정이 있었다.[6] 결국 1968년 문교부에서는 박사논문 제출 자격을 규정하는 연구 경력 환산표 기준을 마련하기에 이르고, 1971년에는 학위제도의 확립과 권위 향상을 위해 박사학위수여제도를 개선키로 결정하게 된다.

결국 한국의 대학은 1970년대 중반을 넘어서야 본격적인 연구 기관으로 자리 잡기 시작한다. 그 상징적 사건이 구제박사제도의 폐지와 대학원 교육의 내실화이다. 이로써 한국의 학위제도는 학문적 전문성과 엄격성, 권위를 획득하게 된다. 때맞춰 서울대는 대학원 중심 대학으로의 발전 방향을 천명하고 전국 대학원장 회의에서 대학원 교육 개선 방안을 확정한다. 아울러 경제 개발에 따라 사회는 점차 더 많은 고급 두뇌를 요구하게 되고 거기에 발맞춰 대학 정원도 늘어나고 교육 과정도 정비된다. 대학은 이제 점차 한 사회의 권위적 기관으로 사람들에게 각인되기에 이른다. 1977년 2월 대학원 지원이 50%나 늘었다고 신문 사회면을 장식하면서 한국의 대학은 본격적인 연구 기관으로 점차 자리를 잡아가게 되는 것이다.[7]

---

5) 이에 대해서는 민두기의 「한국의 대학과 학문적 전통—학위제·대학원 제도와의 관련을 통한 비교사적 고찰」(이화창립 100주년 기념학술대회, 『한국의 여성고등교육과 미래의 세계』, 이화여대 출판부, 1987)을 참조.

6) 구제박사제도를 舊制가 아닌 救濟(박사학위가 없는 사람들을 구제해 준다는 의미에서)라고 비아냥거리는 말놀음(pun)이 있었을 만큼 구제박사제도 아래에서 학위에 대한 권위는 생겨나기 힘들었다.

교과 과정의 측면에서도 이 시기는 커다란 전환기이다. 우선 1970년대 중반을 넘어서면서 실험대학이 발족됨으로써 대학은 일대 정비를 단행하게 되는데, 1973년에 10개 대학, 1978년에 32개 대학, 1980년에 43개 대학, 1981년에 모든 대학에 그 같은 제도를 적용하게 된다. 이 제도는 교육 과정의 개편과 운영의 내실화를 기하기 위해 160학점 체제를 140학점 체제로 바꾸고, 부전공제 · 복수전공제 · 조기졸업제 · 계절학기제 등을 도입하는 것을 골자로 하고 있다. 140학점 체제가 되면서 대학의 교과 과정은 교양 · 전공 · 일반 선택의 3원체제는 유지하되, 학기 단위로 3학점 1과목을 기본으로 정하고, 교양은 4년 간 분산 이수하며, 전공은 50학점 내외로 하면서 유사 과목은 최대한 통폐합하도록 하는 쪽으로 바뀌게 된다. 이런 실험대학제도는 1990년대 중반 학부제 실시 전까지 한국

---

7) 다음의 도표는 한국의 대학원이 변화해 간 추세를 잘 보여주고 있다. 대학원생의 절대 숫자가 꾸준하게 늘어나는 것과, 1975년을 경계로 해서 국립대학 대학원생 비율이 증가 추세로 전환되고 있다는 사실, 박사 과정 재학생 비율이 늘고 있다는 사실은 서울대가 대학원 대학을 표방하기 시작하는 정책 변화와 무관하지 않을 것이다. 이런 통계 수치들은 어쨌거나 대략 1975년을 경계로 해서 한국의 대학이 본격적으로 연구 기능을 확보해 가고 있다는 것을 증명해주는 자료이다.

〈표〉 대학원생 구성 비율(김종철, 『한국고등교육연구』, 배영사, 1979에서 발췌 작성)

연도	비율	재적학생						
		국립	사립	석사	박사	남자	여자	총계
1963	실수(명)	1,398	1,293	2,475	216	2,431	260	2,691
	비율(%)	52.0	48.0	92.0	8.0	90.3	9.7	100.0
1965	실수	1,648	2,194	3,598	244	3,541	301	3,842
	비율	42.9	57.1	93.6	6.4	92.2	7.8	100.0
1970	실수	2,597	6,043	6,122	518	5,833	807	6,640
	비율	26.4	73.6	92.3	7.7	87.8	12.2	100.0
1975	실수	4,236	9,634	12,351	1,519	11,592	2,278	13,870
	비율	30.5	69.5	89.0	11.0	83.6	16.4	100.0
1978	실수	6,263	12,887	16,637	2,513	16,052	3,098	19,150
	비율	32.7	67.3	86.9	13.1	83.8	16.2	100.0

대학 교과 과정의 기본 뼈대를 구성하게 된다.

1990년대 중반 들어와 대학은 또 한 차례의 커다란 변화를 겪는다. 아직 완결된 것은 아니지만 학부제의 실시가 바로 그것이다. 이전까지 대학은 종합대학의 경우, 단과대학과 단과대학 아래에 학과를 설치하는 것을 기본 구성으로 하고 있었다면 학부제 아래에서는 단과대학과 학과 사이에 유사학과를 통합한 학부제를 설치하는 것을 특징으로 한다. 학과는 점차 학부로 통합됨으로써 대학원 과정에서만 학과로서의 기능을 하고 학부에서는 특정 전공 이상의 의미를 갖지 못하도록 한 것이다. 학부제 자체의 의의와 문제점을 다루자는 것이 본 논문의 목적이 아니므로 여기에서 더 이상의 언급은 생략하지만, 학부제의 실시는 이제 대학의 교과 과정, 특히 전공 교과목에 있어서 커다란 변화를 불러올 수밖에 없게 된다. 정해진 학과 정원이 없이, 해당 학부에서 학생들의 자유의사에 따라 전공을 선택하는 것이 학부제이므로 학생들이 유사 전공 사이에서 어떤 교과목, 어떤 전공을 선택하느냐가 해당 전공 학문 분야의 앞길을 좌우한다고까지 할 수 있게 되었던 것이다. 따라서 각 학문분과는 과거 학과체제에 안주하기보다는 더 많은 학생들을 유치하기 위한 전공 교과의 개발이 필수적으로 요청되게 되었다. 물론 현재 시점에서 학부제의 성패를 단언할 수는 없다. 그것이 학문 발전에 어떤 효과를 불러올 수 있는지, 연구 기관으로서 대학에 어떤 파급력을 지닐지 쉽게 판단할 일은 아니다. 다만 연구자가 이 글에서 의미를 두고자 하는 것은 일단 1990년대 중반에 들어와 대학의 교과 과정이 또 한 번 큰 변화의 국면을 맞게 되었다는 점이다.

3. 근대문학 연구와 대학의 교과 과정

1 앞에서 살펴보았듯이 대학의 교과 과정은 해방 이후 크게 세 번에 걸쳐 변화되어 오늘에 이르고 있다. 그렇다면 한국 근대문학 관련 교과 과정은 어떤 변화를 겪었으며, 그 변화가 의미하는 바는 무엇일까?

그런데 본격적인 논의에 앞서 여기에서 한 가지 전제하고 넘어가야 할 것이, 대학의 교과 과정을 제도적으로 이해하는 방법이 갖는 의의이다. 주지하는 바와 같이 대학은 연구와 교육을 목적으로 하는 사회 기관이자 제도이다. 그런 상식의 차원에서 문제에 접근해 보더라도, 대학의 교과 과정, 특히 근대문학과 관련된 교과 과정은 당연히 한국 근대문학을 연구하고 교육하는 일과 밀접하게 관련될 수밖에 없다. 따라서 근대문학 관련 교과 과정은 한국 근대문학에 대한 연구의 동향과 변화를 제외하고서는 생각하기 힘든 것이다. 교과 과정은 학문 연구의 흐름들이 바로, 제도적인 방식으로 표출되는 지점이다. 교과 과정에 연구자가 새삼 관심을 갖는 것도 그래서이다.

그런 점에서 초창기 대학의 국어국문학과에서 근대문학 관련 교과목이 어떻게 편성되었는가를 살펴보는 일은 조금 곤혹스럽기까지 하다. 학문 연구라고 하는 것은 이런 저런 조건들을 제쳐두고서라도, 대상에 대해 거리를 확보함으로써 비로소 시작될 수 있는 것일 터인데, 해방 당시 근대문학은 그런 거리두기가 거의 불가능한 상황이었기 때문이다. 불과 40년, 길게 잡아야 50년이란 시간을 놓고, 더구나 그런 시절을 체험으로 겪어 왔던 당사자들로서는 그것이 과연 연구가 될 수 있는지, 아니 연구라는 것 자체에 대한 자의식을 가질 수 있었을까 조차도 의문스럽다. 당대의 연구자들에게 그것은 연구라고 하기보다 경험담에 가까운 대상이었던 것이다.

특히 1950년대 중반 무렵 서울대와 연세대가 채택한 초창기의 근대문학 관련 교과 과정은 그런 고민을 그대로 드러내 보여준다.[8] 아래에 제시된 것은 1955년과 1957년의 연세대·서울대의 국어국문학과의 교과 과정인데, 국어학과 고전문학에 비해 근대문학 관련 강좌 수 자체가 적을뿐더러 강좌명도 막연함을 알 수 있다.

> 서울대 : 국어학개설, 국문학개설, 국어학사, 국문학사, 국어음성학, 국어문법론, 국어학강독, 문학개론, **국문학사조**, 시조론, 국문학강독, 國式한문, 국어계통론, 국어방언학, 국어음운론, **소설론**, 민요 연구, **국문 비평**, 국문학특강, 국어형태론, 한자음 연구, 국어문장론, 국어학 연습, 국어학특수강의, 고대시가 연구, 英正시대의 국문학 연구, **신문학사**, 국문학 연습.
>
> 연세대 : 국어음성학, 국문법, 국어학사, 국문학강독, 국어음운론, 국어학강독, 국문학사, 시가론, 국어교수법, 국어발달사, **창작법**, **수사학**, 훈민정음, 국어학개설, 중국문학사, 국문학개설, 언문지, **소설론**, **문예사조**(고딕체로 표기된 부분이 저자가 근대문학관련 교과목으로 추정한 것들이다. 국문학특강이나 국문학 연구, 국문학강독 등은 명확히 근대문학으로 규정하기 힘든, 강의 담당자에 따라 그 내용이 달라졌을 교과목이다).

이런 교과목 편성은, 그만큼 이 시기에 근대문학 연구가 거의 이

8) 서울대는 『서울대학교일람』(1955)에서, 연세대학교는 1957년 강의시간표에서 국어국문학과 관련된 자료를 뽑았다. 강좌수가 차이나는 것은 연세대의 경우 실제로 해당 연도에 강좌가 개설된 것만을 제시했기 때문이다. 당시에는 대부분의 과목이 2학기, 혹은 때에 따라서 4학기 동안 개설되는 경우도 많았다.

루어지지 못하고 있다는 사실을 반증해준다. 대신 보편적인 일반이론이 그 자리를 채우고 있는데, 문학개론 · 창작법 · 수사학 · 문예사조 · 국문비평 등의 교과목은, 물론 강의하는 사람에 따라 달라질 여지는 있는 것이지만, 보편이론을 지향하는 강의 제목이지 한국의 근대문학 연구와 관련된 교과목명이라고 보기는 힘든 것이다. 결국 이런 교과 과정을 통해 우리가 유추해 볼 수 있는 것은 당시 근대문학과 관련된 연구의 분위기이다. 근대문학 연구의 지평이 보이지 않을 때, 이들은 문학의 일반이론에서 자신의 도피처를 찾은 것이라고 볼 수는 없을까. 적어도 그것은 초창기 국어국문학과로서 어쩔 수 없는 선택이었을 것이다. 그렇지만 보편이론이라고 하더라도 문학사 연구가 배제된 보편이론이란 또 얼마나 기초가 허약하겠는가. 게다가 자국의 문학사를 바탕으로 하지 않는 보편이론이란 게 진정 보편적인 것인지도 의심스러울 수밖에 없는 일이다.[9)]

이런 교과 과정은 1960년대를 넘어가면서 어느 정도 정비되기 시작한다. 이제 과목 편성이 시 · 소설 · 비평 · 희곡 등 장르별로 명확히 구분되고, 거기에 부수적으로 문학사와 관련된 과목과 문학 관련 보조 과목이 배열되게 된다.

1962년 연세대 국문과 강의시간표 중 근대문학 관련 교과목 : 문학개론, 현대문학사, 현대시론, 현대소설론, 희곡론, 문예 비평, 현대문 실습, 현대문학

---

9) 사정이 이렇게 된 데에는 당시 대다수 문인들이 월북한 특수성을 감안해야 한다. 한국 근대문학의 주를 이루는 상당수의 문인들이 월북한 이후 그들의 작품은 문학사에서 의도적으로 지워졌고 그나마 역사가 일천한 근대문학사를 더욱 빈곤하게 만들었던 것이다. 그런 점에서 근대문학 강의가 쉽지 않았을 것이라는 점을 추측할 수 있다.

연습

1963년 서울대 국문과 교과 과정 중 근대문학 관련 교과목: 현대문학사, 신소설 연구, 현대시론, 현대소설론, 문학 비평론, 현대작가 연구, 현대 작품 연구, 현대문학강독, 현대문학특강, 현대문학 연습, 문장 연습, 문예사조, 비교문학[10]

이런 교과 과정 편성은 1980년대까지, 대학의 일반적인 국어국문학과의 커리큘럼과 크게 다르지 않다. 교과 과정 자체는 어느 정도 체제를 갖추고 있다고 하겠다. 그러나 강의 과목 이름만 놓고 볼 때, 대학의 국어국문학과가 지향하는 것이 지나치게 일반이론, 보편이론 위주라는 점은 이전과 달라지지 않았다.[11] 1970년대 · 1990년대 교과 과정과 비교해 보면 곧 드러나겠지만, 문학사 연구와 관련된 교과목은 통사로서 현대문학사를 제외하고는 '신소설 연구'가, 그것도 서울대의 경우에만 개설될 정도로 유일하다.[12]

---

10) 서울대 · 연세대의 강좌수가 차이나는 것은 주석 8과 같은 이유에서이다. 연세대의 경우는 강의시간표에서, 서울대는 대학 안내에서 자료를 뽑았다.

11) 유감스럽게도 연세대학교의 경우는 이런 교과목 편성이 1980년대까지 큰 변화 없이 지속되고 있다. 1950년대부터 1980년대 말까지 관련 교과목을 살펴보면 시 · 소설 · 비평 · 희곡 · 수필 등의 장르 구분에 의해 관련 강의 과목이 짜여지고 그 외에 수사학 · 문예사조사 · 세계문학 · 원서강독 등의 교과목이 배치되어 있음을 알 수 있다. 특히 시 · 소설 관련 창작론이 항상 개설되고 있다는 점도 특징이다. 반면 개화기 문학론은 1980년대에 들어와서야 개설된다. 그런데 이런 현상은 비단 연세대에만 그친 것은 아니다. 고헌 교수의 앞의 논문을 보면 1983년 당시 각 대학의 국어국문학과 교과 과정이 조사되어 있는데, 그 자료를 봐도 마찬가지임을 알 수 있다. 소수의 문학사 관련 과목과 더불어 시 · 소설 등 장르별로 과목이 편성되어 있고, 기타 '문예사조'류의 보조 과목으로 교과 과정이 구성되어 있다.

12) 이 자리에서 본격적으로 다룰 주제는 아니긴 하지만, 신소설 연구라는 교과목이 있다는 점은 여러모로 시사적이다. 그 이유로 해방 이전에 임화라는 국문학자에 의해 탁월한 성과가 나왔다는 점을 우선 생각해 볼 수 있을 것 같다. 임화

2 이런 교과목 변화는 1970년대 중반에 들어와 큰 변화를 겪게 된다. 특히 그 변화는 서울대의 경우에서 유독 두드러져 보인다. 우선 1970년대 중반 이후 서울대학교 국어국문학과의 근대문학 관련 교과 과정을 살펴보자.

〈서울대학교 국어국문학과 근대문학 관련 교과 과정〉

1976

국문학사(현대), 개화기문학론, 한국 현대소설론, 한국 현대시론, 한국문학 비평론, 한국희곡론, 현대문학 연습, 한국 현대문학강독, 한국 현대문학특강, 한국 현대작가론

타과생을 위한 교과목—문장 연습, 세계문학사조, 비교문학

1981

국문학사II, 개화기문학론, 현대 한국시론, 한국 현대시인론, 현대 한국소설론, 한국 현대작가론, 한국 현대 비평, 한국 현대희곡론, 한국 현대문학 연습, 한국 현대문학강독

타학과를 위한 과목—세계문예사조, 비교문학개론

1985

국문학사II, 개화기문학론, 현대 한국시론, 한국 현대시인론, 한국 현대시문학강독, 현대 한국소설론, 한국 현대작가론, 한국 현대소설강독, 한국 현대

의 날카로운 문제의식은 신소설이라는 장르를 단번에 학문 연구의 문제적 대상으로 올려놓았다. 임화는 제도적인 틀 안에서 문학 연구를 한 것은 아니지만 그의 '신문학사'는 실증과 해석에서 이미 한 경지를 이루고 있었다고 할 것이다. 게다가 신소설이야말로 근대문학과 관련해서 '거리두기'가 가능했던, 당시로서는 유일한 분야였다. 김하명이 해방 직후 서울대에서 신소설을 연구하다가 월북했던 것이나, 그의 뒤를 이어 백철 · 조연현 · 전광용 · 송민호 등이 본격적인 연구 대상으로 신소설을 택했다는 것은 시사적이다. 임화의 '신문학사'라는 매우 문제적인 선행 연구 업적이 있었기에 가능했던 일일 것이라는 추측은 지나친 억측만은 아닐 것이다.

비평, 한국 현대희곡론, 한국 현대문학강독

위와 같은 교과 과정은 그 이전과 비교해 볼 때 몇몇 부분에서 확연한 차이를 나타내고 있다. 먼저 '한국'과 '현대'라는 규정이 과목 이름 앞에 뚜렷하게 붙어 있다는 점이다. 과목이 지향하는 바가 이로써 분명하게 제한된다. 국어국문학과에서 바로 다름 아닌 '한국'의 '현대(근대)'문학을 연구하고 가르친다는 점이 명백하게 제시되어 있는 것이다. 또 하나, '문예사조'니 '비교문학'이니 하는 보조 교과 과목을 점차 없애는 방향으로 교과 과정이 변화하고 있다는 점이다. 그래서 1985년에 오면 시·소설의 장르별로 각각 작품론·작가론·일반론이라는 대응이 명확하게 나타나는 대신, 여타의 국적불명의 과목들은 국어국문학과의 교과 과정에서 사라지게 된다. 국어국문학과는 다름 아닌 한국의 근대문학을 하나의 분과 학문으로 연구한다는 사실이 누가 보아도 분명하게 제시되고 있는 것이다.

대략 1975년을 경계로 나타나는 이런 변화는 앞에서 살펴본 대학 교과 과정의 변화나 대학원 중심의 연구체제를 지향하는 시대적 분위기와 무관하지 않을 것이다. 그렇지만 여기에는 1960년대 후반부터 1970년대에 이르는 거대한 학문적 풍토의 변화, 앞의 글에서 '에피스테메의 전환'이라고까지 명명했던 그런 변화가 내재되어 있다. 서울대학교의 교과 과정은 매우 공식화된 모습으로 드러나긴 했지만 이 자체를 저간의 변화에 대한 제도적 방식의 발현으로 볼 수도 있을 것이다.

어쨌든 이런 교과 과정의 변화는 한국의 근대문학을 대학이라는 시스템이 학문적 연구의 대상으로 점차 인식해간다는 것을 의미하는 것일 텐데, 그것은 1970년대를 경계로 해서 한국 인문사회과학계에 등장한 내재적 발전론과 무관하지 않다. 내재적 발전론이 근대문학 연구에 미친 영향은 근대문학을 더 이상 체험의 방식이 아닌 학적 연구의 대상으로 거리 감각을 갖고 바라볼 수 있도록 만들었다는 점에 있을 것이다. 게다가 그것을 역사주의적 관점으로 인식하기 시작했다는 것, 다시 말해 문학사라는 문제의식과 문제틀을 갖고 근대문학에 접근하는 계기가 되었다는 점에서 내재적 발전론의 패러다임은 의미를 갖는다.

다른 한편 이런 사고 방식의 태동은 '나'와 '우리'에 대한 주체적 자각으로 연결되기도 한다. 내재적 발전론이란 기본적으로 민족 주체적 사고 방식의 투영이다. 그것은 한편으로는 보편성에 대한 열망으로, 또 다른 한편으로는 민족주의에 대한 대단한 집착으로 표출되는데, 사실 '내재적 발전론'이라는 역사학계의 성과는 한국근대사를 세계사적 보편성의 차원에서 설명하려는 노력의 결과물이고, 그것은 동시에 민족주의적 사고 방식의 역투영이라고도 할 수 있는 것이다. 어쨌거나 이런 문제의식과 인식틀이 형성되면서 한국의 근대문학은 엄연한 학문적 연구의 대상으로 떳떳하게 등장하기 시작하는 것이다.

결국 위의 서울대 교과 과정은 1960년대 말, 1970년대 초에 한국사학계에서 촉발된 문제의식이 국문학계로 넘어오면서 표출된 것으로 이해할 수 있다. 국적 불명의 과목들은 점차 축소시키면서, 그냥 시론이나 소설론이라고 하지 않고 '한국' '현대'시론, '한국' '현대'소설론이라고 유독 강조한 것, 그것도 모든 과목을 그런 방식으로 명명하고자 한 것은 학문적 연구의 대상을 보다 뚜렷하게 하려는 의도일 터이다. 아울러, 그런 식의 과목 이름 명명 자체야 객관성을 지향하는 것이 분명하기는 하지만, 결과론적으로 해석해 본다면 1970년대적인 주체의식이 거기에 일정한 영향을 준 것으로 보이기도 하는 것이다.

그러나 서울대의 경우도 교과목이 장르 구분의 벽을 넘어서지 못하고, 문학사 연구의 세부 단위로 나아가지 못한다는 점은 분명 문제 거리로 보인다. 이 점은 대학원의 교과 과정을 살펴보아도 마찬가지이다. 대학원의 교과목 역시 시·소설·비평·희곡을 문학사적인 관점에서 더 세분화시킨 범주로 나누기보다는, 각 장르 뒤에 '연습', '특강', '특수 연구' 등을 덧붙이는 차원에서 머물고 있는 것이다. 이는 당연하게도 아직 대학의 근대문학 연구가 그만큼 전문화되어 있지 못하다는 사실을 암시한다. 개화기문학만이 별도의 문학사적 범주로 나눠져 특화된 교과목으로 편성되어 있는 것은 앞에서도 보았다. 물론 세분화와 전문화만이 좋은 것이고 진보된 것은 아니다. 그렇지만 문학사 전체에 대한 관심을 떠나지 않는다는 전제에서, 학문 연구의 분화와 전문화는 근대문학 연구에 있어서 질적으로 고양된 새로운 통합적 전망을 열어준다고 할 것이다. 분화와 통합은 상보적인 관계에 있는 것이다. 그러나 이 무렵 서울대학교 국어국문학과의 근대문학 관련 교과 과정은 아직 거기까지 나아간 것은 아니었다.

3 대학의 교과 과정이 또 한 차례 변화하게 되는 것은 최근의 일이다. 1990년대 중반 전국 대부분의 대학에 학부제가 도입되면

서 국어국문학과가 다른 유사 학문 분야와 공개된 경쟁의 장에 놓이게 되면서 그런 계기가 촉발되었다. 학과체제 아래에서는 정해진 숫자의 학과 학생들을 대상으로 교육과 연구가 이루어졌다면, 학부제는 유사 학문 분야를 통합한 학부라는 이름 아래에 대단위 정원을 관리하면서 학생들로 하여금 개방적으로 전공을 선택하게 만드는 제도이다. 옛 학과체제에서는 폐쇄적으로, 그렇지만 안정적으로 교육과 연구가 이루어졌다면, 학부제에서는 개방적으로, 그러나 시장 경제 논리와 유사한 경쟁 논리로 각 학문 분야의 운명이 결정되는 구조에서 교육과 연구가 수행되게 된 것이다. 따라서 학부제 아래에서는 유사 학문 분야끼리, 혹은 같은 전공의 하위 학문 분야(예를 들자면, 국어국문학전공 내에 국어학 · 고전문학 · 현대문학)끼리도 더 많은 전공 학생들을 확보하기 위한 경쟁 관계에 놓이게 된다. 결국 이런 체제에서 교과 과정은 곧바로 그 학문의 경쟁력을 가늠하는 기준이 될 수도 있는 것이므로, 각 대학마다, 혹은 전공마다 교과 과정의 개편에 나서게 될 수밖에 없는 것이다. 그런 점에서 1990년대 중반 무렵에 들어와 국어국문학과의 근대문학 관련 교과 과정에도 일대 변화가 일어나게 되며 그런 변화는 아직도 진행 중이다.[13] 비교적 일찍 학부제로의 개편을 단행한 연세대학교 인문학부의 국어국문학전공, 근대문학 관련 교과 과정은 이런 변화를 단적으로 드러내 주고 있다.

---

13) 최근 일부 대학에서 문화론, 영상문화 등의 강좌를 마련하거나 문화콘텐츠라는 이름의 학과를 국문과의 방계학과로 개설하는 추세가 늘고 있다. 이는 디지털시대에서 문학이 존재하는 방식의 변화와 밀접하게 연결되어 있는데 이에 대해서는 더 지켜보아야 할 것 같다.

그런데 여기에서 한 가지 간과하지 말아야 할 것이, 교과 과정의 개편을 단순한 제도적 변화의 결과물로만 이해해서도 안 된다는 점이다. 다시 말해, 지금까지 우리가 살펴온 것처럼 교과 과정은 대학교육제도의 한 결과물이기는 하지만, 그것은 동시에 해당 학문 분야가 그동안 이뤄낸 연구 경향과 업적이 응축된 것이란 점을 분명히 인식해야 한다는 것이다. 그 점은 1970년대 중반 서울대 교과 과정의 변화 역시 마찬가지이고, 1990년대 연세대의 경우도, 비록 학부제라는 외적 강제 요인이 있었다고는 하더라도, 마찬가지이다. 결국 이 문제는, 조금 더 구체적으로 접근해보면 해당 대학의 연구 풍토, 즉 학풍과도 밀접한 관련을 맺고 있는 것이란 점을 알 수 있는데, 거기까지는 아니더라도 교과 과정의 구성과 내용에서 당대의 학문적 방향과 시대적 조류를 파악하는 일 자체는 교과 과정 분석에 있어서 핵심적인 사안이 된다. 그러면 연세대학교 국어국문학 전공의 근대문학 관련 1999년 교과 과정을 보기로 하자.[14)]

〈1999학년 연세대학교 인문학부 국어국문학전공 근대문학 관련 교과 과정〉

문학이란무엇인가, 한국 근대문학사, 남북한 현대문학사, 우리 시 읽기, 시 쓰기, 한국 현대시인 연구, 우리 소설 읽기, 소설 쓰기, 한국 현대작가 연구, 한국 현대 비평사, 비평론, 희곡론, 현대사회와 문학, 한국 현내문학의 배경, 문예사조사[15)]

14) 서울대의 경우 1999년 교과 과정은 아직 학부제를 실시하지 않고 있어서인지는 몰라도, 앞에서 살펴본 1980년대의 교과 과정과 크게 다르지 않았다.
15) 실제로 1999학년 1·2학기에 개설된 강의 과목을 토대로 작성된 것이다.

우선 눈에 띄는 특징적인 점만을 지적하자면, 교과 과정의 구성이 시・소설・비평・희곡의 기본 장르를 중심으로 짜여지되 보조 과목도 그 성격이 분명하게 드러나도록 하였다는 점, 한국 근대문학사 이외에 남북한 현대문학사, 한국 현대비평사, 현대사회와 문학, 한국 현대문학의 배경 등의 과목이 새롭게 편입되었다는 점이다. 연세대학교 교과 과정에서 가장 큰 특징이라고 할 수 있는 것은 기존의 전통적 과목 이외에 새로운 과목이 추가된 것이라고 할 수 있다. 특히 문학사에서 근대와 현대의 구별,[16] 남북한 문학사의 정식 교과목 채택, 비평사 과목의 도입은 그동안의, 특히 1980년대에 이루어진 근대문학 연구의 성과를 배제하고서는 생각하기 힘들다. 그동안 금압의 대상이었던 북한문학이 대학이라는 곳에서 강의의 대상으로 등장한 것,[17] 유독 월북 문인과 좌파 평론가가 많은 한국의 근대비평사가 정식 교과목으로 되었다는 점이 그렇다.[18]

---

16) 문학사에서 근대와 현대의 구분과 그 명칭은 연구자에 따라 논란거리가 여전히 남아 있는 부분이기는 하다. 여기에서 그런 논의는 생략하기로 한다. 아울러 개화기 문학이 학부 과정에서 사라지고 있다는 점은 또 다른 특징이다. 이는 고려대의 경우도 마찬가지이다. 통칭 '개화기 문학' 혹은 '애국계몽기 문학'은 학부제 아래에서 대학원 과정의 교과목으로 편입되고 있는 추세인 듯 하다.

17) 새마을연수원이나 군대의 정훈교육센터, 공무원연수원, 1970년대 대학의 교련 시간 등에서 이루어지는 북한 관련 강의가 아니라 '대학'의 일반학과에서 이뤄지는 강의라는 점이 중요하다. 적어도 대학이라는 제도 아래에서 북한에 대한 강좌는 이데올로기 선전의 수단이기보다는 객관적인 연구의 대상으로서 자리잡은 것이라고 말해도 되지 않을까 한다.

18) 비평사가 교과목으로 편입되는 것을 단순히 이데올로기 문제로만 접근할 수는 없을 것이다. 한국의 비평사는 문학운동사적 성격이 강하면서 동시에 문학이론사적 성격도 강하다. 따라서 한국 근대문학사가 시사와 소설사를 아우르는 통사적 성격의 교과목이라면, 비평사는 문학사에 대한 조금 더 전문화된 지식을

주지하는 바와 같이 1980년대 민족·민중운동의 강력한 대두는 문단과 학계에도 영향을 미쳐 민족문학 논쟁을 촉발시키고 카프(KAPF) 및 북한문학 연구를 진작시키는 계기가 된다. 게다가 마침 1988년 문화부에서 월북 문인에 대한 해금 조치를 단행함으로써 이런 변화는 학계 전반으로 퍼져나간다. 당시 월북작가에 대한 연구는 하나의 유행처럼 퍼졌던 것이다.

이런 변화의 배경에는 1970년대까지 한국의 근대문학을 꾸준히 연구해온 선행 연구 업적들과 문제의식이 작용하고 있었다고 보아야 할 것이다. 또 1980년 졸업정원제 이후 폭증한 대학졸업자들이 대거 대학원에 진학함으로써 소장 연구자의 층이 두터워진 사실도 배제할 수 없다.[19] 아니, 오히려 1980년대의 근대문학 연구를 추동해간 것은 이들 소장 연구자들이었다고 해도 과언이 아닐 만큼 이들은 그간 한국의 근대문학 연구가 안고 있었던 심각한 장애물 하나를 거둬내는 데 결정적인 역할을 했다. 그것은 바로 다름 아닌 학문과 사상의 자유를 억누르고 있던 이데올로기적 질곡으로부터의 탈출이었다. 분단과 냉전으로 비롯된 이데올로기적 통

필요로 하는 교과목이라고 볼 수 있을 것이다.

19) 〈표〉 **최근 10년 간 한국 대학원생 총정원 및 재적학생 수 변동 추이**(통계청 자료 토대로 작성)

	석사과정 학과수(개)	박사과정 학과수(개)	석사과정 총정원수	박사과정 총정원수	총재적 학생수	석사과정 재적학생수	박사과정 재적학생수
1979	1,053	542	24,840	4,590	25,789	22,754	3,035
1980	1,108	649	32,980	7,050	33,939	29,901	4,038
1981	1,338	738	45,925	9,350	44,731	39,153	5,578
1986	1,931	1,020	59,069	11,072	69,962	59,184	10,778
1989	2,774	1,239	70,915	13,847	81,171	67,840	13,331

※ 위 통계에 의하면 1979년 이후 약 10년 동안 박사 과정 학생수는 400% 이상, 석사 과정 학생수는 300% 이상 증가한 것으로 나타난다.

제는 그동안 한국의 인문사회과학이 근대적인 학문으로 존립하기 위한 기초적인 여건조차도 확립되어 있지 못하다는 것을 의미하였다. 1980년대 본격적으로 등장하기 시작한 소장학자들은 이런 제약과 통제를 넘어서 월북, 재북 문인, 북한문학, 카프 및 해방 직후의 문학운동 등에 대한 연구로 거침없이 달려갔다. 1980년대 학문 연구가 학술'운동'적 성격을 가질 수밖에 없었던 것은 연구 행위 자체가 그 같은 이데올로기적, 제도적 제약과 통제를 극복하기 위한 하나의 실천 행위였었기 때문이었다. 하여, 섣부른 판단일는지는 모르지만, 오늘날 우리 사회의 큰 병폐였던 레드콤플렉스는 적어도 학계 안에서는 거의 자취를 감췄거나 현실적인 의미를 상실한 것처럼 보인다.[20] 1980년대와 1990년대를 거치면서 일어난 큰 변화 중 하나는 바로 그것일 것이다. 1990년대 한국의 대학에서 북한문학에 대한 강의가 이루어지고 비평사에 대한 강의가 개설될 수 있는 것은 그런 일련의 변화 과정이 나름의 성과를 축적하여 제도적으로 투영된 결과로 볼 수 있는 것이다. 당연한 말이지만 여기에는 한국 현대사를 구성하였던 중요한 축, 즉 민주주의의 쟁취와 완성을 위한 투쟁이 바탕에 깔려 있다.

---

20) 우리 사회에서 레드콤플렉스는 사회주의, 혹은 맑시즘에 대한 야만적 반발만을 가리키는 것은 아니다. 그에 대한 무조건적 추종 역시 레드콤플렉스이기는 마찬가지이다. 그것은 그들이 모두 비이성적인 태도를 여간해서는 포기하지 않는다는 점에서 그렇다.

4. 문학 연구의 새로운 모색을 위하여

1946년 연세대학교 국어국문학과의 교과 과정에서 근대문학 관련 과목은 근대 이후의 국문학사가 6학점, 창작법이 4학점, 수사학이 3학점, 비교문학이 6학점으로 총 4과목, 19학점이 전부였다. 180학점 체제 아래에서도 근대문학 관련 교과목이 차지하는 비중은 이 정도밖에 되지 않았었다. 아마도 학생들은 선택의 여지없이 수업을 들었을 것이다. 그 50년 남짓한 시기에 일어난 변화가 지금까지 우리가 살펴본 내용이다. 그런 점에서도 대학의 교과 과정은 매우 완만하고 형식적이기는 하지만 사회적 분위기와 우리의 지적 풍토, 학문적 업적을 반영하는 제도적 틀이다.

난데없는 소리처럼 들리겠지만, 지금은 인문학의 위기와 문학의 죽음이 스스럼없이 거론되는 시기이다. 영상 매체와 컴퓨터 오락게임, 판타지 소설이 각광 받는다. 종이 문명은 점차 위축되고 디지털이 우리 사회를 지배하기 시작하고 있다. 민족 단위의 문학은 해체될 것이 분명하다거나, 새로운 개념과 방법의 문학 연구를 모색해야 한다는 주장도 들린다. 문학은, 또 대학에서의 문학 연구는 자신의 존재 근거와 의미를 어디에서 찾아야 할 것인지 발본적인 사유를 할 때가 바로 지금이다. 50년 전과 50년 뒤를 보면서 문학 연구가 가야 할 길을 모색해야 할 때가 지금인 것이다. 우회적인 길을 걸어 왔지만 교과 과정을 생각해 본 것은 그런 사유의 계기를 얻고자 한 데에 따른 것이다. 물론 그 같은 물음에 대한 답이 일조일석에 얻어질 것은 아니긴 하더라도, 우리는 끊임없이 묻는 행위를 멈춰서는 안 된다.

2부

「과도기」 다시 읽기
: 소설사적 의미와 관련하여

관조주의적 미학과 리얼리즘의 가능성
: 1930년대 후반 김남천의 단편소설들

식민지 근대성과 민족문학
: 일제하 염상섭의 장편소설 연구

현실 앞에 선 한 완고주의자의 문학적 초상
: 김동리의 문학

「과도기」 다시 읽기

소설사적 의미와 관련하여

'작품' 이외의 어떠한 철학이나 작자의 의도도 전제하지 않고 읽는 것, 바로 이것이 내가 말하는 작품을 읽는다는 것이다.

—가라타니 고진

1. 문제작 「과도기」

두루 아는 바와 같이 한설야의 「과도기(過渡期)」(1929)는 한국 근대소설사에서 매우 문제적인 작품이다. 일찍이 임화가 「소설문학의 20년」(1940)에서 「과도기」를 가리켜 "양식에 있어서만 아니라 실로 그 정신에 있어서도 분명히 새 시대의 문학"이라고 평한 이래, 「과도기」는 한국 근대소설의 새로운 경지를 개척한 작품으로 평가받아왔다. 남한에서 이루어진 후대의 연구 결과들도 임화의 이런 평가를 크게 벗어나지 않는다. 「과도기」에 대한 연구는 해금 문인에 대한 연구가 본격화된 1980년대 후반부터 1990년대에 이르기까지 본격적으로 이루어졌는데 그 주류는 대개 임화의 소설사 구도와 근본적인 차원에서 크게 다르지 않다. 예컨대 김재용 외 3인이 함께 쓴 『한국근대민족문학사』(1993)나 김윤식 · 정호웅이 함께 쓴 『한국소설사』(1993)의 「과도기」 평가 부분을 보더라도 그렇다. 이 두 책은 1980년대와 1990년대의 연구 성과와 분위기를 어느 정도 응집한 결과물이라고 할 수 있을 텐데, 적어도 「과도기」에 대한 평가만큼은 매우 유사하다.

> 황폐한 농촌과 무력해진 그 농민들 속에서 낡은 것을 부수고 일어서는 새로운 것까지 보아내는 것은 노동자계급의 시각에서만 가능하며 이러한 농촌사회의 몰락과 농민의 노동자화가 전제된 지점에서 그 다음 단계의 노동동맹의 가능성도 열리게 된다. 이것이 소설 「과도기」가 이 시기 소설 중에서 성과작으로 꼽히는 이유이다.[1)]

> 「과도기」, 「씨름」은 이렇듯, 급속한 공업화 과정을 지나고 있던 당대 현실의 한 전면을 지향적으로 반영함으로써, 비로소 노동자계급 당파성의 문제가 형상화의 차원에서 거론될 수 있게 되었다. 소설사의 새 국면이 열린 것이다.[2)]

위에서 언급된 '노동자계급의 시각'이나 '노동자계급 당파성'은 임화가 말한 '새시대의 문학'이 내포하고 있는 의미와 다르지 않다. 물론 이에 대해 미묘한 차이를 세세하게 논할 수 없는 것은 아니나 그 논의나 가치평가들이 발 딛고 있는 사상적 기반은 같다고 할 수 있을 것이다. 그렇다면 문제는 임화의 평가이다. 그의 평가가 오늘날까지 여전히 의미 있게 받아들여지고 있는 사실을 염두

1) 김재용 외, 『한국근대민족문학사』, 한길사, 1993, 469면.
2) 김윤식 · 정호웅, 『한국소설사』, 예하, 1993, 148면.

에 둔다면 임화의 「과도기」에 대한 평가를 다시금 되새겨볼 필요가 있는 것이다. 비록 임화가 「과도기」를 분석한 부분이 양적으로 매우 미미하다고 하더라도 그 이면에는 그의 근대소설사론 전체가 관통하고 있으므로 그 중요성은 결코 간과될 수 없는 것이다. 여기에 그의 논지를 재구성해서 논의의 첫출발로 삼는 까닭이 있다.

2. 임화의 「과도기」론

임화가 신경향파 소설을 두고 말한 저 유명한 지적, '박영희적 경향'과 '최서해적 경향'은 그가 조선의 소설문학 20년을 되돌이켜 보면서 쓴 용어이다. 그에 따르면 조선의 근대소설은 기본적으로 낭만적 주관주의의 편향과 조선적인 자연주의의 객관 편향이라는 두 갈래 길을 따라 발전하고 있으며 이는 신경향파에 이르러서도 완전하게 극복되지는 못하는 것으로 설명된다. '박영희적 경향'과 '최서해적 경향'이란 투박한 용어는 그런 낭만편향과 자연주의적 음영이 신경향파 소설에도 여전히 짙게 드리워져 있는 현상을 드러내려고 쓴 말이다. 임화는 이런 두 갈래의 분열로 말미암아 조선에서 '대규모의 리얼리즘'이 형성되지 못한 것이라고 진단한다.

그런데 정작 중요한 것은 그런 분열이 일어나게 된 원인에 대해 설명하고 있는 대목이다. 임화는 '환경의 특수성', 즉 식민지 조선의 반(半)봉건성으로 인해 조선의 근대소설이 그런 분열상을 겪고 있는 것이라고 지적하고 있는 것이다. 이 반봉건성으로 말미암아 조선의 시민 역시 반쪽의 시민일 수밖에 없고, 그런 시민에 의해 창조된 문학 역시 굴절될 운명을 벗어나기 힘들었다고 지적한다. 결국 조선의 근대소설이 질곡에서 벗어나지 못했던 것은 근본적으로 작가 개인에게 문제가 있다기보다는 당시 조선이 처한 그 같은 사회경제적 조건에서 말미암았다는 것인데, 이는 임화의 근대소설사론의 핵심 테제라고 할 만큼 막중한 무게와 의미를 지닌 지적이다. 조선의 사회적 성격과 문학의 연관, 그리고 그것의 역사적 전개에 대한 문제를 모두 함축하고 있기 때문이다. 요즘 한창 논의되는 모더니티 문제도 이를 떠나서는 논의의 진경에 이른 것이라고 볼 수 없을 것이다.

그런데 그는 조선 소설의 이런 질곡을 극복할 조건이 신경향파에 와서야 비로소 마련된다고 보고 있다. 요컨대 임화는 신경향파야말로 시민의 한계를 극복하고 일어난 문학이요, 분열된 조선문학을 새로운 리얼리즘으로 지양시킬 조건을 갖춘 문학이라고 생각했던 것이다. 도대체 신경향파의 어떤 점이 임화로 하여금 그런 평가를 내리게 했을까. 그건 다름 아닌 '경향적인 정신'이다. 조선의 반봉건성과 자본주의적 질곡을 일거에 뛰어넘을 수 있는 것을 그는 경향성, 다른 표현으로 말한다면 변혁적 세계관으로부터 발견하고 있는 것이다. 그 '경향성'은 따라서 조선 소설에서 대규모의 리얼리즘이 가능하게 될 토양이 된다. 그런데 그럼에도 불구하고 그것이 여전히 박영희적 경향과 최서해적 경향으로 분열된 것은 왜일까? 임화의 설명을 직접 들어보자.

그것은 다른 곳에 원인을 구할 것이 아니라 새로운 사회적 세대의 문학으로서 신경향파 문학이 미처 정신적으로 또는 예술적으로 미숙한 채 생탄하였다는 것에 궁극 원인을 구하지 아니할 수 없다.[3)]

결국 임화의 설명에 따르자면 신경향파의 분열은 이전 소설과 달리 환경의 특수성, 즉 조선사회의 반봉건성에 있는 것이 아니라 정신적・예술적 미숙에 이유가 있는 것이 된다. 아직 충분히 발전하지 못한 상태의 문학이 보여줄 수 있는 정도의 문제로 신경향파의 한계를 그어놓은 것이다. 그렇다면 신경향파 소설의 문제란 이전 소설과는 차원이 다른 것, 즉 근본적인 한계라고 볼 수는 없는 것이 된다. 성숙한 상태가 되면 그것은 스스로 극복될 문제일 터이기 때문이다.

일단 그 문제는 그렇다고 치더라도 그러면 「과도기」는 어떤가? 「과도기」가 '새 시대의 문학'이라고 평가될 수 있는 것은 바로 신경향파의 미숙성을 탈피한 첫 소설이기 때문에 그렇다. 신경향파 소설에서 보이는 분열이 「과도기」에 이르러 비로소 사라졌다고 본 것이다. 그러면 다시, 「과도기」는 어떻게 그 분열을 탈피했는가, 즉 어떻게 미숙한 상태를 벗어났는가? 임화는 이를 "일층 명백한 경향적인 정신"으로 설명한다. 명백한 경향적인 정신이 있었기에 양식과 정신 모두 새 시대의 문학에 걸맞는 작품이 될 수 있었다는 것이다.

이렇게 보아온다면 우리는 임화의 근대소설사론을 구성하는 핵

---

3) 임화, 「소설문학의 20년」, 『동아일보』, 1940.4.20. 원문의 인용은 현대어에 맞게 맞춤법과 띄어쓰기를 모두 바꾼 것이다. 이하의 인용도 마찬가지이다.

심 코드가 경향성과 조선사회의 특수성, 다시 말해 반봉건성에 있음을 짐작할 수 있다. 그 문제의식의 연장선상에서 우리는 「과도기」와 관련하여 다음의 두 가지 점을 논의의 출발점으로 삼을 수 있을 것 같다. 그 첫 번째가 「과도기」의 새로움, 일층 명백한 경향성의 구체적 확인이다. 도대체 「과도기」의 어떤 점이 이전 소설들과 구별되고 대비되는가를 정밀하게 검토해 보아야 한다. 이는 임화의 견해를 보다 더 세밀하게 이해하기 위한 의도이기도 하다. 또 하나, 「과도기」를 과연 카프 계열의 신경향파 소설이 발전한 결과로만 이해할 수 있는 것인가이다. 신경향파의 미숙성이 「과도기」에 와서 성숙한 것으로 이해할 것인지, 다시 말해 조선의 근대소설이 이광수와 김동인을 거쳐 자연주의와 낭만주의, 그리고 그것의 한 단계 비약인 신경향파, 그리고 다시 「과도기」에 이르는 단선적 발전 경로로 진행된 것인지를 생각해 보아야 한다. 그렇게 해야 「과도기」가 갖는 소설사적 의미도 한층 투명하게 이해될 수 있을 것이다.

이 글은 이 두 문제를 차례로 다룰 것이다. 먼저 「과도기」의 새로움을 확인하기 위해 작품 자체를 조금 더 꼼꼼히 읽어보는 일부터 시작할 것이다. 가급적 「과도기」에 대한 선입관을 배제하고 작품 자체를 읽는 데 치중할 생각이다.

3. 귀향자 '창선', 변화를 포착하는 시선

「과도기」는 "창선이는 사 년 만에 옛 땅으로 돌아왔다"라는 문장으로 시작해서 "상투 자르고 감발치고 부삽들고 콘크리트 반죽하는 생소한 사람이 되었다"로 끝난다. 이 두 문장은 「과도기」의 내용을 아주 요령 있게 요약해주고 있다. 즉, 살길을 찾아 간도로 이주했던 창선이 그곳에서 더 이상 버티지 못하고 고향으로 다시 돌아오게 되는데, 이미 고향은 고기 잡고 농사짓던 예전의 고향이 아니라 공장지대로 변해버렸다는 것이 「과도기」의 주요 내용이다. 소설은 창선이가 결국 공장 노동자가 되는 것으로 끝나고 있다. 소설의 내용으로 미루어보더라도 우리가 「과도기」에서 주목해 보아야 할 존재는 바로 주인공 창선이다. 창선이의 조건, 그리고 그가 처해 있는 상황 설정이 「과도기」를 문제작으로 만든 계기로 보이기 때문이다.

우선 창선이는 귀향자이다. 4년 만에 고향땅으로 되쫓겨올 수밖에 없었던 타향살이(간도 생활)의 신산함은 여기에서 본질적인 문제는 아니다. 중요한 것은 그가 고향을 떠났다가 다시 돌아왔다는 것이다. 낯선 곳에 흘러 들어온 존재가 아니라 자기 삶의 터전이었던 고향으로 돌아왔다는 것, 이는 곧 창선이가 경계선에 놓여 있는 존재, 안도 아니고 밖도 아닌 그 사이에 걸쳐 있는 존재임을 뜻한다. 경계선에 있으므로 그는 이쪽저쪽을 모두 볼 수 있는 사람이다. 조금 더 직접적으로 말한다면 안의 사정을 조금 더 거리를 두고 바라볼 수 있는 존재일 수 있는 것이다.

그런데 더 중요한 것은 귀향자이기에 고향의 변화를 온몸으로 받아들일 수 있는 존재로 작품 안에서 기능한다는 점이다. 창선에게 고향의 변화는 순식간에, 충격적으로 다가오고 그 변화의 낙차는 그에게 운명적인 크기와 무게로 느껴질 수밖에 없도록 작용한다. "여보! 이거 영 딴판이 됐구려!"라는 비명에 가까운 목소리는 그가 귀향자이기에 가능한 것이었을 터이다. 4년 간의 세월에 고향의 변화를 그토록 실감 있게 느낄 수 있는 사람은 새로 터 잡고 살아가는 타향 사람도, 그곳에 눌러 살던 원주민도 아니다. 작가 한설야가 한 마을의 변화를 단편이라는 양식에 무리 없이 담아낼 수 있었던 것은 사실, 창선이라는 존재의 상황 설정 때문이다. 귀향자 창선으로 인해 실로 거대한 시대의 변화가 압축적이면서도 무게를 갖고 그려질 수 있었던 것이다.

그렇다면 창선이 받아들이고 있는 변화의 실감이란 무엇인가? 그것은 옛 고향의 모습과 변화된 지금의 고향 모습으로부터 비롯된 것인데, 문제는 이런 변화를 앞에 두고 창선이는 예전의 고향 모습을 그리워한다는 데에 있다. 철도가 놓이고 공장이 들어서서 어쩌면 더욱 살기 좋은 마을이 되었다고 느낄 법도 한데, 창선은 그렇질 않은 것이다. 고향이 바라다 보이는 언덕에 이르러 낯선 풍경을 맞닥뜨렸을 때 그가 떠올리는 것은 오히려 옛 고향의 정취이다. 창선이가 그곳에서 자신의 어린 시절 추억과 아름다운 청춘, 가난했지만 행복했던 날을 회상하는 장면은 실로 우리문학에서 최초로 그려진 한국 어촌의 낭만적 풍경일 것이다. 창선이는 변모된 고향의 모습을 앞에 두고 소 먹이던 들판, 고기 잡던 바닷가, 아내를 만나 사랑했던 곳, 흥겹게 노래 부르고 놀아 제끼던 그 고향을 떠올린다. 따라서 「과도기」에서는 옛 고향의 모습과 현재의 고향이 대비적으로 그려진 대목들이 많다. 그런데 과거의 아름다운 회상에서 벗어났을 때 비로소 눈에 들어오는 것은 지금의 현실이다.

> 그러나 지금은 모든 것이 달라졌다. 산도 그렇고 물도 그렇다. 철도길이 고개를 갈라먹고 창리 포구에 어선이 끊어졌다. 구수한 흙냄새 나는 마을이 없어지고 맵짠 쇠 냄새나는 공장과 벽돌집이 거만스러이 배를 붙이고 있다. 소수레가 끊어지고 부수레(기차)가 왱왱 그린다.[4]

소설 「과도기」는 이렇게 옛 것과 현재의 것을 대비시켜 드러내면서 변화된 현실의 의미를 실감 있는 형상으로 재현한다. 위 인용에서도 옛 것에 대한 그리움과 새 것에 대한 거부감이 뚜렷한 수사적(修辭的) 대비로 묘사되고 있다.

4. 반(反)자본주의의 수사학과 묘사의 힘

그런데 이렇게 창선의 눈을 통해 우리에게 보여지는 '창리' 마을의 변화는 작가의 미적 가치 판단과 불가분의 관계가 있다는 점을 유의해야 한다. 다시 말해 작가가 그 현실에 대해 느끼고 알고 판단하는 총체가 창선의 시선을 통해 우리에게 전달되고 있다는

4) 『조선지광』 84호, 1929.4, 177면.

것이다. 이를 조금 더 미세하게 살펴본다면 우리는 소설의 문장 차원에서도 그것을 확인할 수 있을 터이다. 소설의 문장이란 작가가 작품 속의 현실을 도대체 어떻게 생각하고 있었는가를 아주 구체적이고 미세하게 드러내는 부면이기도 하다. 물론 작가의 현실 인식은 인물과 환경, 그리고 그것이 한데 얽혀 어우러지는 서사를 통해 드러나기도 하는 것이나 문장을 통해서도 매우 구체적이고 실감 있게 표출된다. 또한 그것이야말로 종종 작가가 대상에 대해 심미적 가치 판단을 하는 구체적 표징으로 받아들여지기도 한다.

그렇게 보았을 때 「과도기」에서 자본주의적 사물을 묘사하는 문장들은 독자로 하여금 매우 권위적인 느낌과 마뜩찮은 느낌이 들도록 제시되어 있다. 이는 그 사물을 바라보는 주체인 창선이와 그것을 묘사하는 내포 작가가 그렇게 느끼고 있다는 것을 의미한다. 몇몇 문장을 예로 들어 보자.

- **우중충한** 벽돌집, 쇠집, 굴뚝——들이 잠뿍 들어섰다.
- 평바닥에는 고래 같은 커다란 공장들이 있다. 높다란 굴뚝이 **거만스럽게 우뚝 버티고** 있다. 이쪽에는 잘방게(蟹) 같은 큰 돌막이 벽돌집 서슬에 불려갈 듯이 황송히 짜그리고 있다.
- 놀라웁고 야단스러워 보였다. 그러나 그만치 눈에 서툴고 **인정모가 보이지 않았다**. 소수레나 고깃배가 얼마나 정답게 생각켜지는지 몰랐다. "풍……… 왕—— 왕——"하는 기차소리는 귀에 야즈라웠다.
- 맵짠 쇠냄새나는 공장과 벽돌집이 **거만스러이** 배를 붙이고 있다.[5]

---

5) 고딕은 저자의 강조임. "야즈랍다"는 아마도 함경도 사투리인 듯한데 『우리말 큰 사전』, 『방언사전』 등을 찾아보았으나 표제어로 나와 있지 않았다. 아마도 야단스럽고 어지럽다는 뜻이 아닐까 짐작된다.

위의 인용은 소설의 이곳저곳에서 눈에 띄는 대로 몇 문장 뽑아본 것에 불과하다. 모두 창리의 변화된 정경을 묘사한 문장들이다. 대충 훑어보아도 우리는 작가가 '창리'의 현재 모습을 어떻게 생각하고 있는가를 쉽게 알 수 있다. 공장・기차・벽돌집 등에 대한 수식어들이 온통 부정적이기 때문이다. 이는 서술어들도 마찬가지이다. 또한 작품 속에 등장하는 자본주의적 개발의 행위들은 마을을 '갈라먹고', '끊어내고', '잘라내'는 것으로 묘사된다. 초점인물 창선의 눈을 통해 보이는 것이니 그런 것도 당연하다고 생각될 수 있으나, 오히려 창선을 통해 작가가 당대 현실에 대한 심미적 가치판단의 수사(修辭)를 구사한 것으로 이해하는 것이 온당할 것이다.

창선이가 마을 뒷고개로부터 공장지대가 되어 버린 고향마을로 들어와 낯선 사람들에게 주저주저 말을 묻는 장면도 매우 인상적이다. 고향 마을에서 오히려 초라한 이방인이 되어 버린 창선의 모습이 리얼하게 묘사되어 있다. 왈왈거리고 지나가는 중국인 노동자나 상투 자르고 감발 친 뭔가 낯설어 보이는 조선인 노동자 사이에서, 이제 막 간도에서 쫓기어온 보잘것없는 농투성이 창선으로서는 모든 것이 눈에 설고 두려울 수밖에 없었을 것이다.

이 같은 묘사는 결국 작가가 자본주의로 이행해 가는 당대 현실에 대해 강한 거부감을 갖고 있었던 근거라고 이해할 수 있으며 그런 작가의 태도가 사물에 대한 묘사와 수사(修辭)에서도 그렇게 나타난 결과라고 생각할 수 있다.[6] 그것은, 간단히 말하자면 반자

6) 이 점은 이광수의 『무정』과 비교해 보면 더욱 분명해진다. 『무정』 끝 대목을 통해 작가의 현실 인식에 대한 한설야와 이광수의 차이가 문장에서 어떻게 표

본주의의 수사학일 터이다.

그런데 이런 반자본주의적 수사(修辭)가 다른 한편으로 변화를 거부하고 옛 생활을 동경하는 태도와 대조를 이루면서 더욱 강조되고 있다는 점에 주목해야 한다. 이미 앞에서도 살펴본 바와 같이 작가는 현재의 모습을 옛 전원생활과 대조를 통해 드러내고 있다. 창선이가 농사짓고 고기 잡던 시절을 행복하고 정겨웠던 것으로 느끼도록 그려냄으로써 자본주의적 변화 과정이 뭔가 문제가 있다는 암시를 하고 있는 것이다.

창선에게 고향 창리는 가난했지만 '구수한 흙냄새 나는 마을'로 기억되고 있다. 뿐만 아니라 물고기가 풍성하게 잡히던 행복한 어촌이기도 했다. 그 마을에서 지금의 아내와 사랑을 나누었던 추억도 회상된다. 창리의 변화란 다름 아니라 이런 과거의 추억을 앗아가 버리는 것으로 나타난다. 그러나 사실, 이는 옛 생활에 대한 추억의 상실이라기보다는 민중적 삶의 기반, 전래적인 삶의 조건을 뿌리째 뽑는 것으로 이해된다. 창선도 그것이 과거이기에 동경하는 것이 아니라 몸에 익은 익숙한 생활이기에 정겨움을 느끼고 있는 것이다.

「과도기」의 장점은 바로 이런 데에 있다. 자본주의의 문제점을

출되고 있는가 확인할 수 있다. 아래 인용은 『무정』의 대단원이다.

"교육으로 보든지, 경제로 보든지, 문학 언론으로 보든지, 모든 문명 사상의 보급으로 보든지 다 장족의 진보를 하였으며 더욱 하례할 것은 상공업의 발달이니, 경성을 머리로 하여 각 도회에 석탄 연기와 쇠망치 소리가 아니 나는 데가 없으며 연래에 극도에 쇠하였던 우리의 상업도 점차 진흥하게 됨이다. 아아, 우리 땅은 날로 아름다워 간다. 우리의 연약하던 팔뚝에는 날로 힘이 오르고 우리의 어둡던 정신에는 날로 빛이 난다. 우리는 마침내 남과 같이 번쩍하게 된 것이로다."

민중의 생활 현실로부터 포착하고 그것을 구체적 실감으로 전달함으로써 선불리 주제의식만을 전면에 내세우던 당시 카프 소설의 관행으로부터 탈피한 것이다. 즉, 자본주의체제가 갖고 있는 문제점을 전래의 전원 생활과 대비시켜 묘사함으로써 조선의 현실과 민중 생활에 튼튼히 뿌리내린 묘사와 서사가 모두 가능할 수 있었던 것이다. 변화를 두려워하고 과거를 동경하는 창선의 행동은 농투성이인 그로서는 아마도 당연한 일이었을 것이다. 그런 창선을 두고 여전히 봉건적 구습을 떨치지 못한 인물이라고 폄하할 수는 없는 일이다.

그런데 이런 소설적 배치는 작가가 현실의 문제를 스스로의 삶 속에서 고민하지 않았다면 불가능한 일이었을 것으로 짐작된다. 단지 세계관이나 이론을 갖추었다고 되는 문제는 아닐 것이기 때문이다. 함흥 바닷가 출신인 작가였기에 어촌 사람들의 생활상이며 감정을 잘 살려낼 수 있었던 것이고, 또 작가였기에 자신이 선취한 세계관을 생활 속에 녹아내 문학적 상상력으로 창조해낼 수 있었던 것이다.

5. 「과도기」에 나타난 자본주의적 현실

그렇다면 이제 우리가 확인해 보아야 할 것은 「과도기」에 나타난 자본주의적 현실이다. 이미 많은 논자들이 지적한 것처럼 「과도기」는 식민지 조선의 자본주의화 과정을 '창리'라는 작은 마을의 변화를 통해 드러낸 작품이다. 또 앞에서도 살펴보았듯이 창선이라는 귀향자를 내세워 그 변화의 폭을 한층 선명하게 부각시키고 있다. 그렇다면 도대체 그 변화가 어떤 것이었길래 창선이가, 그리고 작가가 그토록 거부감을 갖게 되었던 것인가.

그것은 우선 마을의 강제 이주 과정으로 나타난다. 이는 특히 창선이의 형 '창룡'의 전언으로 선명하게 드러나는데, 그 과정(창리의 공장화 과정과 집단 이주 과정)이 마을 사람들의 뜻과 삶의 조건을 얼마나 배반하면서 폭력적으로, 공작적(工作的)으로 진행되었는가를 보여준다. 이 대목에서 '창리' 마을의 집단 이주 과정 중에 드러난 자본과 권력의 결탁이 매우 선명하게 고발되고 있다.

> 창룡이는 처음 ××××××가 될 때 형편을 얘기하였다. 이 근방 토지를 매수하여 ………………든 말과 그 사이에 소위 ××유력자들이 나서서 춤을 추던 야바위를 말하였다.
>
> "이리로 옮기기만 하면 여게다 인천만한 항구를 만들어줄 테요, 시장, 학교, 무슨 우편소니 큰 길이니 다 내준다고… 야단스러운 지도(地圖)를 가지고 와서 구룡리를 가르치며 제2의 인천을 보라고…… 원 산 눈 빼 세상이지."
>
> "그래서요?"
>
> "그래도 이천명이나 되니 그리 얼른 ×겠나 해서 구룡리에다 창리만한 설비를 해주면 간다고 했지…… 그리고 우리도 한 집이라도 먼저 가면 ………인다고 온 동리에서 말이 됐지. ………했더니 ……에서도 아주 능청스럽게 그렇게 하라구 호언장담을 하더니 ……은 이런 놈의 야바위가 있나. 그렇게 말해 놓고는 뒤로 한사람씩 파는구만—"[7)]

---

7) 「과도기」, 182면. ××, …… 등은 당시 검열로 삭제된 것임.

검열에 의한 삭제가 많아서 창리 이주 공작을 주도한 주체가 누구인지는 정확히 알기 힘들지만 전후 맥락을 보건대 그것은 공장 측과 이에 호응한 지방 유지, 행정권력으로 짐작된다. 자본과 권력이 결탁하여 마을 주민들의 의사와는 관계없이 공장을 세우고 그들을 반강제적으로 이주시키는 과정이 창룡의 전언 속에 담겨 있다.

게다가 집단으로 이주한 '구룡리'라는 곳이 '창리'와는 다르게 어촌으로서는 적격지가 아니었다는 점이 문제를 더욱 심화시키고 있다. 배를 매어놓을 곳도 마땅치 않아 공사시늉만 낸 포구도 파도가 거세서 배가 부서지는 사고가 연이어 일어나고, 그러다 보니 마을 사람들의 생활 조건도 근본적으로 위협받게 되었던 것이다. 집단 이주는 단지 물설고 낯선 땅에 살게 되었다는 감상의 차원을 벗어나 기본적인 삶을 위협하는 지경으로까지 몰고 가는 문제를 유발하고 있는 것이다. 식민지 조선의 농어촌이 어떻게 해체의 과정에 들어서는가를 적나라하게 보여주는 대목이다.

그런데 「과도기」는 자본주의적 재편 과정에서 나타날 수밖에 없는 또 하나의 문제를 제기하게 되는데, 그것이 바로 농민의 노동자로의 전이이다. 이 작품은 조선이 자본주의로 이행해감에 따라 어떻게 노동계급이 형성되는가를 단적으로 보여주고 있다. 구룡리로 이주한 창리 사람들은 삶의 터전을 빼앗기고 주요 생계거리를 잃음에 따라 결국 노동자로 취업할 수밖에 없는 지경에 놓이게 되는 것이다.

일하고 싶어도 할 일이 없고 힘을 쓸래도 쓸 곳이 없고 고기도 잡아먹을 수 없고 농사도 지을 수 없다. 대대로 전하여오던 손익은 일, 맛들인 일은 이리하여 얻어 만날 수 없고 눈이 멀개서 산송장이 될 것만 같았다.

그러나 정든 옛일이나 그네가 같이 밀려간 자리에는 낯선 새 노릅(공장 기계)이 주인같이 타리게를 틀었다. 검은 굴뚝이 새 소리를 외치고 눈 서툰 무서운 공장이 새 일꾼을 찾으나 그것은 너무도 자기 몸과 거리가 먼 것 같았다. 그만치 할 일이 있고 할 뜻이 있는 옛일에 대한 애착이 아직까지 뿌리 깊이 가슴을 부여잡고 있다. 그런데 그 일은 어디 가고 꿈도 안 꾸던 뚱딴지 같은 일터가 제 맘대로 벌려져 있다.[8)]

위의 인용에서 우리는 '창선'이가 고향을 잃고 공장 노동자로 취업할 수밖에 없는 상황과 그러면서도 그런 현실을 도저히 용납하기 어려운 착잡함을 동시에 읽을 수 있다. 그것은 희망에 겨운 미래를 상상하는 즐거움이 아니라, 먹고살기 위해 어쩔 수 없이 받아들여야만 하는 고통스런 노역일 뿐이다. 자신이 하고 싶은 일을 하지 못하고 생존을 위해 공장 노동자가 되어야 하는 현실을 창선은 받아들이기 어려운 것이다. 그는 결국 노동자의 길을 걷게 되는데, 이것은 비단 창선에게만 국한된 현실은 아닐 것이다. 전통적 삶의 해체는 다시 새로운 삶의 조건을 만들어내고 거기에 창리 마을의 청년들이 억지로 적응해갈 수밖에 없었을 것이라는 점을 우리는 어렵지 않게 짐작하게 된다.

「과도기」는 이렇게 조선이 자본주의로 이행되는 과정을 '창선'이 노동자가 되는 과정과 '창리' 마을의 해체로 그려내고 있다. 더구나 그것이 조선 민중의 뜻과 삶의 이익에 기반하고 있지 않음을 창리 마을의 강제 이주 과정과 변화에 대한 '창선'의 거부감으로

8) 「과도기」, 184면.

보여주고 있다. 요컨대 「과도기」는 귀향자 창선이라는 존재와 그가 맞닥뜨린 상황을 적절하게 설정하고 배치함으로써 당시 식민지 조선을 살아가는 민중들의 삶의 근본 조건을 실감 있게 드러냈다고 할 수 있다. 그렇기에 이 작품은 조선이 자본주의, 그것도 식민지 자본주의로 이행되는 과정을 단편소설이라는 양식적 한계에도 불구하고 표현해 낼 수 있었던 것이다.

이 점은 작가가 조선 자본주의의 실체를 그만큼 구체적인 현실 속에서 사고하고 있었음을 반증하는 근거이기도 하다. 「과도기」가 동시대 다른 소설들과 비교하여 빛나는 대목은 바로 이렇게 조선의 산업화, 자본주의로의 이행 과정을 분명히 자각하고 거기에 내재되어 있는 문제를 날카롭게 포착해냈다는 점에 있다. 「과도기」가 그런 현실을, 비록 거대하고 폭넓은 장편서사로 재현해 낸 것은 아니지만 부족하고 아쉬운 대로 그 단면을 날카롭게 파고들어 우리 눈앞에 보여준 것만큼은 사실이라고 할 것이다.

6. 「과도기」 이전의 소설들

다시 한번 정리하자면 「과도기」는 식민지 조선의 자본주의화가 조선 민중의 실질적 삶을 어떻게 변화시키고 있는지를 보여준 작품이다. 그런데 우리가 여기에서 조금 더 생각해보아야 할 것은 「과도기」에 나타난 현실이 자본주의 일반에 대한 추상적 인식이 아니라 조선의 현실 속에서 현재진행중인 자본주의의 실체였다는 점이다. 이는 작가가, 다른 것이 아닌 바로 조선의 자본주의화 과정을 구체적 현실 속에서 사고했다는 것, 다시 말해 조선의 자본주의에 대해 매우 자각적인 인식을 하고 있다는 사실을 의미한다.

예를 들어보자. 1920년대에 들어오면서 조선의 근대소설은 민중의 궁핍상을 본격적으로 그리기 시작한다. 김동인 같은 작가들도 「감자」(1925)에서 주인공 '복녀'를 통해 당시 빈민들의 생활상을 그리고 있다. 당시의 많은 작가들이 비로소 조선의 현실 문제에 눈을 돌리기 시작했던 것이다. 그러나 문제는 그렇게 그려진 현실이 과연 자본주의적 관계의 인식으로부터 비롯된 것이냐에 있다. 「감자」만 하더라도 복녀의 계속되는 가난은 남편의 게으름 때문이지 다른 데에 원인이 있었던 것이 아니다. 김동인은 적어도 복녀를 둘러싼 현실을 그렇게밖에 인식하지 못했던 것이다. 당시 소설의 대다수는 그런 수준을 넘지 못하고 있다.

심지어 조명희의 「낙동강」(1927)이나 최서해의 「홍염」(1927)에서 그려진 현실도 엄밀하게 말해 조선의 자본주의와는 무관하다. 「낙동강」은 박성운이라는 한 혁명가의 일생을 신문기사처럼 간단간단하게 회고함으로써 조선의 사회운동을 소묘한 작품이고, 「홍염」은 간도에서 살아가는 조선 민중의 극단적 빈곤과 그에 대한 반발을 극적으로 드러낸 작품이다. 그런데 「낙동강」에는 왜 그런 사회운동이 일어났고 급기야는 거기에 종사했던 한 인간이 그것 때문에 삶을 마감할 수밖에 없는지, 왜 또 다른 투쟁이 계속 필요한 것인지에 대한 가장 근본적인 전제가 결여되어 있다. 「홍염」에 그려진 현실도 자본주의에 대한 자각이 개입되어 있다고 보기는 힘들다. 「홍염」에는 오히려 탐욕스런 인간의 욕망과 그것에 희생될 수밖에 없는 힘없고 가난한 자의 극단적 반발이 주를 이룰 뿐이다. 「낙동강」이나 「홍염」은 그런 점에서 「과도기」와 질을 달리 한다.

여기에서 우리의 관심을 끄는 것이 바로 현진건이다. 일찍이 그는 「운수좋은 날」(1924)에서 식민지 조선의 일용 노동자의 하루를 매우 리얼하면서도 극적으로 그려낸 적이 있다. 그가 1926년 1월 4일자 『조선일보』에 발표한 「고향」은 「과도기」와 매우 유사하다.[9] 우선 내용이나 서사 구조가 매우 비슷해서 두 작품 모두 식민지 민중의 삶이 어떻게 변화해갔는지를 우리에게 잘 보여준다. 고향을 도망치듯 빠져나와 만주·동경 등을 떠돌다가 다시 고향으로 돌아온 사내의 이야기가 「고향」의 줄기를 이루고 있다.

이 작품은 대구에서 서울로 올라오는 기차 안에서 '내'가 '그'를 만나면서 시작되고 있다. 기차 안에서 '그'가 '나'에게 자신의 삶의 편력(고향을 떠나 만주와 동경을 전전한)과 고향에 돌아와 겪은 이야기를 들려주고 있는데, '내'가 들은 '그'의 이야기가 바로 소설의 중심내용을 형성한다. 우리가 이 소설에 주목하게 되는 것은 바로 그가 고향을 떠날 수밖에 없었던 현실의 변화이다. 그 대목을 길지만 직접 인용해 보겠다.

> 한 백 호 남짓한 그곳 주민은 전부가 역둔토를 파먹고 살았는데, 역둔토로 말하면 사삿집 땅을 부치는 것보다 떨어지는 것이 후하였다. 그러므로, 넉넉

9) 「고향」은 원제가 「그의 얼굴」이다. 그러던 것이 1926년 단편집 『조선의 얼굴』을 내면서 「고향」으로 改題되었다(현진건, 「고향」, 『조선일보』, 1926.1.4. 이하 이 글의 인용시에는 「고향」이라고 표기하고 면수만 밝힌다). 최원식, 『한국 근대문학을 찾아서』, 인하대 출판부, 1999, 154면.

지는 못할망정 평화로운 농촌으로 남부럽지 않게 지낼 수 있었다. 그러나, 세상이 뒤바뀌자 그 땅은 전부가 동양 척식회사의 소유에 들어가고 말았다. 직접으로 회사에 소작료를 바치게나 되었으면 그래도 나으련만, 소위 중간 소작인이란 것이 생겨나서 저는 손에 흙 한번 만져보지도 않고 동척엔 소작인 노릇을 하며, 실작인에게는 지주행세를 하게 되었다. 동척에 소작료를 물고 나서 또 중간 소작인에게 긁히고 보니, 실작인의 손에는 소출의 삼할도 떨어지지 않았다. 그 후로 '죽겠다, '못살겠다' 하는 소리는 중이 염불하듯 그들의 입길에서 오르내리게 되었다. 남부여대하고 타처로 유리하는 사람만 늘고, 동리는 점점 쇠진해갔다.[10]

이 부분이야말로 내가 보기에 「고향」에서 작가가 현실을 어떻게 바라보고 있는지를 알 수 있는 가장 핵심적인 대목이다. 우리는 1920년대 왜 그렇게 많은 조선인들이 간도로 만주로 이주할 수밖에 없었는지, 그 이유의 일단을 위 소설에서 발견할 수 있다. 그에 대한 역사적 사실을 이 자리에서 구구하게 설명할 필요는 없겠다.[11]

현진건은 이런 현실을 매우 날카로우면서도 간명하게 재현해내고 있다. 그리고 그 점이야말로 현진건 소설이 「낙동강」이나 「홍염」보다 그 가치가 더하면 더했지 못하지 않은 의의이기도 하다. 「고향」은 전체적으로 '그'가 겪어온 인생살이를 담담하게 전하면서 식민지 현실의 문제점을 매우 예리하게 보여준다. 몰락한 고향의 정경과 예전에 '그'와 혼담이 오가던 여인의 말년이 매우 가슴아프게 그려져 있다. 그러나 이 작품의 어떤 주인공들도 조급하게 싸우려 들거나 함부로 사람을 죽이려들지도 않는다. 아니, 애초부터 그런 의도를 품은 사람들로 보이지 않는다. 그러면서도 당시

10) 「고향」, 198~199면.
11) 이에 대해서는 최원식, 앞의 책을 참조할 것.

조선 현실이 지닌 문제의 단면은 한 눈에 들어온다. 이렇게 「고향」이 현실을 드러내는 방식이나 정신은 「과도기」와 매우 유사한 바가 있다.

그러나 「고향」에 드러난 현실이 자본주의에 대한 뚜렷한 자각을 기반으로 한 것인지는 의심스럽다. 「고향」에 그려진 현실은 마름의 횡포일 뿐 자본의 침투로 보기는 힘들다. 물론 이를 확대 해석해서 '일본 제국주의 자본에 희생된 조선 민중의 비참한 생활상'이라고 볼 여지가 없는 것은 아니겠지만, 그것이 작품을 읽는 평균적인 독자들의 생각을 환기시킬 만큼 명백하게 소설의 내용으로 전화된 것은 아니다. 게다가 「고향」은 현진건 소설에서 보기 드물게 묘사가 취약한 작품이다. 우리는 저 「운수좋은 날」에서 빛나던 그의 맛깔스런 문장과 선술집 안의 생생한 모습을 이 작품에서 찾아보기 힘들다. 기껏해야 소설 첫머리에서 '내'가 '그'를 만나는 장면 정도가 소설의 묘사로서 보아줄 만하다. 이렇게 묘사가 취약하다는 것은 작가의 현실 인식이 채 육화되지 못하고 있음을 반증한다. 단순한 사물의 묘사가 아니라 현실의 변화를 안고 있는 본질적 계기를 포착해서 그것을 빛나는 문장으로 담아내는 것은 작가의 현실 인식과 문학적 상상력, 형상화 능력이 이우러질 때 가능한 것일 터이다.

「고향」에서 또 하나 주목해 보아야 할 것은 바로 소설적 장치로 이용되고 있는 액자식 구성 방식이다. '내'가 '그'의 이야기를 듣고 있는 겉 이야기와 그의 삶의 편력에 대한 전언이 속이야기로 구성된 「고향」의 서사 구조는 작품의 주제를 드러내는 주요한 소설적 장치이다. 독자들은 '그'의 이야기에서 당대 민중 현실의 일면을 확인하는 동시에 그 이야기를 듣고 있는 '나'의 태도 변화에도 관심을 갖게 된다. 또 '나'의 시선에 의해 '그'의 이야기가 전달되는 방식이므로 소설의 이야기는 '나'라는 사람에 의존할 수밖에 없게 된다. 따라서 「고향」에서 '나'라는 존재는 매우 중요하다. 그런데 이 '나'는 애초에 시큰둥하게 '그'의 대화에 응하다가 '그'의 이야기를 들어가면서 비로소 '그'의 처지에 공감하고 아픔을 함께 한다. '그'와 같은 민족으로서의 동질감을 회복하고 있는 것이다. 물론 '나'의 태도 변화는 작가가 일부러 소설의 극적 효과를 거두기 위해 그렇게 배치한 것일 터이다. 그리 호감을 주지 못하던 '그'와 '내'가 동질감을 형성함으로써 「고향」은 독자들을 민족적 현실에 공감하도록 환기시키는 것이다.

그러나 문제는 '그'의 이야기를 듣고 있는 '나'가 공감 이상으로 나아가지 못하고 있다는 점이다. '나'는 수많은 '그'를 만들어낸 현실(이 소설의 원제가 「그의 얼굴」이고 이 소설이 실린 소설집 이름이 『조선의 얼굴』이라는 점을 상기하자)을 안타까워하고 있을 뿐 그 현실의 바깥을 생각하지 못한다. 현실의 바깥이란 현재를 넘어설 그 어떤 곳이다. 그 현실의 밖을 상상하고 사유해야 현실이 안고 있는 문제의 핵심을 인식하고 해결의 길을 모색할 수 있기에 그것은 중요하다. 체제의 밖을 생각할 수 있다는 것은 현실에 대한 다양한 대안을 모색해가는 일에 다름 아니다. 그러나 「고향」의 '나'는 그렇게 나아가기보다는 '그'와 쓰라린 비애만을 함께 느끼고 있을 뿐이다.

> 나 또한 너무도 참혹한 사람살이를 듣기에 쓴물이 났다.
> "자, 우리 술이나 마저 먹읍시다." 하고 우리는 주거니 받거니 한 되 병을

다 말리고 말았다.[12)]

「고향」의 '나'는 이렇게 그와 더불어 술이나 먹는 것으로 자위할 수밖에 없는 처지인 것이다. 물론 이것은 『만세전』의 주인공 이인화의 냉소적 시각에 비한다면 한층 인간적인 면모가 엿보이기는 하나 아쉬움은 아쉬움대로 남는 대목이라고 할 것이다. 「고향」은 이렇게 작가의 사유가 체제를 벗어나지 못한 까닭에 묘사된 현실도, 거기에 반응하는 작중 인물들도 비관적인 태도를 벗어날 수 없었다.

그렇지만 이런 한계에도 불구하고 「고향」이 갖는 문학적 의미는 여전히 중요하다. 현실에 대한 비관적 인식은 선부른 관념적 낙관을 훨씬 뛰어넘는다. 적어도 「고향」은 현실에 대한 주관적 과장과 왜곡도, 민중에 대한 과도한 맹신도, 미래에 대한 근거 없는 망상도 허락하지 않는다. 신경향파의 설익은 작품보다 현진건의 「고향」이 갖는 의미는 실로 크다. 그런 점에서 오히려 「과도기」의 진정한 전 단계는 「고향」에서 찾아야 옳다.

어쨌거나 「과도기」는 「고향」의 한계를 넘어선 자리에 존재한다. 「과도기」는 우리가 이제껏 살펴왔듯이 조선의 현실을 자본주의적 관계라는 틀에서 이해한 결과물이다. 농촌이 공장지대가 되고 농민이 노동자가 되는 과정을 자본주의적 관계의 그물망에서 읽어내고 그 문제점을 통렬하게 드러낸 작품인 것이다. 요컨대 「과도기」는 조선 자본주의에 대한 대자적 인식의 산물인 셈이다.

그런 까닭으로 「과도기」에 이르러 한국문학은 자본주의의 바깥

12) 「고향」, 201면.

으로 문학적 상상력이 나아갈 수 있는 길을 얻은 것이라고 할 수 있다. 「과도기」는 조선의 자본주의를 즉물적이고 즉자적으로 본 것도 아니고, 심정적 비판 차원에 머문 것도 아니며, 섣부른 관념으로 재단해버린 것도 아니다. 「과도기」는 창선이라는 귀향자와 '창리' 마을을 내세워 조선 자본주의의 실상을, 그들이 약속하는 달콤한 미래의 허구성을 한편에서는 그 안으로부터, 다른 한편에서는 그 밖으로부터 묘파해낸 것이다. 이로써 우리는 「과도기」에서 식민지의 자본주의적 재편 과정에 대한 문학적 비판의 한 사례를 얻게 된 것이다.

7. 「과도기」 이후의 문제들

지금까지의 논의를 통해 우리는 다음 몇 가지 문제들을 정리할 수 있을 것 같다.

첫째, 「과도기」는 창선이라는 귀향자를 설정하여 시대의 변화를 포착하고 있다.

둘째, 그 변화에 대해 창선이나 내포작가나 모두 부정적이다.

셋째, 그런데 그 현실의 변화란 「과도기」에서 전통적 삶의 해체와 농민의 노동자로의 전환을 강제하는 자본주의적 재편으로 이해되고 있다.

따라서 넷째, 「과도기」는 자본주의적 재편에 대한 문제점을 명확히 자각하고 그려진 작품이다.

다섯째, 아울러 이런 현실 인식은 조선의 근대소설사에서 전례가 없었다.

마지막으로, 「과도기」는 카프 계열의 신경향파 소설이 발전한 결과로 볼 근거가 없다.

이런 논의의 결과들은 어떻게 보면 새삼스러울 게 없는 것들이다. 논의의 첫 의도가 「과도기」의 소설사적 새로움을 다시 한번 곰곰이 생각해보자는 것이었으므로 당연한 결과일지도 모른다. 그런데 논의를 맺는 이 자리에서 다시금 확인하게 되는 것은 「과도기」의 중요성이 사물을 바라보는 방식의 새로움에 있다는 점이다. 그러나 그것은 단지 세계관으로 간단히 환원될 문제는 아니다. 그동안 작품 분석에서 세계관은 도깨비 방망이 같은 것이었다. 비현령이현령 식으로 작품 분석의 과정을 세계관에 의거해서 안이하게 넘어가는 경향이 많았다. 그러나 지금은 기존의 것을 회의해보는 자세가 필요할 때이다. 그것은 과거에 옳다고 생각했던 것이 여전히 그러한지 그 근저로부터 재사유하는 일이다. 「과도기」를 다시 읽어 본 것은 그런 논의를 위한 준비이다.

그런데 여전히 우리의 화두가 되는 것은 임화의 문학사 구도이다. 특히 조선사회의 반봉건성과 경향성의 문제를 어떻게 해결할 수 있을 것인지는 더 생각해 보아야 할 문제이다. 신경향파 이후의 소설사에 대해 카프를 주류로 설정하여 단선적 발전 구도로 설명하는 것은 분명 여러 문제를 안고 있음이 우리의 논의에서도 어느 정도 밝혀지기는 했지만, 솔직히 이 글에서 그에 대한 대안은 마련되지 못했다. 그렇다면 그 역시, 문제에 대한 정확한 지적으로 보기는 어려울 것이다. 임화의 견해가 해방 직후 이런 저런 문학사론에서 한층 발전되고는 있지만, 특히나 조선의 자연주의와 낭만적 경향이 신경향파로 이어지고 그것이 「과도기」, 『고향』(이기영) 등으로 지양되는 과정에 대한 구도는 크게 달라졌다고 보기 힘들다. 이 문제에 대해서는 아무래도 앞으로의 연구 과제로 넘겨야 할 것 같다.

관조주의적 미학과 리얼리즘의 가능성

1930년대 후반 김남천의 단편소설들

1. 1930년대 후반과 소설가 김남천

그동안 김남천(金南天) 소설에 대한 연구는 주로 그의 비평과 관련해서 이루어진 것이 대부분이었다. 곧, 창작 방법론의 성격을 갖고 있는 그의 비평적 작업과 소설을 연관시켜 얼마나 그의 비평적 작업이 실제 창작의 부면에서 실효성을 가질 수 있었는가를 타진해 보는 것이었다.[1] 이러한 작업들은 카프 문인들에 대한 연구 자

1) 대표적인 것으로는 김윤식의 『한국근대문학사상사』(한길사, 1984), 채호석의 「김남천 창작 방법론 연구」(서울대 석사논문, 1987), 정호웅의 「김남천론—주체의 정립과 리얼리즘」(김윤식 · 정호웅 편, 『한국 근대리얼리즘작가연구』, 문학과지성사, 1988), 이덕화의 「김남천 연구」(연세대 박사논문, 1990), 남민영의 「김남천과 한설야의 1930년대 소설연구」(연세대 석사논문, 1990) 등이 있다.

체도 미미한 시절에는 나름대로의 실증적 작업으로서 연구사적 의미를 갖는 것이었다. 하지만 그런 연구는 김남천의 소설을 그의 비평적 틀 안에서만 보도록 만들기 때문에 정작 그의 소설이 갖는 '소설'로서의 의미를 쉽게 간과하게 만들고 있다. 예컨대 작품과 평론 사이의 연관 관계나 평가 기준을 고려하지 않고, 그의 평론에 비추어서 소설을 일방적으로 호평하거나, 아니면 연구자 주체의 주관적인 관점에서 그의 비평적 오류를 발견하여, 작품에서 그런 오류가 드러나게 된 것처럼 치부해버리는 경향이 없지 않아 있었다. 결국 그렇게 되다 보면 그의 소설에 대한 온전한 문학사적 평가는 어려워지게 된다.

따라서 이 글은 일단 김남천의 1930년대 후반의 단편소설들을 소설 자체의 미학적 측면에 관심을 두어 연구하려고 한다. 다만 여기서 한 가지 더 부기하고 싶은 것은 1930년대라는 시기의 의미이다. 1930년대 후반이라는 시기는 한국 문학사에서 충분히 강조될 필요가 있다. 이 시기는 정확히 말해 1935년 무렵부터 1940년을 전후한 때로, 더 이상 그 전과 같은 의미의 민족해방운동이나 문학운동이 현실의 부면에서 가능할 수 없었던, 그러면서 동시에 1940년 이후처럼 많은 지식인, 문인들이 노골적으로 친일의 행보를 걷지 않았던, 일종의 모색기였다. 당시는 1935년 카프 해산, 1937년 중·일전쟁 등의 사건을 비추어 볼 때 일제가 군국주의적 재편을 감행하던 때였고, 서구에서도 독일, 이탈리아를 중심으로 파시즘이 득세하던 때였다.[2] 이럴 때 문인들은, 더구나 현실 변혁을 위한 문학

---

2) 1930년대 후반의 문학사적 의미에 대해서는 김재용 외, 『한국 근대 민족문학사』, 한길사, 1993, 635~641면에 간략한 정리가 나와 있으며, 더욱 쟁점적인 글

운동에 몸담고 있던 문인들은 어떤 몸짓을 하고 있었는가가 이 글의 또 다른 관심사인 것이다. 곧 필자는 1930년대 후반이라는 특이한 역사적 국면이 어떻게 소설사적 문맥을 형성하는가를 김남천의 단편소설들을 통해 아울러 살펴보려 하는 것이다. 그리하여 이 글에서는 일단 1940년대 이후의 작품들은 논의의 대상에서 제외시켰다. 1940년대의 작품들이나 해방 직후 소설들은 또 다른 척도에서의 접근이 불가피 할 것이기 때문이다. 그 다른 척도란 물론 1930년대 후반과 전혀 무관한 바는 아니겠지만, 1940년대의 달라진 사회사의 총체적 국면이나 소설사의 전환도 염두에 두면서 모색되어야 할 것이다. 예컨대 「낭비」(『인문평론』, 1940.2~1941.2), 「경영」(『문장』, 1940.10), 「맥」(『춘추』, 1941.2) 등에 오면 1930년대 후반과는 달리 이른바 신체제로의 전향을 놓고 역사철학적 물음을 던지는 고뇌하는 지식인들을 중심으로 서사 구조가 짜이고 있는데, 이런 소설들은 당시 지성계의 '근대의 초극론' 등과 같은 사상사적 과제나 친일의 문제와 미묘하게 연결되어 있다. 결국 이들에 대해서 1930년대 후반과 똑같은 분석과 평가의 틀을 적용하기에는 무리가 따르므로 별도의 작업이 요청된다 하겠다.

여하튼 이 글은 이런 두 가지 문제의식, 즉 김남천 소설을 소설 자체로 보되, 동시대의 상황과 밀접히 연결시켜 보자는 전제를 바탕으로 그의 단편소설에서 나타나는 시점과 화자의 문제, 인물 그리고 인물이 세계와 관계 맺는 방식의 문제들을 유기적으로 연결시키면서 서사를 이끌어 가는 미학적 근거를 분석해보도록 하겠

로는 류보선, 「환멸과 반성, 혹은 30년대 후반기 문학이 다다른 자리」, 『민족문학사연구』 4호(1993)가 있다.

다. 이렇게 필자가 마치 소설의 형식적 문제로 보이는 분석틀을 들고 나오는 이유는, 그것이 궁극적으로 소설의 내용과 변증법적 관계로 얽혀 있다고 전제한 때문이며, 나아가 그 시대의 총체적 국면이 소설적 형식에 개입하는 양상에 관심을 둔 까닭이다. 이런 고찰을 통해 김남천 소설이 당대의 시대적 국면과 맺는 미적 관계가 어떻게 소설의 내용과 형식에 스며들어 드러나는가가 밝혀지기를 기대한다. 물론 그것은 김남천 개인에 국한된 것만이 아니라 1930년대 후반 소설사의 한 자락을 들추어내는 일과도 무관하지 않을 것이다.

2. 순수와 타락—김남천의 어린 화자들에게 비친 현실의 모습

김남천은 자신의 작품 「물」(『대중』, 1933.6)과 이기영의 「서화」(『조선일보』, 1933.5~7)를 놓고 임화와 벌인 반영론 논쟁[3] 이후, 긴 공백기간을 깨고 1937년 무렵부터 1939년 말까지 소년을 주인공으로 한 일련의 소설들을 꾸준히 내놓고 있는데, 그것이 「남매」(『조선문학』, 1937.3), 「소년행」(『조광』, 1937.7) 연작, 「누나의 사건」(『청색지』, 1938.6), 「무자리」(『조광』, 1938.9)와 「오월」(『광업조선』, 1939.5), 「항민」(『조선문학』, 1939.6), 「어머니」(『농업조선』, 1939.9), 「단오」(『광업조선』, 1939.10)

3) '「물」논쟁'이라고도 불리는 이 논쟁에 대해서는 김외곤, 「「물」논쟁의 미학적 연구」, 『외국문학』, 1990년 가을을 볼 것.

연작이다. 이 작품들은 「어머니」를 제외한다면 모두 소년을 초점 화자로 택하고 있다는 공통점을 갖고 있다.[4] 여기에서는 「남매」 연작과 「무자리」를 중심으로 살펴보겠다.

소설에서 시점이나 화자의 문제는 소설 이론이 지향하는 이념적 기반을 떠나서라도 중요한 소설 미학적 장치이다. 똑같은 사물과 사건도 그것을 바라보는 사람의 눈이나 그것을 이야기로 전달해주는 사람의 주관에 따라 다르게 나타나기 때문이다. 더구나 비슷한 성격의 시점에 대해서도 화자가, 이에 대해 거리를 두고 풍자하고 있느냐 아니면 진지하게 그 시점의 태도를 받아들여 일체화되고 있느냐에 따라 작품이 드러내는 주제와 미적 효과는 달라지게 마련이다. 게다가 그것을 최종적으로 작가가 어떻게 통어하고 있는가, 서사 구조와의 상관 관계는 무엇인가, 특정 시점이나 화자의 채택이 사회 구조적 문제와는 어떻게 관련되는 것인가 등과 같은 복잡한 문제를 내포하고 있는 것이기도 하다. 이렇게 보았을 때, 김남천이 1930년대 후반에 들어 일관되게 소년을 초점 화자로 택하여 일련의 소설들을 창작해 내고 있다는 것은 그 원인에 대한 검토와 아울러 주목할 만한 현상임에는 틀림없다. 아마도 김남천은 이전과는 질적으로 달라진 현실의 의미를 세파에 물들지 않은 소년의 눈을 통해 타진해 보려는 의도이었을 것이다. 앞에서도 말한 바와 같이 역사의 발전을 자신의 신념으로 삼았던 소설가가, 그래서 그 신념에 따라 소설의 서사 구도를 잡아나갔던 소설가가, 더 이상 그 신념을 신념으로 확신하지 못할 때 새삼 그

4) 초점 화자의 문제로 김남천의 소설을 분석한 경우는 필자와의 관심 방향은 다르지만 나병철, 「1930년대 후반기 도시소설연구」(연세대 박사논문, 1989)가 있다.

현실이란 무엇인가를 묻게 되는 방식의 하나인 셈이다. 곧 그는 현실에 타협하는 지식인을 주인공으로 내세워 세태의 변화를 좇아가는 한편,[5] 순수한 소년을 내세워 현실의 참된 본질을 나름대로 캐내려 하는 것이다. 그렇다면 그런 소년의 눈에 비친 현실의 모습은 어땠는가? 「남매」연작을 보자.

주인공 봉근은 기생 누이인 계향을 믿고 따른다. 그녀가 아무리 기생이라 하더라도 자기가 좋아하는 윤재수에게만 몸을 허락할 뿐 다른 남자에게는 이를 허락하지 않기 때문이다. 그리하여,

> 봉근이는 아버지한테 맞고 어머니한테 갈키우면서도 구차한 윤재수와 좋아하며 종시 다른 남자에게는 몸을 허하지 않는 계향이를 볼 때에, 무슨 숭고하고 신성한 것을 발견하는 것 같이 누이가 우러러 뵈었다. 평양 가서 여학교에 다니다가 방학 때마다 돌아오는 누구누구의 평판 높은 처녀들도 이렇게 신성하고 마음이 깨끗할 것 같지 않았다. (3−39)[6]

고 생각하는 것이다. 그러나 의붓아비 학섭은 돈 때문에, 계향에게 일본인 식료품 주인과 동침하라고 요구한다. 계향은 자신의 정절을 지키기 위해 이를 거절하나 그 때문에 집안은 싸움이 잦을 날 없다. 결국 물고기 잡이가 계기가 되어 계향은 어머니와 싸우고

5) 여기에 해당하는 작품으로 이른 바 자기 고발의 소설들, 「처를 때리고」(『조선문학』, 1937.6), 「춤추는 남편」(『여성』, 1937.10), 「제퇴선(祭退膳)」(『조광』, 1937.10), 「요지경」(『조광』, 1938.2) 등이 있다.

6) 이 글에서는 권영민·이주형·정호웅이 함께 엮은 영인본 자료 「한국근대단편소설대계」(태학사, 1988)를 주 텍스트로 삼았다. 작품의 인용은 모두 이 자료에 근거한 것이다. 앞으로 작품 인용은 별도의 각주 없이 인용문 끝에 권수와 면수만을 함께 적도록 하겠다. 보기를 들어 '3−39'는 자료집 3권 39면을 가리킨다. 따온 부분은 원문을 해치지 않는 범위에서 모두 현대어 표기법에 맞게 필자가 고친 것이다.

난 후 봉근을 데리고 집을 나와 읍내에 방을 얻는다. 그러나 누이는 방세 때문에 그 일본인 식료품 주인에게 몸을 허락하고, 이에 낙심한 봉근은 집을 뛰쳐나간다.

> 그렇든 계향이가 이것이 웬일인가? 물론 집을 뛰쳐나왔으나 간죠 찾을 날은 멀었고 돈 한 푼 없이 살림을 해 갈 차비가 막연해서 홧김에 먹어논 술기운에 이 일을 저질러 놓은 것을 봉근이도 상상할 수 있다. 그러나 그러한 속에서 여태껏 부모와 주위와 싸워왔길래 누이는 훌륭하였거늘 결국 돈 때문에 몸을 단 한번이나마 맡기고 말았다면 어느 모로 취할 길이 있을 터이냐. 어머니와 다투고 집을 뛰쳐나오는데 봉근이가 쫓아나온 것도 그것을 믿고 따랐던 때문이 아니었던가!
>
> 봉근이는 **모든 것이 더러워 보였다.** 아버지 어머니 누이—모두가 더럽고 구려보였다. 세상에는 숭고하고 **신성한 것은 도무지 찾을 수 없는 것** 같았다. (고딕 강조—인용자) (3—40)

「남매」 한 편의 사건은 대충 이런 것인데 이들은 모두 봉근의 눈을 통해서 비춰지고 있다. 물론 간간이 어머니나 누이의 독백이 섞여 있지 않은 것은 아니지만 사건의 전개는 주로 봉근의 눈을 통해서 읽는 이에게 제시된다. 그런데 정작 이 작품에서 갈등의 핵심은 누이를 둘러싼 어머니, 아버지이고 봉근은 그 갈등의 핵심에서 벗어나 있다는 것이 문젯거리이다. 봉근은 그 사건을 보고, 이러니저러니 주관의 감정을 토로하는 것에 그치고 있는데다가 그 사건을 바라보는 시선도 순수와 타락, 숭고와 추함의 대립으로 연결되어 있는 것이다. 곧 소년이 현실을 바라보면서 내리는 주된 가치 평가의 근거는 순수나 숭고라는 기준으로 설정되어 있다.

한 가족의 일상적 궁핍과 그 희생물인 계향이의 내적, 외적 갈등의 모습이 계향이 자신을 통해 제시되고 있는 것이 아니라 거기에서 한 걸음 떨어진, 그것도 소년의 눈을 통해 그려짐으로써 현실의 모습은 그 본질적 국면을 감추고 순수와 타락이라는 추상화된 모습으로 드러난다. 그렇기 때문에 계향이를 타락하게 만든 현실의 논리를 구체적으로 그려냄으로써 현실적 모순의 한 자락이나마도 드러내기보다는 막연히 순수의 세계가 타락의 세계에 희생되었다는 박탈감만이 소설의 주조를 이루게 된다. 하기야 갈등의 핵심으로부터 떨어져 있음으로 해서 그 갈등의 객관적 양상을 더욱 잘 보여줄 수 있는 소설도 있지만 「남매」에 해당되는 예는 아닌 듯하다. 그렇다고 봉근의 시점을 통어하는 화자가 봉근의 시점에 문제를 제기하고, 그럼으로써 시점과 화자 사이의 긴장을 유발시켜 현실에 대한 또 다른 해석 가능성을 읽는 사람에게 제시하고 있지도 못하다. 「남매」의 화자는 초점 화자 봉근에게 아무런 회의도 보이지 않은 채 그의 시선을 여과 없이 독자들에게 충실히 전달만 하고 있을 따름이다.

이런 까닭으로 작품 안에서 인물이 겪는 갈등도 누이의 경우는 대상화되어 있거나 봉근 자신의 경우는 주관적으로 내면화되어 있을 따름이다. 「남매」의 속편 「소년행」 또한 이와 크게 다르지 않아서 배경과 등장 인물만이 조금 바뀌었을 뿐 현실 자체는 여전히 추상화된 형태로 드러난다. 결국 봉근이의 눈을 통해서는 소년적인 순수함과 세속적 가치에 물든 타락의 대립만이 드러나 있을 뿐이다. 그 순수와 타락은 다만 소년의 관념에서 만들어진 추상적인 것이었으므로 현실의 구체적인 논리와는 거리를 두고 있다. 역사의 한복판에 서 있다가 이제는 일상의 세태로 돌아온 작가는,

그 일상의 세속적이고 타락한 현실에 맞서기 위해 어쩌면 소년적 순수함을 추구하고 싶었는지도 모른다. 하지만 이런 소년적 순수함의 당대적 의미에 대해서는, 그 순수함의 훼손만을 밝히고 있을 뿐 더 이상 깊이 있는 탐구를 하는 것은 아니어서 아쉬움을 느끼게 한다.

그러나 「무자리」는 그런 소년의 관념적인 순수함이 깨어질 수밖에 없는 냉엄한 현실의 논리를 보여주고 있으며, 이런 현실의 논리를 담담히 받아들이고 있는 운봉이라는 소년을 제시함으로써 「남매」 연작에서 보이는 추상성은 제거되고 있다. 주인공 운봉이는 아편쟁이 아버지와 평범한 어머니, 그리고 서울로 올라간 기생 누이가 하나 있는, 보통학교 6학년에 다니는 가난한 소년이다. 그러나 운봉이는 부잣집 아이들이나 겨우 갈까한 경성제일고보에 진학할 꿈을 갖고 있다. 서울 간 누이가 그것을 약속했기 때문이다. 마침 아버지의 죽음으로 시골에 내려온 누이 담홍에게 이를 재차 다짐받으려는 운봉은, 우연히 누이가 다시 서울로 올라갈 수 없게 된 사정과 임신까지 한 사실을 알게 된다. 결국 운봉은 자기의 꿈이 이루어질 수 없다는 것을 알고 옆집 학구처럼 광부가 될 결심을 하는 것이다.

> "학구형 나, 형이 댕기는 기계간에 넣어다우."
> 그대로 웃는 낯으로 졸라 보았다.
> "머? 네가? 학곤 어떡하구. 내년에 졸업인데 학곤 어떡하구."
> 그러나 운봉이가 이 말에 대답하지 않으매 학구도 재처 묻지 않는다. 학교에 다니다가 그만두고 광산으로 가게 되던 육칠 년 전의 자기의 사정이 지금 운봉이를 찾아온 것이라고 그는 이해한다. 묵이 올라왔다. 상 귀퉁이로

마늘장을 밀어 놓으며,

"어서 묵이나 머."

하고 운봉이에게 권한다.

묵을 먹고 학구를 따라 행길에 나서니 가을 아침의 맑은 햇발이 몸에 상쾌하다. (3－129)

이 작품이 「남매」와 다른 점은 운봉이의 시점으로 사물이 그려지고 있으면서 동시에 운봉이 자신의 문제가 소설적 갈등의 핵심으로 드러나 있다는 점이다. 더구나 그 갈등의 계기 자체가 순수나 타락과 같은 추상적 도덕률의 문제가 아닌 상급 학교 진학이라는 현실적 요인으로 촉발되고 있다는 데에 의의가 있다. 진학에의 꿈과 그것을 가로막는 현실의 대립에서 결국 현실이 승리하게 되고, 운봉이는 그 현실의 논리 앞에서 그것을 받아들이는 행동을 하는 것이다. 소년의 좌절을 통해 독자는 일상의 현실을 지배하는 힘이 무엇인가를 느끼게 될 뿐만 아니라 삶의 힘겨움 또한 어디에 연원을 두고 있는가를 알 수 있게 된다. 그러나 여기에도 소년을 초점 화자로 택해서 생기는 문제가 발견된다. 그 현실 논리의 모습이 분명하게 드러나고 있지 못한 것이다. 다만 누이가 가난한 사람과 정을 통해 임신을 했기 때문에 돈벌이를 할 수 없다는 이야기를 엿들은 것에 불과하기 때문이다. 그 현실은 오히려 운봉이 광부가 된 이후에 더 적나라한 모습을 띠고 드러날 것이다. 하지만 김남천은 일단 그 현실에 앞서 운봉이가 광부로 뛰어들기까지의 과정만을 그리고 있다.

결국 이 작품은 운봉이의 희망과 그 희망이 깨어지는 과정, 그리고 깨어진 꿈을 접어두고 현실의 논리를 받아들이는 과정을 간략한 단편 형식 속에 압축해 놓음으로써 운봉에게 비춰지는 세계의 모습뿐만 아니라, 세계 자체의 모습을 읽는 이로 하여금 인식하게 만든다. 게다가 운봉의 운명이 그만의 것은 아니라는 것을, 위의 인용에서 보듯이 학구의 입장에서도 서술하여 보편성을 도모하고 있다. 그리하여 일련의 소년 주인공 계열의 소설들 가운데 「무자리」는 나름대로 현실주의적 면모를 보인다.

그러나 김남천이 소년을 초점 화자로 택하여 쓴 대부분의 소설들은 1930년대 후반의 본질적 국면을 구체적으로 형상화한 것은 아니다. 「남매」 연작에서처럼 현실은 세속적 타락과 소년적 순수함만이 추상적으로 대립되다가 그 순수함이 세속적인 힘에 의해 일방적으로 훼손되는 방식이기 때문이다. 그렇게 해서 드러난 현실은 순수함을 파괴하는, 타락하고 세속적인 그 무엇일 따름이지 어떤 구체화된 실체는 아니다. 이처럼 시점의 선택이 현실의 구체적인 국면을 제대로 포착하지 못하고, 오히려 현실을 추상화시키는 도구로 사용된 것은 근원적으로는 1930년대 후반이 강요한 상황이다.7) 결국 김남천은 소년을 초점 화자로 내세워 새롭게 현실의 의미를 조망해 보려 했으나, 그렇게 해서 드러난 현실은 세속적 타락에 훼손된 소년적 순수함이거나 아니면 순수함을 타락시키는 추상적인 세속이었을 뿐이다.

그러나 소년을 주인공으로 한 이런 소설들에는 몇 가지 중요한 의미가 담겨 있음도 간과해서는 안 될 것이다. 우선 제한적으로나

7) 예컨대 「과도기」, 『황혼』 등 굵직한 서사적 틀을 갖춘 소설을 창작하던 한설야도 이 시기에 들어와서는 일상의 삶에 대한 평범한 묘사가 주조를 이루는 소설들을 창작하고 있다.

마 현실에 대한 비판적 시각을 김남천은 지속적으로 유지시켜 나간다는 점이다. 소년을 소설의 초점 화자로 삼고 있는 서사 구조는 그런 의미에서 마치 동전의 양면처럼 이 시기 김남천 소설의 한계이면서도 가능성이라고 할 수 있다.[8)]

그 다음으로 생각해 볼 것이 소년을 초점 화자로 내세운 서사 구조이다. 이 시기 김남천의 소년 주인공 소설들에서는 이제껏 살펴왔듯이 서사 구조상 작가가 현실로부터 일정하게 거리를 두려는 의식이 뚜렷하게 나타나고 있다. 과거 「공장신문」이나 「공우회」와는 질적으로 달라지고 있는 부분이 이 점이다. 이 같은 작품에서는 인물들이 갈등의 핵심에 놓이고, 그럼으로써 역동적인 서사 구조를 빚어내면서 그 과정을 통해 — 소설의 완성도야 별개로 치더라도 — 역사에 대한 비전이 어우러져 나오고 있었는데, 이 시기 일련의 소년 주인공 소설들에서는 현실의 복잡다단한 국면으로부터 거리를 유지하려는 의도를 내비치고 있는 것이다. 그런 의도가 소년을 초점 화자로 내세우도록 만들었다고 보이는데, 바로 그런 밑바탕에는 1930년대 후반 김남천 소설의 미학적 뿌리라 할 수 있는 관조주의적 자세가 은밀하게 내재되어 있다. 현실과 정면으로 대결하기 힘들 때, 주체는 그곳으로부터 한 걸음 물러나 숨을 돌리기 마련이다. 그렇게 물러나서 한 번쯤 망연자실하게 현실을 바라볼 때, 이제껏 자신이 그 속에서 허우적대던 모습도 어쩌면 객관화되어 드러날지도 모르는 일이기 때문이다. 이런 점에서 1930년대 후반의 소설들에서 보이는 관조주의적 미학은 일정한 한계 속에서나

8) 이것은 1930년대 후반의 김남천 소설 전체와의 관계를 염두에 두면서 다음 장에서 본격적으로 다루도록 하겠다.

마 리얼리즘의 가능성을 안고 있다고 할 수 있다.[9)]

하지만 김남천이 1939년 들어와 쓴 일련의 소년 주인공 소설들인 「5월」 연작에서는 관조주의적 자세가 분명하게 드러나고 있으나 정태적인 자연주의 소설을 탈피하지는 못하고 있다. 이들 소설에서는 묘사와 문장만이 세련되어졌을 뿐 오히려 「남매」 연작보다 후퇴하고 있다. 이 연작은 학구네 가족의 소외된 삶을 학구와 기생 누이를 중심으로 묘사한 것인데, 여기에서 학구는 「남매」, 「무자리」의 봉근이나 운봉이처럼 소년다운 순수나 꿈을 갖지도 못하고 있으며 따라서 어떤 소설적 긴장을 만들어내지도 못한다. 다만 가족들의 궁핍한 삶과 왜곡된 현실을 철저히 바라보기만 하는 것이다. 그렇기 때문에 가난하고 고통 받는 학구와 누이의 삶이 평범하게 드러나고 있을 따름이다. 이런 관조주의가 리얼리즘으로 나아갈 가능성은 소년을 주인공으로 한 소설들이 아닌 다른 곳에서 이뤄지고 있다.

3. 현실을 관조하는 지식인—김남천 소설의 다른 가능성

김남천은 일찍이 1930년대 초에는 혁명적 전위로 나선 지식인

9) 사실 박태원의 『천변풍경』이나 「소설가 구보 씨의 1일」도 이런 점에서 관조주의적 자세와 무관할 수 없을 것이다. 이런 서사 구조는 1930년대 후반의 문학사적 의미망으로 본격적인 검토를 요한다.

들을 형상화한 적이 있었고(「공장신문」, 「공우회」), 그 후에는 '물' 하나와 혁명적 신념을 바꿀 수밖에 없는 지식인의 고뇌(「물!」)를 그린 적이 있었다. 이제 그는 1930년대 후반에 들어서 과거 한때 사회주의운동을 하였던, 그러나 지금은 현실에 패배하고 좌절하는 지식인을 그리기에 이른다.

예컨대 「처를 때리고」(『조선문학』, 1937.6)와 「제퇴선」(『조광』, 1937.10)에서는 모두 현실에 절망하는 지식인이 주인공으로 설정되어 있다. 「처를 때리고」의 주인공 차남수는 출판사를 해야 하겠다고 마음먹다가 동업자의 배신으로 결국 좌절하며, 「제퇴선」의 주인공 박경호는 마약 중독이 된 기생 향란을 살려내는 것이 지금 자기 처지에서 할 수 있는 최선의 일이라 자위하며 노력하지만 끝내 실패하고 만다.

그러나 이런 지식인을 중심으로 한 세태 묘사는 1938년을 넘어서면서 소재적인 측면에서 확산되기 시작하고, 그 소재를 예술적으로 형상화하는 방식도 변모하기 시작한다. 이전의 소설들에서는 인물들이, 그 세계관적 지향은 차치하고서라도 자신을 둘러싼 세계에 대해 일정한 생각을 갖고 갈등하였으며 아주 개인적인 차원에서라도 그 세계에 대해 나름의 행동을 도모함으로써 서사 구조를 만들어 나간 데 비해, 1938년 이후의 소설들, 특히 「생일 전 날」, 「철령까지」, 「포화」, 「녹성당」(『문장』, 1939.3)과 같은 비교적 형상화가 잘 된 소설들에서는 갈등도 사라지고, 따라서 인물들이 자신이 처해 있는 환경에 대해 어떤 행동도 취하지 않는, 묘사 위주로 된 소설들이 주축을 이루고 있다. 곧, 인물들이 세계에 대해 적극적 교섭을 포기한 채 세계를 관조하는, 정적(靜的) 판단만이 서사를 대신하고 있다.

그러나 현실을 관조한다고 해서 무색투명한 무사심의 경지에서가 아니라 휴머니즘적 애정의 관점으로 세계에 접근하고 있다. 앞으로 살펴보겠지만 이들 작품이야말로, 앞 절에서 필자가 잠시 말한 관조주의적 미학에 뿌리를 둔 소설들의 본령이라고 생각한다. 1930년대 말로 접어들수록 서사 구조가 이렇게 정적인 구조로 바뀌는 것은 사회 구조의 변동과도 밀접한 관련이 있다. 플로베르와 졸라가 이미 확고하게 정착된 프랑스 부르주아사회에 대해 어떤 서사적 대응도 포기한 채 단지 관찰자로 머물러 있었듯이,[10] 군국주의로 치닫는 일제 파시즘 치하에서 그나마 희미하게 개인적으로 가졌던 현실 변화의 가능성을 포기하고 세계를 정적으로 관조하기만 하는 데에서 연유한 결과인 것이다.

임화는 이렇게 변화된 소설을 놓고 리얼리즘에서 일탈된 '세태소설'로 규정한 바가 있으나, 필자가 보기에 김남천의 경우는 오히려 이 시기 소설들에서 그 이전보다 발전된 면모를 보인다고 생각한다. 즉, 주관을 배재한 채 주변세계를 관조하는 곳에서부터 리얼리즘의 가능성이 열리고 있는 것이다. 일상에 포함된 다양한 국면들에 대해 과도한 주관적 재단을 배제하고 관조할 때에 비로소, 주관의 간섭으로부터 벗어나 세계의 진면목에 다가설 가능성을 얻는다는 것은, 바로 현실 저변에 흐르고 있는 객관의 힘을 입증하는 바일 것이다.

1938년 4월 『삼천리문학』에 발표된 「생일 전날」의 경우는, 가족

10) 게오르그 루카치, 최유찬 외역, 「서사냐 묘사냐」, 『리얼리즘과 문학』, 지문사, 1985.

관계를 매개로 하여 이기적인 소시민 계급과 소외 받는 농민의 모습을 대비되게끔 그려놓음으로써 작가의 민중에 대한 잔잔한 애정을 느낄 수 있게 하는 작품이다. 친정아버지의 '생일 전날'을 배경으로 작가는 인숙이네의 소시민적 이기심과 서분네의 소외 받은 민중적 삶을 대비시킴으로 해서 소시민 계급의 개인주의적 삶을 비판하고 소외받는 민중의 삶에 애정을 표시하고 있다. 일상에서 벌어지는 아주 사소한 일이지만 다음의 글에서 작가의 그런 태도를 느낄 수 있다. 기실 삶이란 일상적인 사소한 사건들의 더미라 할 때, 일상을 대하는 작가의 태도란 매우 소중한 것이다.

> "거저 촌에 가 살믄 벨 수 없어요."
> 하는 인숙이의 말소리가 움찍하려던 서분이의 발 위에 다시 못을 박았다. ― 역시 인숙이의 말소리다. 그리고 지금 '촌에 가 살믄 벨 수 없다'는 것은 자기를 이름일 게다. ― 하고 가슴이 뭉클 하는 것을 느끼며 서분이는 생각해 본다.
> "어떻든 사과나 벤벤한가 한 알 먹어 봅세다."
> 뒤이어 다시 인숙이의 말소리가 들려온다. ― '벤벤한가 먹어 보자'는 사과는 정녕 최서방이 소 길마 위에 져다 주었을 서분네가 가져 온 사과일 것이다. ― 서분이는 처음보다는 좀 가라앉은 마음으로 고요히 대문 안 바람벽 뒤에 서 있다.
> '농사해 먹는 사람이 그렇디' 하면서 자루와 닭다랭이를 들고 껑충껑충 언덕길을 뛰어 가던 창선이(서분네 남편―인용자)의 모양이 휙 머릿속을 스쳐 간다. (3―581~582)

작가는 나아가 이 두 자매의 삶의 방식을, 사회운동으로 쫓기고 있는 동생 인호에 대한 상반된 태도를 통해서도 대비시키고 있다. 동생에 대한 인숙의 냉정한 태도와 서분네의 성의 있는 도움을 대조적으로 제시하고 있는 것이다. 게다가 작품 말미에서 두 집안 아이들의 사소한 싸움에 멍하니 바라보고만 있는, 이제는 전향한 인호의 무기력한 모습을 끼워 넣음으로써, 당대 사회의 총체적이고 역동적인 구조를 그리지는 못했어도 삶의 구체적인 한 단면을 현실주의적 감각으로 담아내고 있다.

> 명자(인숙의 딸－인용자)는 복손이(서분의 딸－인용자)가 비실비실 피하면서 아무 말도 못하는 것이 재미나서 옆에 선 아이와 연신 웃어가며 자꾸만 대든다. 드디어 손가락으로 복손이의 볼편을 찌르고 또 눈깔을 찌르려고 하는 순간이다. 여태껏 아무 말 없이 죽은 듯이 서 있던 복손이가 두 손을 조끼에서 뽑아 홱 둘러치는 바람에 눈알을 찌르려던 명자는 허리를 까풀 하고 마당에 엎으러진다. 명자의 '앙'하고 우는 소리와 방문을 차고 '아, 왜 이러니?' 하면서 뛰어나오는 인숙이의 목소리가 거지반 한 시에 났다. 버선발로 쪼루루 뜰을 뛰어 건너더니 엎으러진 명자를 부둥켜 세우고 이어서 주먹으로 복손이의 머리를 쿡 찌르며,
>
> "촌 아새낀 미욱스레 어린 아인 왜 때리네? 기 애가 너 겉은 거한테 맞을 아이가."
>
> 하며 고함을 지른다.
>
> 서분이는 저도 모르는 새에 부엌 가운데 일어서 있었다. 그는 낯이 해쓱하게 질리어서, 그러나 조금도 덤비지 않고 문지방을 넘어 토방을 지나 뜰 안을 걷는다. 그의 심상하지 않은 모양에 부엌에서 일하던 여인네들이 그의 뒷모양을 바라본다.
>
> 서분이는 아무도 돌아보지 않고 세 사람 사이를 헤치더니 복손이의 멱암치를 잡아끌어 낸다. 울음보가 터지려다 겨우 참고 있던 복손이의 울음이 '앙'소리를 치기 전에 서분이의 주먹은 그의 볼편을 난장치듯 짓갈기고 있었다. 이 소란스런 풍파를 인호는 불안스러운 마음을 누르고 담배가 다 탄 줄도 모른 채 멍 하니 창문을 넘어 바라보고만 있다. (3－595~596)

작품의 생동감 있는 소개를 위해 다소 길게 따왔지만 위 두 인용문을 통해 작품의 주제가 직접 드러나고 있다. 김남천은 '생일 전 날'의 풍경과 사소한 사건을 담담히 그려내어 각 인물들의 삶의 방식에 대해 일정한 태도를 표현하고 있는 것이다. 이 작품에는 어떤 특별한 사건이 인물들의 갈등 속에서 이어지는 굵직한 서사 구조는 드러나지 않고 있지만 당시 평범한 일상 속에 숨어든 삶의 구체적 모습이 배어 있다. 그렇다고 인숙이네와 서분네가 계급적 갈등이라는 시각으로 표나게 대립되어 있지는 못하다. 그러나 어쩌면 바로 이 점이야말로 이 소설의 미덕일 수 있다. 현실의 삶 속에서 계급의 문제는 일상의 구석구석에 배어 있는, 인간을 전일적으로 지배하는 구조적 모순이라면 김남천은 한 가족 내에서 두 자매의 일상적 삶의 방식에 착목하고 있다. 그리하여 작가는 서분네를 향해 양심적 애정을 보이고 있을 따름이지 작품 표면에 계급적 모순을 관념적으로 들이밀고 있지 않은 것이다. 바로 이런 면이야말로 한국 근대소설이 1930년대 후반에 들어와 모색한 리얼리즘의 결과물일 것이다.

『조광』 1938년 10월에 발표된 「철령까지」도 화자인 '내'가 경제적 궁핍으로 만주의 '철령까지' 이주하는 가난한 농민의 가족을 바라보면서 느끼는 안타까운 동정과 인간애를 기반으로 한 작품이다. '나'의 사소한 친절로 인해 서로 오가는 인간애, 그리고 거기에서 '내'가 느끼고 있는 안타까운 감정의 뿌리는, 그들이 만주로 이주할 수밖에 없는 사정을 번연히 알면서도 그런 현실을 무기력하게 받아들여야만 한다는 사실과 그들의 막막한 처지를 '나'역시도 공감하는 데서 연유하는 것이다. 이 작품에서도 만주 이주

가족들을 안타까운 심정으로 바라볼 수밖에 없는 '나'의 휴머니즘적 태도가 소설의 주제를 이루고 있다.

한편 1938년 11월, 『광업조선』에 발표된 「포화」에서는 전향자들의 모임에 열심히 참여하며, 적극적으로 살아가는 고향 친구에 대해 못마땅해 하는 '나'의 모습이 그려져 있다. 폐결핵으로 실직당한 '나'에게 찾아온 옛 고향 친구 김기범의 변화된 모습을, '나'는 그의 각별한 호의와 친절에도 불구하고 그리 탐탁하게 여기지 않는다.

> "이런 때일수록 우정이 필요하네."
> 하고 대문을 나서며 말하는 김기범 군의 말이, 다시 불쾌해져서 나는 잠자코 그를 따라갈 뿐이었다.
> 이왕 나온 김이니 오류장에라도 가서 울적한 기분을 털어 보려는가 하는 김기범 군의 권유도 물리치고, 어째 그리 기분이 나쁜가, 여적 몸이 성칠 못한 모양이구면, 어디 몸에 또 열이라도 오르느냐고, 연거퍼 묻는 말엔, 아무렇지도 않다고 대답하고, 나는 자동차 속에서 여러 번 김 군을 따라 나선 것을 후회하였다. (4-129)

물론 김 군에 대해 탐탁지 않게 여기는 이유가 분명하고도 직접적으로 드러나 있는 것은 아니지만, 그의 '국민복' 차림새나 '전향자 대회'이야기, 호기 있는 돈 씀씀이, 현실의 이권에 잽싸게 좇아가는 그의 태도를 비판적으로 묘사하는 데서 독자는 그 이유를 미루어 짐작할 수 있다. 이런 화자의 비판적 태도를 통해 작가는 우회적으로 현실에 개입을 하는 것이다. 일인칭 화자인 '나'는 현실 속에서 무엇을 의도하고, 그 의도의 달성 여하에 따라 기뻐하거나 절망하는 주인공이 아니라 주변의 일상을 관찰하는 관찰자,

무기력하게 현실을 바라보는 관조자의 역할을 하기도 하지만, 은밀하게 자신이 바라보는 것을 내면 속에서 느끼고, 판단하는 평가자의 역할도 아울러 하고 있다.

1930년대 후반 김남천 소설에서 보이는 서사 구조는 이렇게 대상에 대한 직접적 개입이 사라지고 다만 화자의 관찰과 태도만이 주로 나타나고 있다. 그러나 화자의 그런 관찰과 태도에는 현실의 흐름을 암암리에 조망하고 비판하려는 의도가 개재되어 있다. 그것이 바로 이 시기 관조주의적 미학의 핵이요 리얼리즘의 가능성인 셈이며 김남천 소설의 서사를 이끌어가는 원동력이었던 것이다. 이렇게 보아 온다면 「포화」의 '나'에서도 현실에 대해 양심적이고 비판적인 태도를 견지하고 있는, 그러나 어쩔 수 없이 현실의 힘 앞에는 무기력한, 그리하여 주변세계와 정상적으로 교섭할 통로를 잃고 관조할 수밖에 없는 작가 자신을 발견하게 된다. 그리하여 그 무기력함은 현실의 도가니에서 종종 혼란스러움으로 표출되기도 한다.

> 문득 나는 직업만을 잃은 것이 아니라 내 마음마저 잃어버린 것은 아닌가, 하는 생각을 가져 보았다. 가슴 속을 찬바람이 휑하니 꿰뚫고 지나가는 것 같다. 갑자기 종로 네거리, —내가 서 있는 이 자리에서 다섯 여섯 층 밑에서 열십자로 갈라진 종로 네거리에서 요란한 소음이 밀려 올라왔다. 자동차와 전차와 오토바이의 소리, 그것이 한 데 합쳐서 웅웅거리며 위로 위로 몰려 올라오는 소리, 내 주위에 있는 것은 가을날의 맑은 공기가 아니라, 이 소란한 소음이라고 생각해 본다. (4—132)

우리가 지금까지 살펴보았던 것처럼 1938년 이후의 몇몇 소설들에서 드러나는 리얼리즘의 색채는, 그러나 1930년대 후반이라는 시기적 특성 때문에 그전 시기의 소설들이 보여주었던 리얼리즘의 면모와는 거리가 있다. 곧 이들 소설에서는 인물들과 세계와의 적극적 교호 관계가 사상된 채 현실의 정적 단면들이 관조적으로 '묘사'되고 있는데, 묘사된 단면 단면의 개별화된 현실은 화자의 휴머니즘적 태도와 결합되어 현실주의적 성취를 거두고 있으며, 나아가 수용자에게 참된 삶의 지향을 암시하고 있다. 물론 그 단면들이 계급적 역관계에 의해 포착된 역동적인 현실이라기보다는 휴머니즘의 관점에서 파악된 정태적 현실이어서 변혁에의 전망이 작품에서 드러나고 있는 것은 아니다. 따라서 현실에 대해 인물은 적극적 교섭을 포기한 채, 관조적 자세로 무기력하게 서 있을 뿐이지만 그럼에도 불구하고 휴머니즘의 관점에서 포착된 현실은 분명히 당대 일상의 구체적 삶의 모습을 포함하고 있으며, 지금까지 그의 어떤 소설들보다 소설 미학적 성취를 거두고 있다. 이런 성취는 개념화되고 생경한 도식으로 현실을 재단하는 것으로부터 나름대로 거리를 두기 시작하면서 현실의 의미를 다시 점검해보는 데서 이뤄진 것이다. 그리고 그것이야말로 김남천 소설의 관조주의적 미학이 보여주는 소설사적 의의이기도 하다.

4. 휴머니즘과 리얼리즘

이제 논의를 마치면서 본론에서 채 말하지 못한 문제 하나를 덧붙여야 하겠다. 그것은 이 글이 1930년대 후반 김남천의 단편소설을 검토하는 것에 초점을 맞추다 보니 이 시기 그의 야심작인 장편소설 『대하(大河)』를 불가피하게 제외시키게 되었다는 점이다. 물론 『대하』는 김남천의 그 밖의 다른 단편소설들보다 상대적으로 연구가 많이 되어 있는 형편이고, 또 김남천의 단편소설만이 1930년대 후반에 가질 수 있는 문학사적 의미를 본격적으로 조명해 보자는 필자 나름의 의도가 있었긴 했지만, 지금까지 살펴본 논의의 연장선상에서 『대하』가 갖는 의의는 무시할 수 없을 것 같다. 왜냐하면 김남천은 『대하』의 창작 노트에서[11] 연대기를 가족사 가운데서 현현시켜 시대정신을 구현한 인물을 만들어 내겠다는 야심찬 계획을 언명하고 있기 때문이다.

지금까지 살펴본 대로 그는 1930년대 초반에 혁명적 전위를 그린 소설을 통해 도식적으로나마 혁명에의 열정을 불태운 적이 있었고, 1930년대 중·후반에 와서는 일련의 소년 주인공 소설들을 창작해 세속적 타락에 맞서는 소년적 순수함을 추구하는 한편으로, 일상에 대한 정태적 관조를 휴머니즘적 태도와 연결시킴으로써 리얼리즘의 가능성을 보여준 바 있다. 그러나 우리가 살펴본 소설들에서는 인물들이 모두 세계에 대해 적극적인 개입을 하지

11) 김남천, 「작품의 제작과정」, 『조광』, 1939.6.

못하는 관찰자로 머무는 양상을 보여줬고, 따라서 서사도 역동적이기보다는 정태적인 수준을 면치 못하였다. 그렇다면 연대기를 가족사 가운데 현현시키고 시대정신의 구현자를 인물로 내세운 『대하』는 지금까지의 소설적 경향을 탈피하려는 김남천 나름의 의기양양한 기획이라 할 수 있을 터이고, 소설가로서의 인생 여정에서 한 시기를 가르는 작품이라 할 것이다. 게다가 1930년대 후반 전망을 상실한 시대에 대해 적극적인 소설적 대응이라 할 만큼 당시 문단에서도 반향을 일으킨 바 있다.[12] 하지만 이 글은 일단 여기에서 멈출 수밖에 없다. 지금까지 논의를 바탕으로 『대하』에 대한 연구는 또 다시 한편의 독립된 글로 발표되어야 할 것이기 때문이다.

어쨌거나 위에서 우리는 1930년대 후반 김남천 단편소설의 소설 미학적 특성과 그것이 담고 있는 리얼리즘적 가능성에 대해 살펴보았다. 그 결과 그의 단편소설들은 1930년대 중반의 주관이 심하게 개입한 경우보다 1930년대 후반, 주관이 물러서고 사실 자체에 대해 담담히 관조하는 작품들에서 리얼리즘의 가능성을 가늠해볼 수 있었다. 그것은 관찰 대상이 되는 사실들이 화자에게 발휘하는 힘과 화자가 그 사실들에 대해 갖는 휴머니즘적 지향이 합일되어 나온 결과였다. 물론 화자가 현실에 대해 보이는 휴머니즘적 태도는 정적이고 관조적인 것이어서 인물과 세계의 본격적 갈

12) 김남천의 가족사 연대기 소설론과 『대하』의 직·간접적인 영향으로 당시 일련의 가족사 연대기 소설들이 창작되기에 이른다. 예컨대 한설야의 「탑」(『매일신보』, 1940.8~1941.2)과 이기영의 「봄」(『인문평론』, 1940.10~1941.2), 이태준의 『사상의 월야』(『매일신보』, 1941.3~7) 등이 그렇게 해서 나온 작품들이다.

등으로부터 우러나오는, 역동적인 서사 구도를 빚어낼 정도는 아니었다. 그러나 우리는 그것은 그것대로 1930년대 후반의 총체적 국면이 소설에 개입한 형국임을 알 수 있었고, 절망적이고 고통스런 현실 속에서도 의연히 살아 있는 리얼리즘의 가능성임을 확인할 수 있었다.

식민지 근대성과 민족문학

일제하 염상섭의 장편소설 연구

1. 문제적 작가 염상섭

염상섭은 1897년 서울에서 태어났다. 그가 태어난 지 100년째인 1997년에는 때맞춰 이런 저런 문예지와 각종 학술단체에서 그를 기리는 행사와 기획이 풍성하게 개최되기도 했다. 그것을 보면서 소설가로서 염상섭은 죽지 않고 살아 있다는 생각을 했다. 그래서 그런지 염상섭을 두고 찬사를 늘어놓는 것은 새삼스런 일처럼 느껴지기도 한다.

그렇지만 작가와 작품은 항상 다시 읽히고 해석되어야 하는 대상임을 염두에 둔다면 염상섭은 여전히 한국 근대문학사의 문제적 작가인 것은 분명한 일이다. 그는 이미 「표본실의 청개구리」나

『만세전』, 『삼대』 같은 문제적 작품을 내놓기도 했거니와, 누구보다도 식민지적 근대사회의 일상을 탁월하게 형상화해낸 작가였던 것이다. 사실, 염상섭만큼 식민지 근대에 대해 그토록 집착을 보인 작가는 찾아보기 힘들다. 또 그의 작품만큼 식민지 근대사회의 삶의 양상과 모순이 녹아들어간 소설은 찾아보기 힘들다. 염상섭의 작품은 내용과 형식의 측면에서 식민지 근대적 삶의 양면성과 모순을 고스란히 드러내고 있는 것이다. 요컨대 염상섭 소설은 일제하 한국 근대 민족문학의 양상을 가장 명징하게 드러내는 바로미터라 할 수 있는 것이다.

이런 점들 때문에라도 염상섭은 오늘날 다시 되새겨 읽어보아야 할 작가인 것이다. 특히 염상섭 소설에 드러나는 식민지사회의 근대성 문제는 특별히 주목해볼 만하다. 식민지사회의 근대성 혹은 식민지 근대사회란 말은 생각하기에 따라서는 매우 그럴 듯하기도 하고, 어떻게 보면 생뚱맞은 개념이기도 하다.[1] 그럼에도 불구하고 내가 굳이 식민지 근대성이란 말을 쓴 것은 이 시대를 표현할 말이 그것말고는 딱히 떠오르지 않았기 때문이다. 물론 식민지 자본주의, 식민지 반(半)자본주의란 말을 기왕에 써오기는 했으나, 자본주의라는 개념이 은연중에 토대 결정론적인 사고를 유도하는 듯하고, 평범한 개인들의 일상적 삶의 양상이나 사고 방식까지 포괄하는 개념으로 보기에는 무리라는 생각이 들었다. 게다가

---

1) 식민지 근대성의 측면에서 염상섭의 소설을 분석한 글로는 김양선의 「식민지적 근대성의 한 양상—염상섭의 『삼대』와 『무화과』를 중심으로」(『서강어문』 12집, 서강대 국문과, 1996.12)를 들 수 있다. 그러나 이 글에서 식민지 근대성의 핵심이 무엇인지는 정작 분명하게 밝혀지지 않았다. 오히려 논의의 상당 부분은 근대 체험을 규명하는 데 바쳐진 것이 아닌가 한다.

문학 작품을 논하는 마당인 바에야 근대성이란 개념은 우리에게 작품의 다양한 층위를 보다 더 효과적으로 읽어낼 수 있도록 만들어 주기까지 하는 것이다. 염상섭 문학 속에 등장하는 일상의 다양한 삶의 공간을 단순히 자본주의, 혹은 반자본주의라고 지칭하기에는 뭔가 부족하다는 생각을 지울 수 없었던 것이다.

그런데 염상섭 소설이 기반으로 하고 있는 시대가 중세가 아닌 근대사회인 점은 분명하다고 하더라도, 여전히 문제는 그것이 특별난 근대사회란 점일 터인데, '식민지'라는 한정 수식어를 붙인 이유는 여기에서 말미암는다. 염상섭 소설에서 보이는 독특한 근대의 모습은 당시 조선사회가 정상적인 근대의 경로를 밟지 못하고 식민지로 전락한 데 일단의 원인이 있지 않느냐는 것이 내 생각이다. 근대의 문제와 민족 문제는 물론 동전의 양면처럼 서로 떨어질래야 떨어질 수 없는 동일한 대상의 다른 면모일 터이다. 결국 식민지 근대성이라는 개념은 한국사회의 근대화 과정의 특수한 사정을 드러내기 위한 개념이라고 할 수 있다.

그런데 여기에서 한 가지 더 언급하고 넘어가고 싶은 것은 식민지 근대성이 일제하 근대 민족문학의 형성 및 발전과 밀접하게 연결된다는 점이다. 식민지 근대성에 대한 인식은 근대사회의 긍정성과 부정성에 대한 인식과 통하고, 그럼으로써 근대의 완수와 근대 극복의 전망을 가능케 할 토대가 되기도 한다. 그런 점에서 이것은 근대 민족문학의 지향을 고민하는 과정에서 우리가 심사숙고할 문제이기도 하다. 식민지 근대사회의 양상에 대한 진지한 검토는 근대 그 자체에 대한 반성적 인식은 물론 그것의 극복에 대한 전망을 상상할 수 있는 길을 열 수 있는 것이다.

따라서 일제하 근대 민족문학은 식민지 근대성에 대한 자기 의식을 중요한 한 축으로 삼는다. 염상섭의 소설은 그런 작업의 중요한 준거점이 될 수 있다. 물론 식민지 근대사회라는 특별한 구조가 낳은 소설이란 점에서 염상섭 소설에는 어쩔 수 없는 한계점들이 발견되기도 한다. 그러나 동시에 그의 소설들에는 근대 민족문학의 가능성 역시 풍부하게 잠재되어 있음을 간과해서는 안 된다. 결국 염상섭 소설의 내용과 형식 속에 스며들어 있는 식민지 근대성의 양상을 분석하고, 그것의 민족문학적 가능성을 검토해 보려는 것이 이 글의 목적인 셈이다.

이 글은 이런 문제의식에서 일제하 염상섭의 장편소설, 특히 『만세전』(1923)부터 『무화과』(1931~1932)까지의 장편들을 집중적으로 검토한 것이다. 『무화과』 이후부터 해방되기까지 염상섭이 쓴 장편소설은 6~7편 정도 더 있지만 그 문학적 가치는 그 이전 시기에 비해 떨어진다. 장편소설에만 국한시켜 말한다면 식민지시대 염상섭의 문학은 『만세전』에서 꽃피워 『삼대』에서 열매 맺고, 『무화과』에서 스러진다고 보는 것이 타당할 듯하다.[2] 『무화과』 이후의 작품들은,

---

2) 이 글에서 검토한 염상섭의 장편소설들은 다음과 같다. 『만세전』(『시대일보』, 『묘지』란 제목으로 1922년 『신생활』에 연재, 1924.4.6~6.7), 『해바라기』(『동아일보』, 1923.7.18~8.26), 『너희들은 무엇을 얻었느냐』(『동아일보』, 1923.8.27~1924.2.5), 『사랑과 죄』(『동아일보』, 1927.8.15~1928.5.4), 『이심』(『매일신보』, 1928.10.22~1929.4.24), 『광분』(『조선일보』, 1929.10.3~1930.8.2), 『삼대』(『조선일보』, 1931.1.1~9.17), 『무화과』(『매일신보』, 1931.11.13~1932.11.12). 실제 연구 대상으로 삼은 판본은 『만세전』, 『해바라기』, 『너희들은 무엇을 얻었느냐』, 『사랑과 죄』, 『이심』은 1987년 민음사에서 간행된 『염상섭 전집』이고, 『삼대』와 『무화과』는 1995년 동아출판사에서 간행된 『한국소설문학대계』이며, 『광분』은 1996년 프레스21에서 나온 단행본이다. 참고로 『만세전』과 『해바라기』, 『이심』만 각각 1924년 고려공사 판본, 1924년 박문서관 판본, 1941년 박문서관 판본을 저본으로 삼았

물론 그것대로 엄정한 연구가 뒤따라야 하겠지만, 염상섭 특유의 문학적 긴장력을 잃고 통속화 경향을 보이고 있으므로 이 글에서는 일단 제외시켰다.

본론에서는 우선 염상섭 장편소설의 흐름을 개괄하고, 중요하다고 생각되는 문제들을 뽑아 그 문제들을 중심으로 논의를 전개시켜 나가도록 하겠다. 그리하여 그런 문제들이 어떻게 식민지 근대성의 문제와 연결되고 있는지, 나아가 그것이 어떻게 근대 민족문학의 형성 및 발전 문제와 관련되는지 밝히려 한다.

2. 『만세전』부터 『무화과』까지

「표본실의 청개구리」 이후 염상섭의 소설은 『만세전』에 와서 자기 색채를 드러낸다. 『만세전』은 어느 모로 보나 한국 근대소설사의 기념비적인 작품이다. 식민지 근대사회의 모습이 『만세전』처럼 분명하게 그려진 소설은 찾아보기 어렵다는 점에서 그렇다.

사실, 『만세전』의 주인공 이인화는 조선사회에 완전히 소속되지 못하는 어정쩡한 경계인(境界人)이다. 한 유학생이 산후 후더침으로

고, 나머지는 모두 신문 연재본을 저본으로 삼은 것들이다. 일단 대상 텍스트를 모두 식민지시대에 간행된 것으로 한다는 원칙을 지켰다. 따라서 『만세전』, 『해바라기』(이후 『신혼기』로 게재), 『삼대』 등 해방 이후 개작된 작품들에 대해서는 참고만 했을 뿐 텍스트에서 제외시켰다. 작품의 인용도 특별한 각주 없이 인용부분 옆에 면수만 표시하고, 현대 국어의 정서법에 따라 고쳤다.

아내의 생명이 위독하다는 전보를 받고 급히 서울로 돌아가는 여정을 그린 이 소설에서 주인공은 동경(東京) 생활에 익숙하게 길들여진 근대적 지식인인 동시에 몇 년 새 달라져 버린 조선의 현실을 낯설게 바라보는 경계인인 것이다. 일본인 상가가 눈에 띄게 늘어난 부산 시가지, 첩을 얻어 들인 형, 묘지 이장 문제로 왈가불가하는 가족들의 모습을 바라보는 주인공의 시선은 국외자(局外者), 주변인의 그것에 다름 아니다. 그래서 소설은 주인공 이인화의 내면의식과 조선의 현실이 미묘한 길항 관계를 형성하면서 진행된다. 이런 길항 관계에서 식민지 근대의 현실이 날카롭게 포착되는 것인데, 그것은 중세적인 봉건성과 제국주의적 정치권력, 자본에 의해 유린되는 삶의 타락상, 전망 없는 삶의 고단함 등으로 나타난다. 첩을 얻어 들이고, 의미 없는 탁상공론에 세월을 낭비하는 지식인들이나, 형사의 미행을 받고 불쑥 불심검문을 받아야 하는 식민지의 현실, 돈을 벌기 위해 소녀들이 유곽으로 나와야 하는 궁핍함, 헐값에 일본의 공장으로 팔려 가는 무지한 농민들이 이 작품에 그려진 1910년대 조선의 현실이다. 이런 조선의 모습이 주인공의 여정을 따라 파노라마처럼 전개됨으로써 식민지 근대사회의 실체가 생생하게 드러나고 있다. 더구나 그것이 근대적 지식인이자 경계인의 눈에 비쳐진 것이므로 그 실상은 더욱 날카롭게 포착된다. 이 지식인의 눈에는 중세적 봉건성, 근대적 자본의 논리, 민족적 차별 등이 착종된 조선사회의 일상적 삶의 모습이 너무도 명징하게 들어온 것이다.

그렇지만 국외자, 주변인의 눈에 비친 현실이란 특별한 전망을 내포하기 힘들다. 『만세전』에서 드러난 현실은 그런 의미에서 매우 착잡하다. '구더기가 들끓는 묘지' 같은 현실을 확인할 수 있을 뿐, 거기에는 어떤 대안이 딱히 있을 수 없는 것이다. 굳이 있다면 스스로의 운명은 스스로에게 있다는 개체, 개인의 발견일 것이다. "너를 스스로 구하여라! 너의 길을 스스로 개척하여라!"(105면)라고 이인화는 정자(靜子)에게 보내는 편지에서 역설하고 있다. 그러나 조선의 현실과 개인의 발견, 개성의 자각은 서로 괴리되어 존재할 뿐이다. 결국 『만세전』은 조선의 현실을 포착하는 데는 성공하였지만, 그 이상으로까지 나아가지는 못한 경우라고 하겠다.

한편, 『만세전』은 그 장르적 측면에 있어서 아직 완전한 형태의 모습을 갖춘 것이라고 보기 힘들다. 『만세전』을 과연 장편이라고 볼 수 있을 것인가에 대해서는 다소 회의적이다. 엄밀히 말해 『만세전』은 장편에 걸맞는 서사 구조는 아니다. 최원식 교수는 『만세전』을 중편이라고 보는데, 이는 경청할 만한 지적이다.[3] 그러나 중편소설로 인정한다고는 하더라도 『만세전』은 소설 장르의 발전이란 측면에서 보면 사실 어정쩡한 위치에 놓여 있는 것이라고 볼 수 있다. 단편, 장편과 구별되는 중편소설을 의식하고 염상섭이 소설을 썼던 것도 아니고 이 시기에 중편 양식이 확립되었다고도 보기 힘들기 때문이다. 오히려 이 시기는 단편·중편·장편이라는 소설의 하위 장르가 아직 자리 잡지 못한 당대의 문학적 현실의 반영이 아닌가 싶다. 신소설 이후부터 근대소설로 이행하면서 소설의 장르가 어떻게 발전, 분화되었는가는 그것대로 심각한 탐구를 요하는 과제일 것이나, 온전한 의미의 장편이 자리 잡기 시작

3) 최원식, 「식민지 지식인의 발견여행」, 『만세전』, 창작과비평사, 1987, 167~168면 참조

하는 것은 1920년대 중·후반을 넘어가면서부터라면, 『만세전』의 장르적 형식은 그것이 완성되지 못한 시대의 산물이지 않을까 한다.[4)]

염상섭이 1923년 8월부터 1924년 2월까지 『동아일보』에 연재한 『너희들은 무엇을 얻었느냐』 역시 분량으로 보자면 장편이라고 불러도 족할 것이지만, 이 또한 장편소설로 보기는 힘들지 않을까 한다. 주인공도 뚜렷하지 않고, 작품의 전반부와 후반부는 거의 단절되어 있다. 중심 갈등도 꼭 이것이라고 지적하기 힘들 만큼 분명하지 못하다. 이건 신문연재를 위해 길이만 늘어난 어정쩡한 형식의 소설인 것이다. 염상섭의 소설만 놓고 보자면 장편이라는 이름에 걸맞는 소설이 출현하는 것은 『사랑과 죄』에 와서라고 할 수 있는데,[5)] 그것은 한국 근대 장편 양식의 형성 과정과도 일치하는 것으로 생각된다.

그런데 『너희들은 무엇을 얻었느냐』에서 정작 우리가 주목해 볼 것은 당대를 살아갔던 젊은 지식인들의 애정윤리의 문제이다. 주지하는 바와 같이 이광수를 필두로 1920년대 초반의 문인들에게 초미의 관심사는 바로 애정의 문제였다. 이성에 대한 애정을

---

4) 최원식 교수의 지적에 대부분 공감하면서도 『만세전』이 "1920년대 전반의 근대 단편소설의 확립과 1920년대 말을 거쳐 1930년대의 장편소설시대를 매개하는 중요한 디딤돌이 되었"(위의 글, 168면)다는 평가는 얼른 동의하기 힘든 구석이 있다. 이 논리는 단편으로부터 중편, 그리고 장편으로 소설의 장르들이 순차적으로 확립되어 갔다는 것으로 읽히는데, 논증 자체가 광범위하게 이루어진 것은 아니어서 설득력이 떨어진다.

5) 유감스럽게도 이 글에서는 『너희들은 무엇을 얻었느냐』와 『사랑과 죄』 사이에 발표된 『진주는 주었으나』(『동아일보』, 1925.10.17~1926.1.17)를 검토하지 못했다. 참고로 유병석은 『염상섭 전반기 소설 연구』(아세아문화사, 1985)에서 이 작품을 상당히 고평하고 있다.

자유롭게 표현할 수 있다는 것은 근대가 조선의 젊은이들에게 선사한 가장 최고의 선물이었다. 자유연애는 구습 타파와 근대적 개화, 계몽의 일환이라는 정당성을 획득하면서 이 시대에 일종의 문화 현상으로 대두되었다. 봉건적 구습에 유폐되어 있던 청년들은 자유연애론으로부터 개성의 자각을, 혹은 개성의 자각으로부터 자유연애를 발견하기에 이르렀다. 논설과 시와 소설로 저마다 자유연애를 부르짖었다. 그러나 이런 자유연애가 자연스런 사회적 추세로 등장하기보다 일종의 기획된 프로그램처럼 추진될 때, 그 관념성으로 인해 부작용은 커질 수밖에 없다. 자유연애란 감각적 직접성을 특징으로 하기에 특별한 모럴과 윤리가 마련되지 않는다면 타락한 짝짓기가 되기 십상인 것이다. 성적 주체성을 자각함으로써 자신과 동등한 이성적 존재를 인식하는 과정이 결여된다면, 단지 연애를 위한 연애에 탐닉하거나, 감정이 결여된 의무감으로서의 연애로 빠질 가능성이 많은 것이다.

그런 점에서 『너희들은 무엇을 얻었느냐』는 그런 가짜의식의 노예가 된 이른바 '모던 보이, 모던 걸'의 허위의식을 비판한 작품이다. 이것 역시 식민지 근대사회의 삶이 안고 있는 기형적 구조에서 말미암는 것일 터이다. 뿌리는 없으면서 겉멋만 들린 청년 남녀의 애정 행각이 작품의 주된 내용인데, 이 작품은 앞에서 지적한 대로 문학성이 현저하게 떨어지지만, 이 무렵 염상섭이 어떻게 애정의 문제를 이해하고 있었는가를 알 수 있게 만드는 작품이다. 그에 따르면 애정이란 것도 결국 돈에 의해 좌우되는 것이며, 문학이니, 철학이니 하며 떠드는 지식인 역시 생활의 근거를 상실한 존재들, 몸은 돈의 노예일 수밖에 없는, 의식 따로 육체 따로인 존재라는 것이다. 결국 이 작품은 그런 점에서 애욕이나 애정 문제에 대한 염상섭적 사고방식의 원형질과 같은 존재이다. 물론 『만세전』에서도, 열차를 함께 타고 가는 기생을 범상치 않은 눈으로 바라보는 이인화의 미묘한 심리 상태가 드러나지만, 이 작품에서는 그런 심리 묘사가 일층 본격화되고 있다.

> 두 사람은 화로를 격하여 놓고 점점 상기가 되는 얼굴을 마주 숙이고 앉았다가 명수가 겨우 입을 벌렸다. 그의 말소리는 목구멍이 다 멕힌 것 같이 뻑뻑하였다. 마리아는 눈에 겨우 데일 듯 말 듯 한 잔 파동이 끈일 새 없이 흐르는 두 어깨를 축 늘어뜨리고 여전히 고개를 소긋하고 앉았다. (…중략…) 두 사람의 손은 피차에 저편 마음속을 휘젓고 앉았으나 무엇이 손에 잡힐지를 몰라서 애를 쓰고 앉았는 모양이다. 마치 컴컴한 방 속에서 똑같이 무엇인지를 휘더듬어 찾다가 두 손길이 맞닿으면서 한 물건을 동시에 잡았으나 그 두 손이 맞붙들게 되기까지는 아직도 시간을 요하고 여러 가지 절차가 있어야 할 것과 같은 셈이다. (356면)

『만세전』에서 보여주었던 날카로운 문제의식은 없으나, 그의 시선은 일상의 차원으로 보다 더 가깝게 다가갔고, 그러면서 심리 묘사나 대상 묘사가 일층 더 정밀하게 이루어지고 있다.

이런 편향들이 하나의 종합을 이루면서 비교적 완결된 장편 양식으로 나온 작품이 『사랑과 죄』라고 할 수 있다. 『사랑과 죄』는 온전한 의미에서 염상섭의 최초 장편소설이라고 할 수 있는데, 식민지 조선을 바라보는 염상섭의 시선이 역시 이 작품에 와서 처음으로 구체적인 형태로 제시된다. 『사랑과 죄』는 이해춘과 지순영의 사랑이야기란 점에서 『너희들은 무엇을 얻었느냐』에서 보여준 세계와 통하지만, 이해춘과 김호연이 식민지적 현실과 날카로운 긴장 관계를 형성하고 있다는 점에서 『만세전』의 세계와도 연결된다. 『사랑과 죄』에 이르러 염상섭은 지금까지의 모색을 종합, 자기의 세계를 구축하기에 이른 것이다. 그것은 다른 말로 하자면 식민지 근대사회에 대한 인식과 비판, 그리고 그것을 넘어서려는 전망의 탐색이라고 할 것이다. 특히 식민지 근대사회를 넘어서려는 전망이 『사랑과 죄』에 오면 비교적 구체적인 이념의 양태로 드러나기에 이른다. 이해춘의 입을 통해 그것이 "민족주의와 사회주의의 중간을 타고 나가는 것"(210면)임을 작가는 은연중에 드러낸다. 그러면서도 사회주의자 김호연과 이해춘 사이의 끈끈한 우정을 형상화해냄으로써 막연한 절충파나, 보수적 민족주의와는 선을 분명히 긋는다. 이 무렵 작가 염상섭은 자신의 이념적 지향을 비로소 정립함으로써 이후 『삼대』·『무화과』·『효풍』에 이르기까지 일관된 입장을 견지하게 된다.

그래서 『사랑과 죄』는 이해춘·김호연·유진 등이 지향하는 세계, 이들간의 애정어린 연대를 서사의 한 축으로 하고, 이해춘과 지순영의 지고한 사랑이 성취되는 과정을 다른 한 축으로 한다. 작품은 김호연 등이 지향하는 세계와 이를 방해하는 세력, 이해춘의 사랑과 그것을 훼손시키려는 세력 사이의 갈등을 중심으로 전개된다. 특히 이해춘과 지순영의 사랑을 방해하는 존재들, 정마리아나·유택수·해주집과 같은 사람들은 하나 같이 물신적 욕망에 사로잡혀 있다는 점에서 근대의 사생아들이다. 염상섭은 이들을 통해 근대의 부정적 측면을 전면에 드러낸다.

한편 김호연이나 최진국 등이 지향하는 세계, 그리고 그들의 움직임은 작품 속에 뚜렷하게 드러나지 않은 채 베일에 가려진 사건이나 음모처럼 등장한다. 따라서 이들을 방해하는 세력 역시 그 사건을 조사하는 경찰이나, 사법부와 같은 일종의 중립화된 제도의 형태를 띠고 나타난다. 경찰들은 사건을 수사하고 조사하는 제도적으로 주어진 역할을 담당하는 존재 그 이상은 아니다. 이 두 세력간의 대립을 서술하는 화자의 관점은 그런 점에서 가치 평가가 배제되어 있는 경우가 대부분이다. 사건의 전말을 서술할 때, 신문 기사에 의존해서 자신의 목소리를 배제하는 것도 그래서일 것이다. 이것은 식민지 치하라는 특수한 사정에서 연유된 사정일 듯한데, 그렇지만 이들이 이해춘과 연결되어 있고, 이해춘과 지순영의 사랑이 이루어질 수 있도록 도와주는 조력자로 등장한다는 점에서, 염상섭은 이들이 결국 근대의 부정성을 넘어서려는 존재들, 식민지 근대사회의 모순된 정치 현실의 희생양이라는 점을 은연중에 부각시켜 놓는다.

그렇지만 『사랑과 죄』에서 묘사되는 현실은 『만세전』의 그것과 비교하자면 매우 무뎌져 있는 것도 사실이다. 이렇게 된 이유는 소설의 서술이 인물들과 인물들 사이의 평면적인 관계, 그리고 그로부터 비롯되는 사건 위주로만 이루어져 있다는 데에 있다. 조금 더 구체적으로 말하자면 소설 속에 등장하는 긍정적·부정적 인물들, 그리고 그들이 지향하는 이념 등이 사회적 관계 속에서 그려지기보다는 개인의 도덕적 차원이나 신념 차원에만 머물러 있음으로 인해, 인간들 사이의 복잡한 관계만 작품 전면에 드러날 뿐이라는 것이다. 그 관계를 이루는 사회적 의미나 배경 등에 대해서 『사랑과 죄』는 맹목인 것이다. 그래서 각 인물들은 음모와 사건의 복잡한 얽힘을 담당한 존재일 뿐 사회적 관계를 반영하는 존재로 읽히지 않는다. 사실 이런 점은 이후 『이심』이나 『광분』 같은 경우에 더욱 심화되는 양상으로 나타난다. 애욕과 돈에 대한 욕망을 가운데 두고 일어나는 인간들 사이의 음모와 치열한 투쟁은, 그것만이 전면화되었을 때, 어쩔 수 없이 통속화로 빠지게 된다.

그런 점에서 『삼대』가 거둔 성취는 돋보이는 것이라 아니할 수 없다. 『삼대』가 『사랑과 죄』나 『무화과』보다 뛰어난 이유는 식민지 근대의 모습을 입체적으로 조명하면서도, 그것을 뛰어 넘을 전망을 내포하고 있기 때문이다. 『사랑과 죄』는 이해춘과 지순영의 사랑, 이해춘과 김호연의 우정을 통해 그 나름의 전망을 내포하고는 있으나, 식민지 근대의 모습을 총체적으로 조망하는 데는 실패하였다. 『삼대』의 후속작인 『무화과』 역시 식민지 근대의 부정성을 드러내는 데는 그 나름의 성취를 거두었으나, 그것이 세태 묘사 이상으로 나아간 것 같지는 않다. 다만 양식 있는 부르주아 지식인 이원영의 몰락이나 새로운 세대로서 노동자 출신 완식이의 등장 정도가 이채를 보여줄 뿐이다. 그러면서도 이원영 같은 존재가 식민지 조선사회에서 가질 수밖에 없는 비극적 운명이 충분히 그려지지 못해 아쉽다. 이원영이 작품 말미에서 완식에게 하는 말은 뿌리뽑힌 식민지 지식인의 솔직한 자기 인식이라 할 터인데, 이원영이 이런 인식에 이르는 과정의 필연성이 다소 결여되어 있는 것이다.

"너는 우리가 팔자 좋다고 실없이라도 그런다만, 나는 네가 부럽다. (…중략…) 너나 나나 같은 사회, 같은 시대, 같은 우리 계급 속에서 자라났지만, 너는 앞으로 나갈 사람이다. 나는 삼십밖에 안 되었지만, 벌써 뒤처진 사람이다……. (…중략…) 얼굴에 핏기가 없는 나와 같은 인텔리가 된다는 것은 나는 그리 찬성이 아니니까…….” (844~845면)

이원영의 이런 자기 인식은 『무화과』가 거둔 성취인 것은 분명하지만 그것이 스스로의 말대로 계급의 몰락으로 읽혀지지는 못하고 있다. 완식이 왜 앞으로 나갈 사람인지, 이원영이 왜 시대에 뒤쳐진 사람인지는 명확히 드러나지 못하고 있는 것이다. 식민지 조선사회에 대한 세태 묘사를 넘어 루카치 식대로 말하자면 구체적 총체성이 확보되었어야 했다. 이것은 『삼대』와 비교하면 비교적 뚜렷하게 드러난다.

『삼대』의 서사 구조는 엄밀히 말해 조덕기와 김병화라는 두 인물을 중심으로 짜여 있다. 온건 합리적인 좌파 민족주의자 조덕기와 사회주의자 김병화를 통해 그 시대의 문제를 혁파하고 넘어서려는 이념과 운동을 긴장감 있게 그려내고 있다. 두 청년의 우정과 갈등은 이런 이념적 지향이 긴장감을 형성하면서 서로 대화하도록 하는 기능을 하고 있다. 그 다음, 이 점이 더욱 중요한데, 조덕기 집안의 조－부－자 삼대라는 인물들의 위계적 설정이 『삼대』를 구성하는 또 하나의 축이라는 것이다. 이런 인물 설정은 바로 식민지 근대가 형성되는 역사적 과정을 압축적으로 드러내는 효과를 얻는다. 구한말, 3·1운동 전후, 1930년대에 걸쳐 조선의 근대화가 어떤 경로로 진행되어 왔는가를 조의관·조상훈·조덕기 세 인물을 통해 보여주고 있는 것이다. 『사랑과 죄』나 『무화과』와는 달리, 사회적이고 역사적 관계 속에서 인물들의 성격화가 이루어짐으로써, 사건의 얽힘 가운데에서도 작품이 갖고 있는 사회적이고 현실적인 조망력이 그대로 유지된다. 그래서 『삼대』는 횡으로는 조덕기와 김병화, 종으로는 조의관 · 조상훈 · 조덕기가 서로 얽물리면서 진행된다. 이를 통해 염상섭은 식민지 근대의 부정성과 그것을 넘어서려는 새 세대의 움직임을 총체적으로 드러내는 데 성공하고 있는 것이다.

그렇다고 『삼대』가 거둔 성취가 만족스럽기만 한 것은 아니다. 그것은 이 무렵(1931) 한국의 근대 민족문학이 다다른 수준일 따름이다. 여전히 김병화 같은 사람들의 움직임은 베일에 싸인 음모처럼 보인다. 인물들의 관계가 우연으로 맺어지는 경우 역시 드물지 않다. 그리고 무엇보다도 중요한 것은 인물들에 대한 가치 평가가 도덕률에 의존하는 경우가 많다. 그렇게 되면 결국 인간들, 그리고 그들이 어울려 살아가는 삶이란 것 역시 도덕적 잣대, 윤리적 심성에 절대적으로 의존하는 것 이상이 아니게 되는 것이다. 삶이란 오로지 돈에 의해서만 지배되는 것이 아닌 것처럼, 윤리에 의해서만 지배되는 것도 아닌 것이다.

이제 염상섭은 『삼대』와 『무화과』를 쓰고 난 후 다시 통속성과 결탁한다. 이원영은 현실에 패배해 좌절하였고, 완식이는 더 이상 염상섭이 그려낼 수 있는 세계의 인물이 아니었다. 『무화과』 연재가 끝난 1932년 말부터 만주로 건너가는 1936년까지의 시기는 일제하 염상섭의 창작생활 중 그 긴장도가 가장 이완되는 시기일 것이다. 1936년 그가 만주로의 탈출(?)할 수밖에 없었던 이유도 어쩌면 작가로서 자신의 삶을 포기하지 않으려는 마지막 선택이었을지도 모른다.

3. 염상섭 장편소설의 특징적 국면들

1) 식민지적 근대사회의 부정적 측면들과 그 극복의 전망

『만세전』과 『너희들은 무엇을 얻었느냐』를 제외하고 염상섭 소설들에는 대부분 돈과 애욕의 노예가 된 부정적 인물들이 등장한다. 『사랑과 죄』의 해주집이나 『이심』의 패밀리 호텔 지배인 좌야(佐野), 춘경을 농락하는 찬규, 『광분』의 숙정(민병천의 소실)과 그녀와 결탁된 변원량, 『삼대』의 서산집, 『무화과』의 김홍근 등이 그들이다. 『삼대』의 서산집만 제외한다면 이들은 작품 속에서 생생하게 살아 움직이며, 작가의 뛰어난 성격화로 개성적 면모 역시 뚜렷한 존재들이다. 그런데 이들이 그토록 역동적으로 움직일 수 있는 것은 바로 돈에 대한 욕망 때문이다. 애욕 역시 돈에 매개된다는 점에서 돈이 한층 본질적이다. 염상섭 소설에 등장하는 악한(惡漢)이나 부정적 인물들은 모두 돈에 대한 욕망으로 눈이 먼 자들인 것이다. 그런 점에서 이들은 모두 근대사회의 물질성에 길들여진 자들이다. 돈의 논리를 가장 빨리, 체험적으로 혹은 생리적으로 체득한 자들인 것이다.

그런데 염상섭은 이들을 통해 돈의 논리, 돈이 어떻게 인간성조차 왜곡시키는가에 대해서는 뛰어난 통찰을 보이지만, 돈의 생성과정에 대해서는 특별한 주목을 하지 않는다. 이 점은 『삼대』나 『무화과』에서 돈을 소유한 조덕기나 이원영을 그릴 때도 마찬가지이다. 이들은 엄격히 말해 양심적 부르주아에 속한 존재들이나,

정작 돈, 혹은 자본의 논리에는 거의 맹목인 존재들인 것이다. 오히려 조의관의 경우가 염상섭 소설에서 거의 유일하게 등장하는 식민지 근대 부르주아의 전형일 따름이다. 그래서 염상섭 소설에서는 돈은 언제나 등장하지만, 자본은 찾아볼 수 없다.

그런데 더 심각한 것은 이런 부정적인 인물군들이 정말 온전한 의미에서 식민지 근대사회의 부정적 양상을 드러내는 것이냐는 데에 있다. 물론 이들의 행위가 근대사회의 타락한 세속적 질서에 길들여진 결과라는 점은 부정할 수 없겠지만, 그보다도 이들은 오히려 근대를 따지기 이전의 어떤 윤리적인 차원에서의 악한처럼 보인다는 것이다. 마치 고소설의 전형적인 악인들과 다르게 보이지 않을 만큼, 이들의 성격적 면모는 평면적이고 단순하다. 단순비교는 금물일 터이나, 이런 부정적 인물 군상들이 염상섭 소설에서 사회적 관계의 망으로부터 존재하기보다는 이미 윤리적인 측면에서 선험적으로 가치 평가되어 작품 속에 존재한다는 점에서 최소한, 고소설의 악한들과 닮아 있다는 것이다.

따라서 염상섭 소설에서 나타나는 식민지 근대의 부정성은 이런 악한들에게서보다는 오히려 일상의 모습을 드러내려 할 때나, 현실을 역사적으로 구조화시켜 형상화할 때 뚜렷하게 나타난다. 예컨대 『만세전』에 그려진 일상이나, 『삼대』의 조-부-자가 살아온 서로 다른 삶의 체험과 그들의 지향, 허구적 근대의식에 사로잡힌 『사랑과 죄』의 정마리아나 유택수, 『무화과』의 한인호 등을 통해 식민지 근대사회가 안고 있는 삶의 문제점들이 비로소 드러나는 것이다. 전형적인 부르주아의 모습을 보이지만 정작 봉건적 윤리에 가장 강하게 집착하는 조의관, 근대 문명과 교육의 세례를 받았으나 감각적이고 물신적 욕망에 사로잡힌 조상훈 · 유택수 · 정마리아 · 한인호, 그리고 식민지적 자본 착취와 봉건적 유제에 갇혀 살아가는 무지해 보이는 조선 민중들의 모습이 그것이다. 봉건성과 허구적 근대의식, 식민지적 착취 구조가 착종된 채로 살아갈 수밖에 없는 일상이 바로 식민지적 조선사회이고, 이것이야말로 작가 염상섭이 통찰한 식민지 근대사회의 부정적 측면들인 것이다. 염상섭 소설들에서는 이런 양상들이 돈과 애욕에 대한 욕망들과 접합되어 복잡한 사건들을 형성하고 있는 것이다.

게다가 염상섭은 식민지 정치권력의 부정성들을 일제 당국의 검열이라는 현실적 한계 속에서도 은연중에 드러내는 데 어느 정도 성공하고 있다. 특히 『광분』 같은 경우는 1929년 11월 광주학생운동을 작품 속에 직접 끌어들이기도 한다. 물론 이 점만 가지고 『광분』을 높이 평가하려는 자세는 온당한 것이라고 할 수 없으나,[6] 염상섭이 얼마나 사회의 변화를 지향하는 운동에 구체적 관심을 두고 있었는가는 짐작할 수 있다.[7]

염상섭의 소설에는 대개 사회주의자들이 등장해서 모종의 사건을 꾸미는 내용이 서사 구성의 중요한 축으로 설정되곤 하는데, 정치권력의 부정성은 대부분 이런 사건들과 관련되어 은연중에 드러난다. 사건의 정확한 내용 역시 구체적으로 언급되는 경우는 단 한 차례도 없다. 그래서 때로는 음모처럼 비춰지기도 하고, 경

6) 김종균의 경우가 그런 대표적 예에 속할 것이다. 김종균, 『염상섭 연구』, 고려대 출판부, 1974 참조.

7) 염상섭은 실제로 신간회운동에 대해서도 깊은 관심을 가지고 있었다. 이런 사실은 김재용의 「염상섭과 민족의식」, 『염상섭 문학의 재인식』, 깊은샘, 1997을 참조할 것.

찰은 이들을 끊임없이 미행하고 조사하고 심문한다. 일말의 관련성이라도 있으면 형사들은 이들을 잡아간다. 『사랑과 죄』나 『삼대』, 『무화과』는 이런 사건들 때문에 작품의 긴장감이 더해진다. 그러나 서술자는 이런 상황을 그릴 때 중립적 위치를 떠나지 않는다. 사건의 전개와 그 전말, 경찰들의 수사 활동은 평면적으로 그려질 뿐이다. 신문 기사를 인용해서 사건의 전말을 드러내는 경우가 많은 것도 그 때문이다. 부정적인 인물을 그릴 때와는 사뭇 다른 모습이다. 그렇긴 하더라도 이는 식민지라는 당시 현실을 고려한다면 염상섭이 제국주의권력의 모습을 드러내기 위한 궁여지책이라고 볼 수 있을 것이다. 아무튼 경관들에 의해 구속당하고 취소를 받는 사람들이 김호연·최진국(『사랑과 죄』)·김병화(『삼대』) 등과 같은 사회주의자들과 거기에 어떤 형태로든 결부되어 있는 이해춘·조덕기·이원영이란 점에서, 서술자가 아무리 중립적인 위치를 지키고 있다고 하더라도, 경관들의 행위가 긍정적으로 보여지지 않는 것만큼은 사실이라고 하겠다. 식민지 사회를 살아가는 작가로서 염상섭은 제국주의 정치권력의 문제를 이런 방식으로 우회적으로 그려내고 있는 것이라고 생각할 수 있다.

그런데 그것은 식민지 근대의 부정적 측면들을 넘어서려는 전망 탐색과도 무관하지 않은데, 이해춘·조덕기·이원영이 작품 속의 인물이긴 하지만 염상섭 자신의 목소리가 가장 많이 투영된 긍정적 인물들이라는 사실과 연결된다. 즉, 이런 인물들이 경관들에게 끌려갈 수밖에 없는 현실을 보여줌으로써, 식민지 정치권력의 단면을 암암리에 고발할 뿐만 아니라, 이들이 지향하는 바가 어떤 성격을 갖고 있는가를 우회적으로 드러내고 있는 것이다. 사실 염상섭은 이해춘·조덕기·이원영들과 더불어 김호연이나 김병화·김봉익(『무화과』) 등과 같은 사회주의자들에게 식민지 근대에 맞서 싸우거나, 그것을 극복해 가는 과제를 맡긴다고 할 수 있다. 그리하여 염상섭은 이들에게서 조선의 내일을 바라보는데, 그것은 일종의 좌파 민족주의, 혹은 민족적 사회주의라고도 할 수 있다. 이 점은 이해춘·조덕기·이원영이 애정을 갖고 관계를 맺는 작중인물들의 이념적 지향을 생각해 본다면 어렵지 않게 짐작할 수 있다.

그런데 문제는 그 전망이라는 것이 그다지 희망적이지 않다는 데에 있다. 이해춘은 지순영과 사랑의 도피를 떠나고, 조덕기는 친구 김병화가 감옥에 갇히는 데에 망연자실하며, 이원영은 파산하면서 스스로의 한계를 자각하고 좌절한다. 어떻게 보면 식민지 근대사회에서 양심적 지식인이나 교양 있는 양심적 부르주아의 운명이란 것은 작품에서 드러난 그대로 비관적일 수밖에 없는 것일 터이다. 그리고 바로 그 점이 염상섭 소설의 미덕이라고도 할 수 있는 것일 텐데, 그것은 그만큼 그가 현실에 충실했다는 반증이기 때문이다. 주관적으로 조작된 낙관이란 오히려 현실을 왜곡시킬 따름인 것이다.

2) 중도적인 관찰자와 논평자적 개입

염상섭이 식민지 근대사회의 모습을 성공적으로 포착할 수 있었던 데에는 중도적인 초점 화자를 등장시켰다는 사실이 중요하게 자리 잡고 있다. 염상섭 소설에서 중도적인 초점 화자는 현실을 비교적 냉정한 시각으로 관찰하며, 현실의 다양성을 포착하게 된다.

『만세전』은 1인칭 관찰자 시점으로 '내'가 초점 화자인 동시에 서술자의 역할을 하는 소설임에도 불구하고, '나'의 위치는 앞 절에서도 밝혔듯이 여행자, 경계인에 불과한 존재이다. 근대적 지식인인 '나'는 조선의 현실을 누구보다도 예리하게 관찰하고 드러낸다. 한편 『만세전』 이후의 염상섭 장편들은 전지적 작가 시점으로 쓰였으면서도 서술자의 태도는 비교적 중도적이다. 전지적 작가 시점이라 하더라도 서술자의 태도는, 서술되는 대상에 대해 암암리에, 혹은 노골적으로 가치 평가를 하기 마련인데, 염상섭 소설에서 이 서술자는 중도적인 길을 걷는 경우가 대부분인 것이다.

그런데 주목해 보아야 할 것은 그 중도적인 길이란 것이 가치중립성과는 성격을 달리한다는 점이다. 자신은 어떤 가치도 갖지 않은 채, 모든 현실, 모든 이념과 가치에 대해 등가적(等價的)인 위치를 지키는 것이 가치중립성이라면, 염상섭 소설의 서술자는 현실에 대해 가치평가적으로 개입한다. 이미 부정적 인물들에 대한 묘사가 그렇고, 식민지 근대의 현실을 묘사하는 자세가 그렇다. 그 대신 염상섭은 특별한 이념적 지향을 강하게 드러내기보다는, 있을 수 있는 다양한 방향들에 대해 대화적인 관계를 형성시킨다. 서술자란 어쩔 수 없이 작품의 주인공에 대해 어떤 형태로든 자신의 입장을 드러내기 마련인데, 『사랑과 죄』의 이해춘과 김호연, 『삼대』의 조덕기와 김병화에 대한 서술자의 자세는 이 인물들이 지향하는 바와 크게 다르지 않다고 느껴진다. 이들은 작품 속에서 자신의 이념을 지켜가긴 하지만, 서로에게는 열린 자세를 견지한다. 물론 김호연이나 김병화보다는 이해춘과 조덕기에 대한 애정이 더욱 큰 것은 사실이다. 작품 전체를 서술하는 서술자의 태도는 그런 점에서 이해춘이나 조덕기의 그것과 닮아 있다. 이들은 사회주의에 대해 상당한 정도로 동조하지만 결코 사회주의자라고는 볼 수 없는 인물들이다. 그렇다고 『사랑과 죄』나 『삼대』가 사회주의 등에 대해 배타적인 자세를 취하지는 않는다. 결국 염상섭 소설이 취하는 중도적 자세란 이런 것이다. 사회주의에 대해서도 이해하는 자세를 보이지만 어느 정도 거리를 유지하고 그렇다고 민족만을 배타적으로 집착하는 보수적 민족주의와도 구별되는 시각이 염상섭 소설에 나타나는 서술자의 태도이다.

이렇게 경계인의 시각, 중도적인 시각에서 현실을 바라볼 때, 민족주의 계열의 소설이나 카프 계열의 소설보다 대상 묘사에 있어서 한층 더 유연하고 현실의 다양성을 포착하는 일이 가능해지게 된다. 불심검문하는 형사의 태도를 차근차근 관찰하는 시선이나(『만세전』), 아버지 조상훈이란 존재를 이해하는 덕기의 사고 방식을 드러내는 화자의 태도(『삼대』)에서도 염상섭 소설의 서술자적 특징이 나타나고 있다.

> 어린 아이 관(棺) 같은 장방형의 트렁크를, 유리창 그림자가, 화－ㄴ히 비추이는 하물(荷物) 쌓인 밑에다가 열어 놓고 들쑤시는 동안에, 그 옆에서 임바네스는 조그만 손가방을 조사하고 앉았다. 나는, 이편에 나란히 섰는 학생복 입은 자와 함께, 두 사람의 네 손길만 내려다보고 섰었다. 큰 트렁크를 맡은 자는 잠간 쑤석쑤석하여 보더니, 그 위에 얹어 놓은 양복이며 화복(和服)들을 손에 잡히는대로 휙휙 집어서, 내 옆에 선 형사에게 주섬주섬 던져주고 나서, 그 밑에 깔리었든 서류 뭉텅이와 서적 몇 권을 분주히 들척거리

고 앉았다. 조그만 트렁크 속에서 소득이 없었던지 그대로 뚜껑을 닫아서 옆에 놓고 임바네스도 다시 큰 가방으로 달려들어서 들여다보고 앉았다가, 양복장이의 분부대로, 서적을 하나씩 들어 보아가며, 일일이 책명을 수첩에 기입하며 앉았다. 가방 속에서 갈팡질팡하는 형사의 네 손은, 일분 이분 시간이 갈수록 가속도로 움직인다. 나는 또 무슨 망녕(妄佞)이나 부리지 않을까 하는 불안과 의혹을 가지고, 전광에 벌겋게 번쩍이는 양복장이의 곁뺨을 노려보고 섰었다. (『만세전』, 44면)

덕기는 부친의 이러한 의견에 반대하고 싶지 않은 것은 아니었으나, 역시 구습상 부친에게 반대할 수도 없고 또 제 주제에 길게 논란할 수도 없는 터이어서 그만두었었다. 그뿐 아니라 부친이 생각하였던 것보다는 현대 사상 경향이나 사회현상에 대하여 아주 어둡고 무관심한 것이 아닌 것을 발견한 것이 반갑기도 하고, 부자간의 이런 토론은 처음이었으나 그로 말미암아 부친과 자기 사이가 좀 가까워진 것 같은 기쁜 생각이 들어서 그대로 웃고만 말았지만, 어쨌든 부친은 봉건시대에서 지금 시대로 건너오는 외나무다리의 중턱에 선 것 같다고 생각하였다. 마침 집안에서도 조부와 덕기 자신의 중간에 끼여서 조부 편이 될 수도 없고 아들인 덕기 자신의 편도 못 되는 것과 같은 어지중간에 선 사람이라고 새삼스러이 생각하였다. 따라서 그만치 사회적으로나 가정적으로나 또는 자기의 사상 내용으로나 가장 불안정한 번민기에 있는 처지인 것이 사실이다. (『삼대』, 45~46면)

이렇게 대상 현실을 가급적이면 남김없이 드러내려는 묘사의식이나, 하나의 현실에 내포된 다양한 측면들에 대해 이해하려는 서술 자세야말로 염상섭 소설의 특징이자 장점이라 할 것이다. 이러한 묘사의식과 서술 태도는 인물들의 미묘한 심리 변화를 포착하는 데 있어서도 유감 없이 발휘되고 있다. 특히 부정적 인물들이 자신의 이익과 욕망에 따라 어떻게 심리가 변화해 가는 지를 염상섭의 소설은 날카롭게 포착해서 세밀하게 드러낸다. 이런 심리 묘사로 인해 염상섭 소설의 인물들은 개성적인 면모를 지니고 생생히 살아 움직이는 현실 속의 인간으로 그려지는 것이다. 그래서 염상섭 소설을 읽고 있노라면 인간이란 존재의 복잡 미묘함, 인간성의 가없는 풍부함을 다시 한번 깨닫게도 된다. 삶을 살아가는 순간 순간들에 따라 미묘하게 변화하는 인간 내면을 염상섭처럼 날카롭게 포착하는 작가는 드문 것이다. 다음의 인용은 『무화과』에서 뽑은 것인데, 이런 대목은 사실 염상섭 소설에서 부지기수로 등장한다. 이런 식의 심리묘사를 통해 염상섭은 작중인물들의 관계를 드러내고 그럼으로써, 서사를 이끌어 가는 원동력으로 삼을 때도 많다.

> 홍근이는 이해 없이 비위를 건드릴까 보아, 입으로는 이렇게 발라 맞추면서도 이런 서서 똥 눌 친구가 어디 있나 하며 뱃속에서 웃는 것이다. 이런 애송이를 데리고 일을 하자면 속이 무척 썩을 것이 지금부터 걱정이다. (47면)

> 인호는 옆에서 분하기는 하고 말수는 모자라고 해서 얼굴만 발개가지고 쌔근거리는 영자를 가리키며,
> "아무 영문도 모르는 이분까지를 끌어넣은 것은 무엇인가요?"
> 하고 우선 애인의 역성부터 들고는 뒷말을 생각하려는지 말이 잠깐 막힌다.
> 말소리가 한풀 꺾임을 보고, 종엽이는 자기 말이 성검이 선 것을 기뻐하면서, 피도 안 마른 불량소녀를 제멋대로 끼고 놀다가 별안간 마뜩치 않게 이분은 무슨 이분이냐 — 하고 속으로 코웃음을 쳤다. (754~755면)

이렇게 염상섭 소설의 서술자는 그것이 경계인의 시각이든, 중도적 존재의 시각이든 현실을 관조하면서 그 현실의 다면성을 포착하는데 성공을 거두고 있다. 그것은 관념으로 현실을 재단해서

결국에는 현실의 본질을 왜곡시키고 마는 성마른 이념 위주(그것이 민족주의이건, 사회주의이건)의 소설과는 분명히 성격을 달리한다. 염상섭 소설의 서술자는 그런 점에서 하나같이 냉정한 이성의 소유자, 현실주의자라 할 수 있다. 이런 현실주의자, 이성 신봉자의 눈에 식민지 근대의 일상이 다양하게 들어오고 있는 것이다.

그렇지만 이런 서술자 역시도 문제가 아주 없는 것은 아니다. 그의 소설 요소 요소에는 서술자가 논평자, 해설자로서 개입하는 경우가 종종 있기 때문이다. 그것도 염상섭의 특정한 소설에서 나타나는 것이 아니라 장편소설 전반에서 두루 나타나는 현상이다. 이는 중세소설에서 등장하는 전형적인 논평자적 개입과 같은 꼴인데, 이미 이광수의 소설 『무정』에 등장하는 논평자로서의 서술자를 두고 많은 논자들이 지적한 문제점을 염상섭 역시 벗어나지 못하고 있다는 점이 흥미롭다. 물론 이에 대해 소설의 전개상 필요한 대목으로 이해할 수 있는 여지도 많다. 그러나 소설 외부에서 그 소설의 서사를 이끌어 가는 사건을 통어하지 못했을 때, 작가는 급기야 소설 내부로 들어와 독자들에게 직접 말을 하게 되는 경우도 있는 것이다. 이것은 어찌 보면 그만큼 이성적 사유가 훈련되지 못한 때문일 수도 있고, 근대소설이 발전되어 나가는 과정에서 충분히 있을 수 있는 전대(前代)소설 양식의 흔적일지도 모른다. 염상섭의 대표작인 『삼대』에도 다음처럼 논평자적 개입이 발견되는 것은 한국 근대소설의 초기 양상으로 이해해 볼 여지가 없는 것은 아니다.

경애가 상훈의 첫 편지를 받은 지 다섯 달도 못 되어서 경애는 학교를 나오고야 말았다. 그 다섯 달 동안의 생활을 독자는 궁금히 생각하리라. 그러나 지나간 일을 후벼파서 백일 하에 내놓은들 무슨 소용이 있으랴. 필자는 앞길이 바쁘니 수시수처에서 다시 보고할 기회가 있겠거니와 경애는 그때 학교를 나오면서 서울을 떠났다. (100면)

3) 사건 중심의 서사 구조와 소설의 내적 형식

초창기 장편소설을 제외하고 『사랑과 죄』 이후 『무화과』에 이르기까지 염상섭 소설은 지나치게 사건 중심으로만 소설이 전개된다는 공통점을 보인다. 소설이라면 사건을 중심으로 플롯이 짜이게 마련인 것은 상식에 속한 일일 터이나, 염상섭 소설은 사건과 그것을 둘러 싼 인간 관계의 사회적 맥락을 놓치는 경우가 왕왕 있다는 점에서 그냥 보아 넘길 일만은 아니다. 물론 복잡하게 뒤얽힌 사건들이 인간사의 복잡다단함을 보여주기 위한 것이지 않느냐는 반론도 예상할 수 있는 일이다. 그러나 염상섭 소설의 사건들은 식민지 조선사회의 주요한 국면이나 삶의 운명을 드러내기 위한 방식이라기보다는 사건을 위한 사건이거나 음모와 계략으로만 점철되는 경우가 허다하다. 게다가 사건을 만들어 가는 것도 대개는 부정적인 인물들이 자신의 욕망을 실현시키기 위한 경우들이다. 한 가지 예외라면 사회주의자들이 자신들의 운동을 전개해 나가는 경우일 텐데, 이 역시 당시의 시대적 한계에서 오는 불가피한 선택이란 면도 있겠지만, 엄밀하게 따져본다면 사회적 세력을 배경으로 깔고 있는 운동으로 비춰지기보다는 몇몇 운동가들에 의해 꾸며진 모종의 책략으로 읽혀질 때가 많다.

그러다 보니 우연성이 개입하는 경우도 심심치 않게 발견되고, 인간과 인간들의 관계 맺음 또한, 소설 내에서 어떤 의미를 갖고 위계화되기보다는 진행되는 사건에 종속되게 된다. 특히 『이심』이나 『광분』은 그 정도가 심해서 복잡하게 진행되는 사건과 음모만이 작품 전면에 나서고 현실은 그 속으로 자신을 숨겨버린다. 『사랑과 죄』나 『무화과』는 『이심』이나 『광분』처럼 그렇게 심하지는 않지만, 이해춘과 지순영의 사랑과 지순영을 차지하려는 주변의 온갖 음모가 작품의 긴장감을 떨어뜨리거나(『사랑과 죄』) 신문사 내부의 권력다툼, 인호와 문경의 파경, 이원영과 채련의 애정 행각 등이 작품의 중심 주제를 희미하게 만든다(『무화과』). 게다가 김호연이나 조정애가 꾸미는 사건들, 다시 말해 그 나름의 사회적 의미를 찾아 볼 수 있는 측면들도 이런 사건들과 엇물려 진행됨으로써 소설을 구성하는 다양한 사건들 가운데 하나 정도로 축소된다.

그런데 정작 중요한 것은 이해춘이나 김호연 등이 지향하는 이념이나 양심적 부르주아 지식인으로서 이원영이 맞게 되는 파국이 이들 사건에 가려지거나, 아니면 이들 사건과 아무런 연관 없이 불쑥 드러나게 된다는 점이다. 예컨대 이원영이 맞게 되는 파국은 이원영이란 존재를 가능케 만드는 계급으로서의 파국이나 이념의 파국으로 그려지기보다는 우연히 부정적인 인물들의 음모와 모종의 사건에 연루되었기 때문으로밖에 이해되지 않는 것이다. 『사랑과 죄』의 이해춘과 김호연이 지향하는 이념 역시 술자리의 토론거리로는 등장할지언정 서사의 맥락 속으로 들어가지는 못한다. 사건과 전망이 별개로 존재하는 것이다.

결국 염상섭의 일부 소설들은 사건을 중심으로 진행되는 이야기성에 의존한다고도 볼 수 있을 것이다. 그리고 이건 조금 심하게 말해서 염상섭 소설의 통속성이라고도 할 만하다. 인물들은 대부분 선과 악으로 대별되고, 권선징악의 결말은 아니지만, 악한 인물들은 항상 거기에 걸맞는 곤욕을 치르곤 하는 것이다. 이런 특성은 이들 소설이 모두 신문 연재소설의 상업성 때문이라는 이유도 있을 터이지만, 우연성의 빈발, 사건에만 지나치게 의존하는 플롯 전개, 개운치 않은 결말 처리, 그리하여 인물과 환경보다 사건 위주로 소설의 전개를 의지해 가는 것은 한국 근대소설의 취약성을 드러내는 것으로 이해될 수 있다. 중세소설의 이야기성이 신소설을 거쳐 그 흔적을 남기고 있는 것은 아닌가 하는 생각이 들게 한다. 물론 치밀한 후속 연구가 뒤따라야 할 것이므로 속단할 수는 없는 일이다.

여기에서 소설의 내적 형식이 갖고 있는 힘을 다시 한번 실감하게 되는 것이 『만세전』과 『삼대』의 경우이다. 『만세전』과 『삼대』가 식민지 근대의 모습을 총체적으로 반영하는 데 성공하는 이유가 소설의 내적 형식에 일정 부분 빚지고 있다는 것이 필자의 판단이다. 귀향 모티프와 여행기 형식의 『만세전』, 조-부-자 삼대의 구성, 양심적 지식인과 맑스주의 청년을 주인공의 두 축으로 해서 전개된 『삼대』가 여타의 염상섭 소설을 뛰어넘는 것은 그런 데에서도 이유를 찾아볼 수 있다.

주지하는 바와 같이 『만세전』에는 중심 사건이 없다. 굳이 있다면 주인공 이인화가 위독한 아내를 만나기 위해 일본 동경으로부터 조선으로 귀국한다는 정도이다. 그러나 이것은 겉치레에 불과하다. 중요한 것은 시모노세키(下關)로부터 경성에 이르는 과정의 여로에서 드러나는 식민지 조선의 일상이다. 중심 사건이나 복잡한 사건의 얽힘이 없으므로 경부선을 따라 이인화가 목격하게 되는 식민지 근대의 모습만이 전경화된다. 이야기성의 틈입이 소설의 내적 형식으로부터 배제되어 있는 것이다.

『삼대』 역시 조—부—자라는 인물의 위계적 구성이 대한제국으로부터 식민지 조선에 이르는 우리의 근대 역사와 경험에 의존한다는 점에서 다른 소설들과는 궤를 달리 한다. 또한 김병화와 조덕기는 각각 서로 다른 이념적 지향을 갖고 살아가면서도 절친한 친구 사이를 유지한다. 이들 모두가 서로 뒤얽혀 빚어내는 사건은 그런 점에서 일정한 사회적 맥락과 지향이 있다. 이 같은 소설의 내적 구조는 식민지 근대의 모습과 그를 극복하려는 전망이 서사 과정 속에 녹아들어가도록 만든다. 『삼대』가 거둔 성취는 그런 의미에서 아무리 강조해도 지나치지 않는다. 이기영의 『고향』과 더불어 당대 근대 민족문학이 도달한 수준을 드러내기에 부족함이 없는 것이다.

그러나 『삼대』의 속편 『무화과』는 『삼대』가 거둔 성취를 이어가기에는 이미 소설을 구성하는 형식의 힘이 고갈된 상태로 보인다. 『무화과』가 『삼대』와 다른 작품이 되기 위해서는 그 나름의 독자적인 내적 구조를 만들어냈어야 하나, 『삼대』의 구조를 그대로 이어 받은 이 작품은 『삼대』의 구조에만 의존하여 작품을 이끌어 가고 있다. 게다가 조의관은 이미 죽었고, 김병화는 만주로 가고 없다. 그러다 보니 모든 것이 조덕기의 후신 이원영에게 집중될 수밖에 없고, 소설은 자꾸만 곁가지만 늘려나갈 뿐, 중심을 잃고 있다. 소설의 말미에 노동자 출신인 조정애와 완식에게 미래를 기대하는 것은 상징적이지만, 염상섭은 끝내 후속작을 남기지 못했다.

4. 식민지 근대의 양면성

염상섭 소설에 반영된 식민지 근대성의 양상은 매우 복합적이면서도 양면적이다. 그것들은 크게 두 가지로 지적될 수 있는데, 우선 식민지 근대의 부정적 측면에 대한 인식과 그것을 극복하려는 전망에 대한 탐색이라고 할 수 있고, 다음으로는 소설의 내적 형식에 투영된 식민지 근대성의 흔적들이라고 할 수 있다. 그리고 궁극적으로는 이 두 측면이 착종되어 있는 것이 염상섭 소설이다.

염상섭 소설은 근원적으로 식민지 근대사회를 기반으로 태어난 소설이다. 이 점은 일제강점기에 발표된 모든 문학 작품에 해당된다는 점에서 한국 근대문학의 원죄라고도 할 수 있다. 어떤 문학 작품도 상대적 차이는 있을지언정 여기에서 자유로울 수는 없다. 정상적으로 근대의 과정이 진행되지 못한 사회와 시대의 한계를 염상섭 소설도 어쩔 수 없이 내포하고 있다. 그런 점에서 염상섭의 문학은, 임화(林和) 투로 말하자면 완미한 의미의 근대문학이라고 보기에는 석연치 않은 구석들이 발견된다. 논평자적인 서술자, 사건에 지나치게 의존하는 이야기성의 서사 구조, 인물들에 대한 윤리적인 판단 등이 그것이다. 식민지 경찰 기구와 제도에 대한 평면적 서술은 보다 직접적으로 식민지 정치 현실이 역으로 투영된 경우라고 할 것이다. 그러면서도 냉정한 관찰자로서 대상을 묘사하는 의식, 인물들의 개성적 성격화, 사건을 직조해 나아가는 합리성 등 근대소설로서의 요소를 염상섭 문학은 이미 풍부하게 지니고 있다. 이런 양상을 통틀어 식민지 근대성의 소설적 반영이라고 볼 수는 없을까.

한편, 염상섭의 소설은 식민지 근대의 부정적 측면들을 날카롭게 인식하고, 그것을 넘어서려는 전망 탐색을 보인다는 점에서 근대 민족문학의 범주에 들어간다. 염상섭의 대표작들은 식민지적 근대의 현실을, 봉건성에의 집착하는 구세대들, 허구적 근대의식에 사로잡혀 살아가는 타락한 지식인들, 민족적 차별과 봉건적 유제에 갇힌 채 힘겨운 나날을 버텨 가는 민중들의 모습을 통해 그려내고 있다. 염상섭이 바라본 식민지 근대의 일상이란 이런 현실들이 복잡하게 착종된 상태에서 현상적으로는 돈에 대한 욕망과 애욕이 지배하는 공간이다.

그렇지만 염상섭의 작품에는 이처럼 답답한 현실에 저항하는 인물들 역시 존재한다. 돈과 애욕의 노예가 되기보다는 거기에 저항하면서 순수한 사랑을 추구하는 이들, 현실의 변화를 꿈꾸는 이들이 그들인바, 이들은 대개 사회주의에 대해 열려 있는 민족주의자의 모습을 하고 있다. 식민지 근대의 현실을 넘어서려는 움직임을 작가 염상섭은 이들에게서 발견한 것이다. 그러나 공교롭게도 그것이 낙관적이지는 않다. 이들이 좌절할 수밖에 없는 것 역시 현실의 힘이고, 염상섭은 이 점을 간과하지 않고 있다.

그러면서 염상섭의 문학은 그 자체가 어떤 완성태라기보다는 근대 민족문학의 발전 도정에 위치한 형성기의 작품이라고 이해할 수 있다. 염상섭의 문학은 식민지 근대성의 양상을 날카롭게 인식하면서도 스스로 식민지적 근대의 한계를 넘어서지는 못하고 있다. 그렇지만 이 한계는 역사적, 시대적 한계의 성격이 강하다. 본질적인 측면에서 염상섭 개인의 한계는 그리 중요하지 않다. 염상섭 문학의 역사적이고 시대적 한계를 분명히 할 때, 다음 단계의 민족문학의 과제는 일층 분명할 수 있는 것이다. 염상섭은 유명을 달리한 지(그는 1963년에 세상을 떴다) 반세기가 가까워 오는 오늘날에도 여전히 살아 있는 작가이다.

현실 앞에 선 한 완고주의자의 문학적 초상

김동리의 문학

1. 김동리 비판의 한 가지 방식

작가치고 문제적이지 않은 사람이 없을 터이지만 김동리(金東里)의 작품을 읽을 때마다 동리야말로 문제적인 작가라는 생각이 든다. 그가 해방 직후 순수문학 논쟁에서 우익의 대표적 논객으로 나섰대서가 아니다. 또 분단 이후 오랜 기간 동안 보수적인 문인 조직과 문단을 이끌어온 주역이래서도 아니다. 혹은 그를 두고 "근대의 위기가 운위되는 작금의 세태에 비추어 볼 때, 근대의 본질을 누구보다도 깊이 있게 통찰하여 문학 행위의 화두로 삼"았다는 최근 학계 및 평론계 일각의 평가를 염두에 두어서도 아니다.[1) 무엇보다 그의 작품이 문제적이기 때문이다. 이 글은 그의 작품을 읽으면서 내 마음속에 일었던 의문들과 그에 대한 나름대로의 생각들을 거칠게 정리해본 것에 불과하다. 김동리의 문학과 인간을 본격적으로 들여다보려면 참으로 많은 시간과 공력을 들일 수밖에 없음을 새삼스럽게 느끼고 있는 중이다.

김동리는 간단하게 비판될 작가는 아니다. 물론 그가 보여주었던 이념적 지향이나 삶의 편력을 비판하려고 들자면 그것 자체가 그렇게 어려운 일은 아닐 것이다. 그는 독재권력의 부당한 옹호자로서의 삶을 살아간 혐의가 짙다.[2)] 게다가 보수우익문단의 대표자로, 한국 보수문학의 이데올로그(ideologue)로서 그가 살아온 길이나 그가 쓴 이런 저런 글들도 한갓 관념의 놀음이거나 흑백 논리이기 일쑤이다. 예컨대 김동리가 제자에게 쓴 다음 같은 글들을 보라.

> 진정으로 민족을 생각한다면 현실 속으로 뛰어 들어가 오늘날의 부정부패를 척결하고 민족정기를 바로잡아야 한다. (자네의 주장은—인용자) 대체로 이런 것으로 보네.
>
> 그런데 이것은 해방 직후 공산주의 문학인들이 하던 말과 거의 다른 점이 없으니 이것이 어찌된 노릇인가.
>
> 자네는 모든 시나 소설은 모름지기 부정부패를 척결하는 기계같이 알지만, 나의 의견은 다르다네. 부정부패는 수사기관과 또는 정치 활동을 통하는 것이 훨씬 직접적이고 효과적이라고 보네. 소설이나 시도 그런 일을 할 수 있지만, 직접 법과 행동으로 하는 데 비하면 약하고 비능률적일세. 더구나 문

---

1) 『김동리 전집』 편집위원, 「『김동리 전집』을 내면서」, 『김동리 전집』, 민음사, 1995.

2) 한 사례만 들어 본다. 1987년 4월 13일 전두환 정권이, 개헌을 요구하는 야당과 국민의 목소리에 대해 헌법 개정 불가 결정을 내렸을 때, 당시 어용 관변 단체들은 이런 호헌 조치를 환영하는 성명을 일제히 발표했었다. 문인협회도 예외는 아니었는데, 당시 회장이 김동리였다.

학은 작가의 개성과 문학관이 다르므로 모든 문학이 다 그런 정치적인 보조 기관 노릇이나 해서는 안 되네.[3]

하기야 어디 이런 경우가 비단 김동리뿐이겠는가. 서정주나 조연현 또한, 김동리와 비교해서 크게 다를 구석이 없는 문인들이다. 그러나 지금의 시점에서 과연 그들에게 그런 식의 비판을 하는 것이 의미 있는 일일까. 그들의 감춰진 이면이나 독재권력에 부역한 사실들은 그것대로 밝혀야 할 것이나, 그것이 비판의 유일하고도 핵심적인 근거여서는 곤란하다. 아마도 그런 비판은 생산적인 토론의 마당을 만들어내지 못할 뿐만 아니라 비판의 정곡을 찌른 것이라고도 볼 수 없을 것이다. 그들은 누가 뭐래도 문인이기 때문이다.

그렇긴 하나, 그들이 해방과 분단의 과정에서 좌익 비판에 앞장섰고, 그 덕으로 냉전체제의 과실들을 가장 많이 챙겼던 것은 기억해야 할 일이다. 해방 직후 문단 사정을 상상해 보라. 사실, 그들은 햇병아리에 불과한 존재들이었다. 그들이 그 시기에 어디 감히 이태준과 임화, 혹은 이기영과 한설야와 같은 자리에 놓일 수 있었겠는가. 아무리 1930년대 말에 세대 논쟁을 거쳤다고 하더라도, 아무리 김동리가 일제 말에 친일의 길을 걷지 않았다고 하더라도, 문단 정서에서 그들의 존재는 지금 우리가 상상하는 것처럼 그렇게 크지 않았을 것이다.[4] 그런 그들이 해방정국의 좌우 투쟁

3) 『나를 찾아서』(『김동리 전집』 8권), 민음사, 1997, 379면. 이하 김동리 작품의 인용은 이 전집에 근거하며 앞으로 그의 글을 인용할 때는 별도의 주석을 달지 않고 인용문 끝에 권수와 면수만 밝히기로 한다.

4) 김동리가 친일을 하지 않았다는 사실은 평면적으로 생각할 문제는 아니다. 이

에 앞장섰고, 해방과 분단에 이르는 시기 동안 대부분의 문인들이 북으로 빠져나가거나, 아니면 염상섭이나 채만식처럼 이꼴저꼴 보기 싫어 집안에 칩거하는 통에 문단의 신주류로 급부상하게 된 것이다. 어느 날 깨어나 보니 세상의 중심에 자기들이 서 있었던 것이다.[5] 그래서 그들은 대학 교수도 되었고, 문인 조직의 수장이 되기도 했으며, 유력한 잡지의 실력자가 되기도 했다. 분단과 냉전의 과실을 그들만큼 풍성하게 거두어들인 문인들도 많지 않을 것이다.[6]

그러나 그렇다고 해서 그런 점만으로 그들에 대한 비판이 끝났다고 말할 수는 없다. 아니 어쩌면 그런 비판이란 핵심을 빗겨간 것일지도 모른다. 문인은 자신의 작품으로 스스로의 존재를 드러내기 때문이다. 작품을 통해 명예를 얻고 존재의 이유를 얻는 것이 문인이다. 김동리가 문인인 이상, 80편이 넘는 장·단편의 소설

태준이나 임화, 혹은 이광수와 최남선 등과 비교해서 그가 일제 당국에 의해 압박받는 강도는 전혀 달랐을 것이다. 또한 그가 친일을 피해서 의도적으로 산골의 광명학원 교사로 들어간 것도 아니었다. 그러나 이 문제는 간단하게 다룰 것은 아니다. 다만, 일제 말기 문인들의 전향 문제를, 친일이니 반일이니 하는 단순 논리로 평가할 것은 아니라는 사실만 확인하고 넘어가기로 한다.

5) 예컨대 김동리 작품 중 「인간동의」에는 아내와 부부싸움을 하는 장면에서 다음과 같은 대사가 나온다. "당신이 그렇게 출세한 것도 누구 덕인 줄 알어, 내가 밤낮 당신 잘되라고 천주님 앞에 기도드린 덕택이지, 당신 힘으로 그리 된 줄 아나. 당신 시골 있을 때 거지같이 지내다가 서울 와서 내 덕으로 세상에 이름이나 좀 나고 하니 그만 인제 천주도 배반하고, 십 년 동안 단물 신물 다 빨아먹은 계집도 인제 너는 쓸데없다고 하니"(2권, 198면). 작중 인물과 작가를 동일시하기는 어려우나 전쟁 전에 발표된 김동리의 작품을 보면 간혹 위와 같은 내용들이 발견된다. 즉 스스로도 출세한 자기를 느끼고 있었던 것 같다.

6) 그에 비해 염상섭과 채만식의 말년을 상상해 보라. 단칸방에서 여섯 식구가 옴질옴질 살아간 것이 염상섭이었고, 글 쓸 원고지를 실컷 가져보는 것이 죽을 때까지 소원이던 것이 채만식이었다.

을 쓴 소설가인 이상, 우리가 그의 작품을 공들여 읽어봐야 하는 까닭이 거기에 있는 것이다.

2. 김동리의 작품세계—'토속'의 의미

김동리는 「무녀도」(1936)와 『을화』(1978)가 상징하듯이, 젊을 때나 나이 들어서나 자기 세계를 일관되게 유지해간, 드문 작가이다. 한국사회에서 작가가 40년이 넘는 시간 동안 한 가지 세계를 유지해왔다는 것은 그렇게 심상히 보아 넘길 일은 아니다. 더구나 그가 창조한 세계는 분위기와 정서와 주제면에서 그리 큰 변화를 겪지도 않고 40년 전이나 그 후나 여전한 모습을 유지하고 있다. 그래서 그런지 그가 일구어놓은 세계는 마치 세월이 흐르지 않는 정체된 늪과 같은 분위기를 풍긴다. 그는 손수 「늪」이라는 소설도 썼거니와(그는 늪을 좋아한다고 술회한 적도 있다), 그가 쓴 소설들을 읽다보면 어느 때는 「무녀도」의 모화가 사는 집의 앞마당 마냥 '사람의 자취와는 인연이 끊어진 도깨비굴'처럼 느껴지기도 하는 것이다.

그건 그렇고 다시, 김동리의 소설이 심상치 않은 것은 1930년대와 1970년대라는 시대 사이의 간극 때문이다. 한국사회는 그 사이에 일제 말기를 거쳐 해방과 그에 따른 혼란기를 겪었고, 전쟁과 분단의 아픔을 겪어야 했으며 한 차례의 혁명과 두 사람의 독재자 밑에서 고통 받았다. 전통적 농경사회는 해체된 반면 압축적 근대

과정에서 도시화와 산업화가 급속도로 진행되어 우리들의 삶을 구성하는 온갖 체계가 뒤바뀌어 버렸다.

김동리의 소설은 이런 시대적 간극을 두고서도 "애린(愛隣)에 물들지 않고 / 희로(喜怒)에 움직이지 않고 / 비와 바람에 깎이는 대로 / 억년(億年) 비정(非情)의 함묵(緘默)"(유치환, 「바위」)으로 시종일관한 바위처럼 자기의 세계를 구축해왔다. 「무녀도」나 「황토기」(1939)의 세계는 「역마」(1948)에서도, 비교적 말년에 쓰여진 『을화』나 「만자동경」(1979)에서도 그대로 이어진다. 문체나 문제의식, 작품이 빚어내는 분위기와 감각적 정서마저도 크게 달라지지 않는다. 그것은 그만의 신념과 뚝심이 없었다면 아마도 불가능한 일이었을 것이다. 글을 시작하면서 김동리가 문제적이라고 했던 것도 이런 이유 때문이다. 나로서는 그 점이 참으로 기이하게 보였던 것이다.

물론 그의 작품세계는 다양하다. 「무녀도」나 「역마」 같은 작품 이외에도 「윤회설」(1946), 「지연기(紙鳶記)」(1946), 「혈거부족」(1947), 「상면」(1951), 「귀환장정」(1951), 「흥남철수」(1955), 「바람아 대추야」(1966) 같은 동시대의 문제를 그린 소설(「바람아 대추야」를 빼놓고는, 주로 해방과 전쟁을 전후로 한 시기에서 소재를 구한 것들이다)들도 있고, 사소설류에 들어가는 「밀다원 시대」(1955), 「강유기」(1958) 같은 소설들도 있다. 소시민의 일상을 그린 「고우」(1958)나 「어떤 고백」(1960), 「꽃피는 아침」(1968) 같은 소설들도 많다. 여기에 역사소설들과 『사반의 십자가』(1955)나 「목공 요셉」(1957), 「부활」(1962), 최근 발굴되어 화제가 된 「마리아의 회태」(1954)같은 기독교 문제를 다룬 소설들까지 곁들여지면 그가 이룬 소설세계는 매우 풍성해 보인다. 그러나 이런 다양성이 그의 변화와 연관되어 읽히지는 않는다. 다시 말해 그가 비록 다양한 소재와 주제로 작품을 썼다고 해서 그의 세계관이나 인생관 역시 다양하다는 말은 아니다. 그의 세계관의 핵심적인 부분이 변화를 겪어 그렇게 된 것은 아니라는 말이다. 게다가 엄밀히 말해서 작품세계가 다양하다고 해서 작가의 세계관도 그에 좇아 꼭 다양하다고 말할 수 있는 일은 아니지 않은가. 그건 별개의 문제인 것이다.

뒤에서 다시 말하겠지만, 그가 일구어 놓은 다채로운 소설적 영역들마저도 그가 세상을 바라보는 태도와 그리 먼 거리에 떨어져 있는 것은 아니다. 나는 근본적으로 「무녀도」의 세계와 「강유기」의 세계가 다르지 않다고 생각한다. 「강유기」는 소설이라고 부르기도 어색한 실명 소설이다. 문인 몇몇이 여름 한철을 맞아 광나루에 가서 흥겹게 즐기고 돌아온 이야기를 시시콜콜하게 적어 놓은 일종의 기록(記錄)에 가까운 이야기이다. 이것을 소설이라고 부르기도 어색할 정도로 사실에 대한 담담한 기록이라고 볼 수 있는 이유는, 이 소설의 상당한 분량이 그의 자서전 『나를 찾아서』에도 자구 하나 다르지 않은 채 고스란히 실려 있기 때문이다. 자서전은 소설이 아닌 것이다.

한편, 그가 6·25나 해방 이후 혼란상을 배경으로 쓴 대개의 소설들도 예상과는 달리 편협한 반공소설들은 아니다. 용감하고 정의로운 국군과 비인간적이고 잔인한 인민군을 단순 대립시켜 결말을 빤히 예측하게 만드는 소설을 그는 거의 쓰지 않았다. 그는 오히려 「귀환장정」이나 「상면」(「어떤 상봉」으로 게재), 「까치 소리」(1966)와 「흥남철수」, 「일 분간」처럼 전쟁 주변의 이야기에 비중을 더 많이 둔 편에 속한다. 여순 사건을 배경으로 한 「형제」(1949, 「광풍 속으로」로 게재) 정도가 그런 경우이지만, 이것도 엄밀하게 말해 반공 이념만을 공격적으로 드러낸 작품으로 보기는 힘들다. 물론 기본적인 전제가 반공이기는 하나(좌익들은 부모형제도 없는 비정한 인간들로 그려진다), 다른 한편으로는 그런 사건의 와중에 휩쓸리는 군중심리를 날카롭게 드러낸 작품이기도 한 것이다. 군중심리라는 점에서는 좌익도 우익도 모두 같다는 점을 「형제」는 보여주고 있다.

어쨌거나 그럼에도 불구하고 김동리의 본령은 「무녀도」 혹은 「역마」, 「만자동경」의 세계에 있다. 그것이 김동리 소설의 근본 줄기이고 대개의 소설들은 이 줄기에서 뻗어나간 가지와 잎사귀들이다. 지금까지의 연구들은 김동리의 이런 소설세계를 토속적 세계관과 샤머니즘의 결합, 혹은 동양적 운명관으로 정리하고, 또 이런 견해가 별다른 이견 없이 상당 부분 받아들여지는 것 같다. 예컨대 전문 연구자들에 의해 비교적 신뢰성 있는 자료가 정리되어 있는 문학사 관련 인터넷 홈페이지 '텍스트코리아(www.textkorea.com)'에서도 김동리를 평가하는 대목을 보면 "김동리의 문학세계에서 나타나는 가장 뚜렷한 흐름은 한국인의 삶과 정신을 깊이 있게 탐구하고자 한 것이었는데, 이는 우주 속에 놓인 존재로서 인간에게 주어진 운명의 궁극적인 모습을 이해하려는 노력이라고 할 수 있다"고 되어 있어서, 토속적 세계관과 동양적, 혹은 한국적 운명관을 드러냈다는 평가와 배치되지 않는다.

나 역시 이런 평가에 무슨 토를 달자고 하는 것은 아니다. 또한 그런 평가에 어느 정도 동의하고 있기도 하다. 실제로 그의 소설들을 읽으면 삶과 죽음의 문제, 사랑과 증오의 문제, 종교적 신념의 문제들이 자기 의지와는 관계없이, 혹은 자기 의지를 거슬러

운명의 얽힘에 의해 굴절되고 지배되는 내용들이 주를 이루게 됨을 알 수 있다. 「무녀도」나 「황토기」, 「역마」, 혹은 「달」(1947), 「당고개 무당」(1958), 「눈 오는 오후」(1969), 「저승새」(1977), 「만자동경」 등이 대개 이 범주에 직접적으로 해당된다. 「역마」의 경우를 보더라도 두 남녀간의 사랑이, 출생을 둘러싼 인연의 얽힘으로 인해 결국 좌절당하고 그런 운명을 허탈하게 받아들여 터덜터덜 나그네의 삶을 택할 수밖에 없는 삶을 그려내고 있으며, 「만자동경」 또한 무당으로서의 삶과 그렇게 결정지어진 운명을 받아들이고 끝내는 자기의 삶을 그 운명 때문에 마감하게 되는 '연달래'의 사연을 다루고 있다. 작품 분석을 자세히 하자는 것이 이 글의 목적이 아니므로 생략하거니와 이런 소설들을 통해 김동리는 자신이 세상을 바라보는 독특한 시각을 드러낸 것이다. 그를 일러 사람들이 한국 특유의 토속적 세계를 구축했다거나, 동양적 운명관을 드러냈다고 평가하는 것도 그 나름의 근거가 있는 것이다.

그런데 여기에서 내가 정작 문제삼으려 하는 것은 그런 그의 세계관이 아니라 그것이 유지되고 평가되는 방식이다. 먼저 토속적 세계니 한국인의 운명관이니 동양적 운명관이니 하는 말부터 되새겨 보자. 나는 당최 이 '토속(土俗)'이라는 말이 이해가 되지 않는다. 도대체 토속이란 말이 무슨 뜻인가. 사전적인 말뜻은 "한 지방에만 있는 관습이나 풍속"(『연세한국어사전』, 1998)인데, 사전적인 의미로만 그것을 이해할 수는 없는 일이다. 김동리를 평가할 때의 토속은 그 말이 갖고 있는 이데올로기적 효과를 고려해야 하리라. 동양적이니 한국적이니 라는 말도 그렇다. 그것이 김동리를 평가할 때의 문맥에서 '동양'과 '한국'은 하나의 이데올로기이다.

서양과 대척되는 것으로서의 '동양', 다른 나라를 배제한 '한국'이란 의미가 암암리에 내재되어 있는 것이다. 그것이 토속으로 연결되리라는 것은 자명하다.

또 하나 동양과 한국이, 그리고 토속이라는 용어가 긍정적 가치를 획득하고 나아가 이데올로기적 효과를 발휘하게 되는 역사적 연원을 계보학적으로 추적해 볼 필요도 있다. '동양'이라는 말은 원래 일본으로부터 창안된 것으로, 여기에는 일본이 세계의 지배질서를 구축하려는 야욕이 개재되어 있다.[7] 일본의 지식인들은 동양, 혹은 아시아라는 지역 개념을 내세워 스스로를 서양이라는 타자에 맞서 대결시키려는 논리, 아니 거기에 대해 우월함을 스스로 조장하려는 논리를 구축하였다. 그런 사유 구조는 해방 이후 한국의 지식인들에게도 그대로 전이되어 민족 고유의 전통이니 토속이니 하는 말로 둔갑하여, 마치 그것이 대단한 가치를 지닌 것인양 선전되고 유포된 사실에 주목할 필요가 있는 것이다. 김동리에 대한 평가와 그런 평가가 유지되고 확대재생산 되는 방식을 근본적으로 다시 따져 들어가 해체하고 재구축할 과제가 우리 앞에 놓여 있는 것도 그런 까닭이 크다.

---

7) 이에 대해서는 최원식 · 백영서 편, 『동아시아인의 '동양'인식』, 문학과지성사, 1997을 참조할 것. '동양'에 대한 인식은 본문에 제시된 견해와 별도로, 동아시아 각 나라의 자율적이고 주체적인 독립을 전제로 평등한 연대에 기초해야 한다는 의견도 있었고, 동양에 내재되어 있는 세계사적 보편성에 주목해야 한다는 시각도 있었다.

3. 현실과 대면하는 세 가지 방식

그건 그렇다고 하더라도, 김동리가 자기 세계를 구축하고 이어간 방식, 다시 말해서 그가 소설을 쓰는 방식은 어떠했는가. 앞에서도 여러 차례 말한 바와 같이, 그는 자기 세계를 매우 일관된 철학과 신념으로 유지시켜갔다. 무엇이 그토록 그를 한 가지 신념으로 한 평생을 일관하게 만들었을까.

두루 아는 바와 같이 그는 문학을 가리켜 "생의 구경적(究竟的) 형식"이라고 말한 바가 있다. 그런데 그가 말하는 구경(究竟)이란 "신을 구하는 정신"이자 "시대와 사회를 초월하여 인간이 영원히 가지지 않을 수 없는, 인간의 가장 보편적이고 근본적인 문제"(7권, 67~68면)에 천착하는 것을 말한다. 그의 목소리를 빌어 조금 더 자세하게 말하자면 다음과 같은 것이다.

> 적어도 우리와 천지 사이엔 떠날래야 떠날 수 없는 유기적 관련이 있다는 것과 이 '유기적 관련'에 관한 한 우리들에게는 공통된 운명이 부여되어 있다는 것을 발견하게 되는 것이다. 우리는 우리들에게 부여된 우리의 공통된 운명을 발견하고 이것의 전개에 지향하지 않으면 안 된다. 우리가 이 사실을 수행하지 않는 한 우리는 영원히 천지의 파편에 그칠 따름이요, 우리가 천지의 분신임을 체험할 수는 없는 것이며, 이 체험을 갖지 않는 한 우리의 생은 천지에 동화될 수 없기 때문이다. 그리고 우리는 우리에게 부여된 우리의 이 공통된 운명을 발견하고 이것의 타개에 노력하는 것, 이것이 곧 구경적 삶이라 부르며 또 문학하는 것이라 이르는 것이다. 왜 그러냐 하면 이것만이 우리의 삶을 구경적으로 완수할 수 있는 길이기 때문이다. (7권, 73면)

그는 문학을 하는 이유가 문학을 통해 천지에 동화되고, 그럼으로써 공통된 운명을 발견하고 타개하고자 하기 위한 것이라고 말한다. 그가 말하고자 하는 바의 구체적 내용이 정확히 이해되는 것은 아니지만, 이런 그의 생각에는 종교적 색채가 짙게 배어 있음을 눈치챌 수 있다. 그 역시 이 점을 자각하고 있었던 듯, 문학이 사색하고 상상하고 창조한다는 점을 들어, 또 영원히 새로운 신을 찾고 구한다는 점을 들어, 찬송하고 기도하고, 그래서 이미 체현된 신에 대해 복종하고 신앙하는 종교와 구별된다는 말을 덧붙이고 있다. 그러나 그건 말놀음에 불과할 뿐, 그에게 문학과 종교가 궁극적으로 구별되지 않는 것처럼 보인다.[8)]

내가 보기에 그가 일평생 그렇게 한 가지 세계만을 파고들 수 있었던 것은 바로 이런 데에 이유가 있다고 생각된다. 그는 문학을 종교처럼 생각한 것이다. 종교의 영역에서는 믿음과 신앙이 중요하다. 거기에는 신에 대한 배타적인 집착과 그 신이 해석해준 세계에 대한 생각들[經典]의 번역과 해석만 존재할 뿐, 경전을 거부하려는 고통스런 회의와 그를 둘러싼 인간 자신에 대한 반성적 자기 의식이 없다. 김동리의 많은 소설들은 사실, 경전에 대한 일

8) 그가 쓴 수필이나 자서전 곳곳에서 이런 내용은 부지기수로 나온다. 그는 언제나 마음속에 신을 향한 동경, 죽음에 대한 집착을 놓지 않고 있었다. 다음 인용은 그런 한 사례에 불과하다.

"꽃과 나무를, 그리고 그 꽃과 나무를 앞에 내세우고 있는 자연은 동양인의 또 다른 신의 이름이다. 이는 진실로 동양인의 혈관 속에 흐르는 원시같이 소박한 또 하나의 신의 숨결이라고 하겠다.

나는 세상이 싫다거나 사는 것이 괴로워서 죽음을 생각한 일은 별로 없다. 그와 반대로 나는 세상에 집착이 강하고 삶이 대견해서 도리어 죽음을 생각하는 것 같다."(8권, 433면)

종의 번역이고 해석일 뿐이다. 예컨대 「역마」나 「황토기」나 「만자동경」이나 『을화』나 해석의 다른 버전에 불과하지, 판본 자체가 다른 건 아니다. 김동리가 신념의 인간으로 비춰질 수 있었던 것도 이런 데에 연유한다. 조금 극단적으로 말해서, 그에게 근본적인 회의와 자기 내면에 대한 의문은 없었다. 그에게는 돌아갈 신이 있었기 때문이다. 물론 그 신이란 것이 특정 종교를 상정한 상태에서의 신은 아니다. 그의 사고 구조가 그렇다는 말이다. 자기 세계를 강고하게 구축해 놓고 거기에서 완고한 자기만의 성을 쌓은 것이 김동리의 소설이다.

그런 그가 현실에 대해 관심을 가질 리가 없다. 그건 현실에 대한 무관심이라는 차원과도 다른 일이다. 무관심이란 관심의 또 다른 태도나 양상이라고 할 터인데, 김동리에게는 현실이란 코드가 작동될 통로가 전혀 없는 거와 마찬가지였기 때문이다. 그러나 근대소설이란 그렇게 해서 존재할 수는 없다. 소설 장르 자체가 갖고 있는 발생론적인 본질이 현실에 있기 때문이다. 현실을 떠난 순간 소설은 소설이기를 멈추고, 신화나 전설로 전이되어 버린다. 그래서 그런지 김동리 소설이 신화나 전설의 성격을 빼어 닮았다는 평가는 이제 낯선 이야기가 아니다.

그러나 내가 말하고자 하는 것은 예의 신화적 세계를 그린 샤머니즘이나 토속적 세계를 그린 소설들만을 대상으로 하는 것이 아니다. 거기에는 애초부터 현실이란 게 끼어들 여지가 많지 않은 것이다. 오히려 우리의 관심은 소시민들의 일상을 다룬 작품들이나 시대 배경이 강하게 틈입해 들어온 작품들 역시 그와 마찬가지라는 데에 있다. 김동리가 쓴 것이 소설인 이상 거기에는 어쩔 수 없이 소설의 육체로서 현실이 개입될 수밖에 없다. 그렇다면 이런 소설들에서 현실은 어떤 방식으로 드러나는가, 그의 세계관은 어떻게 현실과 만나는가, 그렇게 해서 그것이 어떻게 소설로 전화되는가를 살펴보기로 한다.

김동리 소설에서 현실이 드러나는 방식의 대표적인 경우는 '자기'를 없애는 것이다. 그 극단에 「강유기」나 「선도산」(1976)이 놓여 있다(앞에서 「무녀도」의 세계와 「강유기」의 세계가 근본적으로 다른 것이 아니라고 지적했던 사실을 주목해 달라). 그냥 본 대로 느낀 대로 현실을 그리는 것, 현실이 흘러가는 대로 자기를 방기하는 것이 '자기'를 없애는 한 방법이다. 이 소설들은 사실과 픽션이 구별되지 않는다. 그냥 자기가 본 것을 담담하게 기록한 것일 뿐이다. 이런 소설들에는, 따라서 김동리 특유의 세계관이나 사상이란 것도 찾아보기 힘들다. 소시민적 상식이나, 소시민의 정서적 판단이 주를 이룬다. 「송추에서」(1966), 「밀다원시대」, 「꽃 피는 아침」도 마찬가지이다. 「어떤 고백」도 그렇다. 술집에 가서 여 종업원으로 일하는 제자를 만난 사건이나, 사랑하는 여 제자가 데리고 나온 남자가 약혼녀가 아니라 친척이었다는 사실에 단순히 즐거워하는 선생 이야기나 모두 소시민적 상식을 벗어나지 못한다.

이 점은 한국전쟁에서 소재를 구한 작품들의 경우에서도 비슷하게 나타난다. 「귀환 장정」, 「상면」, 「흥남 철수」 같은 소설들 역시 담담한 기록의 연장선 위에 위치하고 있다. 이데올로기를 선전하는 단순한 반공소설도 아니지만, 전쟁의 의미를 나름대로 날카롭게 포착해내지도 못한다. 자기 세계를 신앙처럼 구축한 사람이 그 세계와 무관한 자리에 설 때 나타나는 현상이다. 그러다 보니 그에게 역사의식이니, 시대정신이니를 운위하는 것 자체가 난센스이다. 독재권력이건, 민주정부건, 이민족의 제국주의권력이건 그에게, '자기 세계'를 건드리지 않는 한, 문제될 건 없었던 것이다. 이승만과 박정희와 전두환에 이르는 독재권력을 겪어내면서도, 문인조직의 핵심 멤버로서 그는 정치권력의 문제에 대해 단 한 차례도 이의를 달지 않았다. 그가 일본 제국주의의 시책에 따르지 않았던 것도 그들이 자기 세계를 방해하였기에, 자기 세계의 중심에 버티고 있던 외경스럽기까지 한 큰형(김범부)을 억압하고 가두었기에 그랬던 것일 뿐이다.

또 다른 경우가 현실에 대한 극단적 도전 또는 이탈이다. 현실의 자기에 대한 규정력이 너무도 강하고, 그 현실의 힘이 자기 내부로 사정없이 파고들어올 때, 그래서 운명이라는 체념적 세계관으로도 그런 현실을 어쩌지 못할 때, 오히려 현실에 대한 극단적인 반발과 비이성적 도전이 나타난다. 「까치 소리」나 「실존무」, 「인간동의」와 「일 분간」 같은 작품들이 여기에 해당한다. 그런데 공교롭게도 이 작품들은 모두 애정 문제와 결부되어 있다. 자신이 사랑하던 여자와의 결혼이 장애에 부딪쳐 좌절되면서 그 좌절감을 감내하지 못하고 폭발하는 내용들인 것이다. 그 장애란 것이, 「인간동의」를 제외하고서는, 전쟁의 와중에 자신의 의지와는 별개로 빚어진 운명의 장난들이다. 병역의 의무와 전쟁이라는 특수한 상황이 이들의 결합을 가로막는다. 결국 이런 상황을 받아들이지 못하는 주인공은 거의 정신분열증에 가까운 행태를 보임으로써 자신을 그렇게 만든 현실로부터 이탈하는 것이다. 「인간 동의」도 기존에 자신이 이루었던 가족과, 일본－한국을 가로막고 있는 물리적인 거리와 통제가 장애로 등장한다. 여기에서도 주인공은 자살을 선택함으로써 현실과의 대면을 차단해버린다.

이런 소설들은 현실에 대한 합리적 사유와 대안들을 결여하고 있다. 여기에서 합리적 사유와 대안이라는 것이 실연당한 이유를 논리적이고 이성적으로 생각해서 그것을 극복하고 다시 살아가자고 다짐해야 한다는 의미로 하는 말은 아니다. 어느 누구나 그런 일을 당하면 흥분하고 이성적으로 대처할 힘을 잃어버리는 게 당연하다. 그건 인간이 사는 세상에서 그럴 수밖에 없는 아주 극단적인 상황인 것이다. 문제는 그런 상황을 그려내는 작가의 시선이다. 신경향파 소설을 보라. 「홍염」이나 「탈출기」, 혹은 현진건의 「불」 같은 작품들은 소설적 상황이 그런 방화나 가출을 유도하기에 충분하도록 그려져 있다. 그럼에도 불구하고 그 작품들이 갖고 있는 소설적 한계가 지적되는 것은 작가가 세계를 그렇게밖에 이해하지 못하고 있기 때문이다. 김동리의 소설도 마찬가지이다. 그에게 이 세상은 천지를 지배하는 운명과 그것을 좌우하는 신적(神的) 세계로 이해된다. 그러니 그런 세계에서 주체가 버텨낼 힘을 잃을 때, 자신의 세계관으로는 도저히 이해할 수 없는 상황이 벌어졌을 때 극단적 몸부림이 나오는 것은 당연하다.

김동리 소설이 반성적인 자기 의식을 결여하고 있는 것도 그런 까닭이 크다. 순일한 의지의 인간들이 김동리 소설의 주인공들이다. 모화와 욱이는 아마도 그런 대표적 인물에 들 것이다. 「까치소리」의 봉수도 거기에서 먼 거리에 있지 않다. 이들이 한 번이라도 스스로의 내면을 돌이켜 생각해 보고 스스로의 존재를 반성적으로 사유하고 있는가? 순연한 의지로 뭉친 인간들, 그들은 스스로를 반성할 줄 모른다.

그 반대편 극단에 소시민들이 존재한다. 그들은 그냥 일상을 살아내는 비속한 인간들이다. 그들은 주체적 의지로 무언가를 욕구하면서 살아가는 것이 아니라 그냥 살아내는 것에 불과하다. 그런 인간형들이 근대라는 시대를 자각할 리 없다. 아니, 자각한다고 하더라도 그건 정형화된 방식을 통해서만 가능할 뿐이다. 코드 자체가 다르니 그렇지 않은 타인들과 의사소통이 될 수도 없고, 세상을 향한 자신의 벽만 더욱 두텁게 만들어 가는 일만 남는 것이다.

4. 김동리와 한국 근대문학사

그러나 이 대목에서 정말 심각하게 생각해 보아야 할 것은 김동리라는 작가를 존재하도록 만드는 한국 근대문학사의 특성이다. 김동리는 어쨌거나 한국 근대문학의 주류로 존재한다. 아무리 부인하려 해도 이건 어쩔 수 없는 사실이다. 그랬을 때, 우리는 김동리를 근대문학의 주류로 만들어 낸 한국문학의 제도적 장치들과 근대문학적 토양이나 전통을 되새겨 보아야 할 필요를 느끼는 것이다. 이건 무슨 당위론에서 근대문학사 전체를 부정하거나 잘잘못을 가리자는 말이 아니다.

예컨대 이런 것이다. 김동리라는 작가는 영국 문학사나 프랑스 문학사에서 존재하기 힘들다. 어쩌면 일본 문학사에서도 그렇지 모른다. 즉, 자연인 김기봉(그의 호적명)을 김동리라는 작가로 만든 한국 근대문학의 토양을 생각해 보자는 것이다. 한국의 근대문학이 전통의 수용과 극복이라는 경험을 제대로 겪어보지도 못했고, 지난 시대를 제대로 지양하지 못한 채로 오늘에 이르렀다면, 거기에서 김동리가 차지하는 위치가 무엇인가를 생각해보지 않을 수 없는 일이다. 전통과 토속적 샤머니즘, 그리고 한국적 운명관을 그렇게 형상화할 수밖에 없었던 김동리가 한국 근대문학의 주류로 평가되는 것, 그것은 어쩌면 근대의 완성이라는 과제를 앞두고 있는 한국문학이 넘어서야 할 한 준거점일지도 모르기 때문이다.[9]

마지막으로 한 가지 더, 내가 보기에 김동리가 현실과 적극적인 소통을 하려고 노력한 대목이 꼭 한 차례 엿보인다. 해방을 맞이해서 어떻게 새로운 나라를 만들어갈 것인가를 고민하던 혼란기가 그때이다. 그로서도 아직 명확히 입장을 정리하지 못한, 말 그대로 해방 직후의 상황에서 그는, 자기 의도와는 관계없이 벌어진 엄청난 혁명적 변화를 앞에 놓고 고민하는 모습을 보인다. 여기에서도 그 특유의 보수적 입장이 드러나지 않는 것은 아니지만, 그의 눈은 자기의 벽을 벗어나 세계를 이해하려고 좌우를 둘러보고 있는 것이다. 「윤회설」과 「지연기」 등이 그런 소산이고 「혈거부족」도 그렇게 이해할 수 있을 것 같다. 그의 문학론도 이 시기 좌파 이론가들과의 치열한 논쟁으로 그 구체적 내용을 획득한 것이라고 볼 때, 작가가 어떻게 한 시대를 살아가야 할 것인가를 시사 받는 바가 있다고 할 것이다. 정작, 전쟁이 끝나고 분단이 고착된 마당에서

9) 그렇지만 이 점에 대해서는 그렇게 간단히 말할 문제는 아니라는 생각이 든다. 앞으로 생각의 구체적 진전이 있다면 별도의 글을 써 볼 작정이다.

그는 자기 세계에 편안히 안주한다. 그로서는 평안하고도 행복한 생애였겠지만 한국의 근대문학은 그런 시대적 조건을 극복하기 위해 피나는 투쟁과 노력을 감내하지 않으면 안 되었다.

3부

김동석 연구 1
: 생애와 삶

김동석 연구 2
: 순수문학으로부터 민족문학으로의 도정

해방 직후 순수문학 논쟁 연구

소천 이헌구론
: 한 외국문학 연구자의 문학적 초상

김동석 연구 1

생애와 삶

1. 한국 문학사에서 김동석의 위치

김동석(金東錫)은 그동안 해방 직후에 김동리 · 조연현 등과 순수문학 논쟁을 벌였던 좌익평론가로만 알려져 왔다. 그에 대한 지금까지의 연구도 이런 점에 초점을 맞춰 단편적인 언급만 하고 지나친 경우가 대부분이었고, 그것도 대개 냉전이데올로기의 영향에서 벗어난 것이 아니었다.[1] 따라서 지금까지 우리가 문학평론가로서

1) 지금까지 그에 대한 언급은 조연현의 「해방문단 20년 개관」(『한국신문학고』, 문화당, 1966), 김윤식의 『한국 현대문학사』(일지사, 1976), 권영민의 『해방직후 민족문학론 연구』(서울대 출판부, 1986)와 『한국민족문학론 연구』(민음사, 1988), 신형기의 『해방직후의 문학운동론』(제3문학사, 1988), 김용직의 『해방기 한국 시문학사』(민음사, 1989) 등에서 단편적으로 찾아볼 수 있다. 역시 단편적이긴 하

김동석의 모습을 접한 것도 심하게 왜곡된, 극히 일부분에 지나지 않은 것이었다. 물론 그는 『예술과 생활』, 『부르조아의 인간상』이라는 두 권의 평론집을 남겨놓음으로써, 우리로 하여금 그의 비평에 다가서기 쉽게 만들기도 하였지만, 그에 대한 편견은 여전히 사라지지 않고 있다.

그런데 최근에 발표된 김동석에 대한 세 편의 논문은 그간의 단편적 서술에서 벗어나 김동석을 독립적으로 연구했다는 점에서 주목된다. 우선 채수영은 『해금시인의 정신지리(精神地理)』에서 이제껏 도외시되었던 김동석의 시(詩)에 한 절(節)을 할애하여 그의 시에 나타나는 불안의식을 추적하고 있으며,[2] 송희복도 『해방기 문학비평연구』에서 김동석의 비평관과 그 변모를 본격적으로 다루고 있다.[3] 한편 홍성식 역시 김동석의 비평을 해방 직후 비평사를 풍부히 한다는 문제의식에서 접근하고 있다.[4] 이런 연구들은 이제껏 단편적이고 부분적인 데 그쳤던 선행 연구와 달리 그를 시인으로서, 혹은 비평가로서 독립적으로 조망했다는 점에서 의미를 지닌다. 그러나 김동석의 생애를 밝히지 못한 채, 문학사 전체의 논리로만 그를 재단하려고 들거나, 아니면 시대적 상황과 역사적 변화의 맥락으로부터 떼어내서 그를 고독한 한 개인으로만 연구하려는 것은 올바른 연구 방법이라고 볼 수 없을 것이다. 요컨대 이들 연구에서는 문학가 김동석을 기존의 통념으로 재단하거나

지만 냉전적 시각을 탈피한 서술은 정과리 · 홍정선의 「한국 현대문학사」(『문예중앙』, 1988년 여름)에서 찾아 볼 수 있다.

2) 채수영, 『해금시인의 정신지리』, 느티나무, 1991, 154~177면을 볼 것.

3) 송희복, 『해방기 문학비평연구』, 문학과지성사, 1993, 217~237면을 참조

4) 「생활과 비평－김동석론」, 『명지어문학』 21집, 1994.5.

개인의 상황 논리로만 해석하는 데 그침으로써, 김동석 문학의 본령을 밝히는 데까지는 이르지 못했다는 생각이다. 이렇게 된 이유는 작가 연구의 기본 조건인 생애 연구가 충실히 이루어지지 못했기 때문인 것으로 보인다. 개인의 삶과 그 개인을 둘러싼 시대적 상황에 대한 종합적인 검토가 뒷받침되어야 올바른 작가 연구가 될 수 있을 텐데 김동석의 경우는 개인의 삶이 여전히 베일에 가려 있다. 그의 삶에 대한 실증적 조사가 턱없이 부족함으로써 그의 문학을 이해하고 평가하기 위한 본격 연구는 아직도 미완인 채로 남아 있다.

물론 문학 연구에 있어서 문인들의 삶에 대한 실증적 접근이나 문학사적 평가가 중요하지 않은 경우가 없겠지만, 특히 김동석의 경우에는 기존의 단편적인 소개가 거의 왜곡된 것이라서 더 더욱 절실한 바가 있다. 게다가 당시 문단에서 그가 차지하고 있던 세대적 위치나 해방 직후부터 월북에 이르는 삶의 편력만 보더라도 그는 매우 문제적이다. 다시 말해 김동석은 세대감각으로 보더라도 임화·김남천·안함광 같은 카프 소속의 문인들과 다른 시대적 감각 속에서 살아갔으면서도 해방 직후에 문학가동맹에 가담하고, 급기야 월북까지 감행했던 것이다. 즉, 그는 대다수 월북자처럼 일제강점기 카프(KAPF)의 맹원도 아니었고, 카프의 자장 안에 놓일 연령도 아니었으며, 세대 감각으로 본다면 오히려 카프와 격렬히 대립했던 서정주·김동리와 같은 연배였던 것이다.

일제 말기 세대가 구카프 세대와 미의식에서 대립된다는 것을 근거로, 1930년대 후반 무렵부터 해방 직후의 대립, 그리고 1950년대 분단 고착화 이후 순수문학과 참여문학의 대립에 이르는 문학사를 설명하려는 일부의 시각을 염두에 둔다면,[5] 김동석이야말로 이른바 일제 말기 세대와 같은 시대, 같은 경험을 하며 살았던, 그러면서 그들과 삶의 지향을 전혀 달리 했던 문제적 인물인 것이다. 따라서 김동석의 삶과 문학을 연구하는 것은 한국 근대문학사의 중요한 한 부분을 해명하는 일과 밀접히 연관되어 있다. 물론 세대론의 측면에서 역사를 연구하는 것은 매우 위험한 선입관을 낳을 우려도 있다. 특정한 세대를 하나의 고정된 틀로만 평가하고 그것을 역사의 전체적 방향과 관련시켜 과잉 해석을 함으로써, 궁극적으로는 역사 자체를 왜곡시킬 가능성이 있는 것이다. 그런 점에서 김동석을 세대론적으로 접근하는 것은 그렇게 타당성이 있을 것 같지 않다. 그럼에도 김동석이 차지하는 세대적 위치의 독특함은 고민해 보아야 할 문제이다.

그리하여 이 글은 위와 같은 문제의식하에 실증적 자료를 기초로 김동석의 삶과 문학을 재구성하기 위해 쓰여진다. 그의 고민과 문학적 행적이 어떻게 시대 상황과 결부되면서 변화되어 나갔고, 그리고 그 변화의 의미는 무엇이었는가를 알기 위해서는 우선 그의 삶의 편력이 규명되어야 하겠기 때문에, 필자는 부족하나마 지금까지 모으고 조사한 자료를 토대로, 이 점에 초점을 맞추어 서술해나가려고 한다. 따라서 이 글에서는 김동석의 평론에 중점을 두어 연구하기보다는 일단 그의 삶과 문학에 대한 생각들을 기초적으로 정리함으로써 앞으로 본격적 연구를 위한 디딤돌로 삼고자 한다. 그의 삶의 역정, 그리고 문학과 역사에 대한 견해는 해방

5) 대표적인 경우가 한형구, 「일제 말기 세대의 미의식에 관한 연구」, 서울대 박사논문, 1992이다.

직후 민족문학의 흐름을 이해하는 데 중요한 시사를 줄 것으로 믿는다.

2. 성장과 수학(修學), 그리고 학자의 길

김동석(아명 金玉乭)은 1913년 9월 25일 경기도 부천군 다주면(多朱面) 장의리(長意里) 403번지(지금의 인천시 숭의동)에서 아버지 김완식(金完植, 본관 경주)과 어머니 파평 윤씨(坡平 尹氏) 사이의 2남 4녀 중 장남으로 태어났다. 그러나 손위 누이와 남동생과 여동생이, 태어난 지 얼마 되지 않아 사망했으므로 실제 그의 형제로는 손아래 누이 둘만 있었던 셈이다.[6] 그의 출생을 놓고 업동이라는 말이 있지만[7] 정확한 사실인지 현재로서는 확인할 수 없다. 김동석과 학창시절을 함께 한 김진환 옹과의 인터뷰, 해방 직후 『상아탑』에서 함께 활동한 박두진 선생과의 인터뷰에서 이분들은 모두 그런 풍문을 들은 적이 있다고 술회했는데, 그것이 사실인지는 알 수 없다고 전했다. 그렇다고 그의 출생과 관련해 의문스러운 점이 전혀 없는 건 아니다. 예컨대 그는 35편이 넘는 많은 양의 수필을 발표하면서도 아버지나 아내, 친구, 심지어 옆집 아주머니를 글감으로 삼으면서도 어머니나 형제에 대한 언급은 거의 하지 않고 있는 것

6) 金完植 제적등본(제적년도 1943년).

7) 이원규, 「국토와 문학－인천」, 『문예중앙』, 1988년 겨울.

이다. 수필이란 것이 대개 주변의 일상적 사실들에서 글의 소재를 취한다고 할 때, 그가 어머니나 형제에 대한 언급을 거의 하지 않고 있다는 것은 역설적으로 그의 내면의식을 드러내주는 바가 있다고 할 것이다.[8)]

여하튼 김동석의 가족은 그가 아홉 살 때인 1921년 仁川府 外里(나중에 京町으로 개칭, 현재는 경동) 75번지로 이주했다가 다시 2년 뒤인 1923년 4월 같은 동네 134번지로 이사해 터를 잡는다. 그는 이곳에서 학창시절과 청년시절을 보낸다. 부친은 경동에 2층 짜리 상가를 마련해 지물포를 경영했고, 다른 한 쪽은 냉면집에 세를 주었다. 살림집은 상가 뒤편, 볕도 안 드는 방 두 칸에 쪽마루가 전부인 작은 집이었다.[9)] 이 집에서 그는 17년 동안이나 공부방도 없이 살았다.[10)] 어렵지 않은 살림살이에도 그가 이렇게 궁핍한 생활을 한 이유는 부친의 남다른 검소함 때문이었다. 그가 쓴 수필에서도 부친의 이런 지나친 검소함을 어렵지 않게 찾아 볼 수 있다.

소년 김동석이 인천창영공립보통학교(현재의 인천창영초등학교)를 졸업한 것이 1928년 3월이었고,[11)] 같은 해 곧바로 인천고등학교

8) 어머니에 대한 언급이 잠깐이나마 나오는 유일한 글로 『태양신문』 1949년 5월 1일자에 실린 「봄」이라는 수필이 있는데, 그렇다고 그 중심 내용이 이미 어머니는 아니다.

9) 김진환 옹과의 인터뷰. 그는 김동석과는 보통학교와 중학교를 함께 다닌 죽마고우 사이이다. 필자는 김진환 옹의 도움으로 김동석이 소년기와 청년기를 보냈던 경동의 집을 찾을 수 있었다.

10) 김동석, 『해변의 시』, 박문출판사, 1946, 9면 참조. 이하 이 책의 인용시에는 『해변의 시』로 표기하고 면수만 밝힌다.

11) 졸업 당시의 성적은 모든 과목에서 거의 만점에 가까웠다. 圖畵・唱歌・體操에서만 10점 만점에 9점을 받는데, 전체 평균은 10점 만점으로 나와 있다. 특히 算術과 朝鮮語 과목은 보통학교 6년 동안 한번씩만 9점을 받았을 뿐, 모두 10

전신인 인천상업학교에 진학한다. 그는 학창시절 내내 우수한 성적을 유지하면서도 조용하고 모나지 않은 성격에 많은 친구들을 거느리기도 했다. 바이올린을 즐겨 켜고 운동에도 다재다능했던 그는, 그러나 인천상업학교를 3학년 2학기까지만 다니고 그만둘 수밖에 없는 사건을 맞는다. 그가 3학년 되던 1930년은 바로 광주학생 사건이 일어난 1주년이 되던 해였고, 그는 이 해 겨울 친구들과 더불어 광주학생의거 1주년 기념식을 주도했던 것이다.[12] 당시 기념식을 주도한 김기양(金基陽)[13] · 안경복 · 김동석 등은 학교에서 퇴학처분을 받아 1년 3학기제였던 당시 2학기만 수료하고 학교를 나오게 되었다. 그러나 김동석의 인간됨과 영특함을 아쉬워했던 일본인 교장 향정최일(向井最一)은[14] 자신이 직접 추천을 하여 김동석으로 하여금 서울 중앙고보로 전학할 수 있는 길을 열어준다. 실업계 학교였던 인천상업학교에서 3학년 2학기까지만 수료했던 그는 인문계인 중앙고보 4학년으로 전입하는데, 이것은 3학년 수료를 입증하는 시험을 무난히 통과했기 때문이었다.

인천에서 학생운동을 주도했던 김동석이 맑시즘으로 기울게 되는 것은 자연스런 추세였다. 그는 인천상업학교에서의 퇴학체험을 통해 망국의 설움을 뼈저리게 느꼈을 터이고, 이 같은 식민지 현실

점을 기록하고 있다. 이희환 선생이 제공한 인천공립보통학교 학적부 참조

12) 김진환 옹과의 인터뷰. 중학시절의 김동석에 대해서는 대부분 김진환 옹과의 인터뷰에 근거한 것이다. 한편 인고 90년사 편찬위원회 편, 『仁高90年史』(1985)에는, 광주학생운동 당시의 사건만이 서술되고 1주년 기념식 사건은 나와 있지 않다.

13) 김기양은 해방 직후 인천지구 노동조합평의회 위원장을 지냈다. 이윤희, 「미군정기 인천에서의 좌 · 우투쟁의 전개」, 『역사비평』, 1989년 봄 참조

14) 『仁高90年史』, 455면(역대교장명단 참조).

에 대해 맑시즘은 그에게 현실 변혁의 구체적 방도를 제시하는 것으로 다가왔을 것이다. 이 당시 젊은 학생들에게는 열병처럼 사회주의 사상이 퍼져 있었고, 레닌의 「러시아 혁명의 거울로서의 레오 톨스토이」, 가와카미 하지메(河上肇)의 『가난 이야기(貧乏物語)』 등과 같은 사회주의 관련 일본서적을 탐독하고, 레닌의 복사판 사진을 걸어놓는다든지, 노동자용 싸구려 신발인 '지까다비'를 신고 다니는 것이 유행이었던 것이다.[15]

그러나 그가 맑시즘을 유행이 아닌 철학으로 받아들이게 되는 것은 아마 중앙고보를 졸업하고 문과의 동기생들 중에서는 유일하게 경성제대 예과에 진학하는 것이 계기가 되었을 것이다. 경성제대는 이미 학생들 사이에 부하린의 『유물사관』, 맑스의 『자본론』 등을 읽고 토론하는 독서회 모임이 많이 조직되어 있었고, 1931년에는 급기야 반제동맹(反帝同盟)사건이 터지기도 하였던 것이다.[16] 이렇게 맑시즘적 전통이 강했던 경성제대에 김동석이 입학한 것은 1933년이었다. 그는 장차 법학을 전공하게 될 문과 A조에 입학하였으나, 예과를 마치고 본과에 진학할 때는 전공을 바꿔 영문학을 택하게 된다. 그가 이렇게 영문학을 택했던 것은 아마도 예술을 좋아했던 기질[17]과 식민지 관료로 가는 지름길이었던 법과에 대한 의식적인 거부감이 작용했던 듯 하다.

---

15) 황종연, 「신들린 시, 떠도는 삶—서정주 문학적 연대기」, 『작가세계』, 1994년 봄.

16) 이충우, 『경성제국대학』, 다락원, 1980.

17) 그가 바이올린을 켰다는 것은 앞에서도 언급한 바가 있다. 게다가 그는 고전음악에도 깊이 심취해 바하를 즐겨 들었다. 김동석의 『해변의 시』. 김철수·김동석·배호의 『3인수필집—토끼와 시계와 회심곡』(서울출판사, 1946) 참조(이후 『3인수필집』으로 적기로 한다).

당시 경성제대 영문과의 학풍은 주임교수 사또 기요시(佐藤淸)의 영향으로 낭만주의가 주류를 이루고 있었다.[18] 김동석이 대학을 다닐 무렵인 1934년 영문과 개설 과목에서도 이런 학과 분위기가 느껴진다.[19]

> 佐藤 교수—19세기(초기)영문학, 비평의 원리, 영문학 강독과 연습(교재 : *Poems of Tennyson*, 1.)
> 寺井 교수—영문법, 영어학 강독과 연습.
> 中島 조교수—S. Sassoon 강독, L.A.G. Strong 강독.
> Haworth 강사—영국문학사, 고대영문법, 영어음성학, 영어, 라틴어.[20]

특히 주임교수 사또는 셰익스피어와 밀턴 시대, 그리고 18세기에서 19세기에 걸친 낭만주의운동에 큰 관심을 가지고 있었고, 학생들 또한 여기에 영향 받지 않을 수 없었다. 김동석이 학부졸업논문으로 매슈 아놀드(Matthew Arnold)를 연구했다는 것도 이런 점에 비추어 보면 이해할 수 있는 일이다. 매슈 아놀드는 19세기의 시인이요 평론가로서 낭만주의의 끄트머리에 놓여 있는 문인이었던 것이다. 그러나 나라 잃은 식민지 조선의 청년에게 지구 저편의 낯선 나라의 문학이란 과연 무엇이었겠는가? 사또 교수는 경성제대 시절을 회고하는 한 글에서 이렇게 말하고 있다.

> 문학부에 오는 학생은 소수였으나 영문과에 모이는 학생이 제일 많았으며

18) 김윤식, 『한국 근대문학 사상 연구』, 일지사, 1984.
19) 저자는 김동석의 경성제대 학적부를 구하기 위해 서울대학교 학적과에 문의를 했으나, 유감스럽게도 그의 학적부는 남아 있지 않았다.
20) 경성제대 영문학회, 『경성제대 영문학회 회보』 14집, 1934.5.5, 28~29면 참조.

수재도 적지 않았다. 특히 조선인 학생의 우수한 자들이 모인 것은 제국대학의 이름에 이끌렸다기보다도 외국문학에의 그들의 목마름을 풀어 주는 어떤 요소가 帝大 속에 있었던 탓이다. 20년간 조선인 학생과 교제하는 동안, 얼마나 그들이 민족의 해방과 자유를 외국문학 연구에서 찾고자 하고 있었는가를 알고 충격을 받지 않을 수 없었다.[21]

식민지 조선의 청년들이 근대적인 문학 연구의 대표격으로 영문학을 선택했다는 것, 그리고 거기에서 얼마쯤 자유의 정신을 익히며 민족의 해방을 꿈꾸었다는 것을 우리는 위 글에서 알아챌 수 있다. 수재 중의 수재로 소문난 김동석이[22] 매슈 아놀드를 통해 민주주의정신과 빅토리아조 부패해가던 영국 자본주의를 맹렬히 비판한 교양정신, 그리고 비평과 시의 사회에 대한 역할을 터득했음도 이로 미루어 짐작할 수 있다.[23] 그리하여 아놀드 비평의 공과를 따지는 해방 직후의 평론 「생활의 비평」에서도 그는 아놀드의 현실비판정신을 높이 평가하는 한편, 객관적 실재를 있는 그대로 인식하는 아놀드의 비평관과 '시는 생활의 비평'이라는 그의 유명한 명제를 상기시키고 있다.

김동석이 이렇게 아놀드에 관심을 가졌다는 것은 그의 문학관을 이해하려는 우리에게 중요한 단서를 제공한다. 시는 인생의 비

21) 佐藤淸 · 김윤식 역, 「경성제대 문과의 전통과 그 학풍」, 『한국 근대문학 사상연구』(김윤식), 부록, 406면 참조.

22) 그를 단편적으로라도 기억하는 사람들의 한결같은 지적이다. 사또 교수도 앞 글에서 기억나는 제자들 가운데 한사람으로 김동석을 들고 있으며, 이충우도 앞 책에서 김동석의 영어실력은 대학가의 화제가 될 정도로 뛰어났었다고 전하고 있다.

23) 매슈 아놀드에 대해서는 윤지관, 「MATTHEW ARNOLD의 비평연구」(서울대 박사논문, 1993.8)를 참조.

평이고 비평은 현실을 객관적으로 파악하려는 정신의 소산이라는 아놀드의 말은, 시와 비평이 사회 속에서 나름대로의 역할을 갖고 있다는 것을 의미하기 때문이다. 즉 아놀드의 문명 비판적인 대사회적 관심과 더불어 현실을 사심 없이 파악하려는 비평정신으로서의 '무사심성(disinterestedness)', 그리고 높은 수준의 인생 비평으로서 시에 대한 이해는[24] 김동석의 문학관이 형성되는 데 큰 영향을 끼쳤다. 이렇게 김동석은 아놀드로부터 현실 비판 자세와 함께 문학, 특히 시와 비평의 독자적 영역과 역할에 대해서 배우게 되는 것이다. 그가 해방 직후에 잡지 『상아탑』을 창간하여 문학의 순수성에 집착해 문학의 독자적 영역을 고수한 것도 이런 점과 무관하지 않을 것이다.

한편 그는 경성제대 졸업 무렵인 1937년 9월 『동아일보』지상에 「조선시의 편영(片影)」이라는 글을 발표한다.[25] 조선의 한시와 시조로부터 현대시의 전통을 확인하면서, 동시대의 정지용 · 김기림 · 임화 등의 시를 간략히 소개하는 소품인 이 글은 식민지시대에 그가 유일하게 발표한 평론이다. 그는 이 글에서 한시의 철학과 시조의 한글을 현대시의 전통으로 해석한다. 물론 과거로부터 현재에 이르기까지 조선시의 흐름을 체계적인 이론으로 규명하고 있는 것은 아니지만, 우리는 여기에서 그가 어느 정도의 한문교양을 갖고 있다는 것과 한글의 아름다움을 소중히 여기고 있다는 것

24) Sangsup, Lee ed., *Selected English Critical Texts*, Shinasa, 1982.

25) 『동아일보』, 1937.9.9~14. 이선영 편, 『한국문학논저 유형별 총목록』이나, 권영민 편, 『한국근대문인대사전』에는 이 글이 모두 김영석의 것으로 되어 있으나, 이것은 명백한 착오이다.

을 알 수 있다.[26] 이런 그의 태도는 해방 이후에도 그대로 이어져, 동양정신이 무르녹고 재기발랄한 한글 문장이 살아 움직이는 평론으로 나타난다. 그의 영문학 연구도 한국문학에 대한 애정에서 비롯된 것이었다.[27]

이듬해 3월 대학을 졸업한 그는 곧 모교인 중앙고보에 촉탁교사로 부임하여 영어를 가르치게 된다. 당시 중앙고보에는 동료 교사로 시인인 김여제(金與濟)와 이찬(李燦)이 있었고, 중앙고보, 경성제대 선배인 유명한 맑시스트 철학자 신남철(申南澈)도 재직하고 있었다.[28] 아울러 그는 이 무렵 대학원에 진학해 셰익스피어를 공부하면서, 학자의 길을 걷기도 한다.[29] 그의 총명함을 남달리 아꼈던 중앙고보 교주 김성수가 그를 보성전문학교 교수로 초빙해 갔던 것도 이 무렵이다.[30] 그가 정확히 언제 보성전문 교수로 부임했는지는 모르지만, 중앙고보에서 촉탁교사로 일한 점을 보나, 해방 직후에 대학의 이념을 논하는 글에서 "보성전문에서 10년 가까이 대

26) 참고로 그의 보통학교 학적부, '입학전의 경력(入學前ノ經歷)'란에 書堂이라고 적혀 있음을 볼 때 그가 한문에 대한 교양을 이미 갖고 있었다고 짐작할 수 있다.

27) 김동석, 「나의 영문학관」, 『예술과 생활』, 박문출판사, 1947(이후 『예술과 생활』의 인용은 이 책에 의한 것으로 서지사항은 생략하고 면수만 밝히기로 한다).

28) 中央校友會 編, 『회원명부』, 1938, 16~17면 참조.

29) 그는 스스로 "대학을 마치고 또 5년 동안이나 대학원에서 책을 읽고 벗과 茶를 마실 수 있었다"라고 자신의 수필집 『해변의 시』 끝말에 적어 놓고 있다. 또 그의 절친한 친구 배호(裵澔)도 김동석 평론집 『예술과 생활』 서문에서 "졸업 후에는 셰익스피어에서 시와 산문의 원리를 발견했다고 생각한다"고 말하고 있다.

30) 그가 보성전문 교수로 재직한 사실은 고려대학교 교우회, 『교우명부』(1982), 10면의 보성전문학교 교수, 전임강사 명단에서 확인하였다. 인촌 김성수와의 관계는 해방 직후 『상아탑』에서 함께 활동했던 박두진 선생과의 전화인터뷰를 통해 알게 되었다.

학을 꿈꾸"었다고 말한 점을 고려해 볼 때,[31] 아마도 1938년이나 1939년 사이였던 것으로 짐작된다.

이때부터 해방될 때까지 줄곧 그는 보성전문 촉탁강사와 교수로 재직한다. 문과가 없던 당시 보성전문학교에서 그는 영어와 논리학을 가르치며, 셰익스피어도 연구하고 시도 쓰고 수필도 썼다.[32] 해방 이후에 출간된 시집이나 수필집들에 실린 작품들은 대개 이 때 쓰여진 것들이다. 실제로 그는 대학 동창인 노성석(盧聖錫)의 소개로 1940년 무렵부터 수필전문잡지 『박문』에 몇 편의 수필을 발표하기도 한다.[33] 그러나 그가 시와 수필을 썼던 것은 꼭 발표를 목적으로 했던 것은 아니다. 일제가 마지막 발악적인 행동을 하던 1940년대에 그는 홀로 골방에서 한글로 시를 쓰고 수필을 썼다. 절망적인 상황을 애써 이겨내려는 지식인의 힘겨운 몸부림이었던 것이다. 그래서 이 때 썼던 대부분의 시와 수필에서는 그런 정조가 주조를 이루고 있다.

상처 입은 나뭇잎 흩어져 눕고
뼈만 남은 가지는 바람에 떠는데
까마귀 떼 까악 까악 지저귄다.

---

31) 김동석, 「대학의 이념」, 『부르조아의 인간상』, 탐구당, 1949. 이후 『부르조아의 인간상』의 인용은 이 책에 근거한 것으로, 서지사항은 생략하고 면수만을 기록하기로 한다.

32) 1940년에 간행된 『보성전문학교일람』에 의하면 그의 담당 과목은 영어와 논리학이었고, 이때에도 그는 촉탁강사로 재직하고 있었다. 그가 영어말고도 논리학을 강의했다는 사실이 그의 학문적 관심사와 관련해 시사해주는 바가 있다.

33) 그가 『박문』에 발표한 수필로는 「고양이」(16호, 1940.3), 「꽃」(19호, 1940.7), 「녹음송」(20호, 1940.8), 「나의 豚皮靴」(23호, 1941.1) 등이 있다. 모두 해방 후에 출간된 『해변의 시』에 수록되어 있다.

불길한 새 까마귀야 죽음을 노래하라.

살무사도 땅 속에 숨는 겨울
나무는 조각달 하나 없는 밤에
산 넘어 붉은 태양을 꿈꾼다.

불길한 새 까마귀야 죽음을 노래하라.

푸른 잎잎이 나비가 되는 유월
햇빛은 은어 떼처럼 춤추리니
그 때를 바라고 수난하는 나무들,
억눌린 생명은 숨어 꿈틀거리어라[34]

이런 까닭에 배호(裵澔)는 『토끼와 시계와 회심곡』 발문에서 그의 수필을 들어 "8·15 이전에 김동석은 소위 지하운동으로 써 둔" 것이라고 말하기도 했고, 그 스스로도 해방 이후에 나온 평론집 『예술과 생활』 후기에서 "나는 일제의 검열과 고문이 무서워서 남몰래 글을 써 모아놓고는 때를 기다렸던 것이다"라고 적고 있는 것이다.

한편 그의 셰익스피어 연구도 주목할 만하다. 우리는 해방 직후에 발표된 두 편의 논문에서 김동석의 연구 방향을 짐작할 수 있는데,[35] 원래 시극(詩劇)인 셰익스피어 극에서, 그는 독특하게 산문적 대사만을 구사하는 인물에 관심을 보여 이를 폴스타프적(「헨리 4세」에 등장하는 희극적 성격의 인물—저자) 인물로 유형화시킨다. 그가

34) 김동석, 「나무」, 『길』, 정음사, 1946, 30~31면.
35) 「시극과 산문」, 「부르조아의 인간상」, 『부르조아의 인간상』.

이렇게 폴스타프적 인물이 구사하는 산문대사에 관심을 기울이는 이유는 산문이야말로 바로 근대적인 자본주의정신의 표상이고, 나아가 그런 인물들에게서 부르주아적인 인간상을 발견할 수 있었기 때문이다.

> 폴스타프는 '부르조아의 인간상'인 것이다. 현실의 속박을 받지 않는 자유—그런 자유란 자본가 사회엔 있을 수 없는 자유인데—를 구현하는 것이 폴스타프이며, 따라서 인간의 이상적 타입이라는 것이다. 이것은 확실히 부르조아가 셰익스피어의 거울 속에서 자기의 얼굴을 발견한 것이라 하겠다.[36]

이런 인용에서도 보듯이 그는 셰익스피어에서 자본주의의 발전을 보았고, 이것은 셰익스피어의 작품을 역사주의적으로 파악하려는 노력의 결과였다. 특히 그의 역사주의는 시와 산문을 구별하는 구체적인 장르의식으로 연결된 것이었다. 이 같은 셰익스피어에 대한 관심은 자연스럽게 연극에 대한 관심으로도 이어져 같은 동향인 인천 출신의 유명한 연극인 함세덕(咸世德)과 교유하는 계기가 되기도 하였다. 그래서인지는 몰라도 그가 일제 말에 어용단체인 조선연극협회 상무이사를 역임했다는 기록도 찾아볼 수 있다.[37]

---

36) 「부르조아의 인간상」, 『부르조아의 인간상』, 164~165면.

37) 백철은 그의 자서전 『진리와 현실』 下(박영사, 1975)에서 이런 사실을 언급하고 있다. 최근에 간행된 『仁川市史』에서도 같은 내용이 기록되어 있다. 『인천시사』 하권(인천직할시, 1993), 359~360면 참조. 그러나 필자가 조사한 바로, 조선연극협회는 1940년 12월 22일 결성되어 회장에 이서구(李瑞求), 상무이사에 김관수(金寬洙)를 뽑았으며, 평이사로는 박진 · 유치진 · 최상덕이 있을 뿐이었다. 『매일신보』, 1940.12.23 기사 참조. 게다가 이 단체는 1942년 7월 26일에 조선연예협회와 통합하여 새롭게 조선연극문화협회를 결성한다. 이 단체의 상무이사 역시 김관수가 맡고 있다. 이두현, 『한국신극사연구』 증보판(서울대 출판부, 1971), 274면 참조. 따라서 김동석이 일제 말에 연극협회 상임이사를 맡았다는 것은 앞으로 조

1940년은 그의 일신상에도 많은 변화가 있었다. 우선 경기여고를 졸업한 스물두 살의 활달한 엘리트 여성, 주장옥(朱掌玉)과 결혼을 한다. 그는 아내와 월미도 해변을 걸으며 천진난만한 어린아이가 되기도 하고, 한 시대를 느끼기도 한다.

> 점심을 먹고 있는 동안에 물이 퍽 밀었다. 우리는 노란 미깡 껍질을 남겨놓고 물가로 내려갔다. 나는 돌을 집어 가벼이 물 위에 튀겼다. 돌은 방아개비같이 톡 톡 톡 튀어가서 물방울 셋이 나란히 생겼다. 아내는 그것을 신통히 여기는 눈치더니 돌을 집어 나의 흉내를 냈으나 돌은 퐁당 가라앉아 버렸다. 그래도 몇 번인가 거듭한 후 물방울 둘을 튀겼을 때, 아내의 얼굴에는 장난군 아이 같은 득의의 빛이 떠올랐다. 하지만 내가 수평으로 쏜 납작돌이 물방울 일곱을 튀겼을 때 아내는 아연한 표정이었다. 늘 남자라고 뽐내던 보람을 보여준 것 같아서 나는 속으로 흐뭇한 느낌이었다.

> 오른 편에서 하루의 종막(終幕)을 보자마자 왼편에 등장해 있는 밤의 여왕을 본 것이었다. 우리는 밤과 낮의 경계선을 걸어가고 있었던 것은 아닐까? 달이 개고랑 물을 헤엄쳐서 우리가 걷는대로 따라 왔다. 물이 얕고 좁아서 달은 그 둥근 형태를 갖추지 못했다.
>
> 하늘에는 아직 별 하나 보이지 않는다. 그래도 수평선 멀리서 등대불이 반짝 하는 것이 보였다.[38)]

17년이나 살던 볕도 안 드는 컴컴한 오막살이 생활을 청산하고, 자그마한 마당이 딸린 아담한 집으로 이사한 것도 이 때이다. 그는 이 집에서 처음 자기만의 방도 갖게 되었고, 철따라 꽃을 기르며 아내와 더불어 소시민적 일상에 안주하기도 한다. 이듬해 태어

사가 더 요청되는 부분이다.

38) 각각 위부터 『해변의 시』, 104~105면, 115면.

난 장남 상국(相國)이 병으로 세상을 뜨는(1942) 씻을 수 없는 아픔을 겪고, 그는 이제 분가하여 서울 종로 당주동(唐珠洞)의 셋방으로 이사를 한다.

1943년에는 차남 상현(相玄)이 태어나는 한편, 부친이 세상을 뜬다.[39] 그는 평소 소원대로 물려받은 재산 4만 몇 천 원의 일부로 시흥군 안양읍 '안양풀(pool)' 앞 나무 많은 곳(지금의 안양유원지 근처)에 문화주택을 구입하여 이사한다. 그가 이렇게 시흥(시흥만 하더라도 당시로서는 시골이었다)을 택한 것은 혼란스런 시절에 은둔하는 의미도 있었을 것이며, 시골에 묻혀 자연과 벗삼으며, 문학과 학문을 하고 싶어하는 일종의 학자적인 선비정신의 발로이기도 했을 것이다.[40]

3. 해방과 문학, 그리고 월북

김동석은 해방을 안양에서 맞았다. 어느 곳이나 마찬가지였겠지만 해방 직후의 안양도 퍽 혼란스러웠다. 일본 군대가 많이 남아

39) 가족 관계의 변화는 앞의 제적증명서와 이희환, 「김동석 문학 연구」, 인하대 석사논문, 1995를 참조

40) 그는 안양에 거주하면서 해방 이전부터 박두진 등을 비롯한 청록파 시인들과 교유하게 된다. 박두진 선생도 당시 안양에 거주하고 있었다. 박두진 선생의 회고에 따르면 해방 이전 우연한 기회에 어느 상갓집을 문상차 방문했다가 김동석과 조우하게 되었다고 한다.

있던 이곳에서 그는 일인 경찰에게 체포되어 생사가 불명인 조선 청년 문제를 항의하러 경찰서에 갔다가 친일파와 방위대원들에게 테러를 당하기도 한다. 이후 두어 달 가량 그는 안양에서 제국주의 소탕을 위해 선전 삐라를 쓰는 등 정신 없이 활동한다.[41] 그러니까 그가 다시 서울로 이사와 셋방살이를 시작하는 것은 아마 1945년 11월을 전후한 시기였을 것이다. 그는 서울에 올라오자마자 자신의 사재 일부와 당시 박문서관을 경영하던 대학동창 노성석의 도움을 받아 잡지 『상아탑』을 주재하기 시작한다.[42] 이 잡지는 타블로이드판으로 1945년 12월 10일 창간되어 처음에는 주간으로 나오다가 5호부터는 월간으로 전환하여 1946년 6월 25일까지 모두 7호를 발간하였다.[43] 필진으로는 김동석 자신을 비롯하

41) 『예술과 생활』 후기. 이런 기록으로 미루어 볼 때, 그가 안양에서 건준위나 인민위원회일을 맡아보았을 가능성도 추정할 수 있다. 필자는 시흥이나 안양지역의 건준위, 인민위원회 명단을 찾으려고 노력했으나, 유감스럽게도 발견할 수 없었다. 그러나 필자가 박두진 선생을 직접 찾아뵈었을 때, 김동석이 해방 직후 안양 지역 남로당의 거물(이름이 기억나지 않는)과 가깝게 지냈었다고 말씀해 주셨다.

42) 노성석은 아마도 박문서관의 창업주 노익형(盧益亨)의 자제였던 것 같다. 김동석이 노성석의 도움을 받은 것은 여러 곳에서 확인된다. 1946년에 나온 수필집 『해변의 시』도 그의 도움으로 박문서관에서 간행했고, 잡지 『상아탑』의 사무실도 박문서관의 한 켠을 얻어 쓴 듯하다. 『상아탑』은 사무실 주소를 서울시 종로2가 86번지로 두고 있었는데, 이것은 박문서관의 주소이기도 했던 것이다. 『1947 예술연감』(예술문화사, 1947.5)과 『출판대감』(조선출판문화협회, 1947.9) 참조. 노성석의 박문서관 경영은 이충우, 앞의 책, 280면 참조. 『전집』의 연보와 송희복의 앞 논문에서는 김동석의 『상아탑』 발간이 모두 노성식의 도움에 의한 것이라고 적고 있으며, 채수영은 주성식에게 도움을 받았다고 하나, 이것은 잘못된 사실에 바탕을 둔 것이거나 연구자들의 착오일 것이다. 한편 조연현은 1946년 6월에 발간된 『예술부락』 소재 「순수의 위치—김동석론」에서 『상아탑』 발간이 사재를 털어서 이루어진 것이라고 밝히고 있다.

43) 백철, 앞의 책과 채수영, 앞의 책 참조. 각각 312면, 155면을 볼 것.

여, 그의 절친한 벗 배호,[44] 그리고 김철수[45] · 박두진 · 조지훈 · 박목월 등과 같은 신진 시인이 대부분이었다. 특히 박두진 · 조지훈 · 박목월 등은 여기에 발표한 시와 해방 전에 발표했던 시를 모아 『청록집』이라는 유명한 시집을 내놓기도 했다.[46]

이제 김동석은 『상아탑』을 중심으로 본격적인 문학 활동을 펼친다. 그가 이 시기에 펼쳤던 문학 논의는 해방 직후라는 상황을 고려해 볼 때, 매우 독특한 것이었다. 그것은 그의 문학 노선과 비평 활동에서 기인한다. 그가 표방한 문학 노선은 문학가동맹의 그것과도 구별되고, 우익 측의 노선과도 구별되는, 그 자신의 말을 빌리자면 '상아탑적인 것이요 순수문학'이었던 것이다. 김동석이 즐겨 사용한 이 '순수'라는 말 때문에 마치 그가 해방 직후에는 우익 측에서 순수문학을 표방하다가 갑자기 좌익으로 돌아선 것처럼 여겨지는 경우가 있는데,[47] 김동석이 의미하는 순수문학은 우익 측의 순수와는 본질적으로 다른 것이다.

---

44) 배호 역시 경성제대에서 중문학을 전공한 김동석의 대학 동기 동창이다. 그는 김동석의 첫 평론집 『예술과 생활』 서문에 "대학시대부터 김군의 문학론은 나의 모세관까지 젖어 있었"다고 말할 정도로 김동석과는 절친한 사이였다. 해방 직후의 배호에 대해서는 최원식의 「이용악 연보-새자료 "좌익사건실록"을 중심으로」(『陶谷 鄭琦鎬博士 華甲紀念論叢』, 인하대 국문과, 1991)와 정영진의 『문학사의 길찾기』(국학자료원, 1993)를 참조할 것.

45) 김철수는 1930년대부터 간간이 순수 계열의 시를 발표했던 사람이다. 그는 해방 직후에 문학가동맹에 가담, 활발한 활동을 보인다. 김철수 · 김동석 · 배호의 『3인수필집』을 간행하기도 한 그는, 남한 단독정부 수립 이후 전향해 보도연맹에 가입한 바 있다. 그러나 6 · 25 발발 이후 월북의 길을 택한다. 김용직, 『해방기 한국시문학사』, 민음사, 1989, 212~215면 참조.

46) 『인천시사』 하권(1993), 360면.

47) 조연현, 앞의 글과 이헌구, 「해방4년문화사-문학편」(『민족문화』, 1948.10)을 참조.

먼저 그가 당시 역사적 과제를 일제 잔재의 소탕과 봉건적 잔재 청산, 국수주의 배격을 핵심으로 하는 부르주아 민주주의 변혁단계로 생각한다는 점에서 그렇다. 당시 변혁과제를 부르주아 민주주의로 상정한 것은 원래 박헌영의 8월 테제였고, 문학가동맹도 이런 입장에 서 있었다. 이렇게 보면 김동석은 당시 조선공산당과 정세 인식을 함께 한 셈이다. 그러면서도 한편으로 김동석이 문학가동맹과 행동을 함께 하지 않는 이유는 문학에 대한 입장이 서로 달랐기 때문이다.[48] 그는 무엇보다도 문학의 독자적 역할을 강조하여, 문학인이 직접 정치에 뛰어 드는 것을 극력 배격하였다. 그가 보기에, 이 점에 있어서는 문학가동맹이나 청년문학가협회는 매일반이었던 것이다.

그러나 김동석은 청년문학가협회가 표방한 순수의 의의를 어느 정도 인정하면서도 "정치에는 진보냐, 반동이냐. 민주냐, 반민주냐의 길밖에 없다. '순수'라는 샛길은 있을 수 없다. '문학정신'이니 '민족정신'이니 하는 추상적 관념을 가지고 정치이념을 삼는다면 '반동의 단순한 변호론자'가 되기가 십상팔구이다. 불연이면 반동진영에게 이용당하고 있는 것이다"[49]라고 경고하고, 오히려 문학가동맹에의 참여를 권유하고 있다. 그는 이렇게 문학가동맹의 정치적 노선은 옹호하였지만, 문학자는 문학을 통해 역사적 과제에

48) 김동석은 문학가동맹 시부 위원으로 이름이 올라 있긴 하지만, 말 그대로 이름만 걸쳐놓고 활동은 전혀 하지 않았던 것으로 보인다. 일례로 1946년 2월 8~9일 양일 동안 열렸던 '전국문학자대회' 참가자 명단에도 그의 이름은 보이지 않는다. 조선문학가동맹 편, 『건설기의 조선문학』, 조선문학가동맹중앙위원회 서기국, 1946 참조

49) 「비판의 비판」, 『예술과 생활』.

참여해야 한다고 생각했다. 그리하여 그는 정지용이 임정요인들 앞에서 시를 낭독하는 것도 반대하였고, 고려교향악단이 한민당 결성식에 반주를 해주고 경성삼중주단이 프로예술을 표방한 것에 대해서도 못마땅하게 여긴다. 예술가는 무엇보다 순수해야 하는데, 정치와 결부되면 불순해지기 때문이라는 것이 그 핵심적 이유였다.[50]

그 대신 그가 강조하는 것은 상아탑의 정신이다. 그러나 그가 말하는 상아탑이란 현실과 절연된 적막산중이 아니다. 그에게 상아탑은 '사회를 향해 시탄(詩彈)을 내쏘고, 전쟁을 공격하는 토치카이며, 문화의 씨를 뿌리는 온상'이었던 것이다. 결국 그는 문학과 예술이 다른 어떤 것에도 예속되지 않고 독자적인 자기 영역을 구축할 터전으로 상아탑을 상징적으로 내세운 것이며, 거기에서 자유롭게 일제 잔재의 소탕과 봉건적 잔재를 일소하기 위해 매진해야 한다고 생각했던 것이다. 물론 이같이 생각하게 된 데에는 당시 사태를 낙관하고 있었던 그의 정세 인식이 결정적으로 작용했을 것이다. 즉 그에게는 미·소 양국이나 국내의 제반 정치 세력들에게도 부르주아 민주주의는 거역할 수 없는 역사적 과제이고, 따라서 부르주아 민주주의 이념에 기반을 둔 국가 건설은 당연히 이루어질 순리로 보였던 것이다.

문학에 대해 이런 입장을 갖고 있었던 이유로, 그는 해방이라는 상황에도 불구하고 나름대로 차분히 평필을 들 수 있었다. 그가 이 시기에 정지용·이태준·임화·김기림·유진오·오장환 같은

---

50) 「시를 위한 시」와 「문화인에게」(『예술과 생활』) 등 참조

굵직굵직한 문인들에 대해 본격 작가론을 쓸 수 있었다는 것이 그 사실을 입증한다. 당시 비평이란 것이 대개 정치 노선이나 문학 노선의 대결장으로 화하고, 온전한 의미의 비평이란 것을 찾아보기 힘들었다는 것을 생각해볼 때, 김동석의 존재는 해방기 문학비평사에서 중요한 위치를 차지한다. 게다가 그는 영문학을 본격적으로 연구했을 뿐만 아니라 한문 교양까지 겸비한 인문주의자였고, 한글 사용을 금지했던 일제 말기에도 수필과 시를 통해 끊임없이 우리말을 갈고 닦음으로써 유려한 한글문장을 구사할 수 있었던 스타일리스트였다.

그런데 여기에서 김동석이 자기 호흡을 가진 문장을 구사할 수 있었다는 것은 충분히 강조될 필요가 있다. 일제하 우리 비평사에서 자기 문장을 가졌던 비평가가 과연 얼마나 있었던가? 뛰어난 몇몇을 제외하고 대부분의 비평가는 일본 문장의 번역투를 탈피하지 못한 국적 없는 문장을 구사하기 일쑤였다. 이런 형편에서, 더구나 한참 동안 일본어를 상용한 뒤끝인 해방 직후에 자연스럽고 아름다운 한글을 써내려 갔다는 것은 당연히 그만이 지닌 미덕이라 할 수 있을 것이다.

> 시집 『백록담』은 이가 저리도록 차디차다 할 사람도 있을 게다. 아닌 게 아니라 희랍의 대리석같이 차다. 하지만 춘원처럼 뜨건 체하는 사람이 아니면 현민처럼 미지근한 사람들이 횡행하던 조선문단에서 이렇게 깨끗할 수 있었다는 것은 축하하지 않을 수 없다.[51]

이렇게 자연스러운 문장과 재치 있는 비유에, 작품을 평가하는

---

51) 「시를 위한 시-정지용론」, 『예술과 생활』.

날카로운 감각까지 갖고 있었기에 그의 비평은 온전한 의미에서 비평다운 비평이라고 평가될 수 있을 것이다. 그는 유난히 실천비평이 취약한 우리 비평 풍토에서 실천비평의 터전을 본격적으로 마련한 평론가로 평가될 만한 것이다. 이런 이유에서인지는 몰라도 그는 해방 직후에 촉망받는 신진 비평가가 된다. 그는 종이 사정이 좋지 않던 해방기에 단독저서 4권, 공동저서 1권, 총 5권(시집 1권, 수필집 2권, 평론집 2권)의 책을 낼 만큼 이른바 잘 나가는 평론가였던 것이다. 실제로 그의 두 번째 평론집 『부르조아의 인간상』은 날개돋친 듯 팔려나갔다는 이야기도 있다.[52)]

김동석이 첫 번째 평론집 『예술과 생활』에서 작가론의 형태로 다루고 있는 작가는 이태준 · 임화 · 유진오 · 김기림 · 정지용 · 오장환 등 여섯 명이다. 김동석은 여기에서 날카로운 안목으로 각 작품이 지닌 문제점을 정확히 짚어내고, 그것이 과연 어디에서 발생하는가를 작가의 내면 깊은 곳에서 끄집어낸다. 그러나 김동석이 파악하는 작가의 내면이란 개인적이고 은밀한 성소(聖所)가 아니라 사회 · 역사로 열려진 공간이다. 따라서 그가 작품을 바라보는 척도는 역사적이고 객관적인 것이다. 그는 이것을 자연스런 한글로 감싸고 촌철살인(寸鐵殺人)적인 비유로 표현하여 비평의 맛을 살린다. 내용 없이 멋만 부리려던 1930년대 인상주의 비평이 아니라 철학과 이론적 토대를 가진 본격 비평이었던 셈이다.

예컨대 이태준의 경우, 그가 소설가이지만 그 본질은 시인인 데 있었다고 지적하면서 그의 소설에서 보이는 부르주아에 대한 거부

---

52) 이광현, 「김동석과 그의 인간상」, 『자유신문』, 1949.3.17.

감도 계급적 의식에서 비롯된 것이라기보다는 시인적 이상을 가지고 그것을 부정한데 지나지 않음을 날카롭게 지적한다. 1930년대 이태준 소설의 정곡을 찌르고 있는 것이다. 또 임화에 대해서도 그는 임화의 시가 추상적인 센티멘탈리즘에 빠져 있음을 혹독하게 꼬집는다. 우리나라의 대표적 시인이요 평론가였고, 해방 직후 문단을 실질적으로 이끌고 있던 그의 시를 이렇게 비판한 것은 당시 김동석이 걸었던 문학 노선을 우회적으로 보여준다. 김동석은 여기에서 멈추지 않고 임화 시에서 보이는 센티멘탈리즘의 근거를

> 시와 행동 새 중간에서 갈팡질팡하는 자의식이 임화로 하여금 시의 세계에 안주하지 못하게 하고 압력이 강한 현실을 시로써 움직여 보려는 청춘의 만용이 그를 시인으로서 오류를 범하게 한 것이었다.[53)]

라고 분석한다. 그리고는 이것이 임화가 순수하지 못했기 때문에 초래된 것임을 지적한다. 그는 이와 아울러 당시 임화가 주도했던 문화건설중앙협의회도 애초부터 한데 뭉치자식의 무원칙한 통일로 이뤄졌음을 비판한다. 이렇게 보면 그는 해방 직후, 문학이 자기 영역을 가져야 함을 중요하게 여기고 있었고, 문인들도 일정한 원칙 아래에 모여야 한다고 생각했음을 알 수 있다. 그는 잡지 『상아탑』을 주재하면서 이를 몸소 실천하고 있었기에 이런 비판도 당당할 수 있었다. 이외에 현민 유진오나, 김기림·정지용 등을 논한 평론도 매우 날카로운 비평감각에 기댄 것이었다. 현민을 이러지도 저러지도 못하게 붙잡고 있는 것은 그의 태생적인 양반의식과

53) 「시와 행동」, 『예술과 생활』.

소시민적 자의식임을 아프게 꼬집는 한편으로, 김기림에 대해서는 과학정신에 토대를 둔 그의 지성이 어떻게 시와 결합될 수 있을 것인가가 향후 과제임을 가리키기도 한다. 김동석은 또 정지용의 맑은 순수는 찬양하나 그것은 동심의 꿈에 머무른 것이라고 그 한계를 지적하고는, 현재의 지용을 뛰려고 움츠린 자세로 이해하고 싶다고 기대를 표명하기도 한다.

그가 이렇게 문단의 내로라 하는 작가들을 신인답지 않게 과감히 비판할 수 있었던 것은 문학에 대한 확고한 입장과 아울러, 그의 학문적 경력이나, 이립을 훨씬 지난 중견의 나이 때문이기도 했을 터이다.[54] 아무튼 이런 비판을 통해 그의 비평이 대상을 따뜻이 감싸 안기보다는 명철한 논리로 허를 찌르고 상처를 더 드러내려고 한 것도 사실이지만, 해방 이후 문인들이 과거 행적에 대해 자기 비판을 제대로 하지 못한 상황을 감안한다면, 이런 논리는 대중적 설득력을 얻기도 했을 것이다.

이렇게 『상아탑』을 중심으로 왕성하게 활동하던 그는 1946년 중반을 넘어서면서 돌연 잡지 발간을 중지하고 지금까지의 노선과는 다르게 문학가동맹에 적극 참여하는 모습을 보인다. 그는 1946년 8월에 결성된 문학가동맹 산하 문학대중화위원회의 위원으로 참가하고 있는 것이다. 이것은 최소한 이름만 걸친 수준이 아니라 그가 본격적으로 동맹 일에 참여하고 있음을 의미한다.

---

54) 김동석이 등단한 것을 해방 직후인 1945년으로 잡는다면 그는 이립(而立)의 나이도 훨씬 지난 33살의 나이로 문단에 첫 모습을 드러낸 셈이 된다. 참고로 우리나라 문인들의 등단연령은 20세부터 23세가 가장 많은 것으로 조사되어 있다. 이선영, 『한국문학의 사회학』, 태학사, 1993, 120면 참조.

그렇다면 그의 이런 변신은 어떻게 이해될 수 있을까? 우선은 당시 정세의 변화에서 원인을 찾을 수 있다. 1946년 5월에 1차 미소공동위원회가 결렬되면서 지금까지 미군정과 유화적 관계에 있던 조선공산당은 정판사 위조지폐 사건으로 군정 당국에 탄압을 받게 된다. 여기에 6월 3일, 이승만은 정읍에서 남한 단독정부 수립을 주장하기에 이르고, 정국은 혼미에 빠진다. 급기야 7월 26일 조선공산당은 신전술을 채택해 미군정과 본격적인 싸움에 돌입하고, 좌우 대립은 날로 심해져 간다. 이렇게 정세가 더 이상 낙관할 수만은 없게 되자, 그 또한 그토록 저어했던 정치판으로 뛰어들게 되는 상황을 맞게 되는 것이다. 홀로 『상아탑』에서 문학을 논할 만큼 사태가 평탄하지 못했던 탓이다. 『3인수필집』에는 그의 이런 심정을 솔직하게 담은 「기차 속에서」라는 제목의 수필이 한 편 실려 있다.

> 나는 차창으로 뛰어 들어갔다. 수필가란 자기의 생활까지도 차창에서 흘러가는 풍경과 그 풍경 속에 점철된 인간을 바라보듯 하지만 때로는 스스로 몸을 던져 그 속에 들지 않고는 살 수가 없는 것이요, 살지 않고 어떻게 글을 쓸 수 있겠는가. 사실 내가 경남선(京南線) 차를 타게 된 것은 『상아탑』에서 뛰어나와 생생한 현실 속에 몸을 잠그려함이었다. 현실은 연극 구경하듯 해서는 알 수 없고 스스로 배우가 되어야 하는 것이다. 차창으로 뛰어 들어간 나는 수필가가 아니라 인생의 배우였던 것이 아닐까. (…중략…) 여기까지 생각했을 때 내가 시방 타고 가는 이 유리가 깨지고 걸상이 부서진 차가 시방 조선의 역사인 것 같은 감상을 금치 못하였다. 다 같이 조선의 완전자주독립을 부르짖고 있지만 과연 걸상에 앉아 있는 사람까지 일어서서 건국노선을 일로 매진하고 있는 것이라 할 수 있을까. 버티고 앉아서 흘러가는 풍경이나 바라보면서 차 속에서 티격태격 하는 사람들 보다는 자기는 나은 사람이라고 착

각하고 있는 사람은 없는지. 혼자 깨끗하다는 문화인들 중에 이런 사람은 없을까. 얼굴에 개기름이 흐르고 내민 뱃속에 욕심밖에 들은 것이 없는 이른바 모리배는 문제시하지 않는다. 그들은 다른 사람을 다 내쫓고라도 저이만 편히 앉아서 가면 고만이다. 앉는 것만으로도 부족해서 누워서 가려는 것이다.

수필가의 생각으로선 좀 지나치게 나갔지만 창으로 뛰어들지 않고는 차를 탈 수 없는 시방 현실에서 수필가의 생각이 이렇게 되는 것도 무리가 아니다. 아니 이대로 가다가는 수필을 쓰게 될지 조차 의문이다.

인용이 길어졌지만 이를 통해 당시 김동석의 생각이 어느 정도는 드러났을 줄로 안다. 스스로를 수필가로 생각한 그는 더 이상 현실의 바깥에 놓이기를 거부하고 역사에 동참하게 되는 것이다. 그는 1946년 6월 『상아탑』 폐간을 전후해 이제까지와는 달리 왕성한 사회 활동을 하게 된다. 1946년 5월 25일 연극동맹 보선위원으로 뽑히는 것을 시작으로, 8월에는 문학가동맹 대중화위원회 위원에 이름을 올리고, 9월에는 조선문화단체총연맹(문련)에서 주최한 민족문화강좌에 나가 '민주주의와 문화'라는 제목으로 강연을 하는 한편, 10월에는 문련 산하 분과 대표로 다른 문화인과 더불어 군정청의 러취장관을 방문하여 최근 벌어지는 사태에 대한 공개 항의서한을 전달하기도 하는 것이다.[55]

이외에도 그는 다양한 사회 활동에 바쁘게 참가하는데, 김동석의 이런 활동 경력은 당시 급박하게 돌아가는 정세와 문화운동의 전개 과정과도 맥을 같이 한다. 필자가 추적한 그의 이후 활동을 보면, 1946년 10월 20일부터 30일까지 무대예술연구회에서 주최한 제2회 추계연극강좌에서 '셰익스피어론'을 강의했고,[56] 1947년에 들어서

---

55) 『독립신보』, 1946.5.29, 10.31 기사와 『조선일보』, 1946.9.24 기사 참조.

는 장택상 수도청장의 이름으로 발표된 「극장에 관한 고시」, 즉 정치성과 사상성을 배제한 공연만을 허가한다는 방침에 대해 『경향신문』 2월 4일자에 '사상 없는 예술은 있을 수 없다'는 내용의 항의문을 발표하며, 이 같은 문화탄압에 맞서기 위해 문련이 주최한 '문화옹호남조선문화예술가 총궐기대회'에 준비위원으로 참가해 실무를 담당한다.[57] 또 7월에는 문련 주최 문화공작대 사업 일을 맡아보다가 춘천지역으로 공연을 나갔던 문화공작대 제3대가 테러를 당하자, 함세덕과 더불어 중앙 문련 파견 자격으로 춘천 현지를 방문하기도 한다.[58] 이렇게 보면 이 무렵 김동석은 문련의 실무를 맡아보고 있었던 듯한데, 이런 사실로 그가 당에도 가입했을 가능성 또한 배제할 수 없다. 문련은 '민주주의 민족전선'에 소속되어 있는 남로당의 외곽단체였던 것이다. 한편 그는 11월로 넘어와서 우익문단의 행동대 격인 조선청년문학가협회의 수장 김동리를 비판한 「순수의 정체」를 『신천지』에 발표하여 유명한 순수 논쟁에 불을 댕기기도 한다. 1948년 4월에는 대표적인 좌익신문의 선봉 『서울신문』의 자매지인 『서울타임즈』 특파원 자격으로 평양에서 열린 남북 정당 및 사회단체 대표자 연석회의의 취재차 평양을 방문한다.[59]

그러나 남한만의 단독 정부 수립 이후에는 사회 활동이 현저히 줄어들어 『문장』지 평론 부분 추천위원을 지내거나, 매슈 아놀드

56) 『예술연감』, 예술문화사, 1947, 140면.
57) 『독립신보』, 1947.2.5 기사 참조
58) 『독립신문』, 1947.7.22 기사 참조
59) 김동석, 「북조선의 인상」, 『문학』, 1948.7.

를 다룬 장편논문 「생활의 비평」을 쓰는 등 문학과 연구 활동에만 전념하는 모습을 보인다.[60] 같은 해 10월에는 조선영문학회에 참가, 셰익스피어가 창조한 극중인물 폴스타프의 성격적 면모를 다룬 논문 「부르조아의 인간상」을 발표하거나, '여성문화협회' 주최 여성문화강좌의 강사 일을 맡아보는 등 그의 활동 범위는 현저하게 축소된다.[61] 이런 와중에 1949년 벽두에는 다시 김동리와 『태양신문』의 대담을 통해 순수논의를 하지만[62] 이미 그 열기는 과거와는 질이 사뭇 다른 것이었다. 단정이 수립되고 난 뒤, 그는 일단 문학 연구에 매진하면서 후일을 도모하려고 했던 듯하다.

그래서 1949년에 탐구당에서 낸 두 번째 평론집 『부르조아의 인간상』의 머리말에서 그는 첫 번째 평론집보다 일보 후퇴한 느낌이 있다고 하면서, 그것이 이 땅의 객관 정세와 스스로의 생활 태도에서 기인한 것이라는 고백을 하게 된다. 그러나

> 내가 이 평론집에서 문학을 비평하는 방법이나 태도는 상아탑적이 아니다. 아니 『예술과 생활』에서 보다도 오히려 일보 전진했다고 자부한다.

라고 스스로의 변화 또한 명확히 자각하고 있다. 두 번째 평론집은 그의 말대로 첫 평론집보다 상대적으로 사회나 문화 일반에 대한 발언이 적은 비중을 차지하고 있어 현실의 문제로부터 한 걸음 후퇴한 인상을 주는 것도 사실이지만, 대신 그의 전공인 셰익스피

---

60) 『문장』 속간호, 1948.10.

61) 『서울신문』, 1948.12.14 기사 참조

62) 이현식, 『민족문학사연구』 제7호(창작과비평사, 1995)의 부록에는 당시 김동석과 김동리의 지상 논쟁이 전재되어 있다.

어와 매슈 아놀드에 대한 중후한 세 편의 논문 외에도, 안회남·김동리·이광수·김광균에 대한 본격 평론을 싣고 있어서 인상적이다. 현실 정치로부터는 한 걸음 물러섰지만, 대상을 보는 시각은 훨씬 더 날카로워지고 진지해졌다.

첫 번째 평론집과 비교하자면 안회남을 제외하고는 우익 측 문인들에 대한 글들이 대부분인데, 이에 대해 그는 자기 내면에도 그들과 같은 소시민적 관념성의 잔재가 남아 있기 때문이라는 이유를 든다.[63] 그래서 그런지 김동리와 김광균 등과 같은, 동년배로서 다른 길을 걷고 있는 문학자들을 공격하는 그의 논리는 자못 날카롭다. 해방 전이나 해방된 지금이나 여전히 순수라는 외투를 둘러쓰고 제3 세계관이니, 인간성과 개성이니 하는 알 수 없는 논리로 일관하는 그들에 대해, 김동석은 그들 논리가 지닌 관념성을 꼬집어내고 그것이 왜 잘못되었는가를 조목조목 밝힌다. 그리하여 그는 모든 것을 물질적 토대로부터 사고하고 세계를 변증법적으로 인식할 것을 이들에게 촉구하게 되는 것이다.

> 호랑이를 그리려 해도 개가 되기 쉽겠거든 군이 관련되는 모든 문제를 문제삼아 해결하려는 문학을 버리고 하필 왈(曰) 순수문학이냐? 그것은 다름 아니라 조선문학이 일제의 강압 때문에 문제를 국한하지 아니치 못할 슬픈 운명에서 나온 것이다. 다시 말하면 일제의 압박에 못 이겨 기형적 작가가 된 김동리 같은 위축된 '한 개 모래알만한 생'에서 빚어진 것이 순수문학인 것이다. 그러나 8·15가 왔다. 조선문학이 무슨 문제든지 문제삼고 해결하려고 노력할 수 있는 다시 말하면 민족문학을 수립할 때는 왔다. (…중략…) 조선 누구나 '개성과 운명의 구경에서' 행동할 수 있는 조선이 바야흐로 도래

63) 『부르조아의 인간상』의 머리말.

하련다. 아니 반은 이미 도래하였다.

—가야 된다. 가야 된다! (김동리의 소설 「婚衢」의 한 대목—인용자)

김동리 홀로 민족과 민족문학을 두고 어데로 가려는 것인가?[64]

이 글을 놓고 당사자 김동리를 포함해, 조연현 등과 같은 우익 측의 빗발치는 공격을 받지만 김동석 스스로는 재반박을 하지 않는다. 김동리의 반박은 이미 논리를 벗어난 인신공격적인 발언이었고, 독설과 비아냥으로 일관하고 있었던 것이다.[65] 게다가 상황 자체가 논쟁을 허용할 만큼 자유롭지도 못해서, 논쟁다운 논쟁을 기대하기 어려운 터였다.

한편 김동석의 작가론 가운데 가장 통렬한 것은 이광수론이다. 김동리나 김광균에 대한 비판의 목적이 그들의 잘못을 드러내기보다는 그들에게 올바른 길을 제시하는 데 있었다면, 「위선의 문학」이라는 제목의 이광수론은 말 그대로 이광수 문학의 위선을 만천하에 공개하려는 것이 주목적이었다. 그는 의식적으로 향산광랑(香山光郞)이라는 창씨를 개명했던 당시의 이름을 사용하면서, 그의 문학에 나타나는 민족지도자인 척하는 태도가 어디에서 비롯된 것이며, 얼마나 가식적인가를 내면의식으로부터 분석해 들어간다. 그가 내린 결론을 한 마디로 정리하자면 이광수의 성인군자, 애국자연하는 태도는 나르씨즘에 빠진 착각이거나 아니면 불타는 애욕을 누르기 위한 수단에 불과하다는 것이다. 이광수 문학을 정

64) 「순수의 정체」, 『부르조아의 인간상』.

65) 김동리의 즉각적인 반박 「생활과 문학의 핵심—김동석군의 본질에 대해」(『신천지』, 1948.1)는 논점이 이미 김동석의 인간적 됨됨이에 가 있어서 논쟁은 벌써 감정 싸움의 조짐이 엿보이고 있었다.

신분석적 방법으로 접근한 첫 시도로 보이는 이 글에서, 그는 이광수의 소설에 나오는 주인공들이 대부분 관념적으로는 민족과 국가를 생각하나 행동에서는 이기적이고 자기 중심적임을 지적한다. 이 같은 통렬한 비판은 아마 해방 이후 친일파가 제대로 처단되지 못하는 상황에 대한 그 나름의 문학적 대응이었을 것이다.

그러나 김동석의 이런 활동도 1949년을 넘어 가면서는 자취를 감추게 된다. 상황이 그만큼 악화되었던 탓이다. 그의 절친한 벗 배호도 남로당 서울시 문련 예술과 책으로 활동하다가 1949년 5월 경찰에 검거되었다.[66] 김동석 역시 단정 수립 전까지 표면적으로 문련 활동을 한 것으로 미루어, 아마 단정 수립 이후에도 여전히 지하에서 문련이나 남로당 관련 사업에 관계하고 있었다는 추측도 해볼 수 있다. 그렇다면 그는 언제 월북을 하였을까?[67] 이용악이 남로당 서울시 문련 예술과 사건으로 경찰에 검거된 것이 1949년 8월 무렵이란 점을 감안한다면,[68] 그는 아마도 이 무렵에 신분상의 위협을 느껴 월북했을 가능성이 크다.

그러나 그렇다 하더라도 그는 왜 월북을 하지 않으면 안 되었을까? 물론 일신상의 위협이 가장 크고 표면적인 이유였겠지만,

---

66) 최원식, 앞의 논문, 475면.

67) 1987년 8월 문공부에서 국회에 제출한 자료에 따르면 그는 6·25 때 월북한 것으로 분류되어 있고, 권영민은 1947년 이후 정부 수립까지의 시기에 월북한 것으로 추정하고 있으나 모두 정확한 것 같지는 않다. 채수영, 앞의 논문, 164면. 그는 1949년에도 『태양신문』에서 마련한 김동리와의 대담에도 나오고 있으며, 3월에는 『조선일보』에 「나의 투쟁」이란 수필을 발표한다. 그러다가 전쟁 이후에는 인민군 소좌 계급을 달고 서울에 나타났던 것이다. 김윤식, 『한국 현대현실주의소설연구』, 문학과지성사, 1991 참조. 이로 미루어 볼 때, 그는 1949년 중반 어느 때인가 월북했을 것으로 추정된다.

68) 최원식, 앞의 논문, 475면 및 부록 참조.

집도 친척도 없는 그곳에 가족까지 이끌고 월북을 하게 만든 건 단순히 일신상의 위험으로만은 설명되지 않는다. 월북이란, 검거 선풍에서 몸을 숨기는 이상의, 체제 선택이라는 심각한 의미가 담겨 있기 때문이다. 그렇다면 그가 북의 체제를 택하게 만든 진정한 이유는 무엇일까? 1948년 북한을 방문하고 나서 쓴 기행문 「북조선 인상기」에서 그 이유의 일단을 찾아볼 수 있다. 그는 이 글에서 북한을 감격 그 자체로 받아들이고 있다. 남한의 혼란스럽고 궁핍하며 반동적인 현실에 비하자면 북한은 착실하게 부르주아 민주주의 개혁을 진행시켜 발전되고 정리된 모습을 하고 있었던 것이다. 그리하여 그는 황해제철소를 관람하면서 끝내 눈물까지 흘린다. 그렇지만 도대체 무엇이 그로 하여금 눈물까지 흘리게 만들었던 것인가. 그가 북한을 너무 칭찬만 한다는 어떤 미국인에게 다음과 같이 설명하는 대목은 우리에게 그 이유를 시사해준다.

> "그것은 북조선이 완전무결해서 그런 것이 아니라, 조선사람의 손으로 외국에 비해 손색없는 사회적 경제적 정치적 생활을 하는 것이 좋아서 그럴 수밖에 있겠어요" 그렇다. 조선사람의 손으로 이만한 공장과 이만한 군대와 이만한 문화시설과 이만한 행정기구를 창설했다는 것은 조선민족의 한사람으로서 축복하지 않을 수 없는 바이다.[69)]

일제강점기에 태어나서 국가란 것을 한 번도 체험하지 못한 그에게, 북한의 발전하는 모습은 진정한 국가와 민족이 무엇인지 가슴 벅차게 느끼게 했던 것이다. 더구나 당시 남한이 처해 있던 상황을 염두에 둔다면, 그가 느낀 감동의 정도는 훨씬 컸을 것이다.

---

69) 『문학』 8호, 1948.7, 133면.

일제하 나라 잃은 설움을 수필과 시로 달래다가 해방을 맞아 새로운 민주주의의 나라를 건설하기 위해 온몸을 던진 그는 북에서 그 비전을 발견하고, 비로소 내 나라, 내 민족이란 것을 가슴으로 느꼈다. 결국 그는 친한 벗들이 하나 둘 검거되는 상황에서 주저 없이 북을 택했던 것이다.

월북 이후, 김동석의 행적에 대해서는 알려진 바가 거의 없다. 다만 전쟁이 터지고 난 후 서울에 와서 문화정치 공작원 노릇을 했다는 기록이 보이며,[70] 휴전회담 때 설정식과 북측의 통역장교로 나왔었다는, 말 그대로의 설이 있을 뿐이다. 더구나 전쟁 이후의 행적에 대해서는 전혀 오리무중이다. 과문인지는 몰라도 북에서 김동석의 활동을 단편적으로라도 언급한 자료를 찾아볼 수 없었다. 그가 설정식처럼 김일성 종합대학 영문과 교수를 지냈는지, 아니면 남로당 숙청 때 다른 당원들과 더불어 어떤 형태로든 처벌을 받았는지 현재로서는 알 길이 없다.[71]

70) 김윤식, 『학국문학의 근대성비판』, 문예출판사, 1993, 337면.

71) 필자는 최근(1996년 2월) 한학자 李九榮 선생(1958년에 남파, 1980년까지 국가보안법 위반으로 수감생활을 함)을 만날 기회가 있어서 이에 대해 알아 볼 수 있었다. 확실한 것은 아니라는 단서하에, '잘못되었다'는 소식을 간접적으로 전해들은 기억이 난다는 말씀을 해주셨다.

4. 남겨진 과제들

이제 우리는 문학평론가 김동석의 삶과 문학관, 그리고 문학 활동에 대해 개괄적인 검토를 끝낸 셈이다. 김동석은 넉넉한 집안에서 태어나 근대적인 제도교육 속에서 제대로 문학을 배우고 연구한 근대적인 지식인이었고, 해방 직후에는 문학만의 독자적 영역을 고수하다가 문화운동에 뛰어들어 결국은 월북을 감행한 실천적 지식인이었다. 한편 그는 구카프 맹원과 세대를 달리 하면서, 영문학을 바탕으로 한 서구적 지성과 동양적 교양을 기초로 본격적인 실천비평의 문을 열어 놓았던, 생경한 이론만의 비평이 아닌 예술적 감각과 유려한 문장으로 무장된 온전한 의미의 비평을 몸소 실천했던 민족문학 계열의 평론가였다.

그러나 본고는 김동석 비평의 내적 논리와 민족문학적 함의, 그리고 나아가 비평사에서 차지하는 위치를 밝히는 데까지 나아간 것은 아니다. 필자는 김동석의 전기를 실증적으로 재구성하고, 그것을 통해 잘못 알려지고 잘못 평가된 부분을 바로 잡는 것에 일단 만족할 수밖에 없다. 그의 비평에 대한 분석과 문학사적 평가는 앞으로의 과제로 남긴다.

김동석 연구 2

순수문학으로부터 민족문학으로의 도정

1. 잊혀졌던 평론가, 김동석

김동석은 1913년 인천에서 태어나 인천창영공립보통학교(현 인천창영초등학교)를 졸업하고 인천상업학교(현 인천고등학교)를 거쳐 서울의 중앙고등보통학교(현 중앙고등학교)를 졸업하였다. 경성제대 영문과를 졸업한 이후 해방이 되기까지 중앙고보 촉탁교사와 보성전문학교(현 고려대학교) 교수를 지냈으며 해방 이후에는 문학평론가로 활발하게 활동하다가 한국전쟁 발발 직전에 월북한 것으로 추정된다.

그가 대중적으로 세인들의 주목을 끈 것은 김동리와의 순수문학 논쟁을 거치면서였다. 일간신문과 잡지를 통해 격렬한 논쟁을 펼쳤던 것이 그것인데, 이 사건은 흔히 해방 직후 문단 내 좌·우 이데올로기의 대립을 단적으로 보여준 사건으로 기록되고 있다.

그러나 이런 대중적 관심 이외에도 그는 『예술과 생활』(1947), 『부르조아의 인간상』(1949)과 같은 평론집을 출간하였고 빼어난 수필로도 이름이 높았다. 문학평론가인 유종호 선생은 어느 대담 자리에서 문학수업 시절 중요하게 영향 받은 평론가로 김동석을 들면서 당시 '우리나라 어떤 평론가보다도 시에 대해 안목이 높았던 사람'으로 평가하고 있다.[1)]

이처럼 김동석은 비록 해방 직후 3~4년 간이라는 짧은 기간이지만 매우 뚜렷한 족적을 우리 근대비평사에 남기고 있다. 그런데 셰익스피어와 매쓔 아놀드(Matthew Arnold)를 전공한 영문학자이자 시인이고 수필가였던, 그리고 무엇보다 문학평론에 충실한 평론가였던 그에 대한 연구는 의외로 소소하다. 여기에는 해방 직후 김동석과 순수문학 논쟁을 통해 감정의 골이 깊게 패였던 문협 계열의 인사들이 한동안 문단의 패권을 장악해온 사정도 작용했을 것이다. 김동석은 김동리 등을 비롯한 당시 청년문학가협회 소속 문인들을 신랄하게 공격하고 그들의 자존심에 상처를 남긴 사람이었다.

그러나 1990년대 이후에도 김동석에 대한 연구는 그리 왕성했다고 보기는 힘들다. 필자를 포함한 몇 몇 연구자들의 논문이 고작인 형편이고, 정작 그의 본령이라 할 수 있는 비평에 대한 연구는 충분히 이루어지지 못한 상태이다. 따라서 이 연구에서는 김동

1) 유종호·이남호, 「1950년대와 현대문학의 형성」, 『증언으로서의 문학사』, 깊은샘, 2003 참조

석의 비평을 주 연구 대상으로 해서 김동석 평론의 주요한 몇몇 측면들을 살펴보고자 한다.

현상적으로 그는 해방 직후 『상아탑』이라는 잡지를 직접 주재하면서 '순수문학'을 주장하다가 이후에는 반대로 '순수문학'에 대해 비판적으로 돌아서면서 민족문학을 내걸은 좌익 비평가로 알려져 있다. 그러나 '좌익' 비평가라는 기존의 규정도 지금 이 시점에서 보면 재고할 여지가 많고 그가 진정 지향했던 순수문학도 우리가 통념적으로 아는 '참여'의 대립항으로서의 '순수'는 아니었다는 점에서 여러모로 생각할 여지를 많게 한다. 게다가 기존의 비평가와는 다르게 해방 직후에 본격적인 평론가로 출발한 사람이었으므로 기존 평단의 관습에서도 자유로운 사람이었다. 이런 요소들이 그의 평론에는 두루 나타나고 있는바, 김동석의 비평에 대한 연구를 통해 해방 직후 한국 근대문학비평사에 대한 새로운 이해를 시도하는 계기로 삼고자 한다.

2. 김동석 비평의 원점—8 · 15

김동석의 비평을 읽다 보면 그에게 8 · 15해방은 문학 출발의 원점(原點)처럼 느껴진다. 8 · 15라는 현실적 조건은 그에게 비평 행위를 하는 핵심적인 이유이자 가치판단의 근거가 된다. 아니, 비단 문학적인 활동에서뿐만이 아니라 그의 현실 인식은 8 · 15가 빚어낸 상황과 뗄 수 없이 연관되어 있다.

> 8 · 15의 혁명은 조선민족을 해방했다. 바야흐로 지구는 통털어 '인민의 손으로 인민을 위한 인민의 세계'가 되려한다. 이러한 역사의 흐름 속에 몸을 던진 문학가에겐 광영이 있을지언정 치욕이 있을 수 없다. (…중략…) 문학가의 생명인 문학까지도 버리고 민족해방의 전사가 된다면 그런 사람은 행동만으로도 충분히 문학가의 영예를 가질 수 있는 것이다.[2)]

그에게 8 · 15해방은 가치 판단의 근거로서 강력한 역할을 발휘한다. 이후에도 살펴보겠지만 사회적인 여러 쟁점들에 대한 시론(時論)적 글에서나 문학비평에서도 그는 8 · 15라는 조건을 가치판단의 핵심 근거로 삼는다. 그에게 8 · 15라는 민족 해방의 현실과 8 · 15를 계기로 제기된 민족적 역사적 과제는 다른 모든 가치 판단의 기준에 앞서는 것이었다.

이것은 그가 그만큼 8 · 15에 대해 강한 자의식을 갖고 있었다는 것을 뜻한다. 물론 그것은 꼭 김동석에게만 해당되는 일이라고 보기는 힘들다. 당시를 살아가던 한국인 치고 8 · 15에 대한 경험이 충격적이지 않은 사람은 없었을 터이기 때문이다(그러나 충격의 내용과 질은 일제강점기에 어떤 삶을 살아갔느냐에 따라 다르다). 그런데 문인으로서 김동석의 경우는 조금 특별할 수 있었을 것이라는 추측은 가능하다. 그것은 그가 일제강점기에 본격적으로 문학 활동을 하지 않았다는 사실에서 말미암는다.

---

2) 김동석, 『문학과 생활』, 박문출판사, 1947, 101면. 인용문의 맞춤법과 띄어쓰기는 현대어법으로 고친 것이며 이후도 같다. '(…중략…)'은 편의상 인용자가 생략한 부분을 나타낸다.

이 점은 김동석의 비평을 이해하는 데 매우 중요한 측면으로 보인다. 그가 일제강점기에 문인으로서 본격적인 활동을 하지 않았다는 것은, 우선 당시 대다수 문인들이 마음속에 가질 수밖에 없었던 친일 행위의 심리적 부채감으로부터 원천적으로 자유롭다는 사실과 연결되기 때문이다.

당시 기성 문인이라면 자의건 타의건, 또 긍정했건 부정했건 친일 행위와 어떤 방식으로라도 관계되어 있는 사람들이었다.[3] 주지하는 바와 같이 일제 말기 조선에서 문인으로 살아가기 위해서는 어떤 방식으로건 일제 당국의 파쇼 정책과 연관될 수밖에 없는 상황이었다. 문인으로서의 삶을 포기하거나 혹은 해외로 망명하지 않는 이상, 설령 두메 산골에 숨어살아도, 그들은 이런 저런 명분으로 문인들에게 자신들의 전시 정책에 참여하도록 강요하였던 것이다. 그런 사람들이 해방을 맞이했을 때의 착잡함, 자기 반성은 해방 직후 문학 활동에서 어떻게든 작용할 수밖에 없었던 것이다. 최재서는 절필을 선언했고 채만식은 「민족의 죄인」이라는 소설을 썼다. 속칭 '봉황각 좌담회'라고 불리는 「문학자의 자기비판」이라는 좌담회 역시 문인들이 일제 말기 자신들의 행적에 대해 상당한 자의식과 부채의식을 갖고 있었음을 단적으로 보여주는 사건이었다.[4]

이에 반해 잡지와 신문에 수필 몇 편과 짤막한 평론 한 편을 실

---

3) 문인들의 친일행각이 얼마나 전 문단에 걸쳐 행해지고 있었는가는 임종국의 『친일문학론』(평화출판사, 1966)에서 일찍이 밝혀진 바 있다. 이는 역으로 그만큼 일제 당국의 압력과 협박이 얼마나 철저했었는가를 반증해주는 사실이기도 하다.

4) 한설야 · 이기영 · 김사량 · 이태준 외, 「문학자의 자기비판」, 『중성』 창간호, 1946.

은 게 전부였던 김동석을 본격 문인이라고 하기는 어려웠고 문인으로서의 대중적 인지도 역시 거의 없었다. 그는 문인으로서 친일 행위를 할 이유가 없었던 셈이다. 따라서 김동석은 8·15해방을 해방 그 자체로 맞을 수 있었다. 일제시대 문인으로서 자신의 행위에 대한 자의식, 혹은 부채의식이 없었으므로 그는 세상에 대해 당당할 수 있었다. 아니 오히려 많은 문인들이 일본어로 창작을 하던 시기조차 그는 한국어로 남몰래 시를 쓰고 수필을 써왔던 것이다.

8·15는 그런 의미에서 김동석에게 문학 행위의 첫출발이라고 말하기에 충분하다. 이 사실은 또한, 그가 이른바 '문단'이라는 문인들의 집단에서 비교적 자유로울 수 있었다는 사실도 아울러 의미한다. 그가 평론을 본격적으로 시작한 것은 '문단' 내의 이런 저런 그룹이나 인연과는 관계없는 자리에서였다. 그는 자신의 사재를 털고 친구인 박문서관 사장 노성석의 도움을 받아 『상아탑』이라는 주간지를 발간하면서 비평적 활동을 본격적으로 시작하였다.[5] 누구의 소개로 문예지의 지면을 얻거나 혹은 문인추천제도나 등단제도를 통해 문단에 나온 사람이 아니었다. 또 김동석의 이력

5) 『상아탑』은 의외로 학계의 주목을 받지 못하는 것 같으나 해방 직후 매우 중요한 문학적 자료이다. 순수문학을 표방한 김동석은 이 잡지를 통해 박두진·조지훈·박목월에게 상당한 지면을 할애해, 청록파라는 이름을 갖게 한 『청록집』의 많은 시들이 이 잡지를 통해 처음 발표되는 기회를 제공하기도 했다. 박목월의 「나그네」가 그 대표적 예이다. 이 외에도 오장환·배호(裵湖) 등이 주요 필진으로 자주 등장하고 있다. 이 잡지는 1945년 12월 창간되어 1946년 6월까지 7호를 내고 더 이상 발간되지 못한 것으로 보인다. 타블로이드판에 주간지 형식을 내걸었지만 당시 사정에서 주간이 꼬박 지켜지기는 힘들었을 것이다. 5호부터 월간지로 전환하였다가 7호로 종간되었다. 6호까지는 김동석이 주간을 맡은 것으로 되어 있고 7호는 배호가 주간을 맡으며 사무실도 이전한다.

자체가 그럴 위치에 있지도 않았다. 이미 경성제대 시절부터 천재로 소문나 있었고 당시로서는 드물게 대학원까지 마친 보성전문학교의 교수를 추천하고 말고 할 계제가 아니었던 것이다.

그런 까닭에 식민지시대부터 많은 문인들과 교유가 있었던 것도 아니었고 카프(KAPF) 계열의 문인이나 이른바 일제 말기에 등단한 신세대 문인들과도 특별한 연관을 갖고 있지 않은 상태였다. 일제 말기 세대 논쟁을 통해 기성 문인들과 신인 문인들 사이의 대립이 문단 내부에 존재하고 있었다는 점, 카프라는 문학운동 단체, 구인회(九人會) 같은 문인들의 모임 등과 연관하여 문단 내의 관계는 복잡하다면 복잡한 그룹들로 얽혀 있었다고 할 수 있겠는데, 김동석은 이런 관계로부터 자유로웠다. 그는 요즘말로 문단권력의 주변에 머물고 있었던 사람이며 제도적인 문단의 흐름과는 관계없이 자신의 신념을 곧이곧대로 표방할 수 있었다. 그가 『상아탑』을 비롯한 여러 잡지의 지면을 통해 다른 문인들에 대해 가감 없이 비판적일 수 있었던 것, 그리고 그들의 작품에 대해 편견 없이 비평을 할 수 있었던 힘은 이런 그의 위치와 무관하지 않을 것이다. 그는 8·15 이후 등장한 신인이었던 것이다.

그런 이유로 해방 직후 김동석의 비평을 살펴보는 일은 다른 문인들에 비해 남다른 의미를 갖는다. 해방 직후라는 특수한 상황에서 새롭게 문학을 시작한 지식인 문인이 어떻게 당대의 현실과 맞대결해 갔는가를 탐구하는 일은, 해방기의 문학적 움직임을 김동석이라는 존재를 통해 객관적으로 드러내는 일인 것이다.

예를 들어 임화가 해방 직후에 어떤 문학적 활동을 펼쳤고 어떤 이론을 내놓았는가, 혹은 김동리, 아니면 이태준이 해방 직후 보여준 문학적 지향을 알아보는 일은 일정 부분 식민지시대 그들의 문학적 활동과의 연관 속에서 탐구되어야 할 일이다. 식민지시대부터 해방 이후까지 변화와 지속이라는 요인들이 거기에서 고려되어야 하고 해명되어야 한다는 점에서 해방 이전의 문학적 성과는 해방 이후와 무관하게 다뤄질 수는 없는 것이다. 그건 그들 스스로가 문학적 활동을 하는 과정에서도 마찬가지였을 것이다. 해방 이후를 살아가는 문인이라면 자신의 문학적 활동과 지향이 해방 이전과 관련하여 어떤 자의식으로 작용하고 있었을 것이다.[6)]

그러나 김동석은 기성문인들과는 다르게 비교적 선입관과 편견 없이 당시의 현실을 지식인의 입장에서 있는 그대로 받아들일 수 있었던 드문 예에 속한다. 그런 점에서 김동석의 문학적 행로는 해방 직후의 문학적 상황에 어떻게 지식인이 대응해갔는가를 잘 보여주는 사례라고 할 수 있다. 그렇게 본다면 김동석을 무조건 좌익 평론가라고 무슨 딱지 붙이듯 규정하는 것은 옳지 않다. 아니, 해방 직후 문단 내의 대립을 단순히 좌와 우의 대립으로 규정해서 그것이 마치 이데올로기의 문제로만 귀속되는 것처럼 이해하는 관점부터 잘못된 접근 태도라고 해야 할 것이다. 특히 해방 직후 우리의 상황을 생각해 보면 더욱 그렇다. 결국 김동석과 같은 문제적 개인이 해방 직후라는 혁명적인 상황과 현실을 맞아 어떤 문학적 입장과 지향을 통해 동시대를 살아갔는가는 해방 직후 한국문학 비평사의 한 자리를 해명하는 일과 다르지 않다.

---

6) 이태준의 「해방전후」는 그런 자의식을 잘 보여주는 사례에 든다고 할 것이다.

3. 순수문학의 개념

두루 아는 바와 같이 김동석은 『상아탑』이라는 잡지를 직접 주재하면서 당시 기존 문단에 대해 매우 비판적이었다. 그가 공격 대상으로 삼지 않는 문인 그룹은 거의 없었다. 그는 특정 그룹이나 문학적 지향을 문제삼기보다는 작품을 최우선의 비평 대상으로 삼았다. 이광수와 이태준·정지용·임화·김동리에 이르기까지 그는 '문학의 순수성'을 표방하면서 이념을 가리지 않고 숱한 문인들을 비판했다. 이것은 그가 해방된 나라에서 문학의 역할에 대해 나름의 신념을 분명히 갖고 있었기 때문에 가능한 일이었다. 그가 지향한 것은 순수문학이었는데, 『상아탑』을 발간한 것도 자신의 순수문학에의 지향을 사회적으로 파급시키고자 한 의도가 크다.

그런데 김동석이 순수문학을 주장한 사실 때문에 마치 그가 처음에는 순수문학을 주장하다가 좌익으로 돌아선 이후에는 오히려 순수문학을 공격한 것으로 이해되는 사실이 종종 있는데,[7] 그것은 김동석의 순수문학 개념을 잘못 이해한 데에서 비롯된다. 일반적으로 우리가 알고 있는 순수문학의 개념은 순수-참여의 대립항으로서의 '순수문학'이다. 순수문학을 옹호하는 사람들은 근본적으로 문학의 현실 연관성에 동의하지 않으며 문학이 사회 현실의 문제

---

7) 조연현이나 이헌구 등 당시 청년문학가협회에 관계한 인사들이 그렇게 언급한 이후 그런 통념들이 널리 퍼지게 되었다. 조연현의 「해방문단 20년 개관」(『한국신문학고』, 문화당, 1966)과 이헌구의 「해방4년문화사-문학편」(『민족문화』, 1948.10)을 참조.

에 대해 발언하는 것을 문학의 도구화로 규정하여 거부한다. 문학은 문학 나름의 고유의 영역이 있으므로 사회 문제에 대한 발언이나 참여는 문학의 고유성을 훼손하는 일이라고 생각한다.8)

그러나 김동석이 생각한 순수문학의 개념은 조금 다르다. 김동석이 『상아탑』 창간호를 발간하면서 일종의 창간사라고 할 수 있는 「문화인에게」라는 글에는 그가 지향하는 순수의 정신이 잘 드러나 있다. 조금 길지만 인용해 보겠다.

> 끊일 듯 말 듯 간신히 이어온 조선의 문화. 그것은 '사실의 세기'인 현대에 있어서 너무나 빈약한 존재라 아니할 수 없다. 고려교향악단이 한국 민주당 결성식에 반주를 하고 경성삼중주단이 프로 예술을 표방하게 된 것이 다 그들 문화인이 약한 탓이다. 불연(不然)이면 불순한 탓이다. 음악가는 무엇보다 순수해야 할 것이 아니냐!
>
> 제위(帝位)에 오르라니까 더러운 소리를 들었다고 강물에 귀를 씻은 이도 있고 불의를 피하여 산 속으로 달아나 고비, 고사리만 먹다가 굶어 죽은 이도 있다. 이것이 '동양의 양심'이다. 조선의 문화도 이렇게 양심을 가진 예술가와 학자가 남몰래 슬퍼하며 기뻐하면서 창조를 게을리 하지 않았기 때문에 가늘면서도 길 수가 있었던 것이다. 혁명가와 더불어 이러한 문화인들이야말로 현대 조선 인텔리겐차의 정수분자(精髓分子)라 할 수 있다. 조선의 문화는 이들 손에 달려 있다.
>
> 문화라는 것은 경제와 정지란 흙 속에서 피는 꽃이기 때문에 상업주의가 단말마의 발악을 하고 있는 이때에 상아탑을 지키기는 불가능에 가깝다. 하지만 양심적인 문화인이 단결하여 경제적인 협위(脅威)와 정치적인 압박과 싸워 나가면 반드시 조선의 인민이 지지할 때가 올 것이다.9)

---

8) 이런 순수문학의 개념이 본격적으로 형성되는 것은 일제 말기 세대 논쟁으로까지 올라간다. 이에 대해서는 김영민의 『한국근대문학비평사』(소명출판, 1999)와 『한국현대문학비평사』(소명출판, 2000)를 참조할 것.

9) 김동석, 「문화인에게」, 『상아탑』 창간호, 1945, 1면.

이처럼 김동석은 문화와 예술의 자기 역할과 영역을 분명히 하고 세상의 세속적 가치에 섞여 들어서는 안 된다고 생각하고 이를 '순수'와 '상아탑'이라는 개념에 담았다. 그가 말하는 세상이란 정치와 경제의 논리로 가득 차 자신의 이익에만 눈이 먼 사람들이 활개치는 곳이다. 해방 직후 그의 눈에 벌어지는 온갖 쟁투들은 시절이 혼란한 틈에 뭔가 한 몫을 챙기려 들거나 정치권력을 서로 먼저 차지하려드는 아귀다툼의 장으로밖에 보이지 않았던 것이다.

정당과 사회단체는 우후죽순 격으로 생겨나고 일제강점기에 억압되었던 민중들의 생활에 대한 요구는 분출하였으며 사상 초유의 인플레로 곡가가 4개월 만에 30배로 급등하던 것이 해방 직후 상황이었다. 김동석은 이런 상황에서 문화예술인들이 취할 자세는 이런저런 이권의 다툼 속에서 떨어져 나오는 것이었다. 그 현장 속에 얽혀 들어가는 것 자체가 문화의 순수성을 잃는 일이라고 생각했던 것이다.

그가 '상아탑'이라는 공간을 상상적으로 만들어낸 것은 그런 현실과 절연하기 위한 의도에서였다. 그는 상아탑이 '사회를 향해 시탄(詩彈)을 내쏘고, 전쟁을 공격하는 토치카이며, 문화의 씨를 뿌리는 온상'이라고 말하면서 지금 같은 시국에 예술가와 학자, 문화인들이 있을 곳은 상아탑이라고 말한다.

요컨대 그는 문학이나 예술이 사회 현실의 다툼에 직접적으로 연관되는 것을 거부하는 의미에서 문화의 순수성을 옹호한 것이었다. 그러면서 그는 문화예술인들이 현실의 엄중함을 제대로 인식해야 함을 오히려 역설하고 있는 것이다. 즉, 그는 현실과 절연된 자기만의 성소(聖所)로서의 상아탑을 통해 문화의 순수성을 주장한 것이 아니었다.

> 서울 같은 데서 가장 정치를 아는 체 떠들어대는 인텔리겐차의 주관이 외국통신(外國通信) 하나로 이리 뒤뚱 저리 뒤뚱 하는 것을 볼 때 그들을 상아탑에다 잡아 가두고 싶은 생각이 어찌 안 나겠느냐. 조선의 역사와 운명은 조선 인민의 혈관 속에 흐르고 있는 것이어늘 그들 속에 들어가 그들의 손을 잡지 않고 부동하고 있는 인텔리겐차여, 선불리 정치를 건드리지 말라.[10]

위에서 보듯이 김동석의 '순수' 개념은 무작정 현실과 절연하자는 의미는 아니다. 그는 오히려 현실과 단절하고 있는 문학 작품에 대해 매우 비판적이다. 현실을 혐오하고 자기만의 별 세계를 만들어 거기에 안주하려고 하는 자세에 대해서 그는 동의하지 않았다. 정지용을 논하면서 김동석은 그가 상아탑을 도피처로만 알아서 문제라고 지적한다. 그가 걱정하는 것은 현실의 세속적 논리에 문화인들이 휘말려 들어가는 것, 그래서 자신의 의도와 관계없이 정치적이고 권력 지향적인 현실에 대해 개입해 들어가는 상황이다. 해방 직후라는 예외적 현실은 김동석의 이런 우려를 단순히 우려에 그치지 않도록 만들었던 것도 사실이다.

이런 그의 독특한 태도는 해방 직후 이른바 좌·우 문학 단체를 가리지 않고 비판하는 그만의 입장을 낳는다. 이런 저런 문인 단체들이 결국은 혼란스러운 해방 직후 정치 지형에 얽혀 들어가고 있다는 것이 그의 판단이었던 것 같다. 그러나 조선문학가동맹이 결성되고 청년문학가협회 등이 결성되어 문단의 판도가 어느 정도 정리되는 1946년 중순경에 이르면 그의 순수문학관은 보다

---

10) 김동석, 「상아탑」, 『예술과 생활』, 박문출판사, 1947, 201면.

더 뚜렷한 입장으로 정리되기에 이른다.

「비판의 비판—청년문학가에게 주는 글」은 그런 점에서 김동석 평론에서 중요한 위치를 점하는 글이다. 이 글에는 그가 이 시기에 생각하는 문학에 대한 관념이 비교적 일목요연하게 정리되어 있다.

우선 그는 청년문학가들이 주장하는 문학의 순수성에 대해 이해할 수 있다는 입장을 보인다. 그러나 동시에 문학은 시대성을 가져야 한다는 점을 빠뜨리지 않고 강조한다.

현재는 문인이 문학만 하면서 밥을 먹을 수 있는 상황은 아니라는 것, 물질적 자유를 최대한 확보하는 것, 그를 위해 조선의 민족 문제 해결에 전력을 기울이는 것이 핵심 과제라는 것이다. 이런 상황에서 청년문학가들이 민족보다 문학을 위하는 것은 민족적인 과오를 범하는 일이며 그런 과업에 생명과 같은 문학을 버리고 나선 문학가동맹 소속 문인들의 애국심을 칭송은 못할지언정 욕해서는 안 된다고 일침을 놓는다.

김동석은 차라리 청년문학가협회 회원들이 문학의 순수성을 주장하고 그것에 충실하겠다고 선언한다면 그 솔직한 태도를 받아들일 수 있겠는데 그들은 그렇지 않다고 생각한다. "자주독립촉성을 위해서 순수문학을 한다는 데는 그 의도를 의심할 수밖에 없다"는 것이다. 김동석이 보기에 그것은 순수성을 표방하면서 정작 실제에 있어서는 순수치 못한 행위였다. 김동석이 생각한 순수문학이란 그런 것이 아니었다.

이 글을 계기로 김동석은 자신의 순수문학 구호를 거둬들이는 것으로 보인다. 명민한 김동석으로서는 더 이상 순수문학이라는 용어가 자신의 의도대로 이해되기 힘든 상황임을 몰랐을 리 없다. 대신 그는 이 글에서 문학가동맹의 강령을 조목조목 나열하면서 적극적으로 옹호하는 자세를 보인다. 당시 조선문학가동맹이 강령으로 내걸었던 것은 ① 일본 제국주의 잔재의 소탕, ② 봉건주의 잔재의 청산, ③ 국수주의의 배격, ④ 민족문학의 건설, ⑤ 조선문학의 국제문학과의 제휴였다. 그에게 이제 중요한 것은 민족문학의 문제였다.

4. 민족문학의 길

김동석이 조선의 민족 문제에 대해 관심을 더욱 강하게 갖기 시작하는 것은 1946년 들어서면서부터로 추측된다. 1945년 12월 13일 조선문학가동맹이 결성되어 민족문학을 내세운 것도 그 계기가 되었을 것이다. 게다가 1946년 4월 4일 청년문학가협회가 결성되면서 순수문학을 전면에 내세우자 그는 문학의 순수성을 적극적으로 거론하지 않는다. 이때부터 그는 김동리류의 순수문학과 제3 세계관에 대해 비판적인 입장을 취한다. 김동석에게는 그들의 순수문학이 순수하지 않은 것은 물론 겉으로 민족문학을 표방하면서도 당시 조선 민족이 당면한 역사적 과제에 대해서는 맹목이었다는 점을 간과할 수 없었을 것이다.

어쨌거나 앞 절에서 간단히 언급한 것처럼 그가 이 당시, 즉

1946년 넘어서서 쓴 글을 보면 글의 모든 주제가 조선문학가동맹의 강령과 맞닿아 있음이 드러난다. 특히 그는 일본 제국주의 잔재의 소탕과 봉건주의 잔재의 청산에 대해 힘을 기울여 주장한다. 그가 민족 문제에 대해 관심을 갖는 것도 바로 이 두 가지 문제가 당시 조선의 현실을 타개하는 데 가장 중요한 역사적 과제임을 인식했기 때문이었다. 게다가 당대의 시대적 과제를 간단명료하게 요약한 문학가동맹의 강령은 김동석에게도 영향을 미쳤을 것이다. 그는 이런 관점에서 문학 평론 이외에도 각종 사회 문제에 대해 왕성한 필력을 자랑하며 시론(時論)적인 성격의 글을 발표한다. 그가 사숙한 매쓔 아놀드처럼 그는 단순한 문학평론가의 자리를 넘어서 해방 조선의 민주주의적 발전을 둘러싼 사회적 이슈에 대해 적극적인 발언을 한다. 다음 인용은 당시 그가 조선의 현실을 어떻게 인식하고 있으며 그가 왜 그토록 일본 제국주의 잔재의 소탕과 봉건주의의 청산에 나서게 되었는가를 이해하게 해준다.

> 그러나 8·15 이후 조선이 부르주아 데모크라시의 나라가 되는 것을 반대한 자들이 많았다. 봉건주의자가 자본가 민주주의를 싫어하는 것은 당연한 일이다. 하지만 조선의 자본가들이 지주계급과 합세하여 건국을 방해한 것은 어찌된 심판이냐? 그것은 지극히 간단한 문제이다. 양심적 자본가가 아니었다는 데 있다. '일제'의 덕택으로 자본가가 된 자들은 여전히 일제적인 질서의 존속을 꾀하여 봉건주의와 더불어 보수주의자가 된 것은 무리가 아니다. 즉 조선 민족이 조선 민족을 위한 조선 민족의 부르주아 데모크라시의 나라를 건설하는 아침에는 자기네들의 봉건적 또는 독점적 지반이 없어진다는 것을 그들은 누구보다 잘 알고 있기 때문이다. 일본인이 없어졌으니 천하는 응당 자기네들이 차지할 것이라는 것이 그들의 야심인데 쇠사슬이 풀려지자 죽은 줄 알았던 조선인민이 자유와 평등을 외치고 일어섰으니 그들이

인민을 미워하게 되고 금권(金權)과 지능(知能)을 총동원시켜 인민을 누르려 한 것은 봉건 지주나 친일 자본가다운 것이라 아니 할 수 없다.[11]

위의 인용문은 왜 일본 제국주의 잔재와 봉건주의의 청산이 해방 조선에서 동등한 역사적 과제로 대두되었는가를 알 수 있게 해주는 대목이다. 해방을 맞은 조선으로서는 식민지 상태에서 봉건주의가 제대로 극복되지 않은 여건에서 자본주의도 정상적으로 발전하지 못한 상황이므로 이 두 가지의 역사적 과제를 동시에 해결해야 할 처지에 놓여 있었다. 요컨대 봉건주의적 유제를 청산하면서 정상적인 자본주의의 발전을 동시에 이뤄내는 것이 정치·사회·경제·문화적으로 시급한 과제였다. 그래야만 해방 조선이 정상적인 자주독립국가로 발전할 수 있는 기본틀을 갖추는 것이었다. 김동석의 모든 글에는 이런 현실 인식이 밑바탕에 깔려 있다. 왜냐하면 그런 주장과 인식들이 작품을 분석하고 비판하는 데에서도 일관되게 드러나고 있기 때문이다.

그는 이런 저런 작가론과 작품론을 쓰면서 한 편으로는 친일 잔재와 봉건주의, 그리고 순수문학을 표방한 국수주의에 대해 신랄한 공격을 하고 다른 한편으로는 민족문학의 지향점들을 작품을 통해 규명하였다. 해방 직후 김동석만큼 실제 작가와 작품에 대한 실천비평을 충실하게 행한 평론가도 드물다.[12] 온통 이론과

---

11) 김동석, 「민족의 자유」, 위의 책, 127면.

12) 김동석의 비평은 식민지시대 비평가들의 그것과 비교해 보면 조금 다른 측면들이 나타난다. 그것은 그가 그만의 방법론으로 탄탄한 작가론을 써내려가고 있다는 사실과 무관하지 않는다. 식민지시대 비평가 중에서 한두 명을 제외하고 김동석처럼 실제 비평에서 뛰어난 평론가는 없는 것 같다. 김동석의 비평은 유려한 문장과 방법론, 그리고 실천비평의 측면을 고려할 때 문학장르로서 본격

이념 투쟁의 장이었던 해방 직후 비평사에서 김동석은 작품과 작가에 대한 비평을 통해 자신의 입장을 드러낸 드문 사례였다. 그가 일시적 유행과 분위기에 휩쓸려 평론을 한 것이 아니었음을 알 수 있게 해주는 대목이다.

특히 김동리 등 순수문학을 표방한 작가들의 작품에 대한 분석과 비판은 매우 신랄하면서도 순수문학의 허점을 예리하게 드러내고 있다. 김동석은 순수문학이 일제 치하에서 차지하는 위치에 대해서는 부정하지 않는다. 일제 말기 순수문학은 "무저항의 저항으로서 훌륭한 반항"이었음을 지적한다. "다른 꽃이 모두 짓밟힌 뒤에 남은 가련한 꽃"이 순수문학이었다는 것이다.

김동석은 일제 말기 김동리의 대표작 「혼구(昏衢)」(1940)를 분석하면서 딸자식을 도의원(道議員)의 첩으로 들여보낼 수밖에 없는 현실과 그런 학생을 둔 선생 강정우의 절망적 현실 인식을 이해한다. 일제 말기는 모두 그렇게 살 수밖에 없었던 상황이었던 것이다. 그러나 그는 그런 현실에 대한 김동리의 접근에 대해서는 매우 비판적이다. 문제의 본질(인간이 놓여 있는 물질적 조건)을 외면하고 그가 '개성과 생명의 구경'에서 현실을 파악하려는 것은 잘못이라는 것이다. 넋두리 같은 관념론으로 이런 현실은 절대 변화될 수 없다는 것이 김동석의 주장이다.

더구나 이제 해방이 되었다면? 그렇다면 상황은 달라지는 것이

평론의 모습을 갖추고 있었다고 보아야 할 것이다. 더 많은 연구가 뒤따라야 하겠지만 우리 문학사에서 비평이 독자적 장르의식을 갖고 제 모습을 갖추기 시작하는 것은 1930년대 후반으로 보인다. 김동석 비평의 문학사적 위치는 이런 점에서도 조명되어야 할 것이다.

다. 「혼구」에서와 같은 현실을 벗어나기 위해 모두 함께 노력할 수 있는 시대가 8·15해방인 것이다. 그럼에도 불구하고 김동리는 순수라는 이름 아래 여전히 개성과 생명, 구경을 들먹이는데, 과연 그것이 순수이겠느냐는 것이 김동석의 기본 인식이다. 그렇게 해서는 엄중한 민족 현실을 타개해나갈 수 없으며, 종국에는 또다시 과거처럼 식민지와 같은 상황이 재연되지 말라는 법이 없는 것이다. 그것은 외세가 판치고 일제강점기 때 기득권을 얻었던 자들이 다시 득세하는 세상이 되는 것인데, 지금은 그런 상황을 어떻게든 막아내고 새 나라를 건설해야 할 때인 것이다. 김동리처럼 순수를 내걸 때가 아니라는 것이다.

> 호랑이를 그리려 해도 개가 되기 쉽겠거든 굳이 관련되는 모든 문제를 문제삼아 해결하려는 문학을 버리고 하필 왈 순수문학이냐? 그것은 다름 아니라 조선문학이 일제의 탄압 때문에 문제를 국한하지 아니치 못할 슬픈 운명에서 나온 것이다. 다시 말하면 일제의 압박에 못 이겨 기형적 작가가 된 김동리 같은 위축된 '한 개 모래알만한 생'에서 빚어진 것이 순수문학인 것이다. 그러나 8·15가 왔다. 조선문학이 무슨 문제든지 문제삼고 해결하려고 노력할 수 있는, 다시 말하면 민족문학을 수립할 때는 왔다. 학숙(「昏衢」의 여주인공—인용자)으로 하여금 혼구를 헤매게 한다든지 학란(「다음 항구」의 여주인공—인용자)으로 하여금 다음 항구 카페에서 술과 담배를 먹게 한다든지 또는 낭이로 하여금 무녀도를 그리게 한다든지 하는 것으로 소설을 끝막을 필요가 없는 조선—누구나 '개성과 생명의 구경에서' 행동할 수 있는 조선이 바야흐로 도래하련다. 아니, 반은 이미 도래하였다.
>
> 가야 된다, 가야 된다!
>
> 김동리 홀로 민족과 민족문학을 두고 어디로 가려는 것인가.[13]

---

13) 김동석, 『부르조아의 인간상』, 탐구당, 1949, 59~60면.

김동석은 이렇게 순수문학을 표방하는 작가들을 일면 비판하면서도 그들이 민족문학의 대의에 함께 할 수 있기를 촉구하였다. 김동석은 적어도 이들 작가들이 민족문학 진영에 함께 할 수 있는 가능성을 이 무렵까지 생각하고 있었던 것으로 보인다.[14)]

이에 비해 일제 말기 친일 행각을 펼치고도 반성할 줄 모르는 문인들에 대해서는 매우 혹독하리만치 비판적이다. 예를 들어 박영희나 이광수를 언급할 때 김동석은 여전히 일제 말기 개명(改名)된 창씨(創氏)로 그들을 지칭하면서 신랄한 태도를 취한다. 김동인의 「춘원연구」(1938) 이후 본격적인 이광수론으로는 두 번째라고 할 수 있는 김동석의 「위선자의 문학―이광수론」은 우리나라에서는 정신분석적 비평 방법을 처음으로 시도하여 이광수의 문학과 문학하는 태도를 분석한 글이다.

김동석은 이광수가 일제강점기 아래 향산광랑(香山光郎)으로 개명하여 친일행각을 보인 것은 일단 뒤로하고 문학만을 가지고 그의 본질을 밝히겠다고 전제하면서 그의 문학을 자기 도취에 빠진 문학, 시대에 따라 표변하는 기회주의, 궁극적으로는 그의 리비도가 표출되는 줄도 모르는 채 자신의 리비도를 드러낸 문학으로 정리한다.

> 민족이란 말을 그는 즐겨 쓰지만 그때나 이때나 수단으로 쓰는 데 불과하다. 선의(善意)로 해석하면 춘원은 허공에 무지개빛 같은 이상을 환각으로 보는 모양인데 그것이 따지고 보면 거울에 비친 자기의 얼굴이거나 성욕의 변형이거나 하는 것에 지나지 않는다는 것을 의식 못하는 사람이다. 춘원을

---

14) 이 글이 쓰여진 것은 1947년 9월이고 발표된 것은 같은 해 11월 『신천지』를 통해서이다.

철두철미 유심론자로 만든 원인이 실로 그 아내도 만족을 주지 못한 '불타는 애욕'에 있는 것이다. 다시 말하면 대상을 발견하지 못한 성욕이 춘원의 본질이다.[15]

이렇듯 김동석은 매우 신랄하고도 가혹하게 이광수의 문학을 비판한다. 그는 이광수의 논설과 문학 작품 전반을 거론하면서 이광수 문학의 위선적인 측면을 분석하고 그것이 자기 욕망의 그릇된 투영의 결과물임을 지적하였다. 이런 그의 주장은 작품의 실례를 조목조목 인용함으로써 타당한 근거를 얻고 있다. 특히 그는 해방 이후 발표된 『나』와 『돌베개』를 집중 분석하는데 이광수가 자신의 친일 행각에 대한 자의식조차도 결여되어 여전히 주관적인 자기 도취와 욕망 속에 갇혀 있다고 지적한다. 여기에서 김동석은 『나』와 『돌베개』를 통해 잠재된 이광수의 무의식과 욕망을 분석하여 그의 문학 작품을 리비도의 표출로 해석해낸다. 억압된 성적 욕망과 자기 도취가 민족 이데올로기와 왜곡되게 결합된 결과라 이광수의 문학이라는 결론이다.

나는 선의로 해석하여 춘원이 일생 거울에 비친 자기 얼굴에 황홀[해]하거나 어여쁜 여자의 환상을 껴안고 자거나 또는 성욕을 누르려고 애국자인 체도 하고 기독교도인 체도 하고 불교도인 체도 하였기 때문에 민족이 무엇이며 어떻게 해야 민족을 위하는 행동이 된다는 것을 몰랐다고 본다. 자기의 이해와 민족의 이해가 일치되는 사람은 손발을 움직여 역사의 수레를 전진시키는 사람, 즉 노동자 농민을 주체로 하는 인민뿐이다. 춘원 같은 '붓 한 자루'만 가지고 중류 이상의 안이한 생활을 하면서 자기의 이해에 따라서 이렇게도 글을 쓰고 저렇게도 글을 써가지고 민족을 지도하는 것처럼 착각

15) 김동석, 앞의 책(『부르조아의 인간상』), 86면.

한 데서 그의 희비극(喜悲劇)이 원인하는 것이다.[16]

이제 김동석은 이런 이광수가 새로운 외국 세력에게 아첨하고 방공주의(防共主義)와 결탁하려 한다고 비판한다.

이렇게 그는 민족문학을 표방하면서 일제 잔재와 봉건주의를 청산하고 국수주의와 맞서 싸우는 일을 비평의 최대 목표로 삼았다. 그의 비평은 어려운 개념을 동원하는 것이 아니라 해방 직후 우리가 당면하였던 역사적 과제와 현실 개혁의 문제들을 가치 판단의 주요한 거점으로 삼아 작품을 분석하고 평가하였다. 김동리의 순수문학이 해방 직후 역사적 과제를 어떻게 외면하고 있고 이광수의 문학 작품과 그의 윤리관이 그의 삶의 편력과 관련해서 어떤 허점과 자기 모순에 놓여 있는가를 분석하였다.

비단 이광수와 김동리만이 아니라 유진오와 임화, 김광균과 정지용, 이태준의 작품도 그의 비평적 감식안으로는 비판을 벗어나지 못하였다. 특정한 이념을 떠나 그는 문학의 작품성에 대해서는 매우 엄정하였다. 물론 작가가 지향하는 세계관의 중요성을 그는 부인하지 않았지만 그것만으로 작품이 될 수 없음을 모르지 않았다. 「폭풍의 역사」와 「농민의 비애」를 쓴 안회남의 비약적 발전에 대해 기뻐하면서도 작가의 관념이 작품 속에 녹아 있지 못한 점을 아쉬워하였다.

그의 이런 비평 태도 뒤에는 그가 대학에서 배운 매쓔 아놀드의 비평관이 존재한다. 아놀드는 비평의 책무를 '대상을 실재하는 그대로 보는 것과 세계에서 알려지고 사색된 가장 좋은 것을 배우

16) 김동석, 위의 책, 96면.

고 퍼뜨리려는 공평무사(公平無私)한 노력'으로 정리했다. 김동석은 사실(事實)의 세기이자 과학의 시대인 현대에 문학은 생활을 무시하고 따로 존재할 수 없으며, 생활의 진실을 과학적으로 표현하여야 한다고 생각하였다. 김동석은 당시 조선의 상황에서 생활과 사실을 진실대로 파악한 결과가 민족의 자주독립이었고 그를 위해 일본 제국주의 잔재와 봉건주의의 청산이 필요하다고 본 것이었다. 매쓔 아놀드의 비평관을 조선의 상황에서 창조적으로 재해석한 결과였다.

그는 이런 생활의 진실에 눈감은 문학, 실재하는 문제를 호도하는 문학에 대해 여지없이 비판의 칼을 들었다. 그런 점에서 그가 생각하는 민족문학은 현실의 문제를 충실하게 재현하고 그것을 해결하려는 작가의 고민이 담겨 있는 문학이었다. 당시 현실의 문제는 곧 민족의 문제였던 것이다. 요설(饒舌)과 관념의 언어를 동원하여 표면적으로는 아름답고 거창하지만 알맹이는 허망한 그런 문학에 대해 그는 누구보다도 치열하고 끈질기게 싸워나갔던 것이다.

5. 역사의 교훈

지금까지 우리가 살펴본 것처럼 김동석은 해방 직후에 본격적으로 문학 활동을 전개한 문학평론가이다. 그는 다른 기성 문인들과는 달리 일제 말기 친일 행위로부터도 자유로웠고 문단 내의 이런 저런 그룹들과도 특별한 관계를 맺고 있지 않았다. 그런 까닭에 그는 당당하게 그리고 어떤 편견이나 선입관 없이 문학 활동을 할 수 있었다. 더구나 해방이라는 현실적 상황은 그에게 비평의 원점과도 같아서 그가 이후 비평 행위를 할 때 가장 중요한 현실적 근거와 가치판단의 기준으로 작용하였다.

그는 해방 직후 순수문학과 그것을 구현한 상아탑의 정신을 표방하면서 문화인, 지식인들이 해방 직후 혼란스러운 상황에서 현실의 세속적인 논리나 권력 따먹기 같은 정치 논리에 휘말려서는 안 된다는 점을 강조하였다. 김동석의 순수문학은 그런 점에서 김동리 등을 중심으로 주창된 순수문학과는 궤를 달리 한다. 그는 오히려 문화인들의 현실에 대한 과학적 인식, 현실에 대한 편견 없는 개입과 비판을 문화의 순수성이라는 측면에서 옹호한다.

그러나 그는 1945년 12월 조선문학가동맹의 결성과 1946년 4월 청년문학가협회의 조직을 계기로 민족 문제를 본격적으로 거론하기 시작한다. 게다가 자신이 주장하였던 순수문학이라는 용어가 조선문학가동맹의 민족문학과 대립항으로 제기되자 순수문학을 거두고 민족문학의 수립을 적극 옹호한다. 해방 직후 노선의 표명을 명확히 해야 할 수밖에 없는 상황이 왔을 때 그는 문학가동맹의 노선을 좇은 것이다. 어떤 진영에 가담한다는 것은 문학을 위해 바람직스럽지 않은 것이었지만 해방 직후의 상황은 그를 더 이상 자유롭게 놔두지 않았다.

결국 1946년 이후 민족문학의 수립을 위해 일제 잔재와 봉건주의의 청산, 국수주의의 배격이라는 문학가동맹의 강령을 적극 실천에 옮긴다. 김동석은 각종 사회적 시론(時論)과 작가론 등을 잇달아 발표함으로써 이를 자신의 삶 속에 구현해 나아갔다. 이는 어찌 보면 자신이 배운 매쓔 아놀드라는 영국 비평가의 길을 김동석 나름으로 충실하게 구현한 것이라고도 볼 수 있다. 사실에 대한 과학적 인식, 실제에 대한 무사심하고 공평한 인식을 통해 현실에서 진리를 발견하는 것, 그리고 그것의 응집물이라고 할 수 있는 '생활'에 대한 비평적 표현이 그가 생각한 평론가의 길이었다.

냉전적 국제 정세의 고착화로 인해 국토가 분단되고 남한 내에서 극도의 이념적 억압이 구체적인 현실로 다가오면서 그는 결국 고향을 등지고 북으로 향할 수밖에 없었다. 그러나 그가 걸어갔던 문학평론가로서의 길은 민족문학의 갱신과 비평의 죽음이 심상치 않게 거론되는 오늘날, 다시금 되새겨 보아야 할 역사의 소중한 교훈이라 하지 않을 수 없다.

해방 직후[1] 순수문학 논쟁 연구

1. 순수 논쟁을 보는 시각

해방 직후 순수문학 논쟁을 정면으로 다룬 논문은 생각만큼 많지 않다. 1980년대 중반까지만 하더라도 대부분은 당시를 살았던 사람들에 의해 감정적 편견이 섞인, 혹은 냉전적 관점에 의해 심하게 왜곡된 회고담이거나,[2] 아니면 해방 직후의 문학 양상이나 현대

1) 해방 직후란 일반적으로 1945년 8월 15일부터 1948년 8월 15일까지를 가리킨다. 그런데 순수문학 논쟁은 單政 수립 이후까지도 지속되었으므로, '해방 직후 순수문학 논쟁'이란 엄밀한 의미에서 적절치 않은 명명이라 할 것이다. 그렇다고 1948년 8월 15일부터 1950년 6월까지를 또 별도의 독립된 시대로 설정하기도 난감해서, '해방 직후'를 해방으로부터 전쟁 전까지로 폭넓게 사용하였다.

2) 한국문인협회 편, 『해방문학 20년』(1966)에 실린 곽종원·조연현의 글과 백철

문학사를 서술하는 가운데 주마간산 격으로 지나치면서 언급하는 단편적 개괄이 보통이었다.[3] 이런 단편적 개괄도 그나마 분단체제에서 비롯된 이데올로기적 제약에서 자유로운 것은 아니었다. 한편 한국사회의 지배 구조와 모순을 지양하려는 학문적 움직임이 본격화되는 1980년대 중반 이후에도 순수문학 논쟁에 대한 관심은 그다지 높지 않았다. 분단 극복의 과제가 대두되고 그럼으로써 분단의 시작인 해방 직후에 대한 재조명이 활발하던 이 시기에, 냉전적 사고를 극복한 소장 연구자들은 당시 문학운동을 객관적으로 조명해보려는 노력의 일환으로 조선문학건설본부(이하 문건)와 조선프로레타리아문학동맹(이하 동맹)의 대립, 조선문학가동맹(이하 문맹)의 운동 노선과 민족문학론을 밝히는 데에 주력하던 터라,[4] 김동석(金東錫)·김병규(金秉逵) 같은 신진 소장평론가들이 김동리·조연현 등의 우익 논객들과 논쟁을 벌인 사실에까지 관심을 두지 못하였던 것이다.

그렇다고 이에 대한 연구가 그동안 전혀 없었던 것은 아니다. 임헌영·신형기·송희복의 논문이 그런 경우라 할 만한데,[5] 특히 임헌영과 신형기의 연구는 이 분야의 선편을 쥔 업적으로 아직 자

자서전, 『진리와 현실』(박영사, 1975)이 그 대표적 경우이다.

3) 김윤식의 『한국 현대문학사』(일지사, 1976)와 권영민의 『해방직후의 민족문학운동연구』(서울대 출판부, 1986)가 이런 경우에 속한다고 할 것이다.

4) 대표적인 연구 성과만을 들자면 김윤식 편의 『해방공간의 민족문학 연구』(열음사, 1989), 김재용의 『민족문학운동의 역사와 이론』(한길사, 1990), 하정일의 『민족문학의 이념과 방법』(태학사, 1993), 임규찬의 「8·15 직후 민족문학론의 민중성과 당파성」(『실천문학』, 1989년 가을) 등이 있다.

5) 임헌영의 「미군정기의 좌우익 문학논쟁」(『해방전후사의 인식』 3, 한길사, 1987), 신형기의 『해방직후의 문학운동론』(제3문학사, 1988), 송희복의 『해방기문학비평연구』(문학과지성사, 1993) 등.

료정리도 제대로 이뤄지지 못한 상태에서 당시 논쟁을 소개하고 다양한 자료를 발굴했다는 데에서 의미를 찾을 수 있으며, 송희복의 논문은 논쟁의 과정을 전체적으로 조감하고 묘사했다는 점에 의미를 둘 수 있을 것이다. 그러나 이들 논문들도 결국은 해방 직후 순수문학 논쟁을 개괄적으로 소개하는 차원을 넘어선 것은 아니다. 요컨대 순수 논쟁은 아직도 논쟁의 배경이나 과정 · 쟁점 등이 일관되게 정리되지 못한 실정인 것이다.

따라서 이 글은 논쟁의 과정과 쟁점을 분석 · 정리하는 것에 우선적인 목적을 두려한다. 필자가 보기에는 이런 정리와 분석 자체만으로도 나름대로의 의미는 있을 것으로 생각되는바, 그것은 지금까지 보아왔듯이 해방 직후 순수 논쟁이 이데올로기적으로 왜곡되었거나, 관심 영역의 밖이었다는 사정에서 말미암는다. 즉 쟁점을 정리하고 분석하는 것만으로도 그간의 이데올로기적 편견을 불식시키고, 논쟁의 의미를 본격적으로 조명하는 데에 초석을 마련하는 일이 되는 셈이다. 더구나 해방 직후 순수 논쟁이 지닌 의미가 그렇게 단순하지만은 않다는 점에서 이런 연구의 의미는 충분하다고 하겠다. 이 논쟁은 한국 근현대문학사의 숱한 논쟁들 가운데에서도 자기만의 독특한 의미를 형성하고 있는데, 그것은 이 논쟁이 해방 직후 좌우익의 대립의 실체를 보여준다는 점에서 그러하다. 그러나 단순한 좌우익의 대립으로 해방 직후 역사가 설명될 수 없듯이, 순수 논쟁 또한 좌우의 대립을 넘어 문학사에 있어서 분단 극복의 문제와 연결될 수밖에 없다.

또한 순수 논쟁은 최근 논의되는 근대성의 문제와도 무관하지 않다. 그렇지만 근대성 문제를 논의하기 이전에 당시 논쟁의 현실적 맥락과 쟁점을 해방 직후라는 상황 속에서 정리해내는 것이 일단 중요할 것 같다는 생각이다. 해방 직후 순수문학 논쟁을 다룸에 있어 가급적 자료에 대한 해석은 줄이고 논쟁의 과정과 쟁점을 정리하는 데에 의의를 두고자 한다.

이제 이 글은 논쟁을 검토하기 위해 시기별 · 논자별로 크게 세 부분으로 나눠 살펴보겠다. 우선 시기적으로는 1946년 7월경을 경계로 그 이전과 이후를 나누었는데, 이런 구분은 이 무렵을 전후하여 순수 논쟁이 본격화되고 있다는 판단 때문이다. 이와 아울러 한 가지 재미있는 사실은 이런 시기 구분이 해방정국의 변화와도 일치하고 있다는 점이다. 주지하다시피 기대를 걸었던 1차 미소공동위원회가 결렬된 후 단정(單政)을 주장한 이승만의 정읍발언이 1946년 6월에 있었으며, 다음 달에는 남로당이 신전술을 채택하는 등, 바야흐로 이 시기는 본격적인 좌우익의 대립이 공공연하게 표출되는 때였다. 이런 사실을 미루어보더라도 순수 논쟁은 당시 정세의 흐름과 무관하지 않았다.

아무튼 1946년 7월을 경계로 해서 그 이전을 일종의 논쟁의 전단계로 설정해서 대립의 잠재된 가능성들을 개괄적으로 검토하고, 이후는 김동리 · 김병규 · 김동석 · 조연현 등과 같은 논쟁의 대표적 인사들의 글을 중점적으로 검토하려 한다. 물론 순수 논쟁은 이 외에도 많은 논자들이 한두 마디씩 가세하기도 하는 양상으로 전개되었지만 본격적인 논쟁은 이들 사이에서 이뤄졌다는 사정을 감안해, 이들을 논의의 주된 대상으로 삼을 예정이다.

2. 잠재된 대립

1945년 8월 15일 해방이 되었다. 그러나 이 해방은 싸워서 얻은 '쟁취된 해방'이 아닌 '주어진 해방'의 성격이 강했다. 일제강점기에 우리 민족은 다양한 지역에서 다양한 형태로 해방-독립투쟁을 감행했지만, 정작 실질적 해방은 2차 세계대전 종전의 결과로 주어졌던 것이다. 그런 이유로 해방 직후 정치·사회적 상황은 상이한 계급과 정파의 갖가지 주장으로 복잡하게 전개될 수밖에 없었다. '쟁취된 해방'이었다면 해방을 쟁취한 그 세력이 역사적 정당성을 획득하여 정치적 사회적 질서를 보다 수월하게 구축해 나갈 수 있었을 테지만, 유감스럽게도 당시 한반도의 상황은 그렇질 못했던 것이다. 국내외의 다양하면서도 이질적인 노선을 걸어 왔던 독립운동 세력들과, 점령군으로 한반도 남북에 각각 진주한 미국과 소련은 각자의 이해에 따라 해방 조선에서 나름의 주도권을 행사하려 하였다. 물론 여운형을 중심으로 한 건국준비위원회(이후 조선인민공화국으로 개칭되었다. 이하 인공으로 약칭) 등은 자주적 독립국가를 인민정권에 기초하여 수립하려는 노력을 보임으로써, 해방 직후 혼란된 상황을 타개해가고 있었으나 미 극동사령부의 남한에 대한 군정선포(19845.9.7), 군정장관 아놀드의 인공부인 성명(1945.10.10), 이승만의 인공 주석직 취임 거부(1945.11.7) 등으로 앞날이 밝지만은 않았던 것이다.

문단의 움직임도 해방을 맞아 자못 활발했다. 그러나 이 역시도 혼란과 대립이 어느 정도 예견된 것이었다. 임화·김남천·이원조 등은 해방 며칠 뒤에 벌써 문인들을 광범위하게 포괄하는 '문건'을 결성(8.17), 문화 영역의 통일전선 결성을 시도하지만, 이기영·한설야·송영·한효 등이 이들과 별도로 '동맹'(9.16)을 조직하고 나옴으로써 차질을 빚는다. 물론 이런 대립은 단지 해방 직후의 혼란상의 반영이라기보다는 식민지시대 카프 해산 이후부터 잠재되었던 갈등의 표출이라고 해석될 여지가 있었다.[6] 하지만 이들 두 단체는 12월 6일 '조선문학(가)동맹' 결성에 합의, 조직을 통합하여 통일된 노선을 걷기에 이르나, 38선 이북에서 또 다른 문학단체인 북조선문학예술가동맹의 조직(1946.3.25)으로 갈등의 불씨는 여전히 남아 있는 상태였다. 게다가 1946년 3월 13일에는 박종화·정인보 등의 전조선문필가협회(이하 문협)가 이들과 전혀 다른 별도의 조직으로 결성되고, 그 전위부대격인 조선청년문학가협회(이하 청문협) 역시 조직됨으로써(1946.4.4) 대립의 틀이 형성되기 시작하였다.[7] 이외에도 김동석을 중심으로 한 일군의 문인은 잡지 『상아탑』을 중심으로 문맹과 청문협 모두에 대해 비판의 화살을 쏘고 있었고, 여타 중간파 문인으로 분류되는 인사들이 자기 활로를 모색하고 있었다.

그러나 남한에만 국한시켜 본다면 문단은 문맹과 문협－청문협의 양대 조직으로 크게 구분될 수 있을 듯하다. 문단의 구도는 점차 이들을 중심으로 짜여가고 있었고, 중간파나 『상아탑』의 문인들은 자기 자리가 옹색해져 가는 형국이었다. 이는 현실정치의 구

---

6) 김재용, 앞의 책 참조.

7) 이에 대해서는 신형기의 앞의 책과 김철의 「한국 보수우익 문예조직의 형성과 전개」(『실천문학』, 1990년 여름)를 참조할 것.

도가 일정하게 반영된 양상이기도 하다. 주지하는 바와 같이 문맹을 주도하는 핵심인사들이 조선공산당(1946년 11월 남조선노동당을 개칭) 계열의 인물이었다면, 문협－청문협을 주도한 인사들 역시 이승만의 독립촉성중앙협의회(1946년 2월 대한독립촉성국민회로 개편) 계통이었음은 숨길 수 없는 사실이었던 것이다.

하지만 이런 대립을 당시 정치적 입장의 대립으로 곧장 대입하는 것은 일면적인 생각일 것이다. 이들은 이미 일제 말기의 세대－순수 논쟁에서부터 문학적 지향을 달리하고 있었기에, 대립과 갈등은 상존하고 있던 셈이다.[8] 요컨대 해방 직후 문맹에 참여한 문인들과 문협, 더 정확히는 청문협 측 문인의 잠재된 대립이 해방 직후라는 상황에서 정치적·이념적 입장과 결부되어 문인단체로 조직화되면서 표면화된 것으로 볼 수 있을 것이다.

하지만 이들 두 단체가 순수문학의 문제를 놓고 서로 다른 입장을 드러내는 것은 청문협이 결성된 1946년 4월 이후에 가서야 가능한 일이었고, 그 이전에 이들의 순수문학에 대한 언급은 거의 찾아보기 힘들다. 문맹의 맹원인 이동규가 「예술의 순수성」이라는 제목으로 『인민』 1946년 1월호에 예술의 순수성에 대해 "퇴폐의 과정을 밟는 부르주아 예술가들의 주장으로 이미 표현하고 호소할 신선하고 풍부한 내용을 잃은 그들의 갈 길은 오직 형식의 미탐구 외에 없는 것"이라고 비판한 정도일 뿐이었다. 나중에 문학의 순수성을 주장한 대표적 우익논객의 한 사람인 조연현도 이 무렵에는 부르주아 리얼리즘을 비판하면서 그에 대신할 문학의 방

---

8) 김윤식의 앞의 책과 한형구의 「일제말기 세대의 미의식에 관한 연구」(서울대 박사논문, 1992)를 참조.

향으로 프롤레타리아 리얼리즘을 주장하는 진풍경을 연출할 정도였던 것이다.[9)]

오히려 이 시기에 문학의 순수성을 독특하게 규정하고 그에 입각한 문학적 실천을 보인 평론가로는 김동석을 들 수 있다. 김동석은 이제껏 김동리와의 논쟁 때문에 과격한 좌익 소장평론가로만 알려져 왔지만, 정작 그는 해방 직후 잡지 『상아탑』을 발간하면서 문학의 순수성을 남달리 강조했던 인물이었다. 일제강점기에 경성제대와 대학원에서 영문학을 전공하고 보성전문학교에서 영어와 논리학을 강의했던 그가, 해방 직후에 주장했던 순수는 다름 아닌 '동양의 정신', '선비정신'이었다. 문학자는 선비마냥 순수해야 하며 문학에만 자신의 삶을 집중해야지, 정치에 관여해서는 안 된다는 것이 그의 논지였다. 그는 이런 생각에서 문맹이나 청문협, 기타 예술단체들이 정치적 행동을 보이는 것에 대해 단체의 이념을 가리지 않고 모두 비판하고 나선다. 정치에 개입하다보면 문학은 문학으로 존재할 수 없고 작품으로서도 성공할 수 없다는 것이 그의 주장이었다.

> 춘원이 민족을 위해서 쓴다는 시나 임화가 계급을 위해서 쓴다는 시가 다 시로서 실패한 것은 둘 다 불순했기 때문이 아닐까. 자기네들 하나를 어쩌지 못하는 사람들이 민족을 위하느니 하고 그것도 산문이 아니요 순수해야 할 시로 떠들어댄다는 것은 병든 지식인의 자의식이 낳은 비애였다.[10)]

---

9) 조연현, 「새로운 문학의 방향」, 『예술부락』 창간호, 1946.1. 조연현의 다양한 문학적 변모에 대해서는 김철, 「순수의 정체―붓과 칼의 일치 : 조연현」(『청산하지 못한 역사』 2, 청년사, 1994)을 참조할 것.

10) 김동석, 「시와 행동」, 『상아탑』, 1946.1~2; 『예술과 생활』, 박문출판사, 1947, 24면에 재수록. 맞춤법과 띄어쓰기는 인용자가 현대어에 맞게 고친 것이다. 이

김동석은 위 인용에서도 짐작할 수 있듯이 문학에서의 순수는 시에서 온전히 실현될 수 있고, 산문은 이미 그 순수성이 훼손된 자본주의시대의 산물이라고 생각한다. 어찌 보면 극단적이기조차 한 그의 이런 주장은, 그러나 문학자의 태도를 문제삼는 것이었지, 문학의 내용까지 선비적이고 동양정신에 철저해야 된다는 것은 아니었던 듯하다. 그는 이미 시를 '역사의 음악'으로 규정한 바도 있거니와, 실제로 오장환의 시가 '맑은 시의 정신을 지키면서도 역사의 탁류에 뛰어들었다'는 점에서, 정지용의 순수보다 더 높이 평가하기도 하는 것이다.[11)]

그가 해방 직후 혼탁한 상황에서 상아탑의 정신을 강조하고 잡지 『상아탑』을 직접 발간했던 것도, 바로 그 속에서 문학인의 양심과 순수를 지키면서 역사에 참여하는 방식을 찾았던 때문이다. 김동석이 문학인의 태도로 순수를 내세우면서도, 이런 저런 글들을 통해 현 단계가 부르주아 민주주의 혁명단계임을 역설했던 것은 이런 연유에서였다. 결국 정치의 계절에 정치에 휩쓸리지 않으면서도 역사에 참여하는 문학인의 태도와 방식을 그는 순수와 상아탑에서 찾았던 것이려니와, 그의 이런 문학론은 해방 직후 문단 현실을 감안할 때 고평받아야 마땅할 것이라 생각된다.[12)] 문학인은 선비와 같이 양심과 순수를 지키면서도 역사의 탁류에 몸담아야 하는 존재라는 것을 강조했던 그의 문학론은 해방 직후 상황에

하 인용도 마찬가지이다.

11) 김동환, 「탁류의 음악 — 오장환론」, 『민성』, 1946.5~6; 『예술과 생활』에 재수록.

12) 해방 직후 김동석의 위치나 문학론, 그리고 이후 겪게 되는 일련의 변화는 매우 독특하다고 할 수 있다. 해방 직후 그의 문학론만을 집중적으로 연구할 필요성도 이런 점에서 제기된다.

서 보기 드문 문학적 실천이론이었기 때문이다. 그런 까닭에 그는 똑같이 순수를 주장했으면서도 청문협과 대척점에 놓일 수밖에 없었다.

청문협이 결성된 것은 1946년 4월 4일이었다. 이들의 문학적 지향은 청문협기관지 『청년신문』에 실린 김동리와 조연현의 글에 집약되어 있다. 김동리는 현 단계가 민족적 각도에서 파악되어야 할 혁명적 현실이라는 전제 아래, 민족혁명의 이념은 "타 민족에 대한 대등적, 자주적 지위"와 "민족적 자각, 민족정신의 앙양"임을 천명한다.[13] 그는 문맹 측에서 주장하는 제국주의와 봉건적 잔재의 소탕이, 그것이 민족의 문화전통이든 민족정신이든 막론하고 과거의 모든 것을 제거해버리려 한다고 비난하고, "현 단계의 조선문학의 지표는 조선적 성격의 탐구와 민족정신의 발휘구현에 있다. 그리고 이것은 우리 민족문학 수립의 길이 된다"[14]고 규정한다.

김동리가 여기에서 말한 조선적 성격이나 민족정신이 아직은 막연한 상태이지만, 이 글을 통해 청문협이 지향하는 문학적 이념을 대강이나마 밝혀 놓은 것이라 볼 수 있다. 그것은 현실을 민족적 각도에서 파악해야 한다는 것인데, 이때 민족적 각도란 우리 민족의 전통 위에 놓여져야 한다는 것을 강하게 암시하고 있다. 이후 김동리는 이 같은 자신의 문학적 입장을 본격적인 순수문학 논쟁의 과정에서 더욱 강경하면서도 구체적으로 주장하게 된다.

이에 비해 조연현의 글은 훨씬 직접적이다. 그는 현재 문학이 정치나 주의(主義)의 노예가 되어 있는 상태라고 진단하고는, "문

13) 김동리, 「조선문학의 지표」, 『청년신문』, 1946.4.
14) 위의 글.

학을 구출하는 유일한 방법은 문학을 정치에서 독립시키고 주의에서 분리시키는 도리 밖에 없게 되었다"고 주장한다.[15] 그러나 문학이 어떻게 정치에서 독립될 수 있는가에 대해서는 묵묵부답이다. 대신 "정치적인 입장의 강요는 가장 엄청난 자유를 향유해야 할 문학을 그가 소속한 정당이나 단체의 소유재산으로 등록시키게 되며 마지막엔 '예술은 당의 것이다'라는 비정한 문학의 파시즘을 강행하게까지 이르는 것이"라고 함으로써 그가 지향하는 문학의 독립이 어떤 성격의 것인지 은연중에 드러내고 있다.[16] 조연현은 또 「순수의 위치」라는 글에서 김동석이 "그대들 돌아오시니, 피흘리신 보람 찬란히 돌아오시니!"라고 정지용이 임정요인들을 향해 시를 읊었던 사실을 놓고 순수하지 못했음을 꼬집은 것에 대해서도,[17] 그것이 왜 순수가 아니냐는 논지의 반박을 함으로써 자신이 지향하는 순수에의 지향이 어떤 성격인지를 드러내기도 하였던 것이다.[18]

이런 청문협의 입장에 대해 순수를 강조한 김동석이 그들의 비순수성을 공격하게 되는 것은 어쩌면 예견된 일이었다. 김동석의 다음과 같은 지적은 청문협이 표방하는 순수문학의 본질을 단적으로 드러내준다.

> '자주독립촉성'(강령 : 청문협의 강령을 말함—인용자)을 위해서 순수문학을 한다는 데는 그대들을 그냥 정치에 무지하다고만 할 것이 아니다. 그대들

---

15) 조연현, 「문학의 위기」, 『청년신문』, 1946.4.
16) 위의 글.
17) 김동석, 「시를 위한 시」, 앞의 책, 48~58면.
18) 『예술부락』, 1946.6.

의 의도조차를 의심하지 않을 수 없다. 불연(不然)이면 그대들 배후에는 반드시 정치적 인형사(人形師)가 숨어 있을 것이다.[19]

김동석도 강조했듯이 '독립촉성'이란 용어는 당시 이승만 계열의 독립촉성중앙협의회(1945.10.25 결성) 등과 연관되어 정치적 함의를 담고 있었다.[20] 문협이나 청문협의 결성이 이들과 무관하지 않음은 이미 입증된 바 있다.[21] 결국 김동석은 순수를 가장하고 정치에 나서는, 청문협의 순수하지 못한 태도를 공격한 것이다. 문학인은 순수와 양심을 지켜, 어떤 정치적 행동에도 휩쓸리지 말아야 한다고 강조했던 김동석에게 청문협이 순수를 표방한 정치집단으로 보였을 것은 당연하다. 그는 정치에 나설 바라면 차라리 "문학가동맹에 참가하는 것이 문학의 존엄을 확보하는 첩경일 것"이라는 충고를 덧붙이기도 하는 것이다. 이런 점에서 당시 한창 순수를 주장하던 『상아탑』과 청문협은 순수의 내포적 함의를 달리하고 있었을 뿐만 아니라, 그 실천방식과 관련해서도 상이한 노선을 걷고 있었다.

그런데 정작 문맹 측에서는 청문협에 대해 정면적인 공박은 피하고 있는 듯한 인상이다. 이들은 아직도 여전히 통일전선의 가능성을 염두에 두고 있었던 듯,[22] 김남천 같은 경우도 신문학사에서

19) 김동석, 「비판의 비판」, 앞의 책, 99~100면.

20) 청문협의 강령을 참고로 제시하면 다음과 같다.

1. 자주, 독립촉성에 문화적 헌신을 기함.
1. 민족문학의 세계사적 사명의 완수를 기함.
1. 일체의 공식적 예속적 경향을 배격하고 진정한 문학정신을 옹호함.

21) 김철, 「한국 보수우익 문예조직의 형성과 전개」(앞의 책)를 참조할 것.

22) 통일전선의 가능성을 염두에 두었다는 것은 다만 추측일 뿐이다. 정치권에서

순수문학이 문제되었던 경우를 역사적으로 검토하면서, 청문협 측 문인들이 일제 말기에 문학의 순수성을 옹호했던 경우를 긍정적으로 평가하고는 다음과 같이 우회적인 비판에만 머물고 있을 따름이다.

> 청년 작가들이 해방 뒤 정치와 문학의 문제를 위요(圍繞)한 구체적 역사적 내용을 이해치 못하고 한낱 자신이 문단에 나오던 시절의 습관대로 이론 상으로는 문학의 순수성을 지껄이며 행동에 있어서는 반동권력 앞에 귀의하고 있는 사태는 문학정신의 전통과 예술가의 성실성을 위하여 슬픈 현상이라고 보지 않을 수 없다.[23]

적어도 표면적으로 김남천은 이들이 주장하는 순수가 과거 습관의 연장이고, 그런 까닭에 안타까움 이상의 적극적 비판은 삼가고 있는 것이다. 그에 비해 한효의 경우는 그 어조가 훨씬 누그러져, 상대방을 설득하려는 태도를 보인다. 하지만 그가 순수 문제와 관련하여 염두에 둔 대상은 청문협 측 문인들이라기보다는 아래 인용에서도 보듯이 오히려 『상아탑』의 김동석이라는 인상이 짙다.

> 문학자와 및 문학자의 문학적 실천을 전체로서의 사회적 실천에 있어서 명확히 파악하지 못하고 한 개의 순수한 양심만을 추상하여 이것을 기축으로 삼는 것만이 문학자의 참된 자태라고 외치는 사람이 있다.[24]

는 이미 1945년 12월 이승만 계열의 獨促과 박헌영의 朝共이 결별을 선언한 바가 있었다. 그렇지만 이들의 결별이 곧바로 적대적인 대립을 뜻하는 것으로 보아서는 안 된다. 김남식, 『남로당연구』, 돌베개, 1984, 161~167면 참조. 문맹과 청문협의 관계도 적대적이고 노골적인 대립을 보이는 것은 아니었지만 그렇다고 타협점을 적극적으로 모색하는 단계도 아니었다.

23) 김남천, 「순수문학諸態」, 『서울신문』, 1946.6.30.

24) 한효, 「민족문학과 정치성」, 『문학』, 1946.7.

그런데 한효는 이 글에서 상대방의 오류를 지적하기보다는 문학이 정치에 예속되어서는 안 된다는 점에 훨씬 더 비중 있는 논의를 전개함으로써 혹시 있을 오해를 불식시키려는 태도를 보인다. 그는 문학과 정치의 관계를 논하면서 문학에 있어 정치성을 부인하는 것도 잘못이지만 문학자가 정치성만을 지나치게 강조한다거나, 문학을 버리고 정치에 참가한다는 것은 상상할 수도 없는 일이라는 점을 거듭 강조하는 것이다. 그는 문맹이 지향하는 정치와 문학과의 관계를 설명함으로써 잘못 인식될지도 모르는 문맹의 노선을 보다 분명히 해명한 것이었다. 우리는 이 글에서도 많은 문학인들을 통일전선으로 묶어내려는 문맹의 의지를 확인할 수 있다.

이렇게 1946년 6~7월까지만 해도 문단은, 순수 문제에 국한한 경우 특별한 쟁점이 형성되지는 않고 있었다. 문맹과 청문협과의 대립도 특별히 눈에 띄지 않았고, 문맹 측은 오히려 훨씬 개방적인 논의를 펼침으로써 문학 분야에서의 통일전선을 광범위하게 구축하려는 노력을 보였다. 다만 김동석의 순수문학론과 그에 대립된 청문협 측 논자들의 순수문학론이 특기할 만하다. 김동석의 순수문학론은 해방 직후 문학인의 태도와 관련하여 주목할 만한 입론이었고, 이와 대비되어 청문협의 그것은 문학과 정치와의 관계라는 점에서 우리에게 순수문학의 본질을 한층 뚜렷하게 드러내 주는 바가 있다고 할 것이다.

3. 제3 세계관과 마르크스주의

순수문학을 놓고 대립이 표면화된 것은 김동리의 「순수문학의 정의」부터이다.[25] 김남천의 「순수문학 제태(諸態)」에 대한 반론의 성격을 띠고 있는 이 글에서 김동리는 문학가동맹 측의 문학관을 신랄하게 비난하는 한편으로 이른바 자기 나름의 순수문학을 강하게 주장하고 나선다. 먼저 그는 자신들이 말하는 순수문학을 김남천의 말대로 "시대의 정치적 사회적 성격과 분리하려는 경향의 문학"이 아니라 "민족정신의 발휘구현의 문학이요", 따라서 "민족문학과 별개일 수 없다고 규정"한다. 이 점에서 그는 「조선문학의 지표」의 연장선 위에 서 있는 셈이다. 이와 더불어 김동리는 반동권력에 귀의하는 것은 자신이 아니라 바로 김남천과 같은 부류이며 이들이 문학을 당의 선전 도구로 예속시키고 있다고 꼬집고, 과거의 경력까지 들어가며 원색적인 비난을 퍼붓는다.

> 과거 일제학정 하에서 지극히 제한된 수삼의 언론기관과 결탁하여 문단적 권모술책과 협잡을 일삼던 사실과 또 기타의 사실들을 통해서 씨들이 권력과 금력 앞에 어떻게 귀의○○해왔고 현재 하고 있는가를 씨들이 요망한다면 구체적으로 일일히 지적할 기회를 가질 것이다. (○는 판독 불가능한 문자—인용자)[26]

그러나 김남천은 이에 대해 특별한 대응을 보이지 않는다. 문단

---

25) 『민주일보』, 1946.7.11~12.
26) 『민주일보』, 1946.7.12.

의 경력이나 비중으로 보아 자신이 거기에 하나하나 대응할 필요성이나 가치를 느끼지 않아서였을는지도 모르고, 시급히 돌아가던 정세나 문맹의 산적한 과업들 때문이었는지도 모른다.

한편 김동리는 이 글에서 김남천에 대한 비난에만 급급했을 뿐, 순수문학과 민족문학의 관련성에 대해 더 이상 이렇다 할 해명은 못하고 있다. 이것이 구체화되는 것은 몇 달 뒤 「순수문학의 진의」에서인데, 다음의 인용은 당시 김동리가 생각했던 바를 잘 보여주고 있다.

> 민족정신을 민족단위의 휴머니즘으로 볼 때 휴머니즘을 그 기본내용으로 하는 순수문학과 민족정신이 기본 되는 민족문학과의 관계란 벌써 본질적으로 별개의 것일 수 없다는 것을 알 수 있다. 우리가 목적하는 민족문학이 세계문학의 일환으로서의 민족문학인 것처럼, 우리의 민족정신이란 것도 세계사적 휴머니즘의 일환인 민족단위의 휴머니즘으로서 규정될 것이며, 이러한 민족단위의 휴머니즘을 '세계사적 각도'에서 내포하고 있는 것이 오늘날 순수문학의 문학정신인 것이다.[27]

김동리는 이 글에서 순수문학을 인간성 옹호의 본령정계(本領正系)의 문학이라 전제하고 이를 민족정신을 기본으로 하는 민족문학과 일치시키고 있다. 민족문학이 순수문학과 별개가 아닌 것은, 위의 인용처럼 민족정신 곧 세계사적 휴머니즘의 일환이고, 휴머니즘은 순수문학의 본령인 때문이라는 것이다. 휴머니즘을 기본으로 한다는 점에서 민족문학과 순수문학은 같다는 것이 김동리의 설명이다. 그렇다면 그가 주장하는 세계사적 휴머니즘이란 무엇인

27) 『서울신문』, 1946.9.14.

가. 그것은 1기의 고대의 휴머니즘, 2기의 르네상스휴머니즘과 구별되는 제3기 휴머니즘으로 개성의 자유와 인간성의 존엄을 목적으로 한다. 그런데 "과학주의 기계관, 공식주의적 이론"(마르크스주의를 지칭-인용자)이 중세의 신성(神性)에 대치되는 르네상스 휴머니즘의 연장선상에 있다고 이해함으로써, 그는 근대산업자본주의와 마르크스주의, 르네상스를 한데 묶어 파악하는 태도를 보였다. 그의 주장을 이해하자면 순수문학은 그 이후의 세계를 지향하는 것으로 판단된다.

그러나 왜 민족정신이 휴머니즘이고 그것이 순수문학·민족문학으로 등치될 수 있는 것인지는 뚜렷하게 이해되지 않는다. 그리고 주장이란 주장을 뒷받침할 수 있는 내용이 뒤따라야 하는데 그 내용이란 것도 막연하고 공허하다. 그런 점에서 김동리의 순수문학론은 문맹 계열의 민족문학론과의 대타의식·차별의식에서 의도적으로 고안된 느낌이 강하다. 물론 그의 순수문학론은 일제 말기 김동리의 세계 인식과 무관하지는 않지만 그것이 동시대와의 생산적 긴장 관계로부터 발전되어 나온 것으로 보기에는 무리가 따르는 것이다.

이 점은 문맹 측의 민족문학론과 비교해 보면 조금 더 명확하게 나타난다. 문맹은 당대의 민족적 과제를 해결하는 것을 민족문학의 주요 내용으로 내세움으로써 어쨌거나 문학이 동시대의 문제를 어떻게 문학적 창조의 과제로 고민해야 하는가를 보여주었다. 당시 문맹 측이 내건 강령은 ① 일본 제국주의 잔재의 소탕, ② 봉건주의 잔재의 청산, ③ 국수주의의 배격, ④ 민족문학의 건설, ⑤ 조선문학의 국제문학과의 제휴였다. 그러나 청문협 측은 김동리의 주장에서 본 것처럼 막연한 휴머니즘과 민족정신을 내세웠다. 그러면서도 실제에서는 보수주의 정치 조직과 연결되어 있었으므로 그 주장의 순수성 역시 신뢰받기 힘든 것이었다. 김동리는 자신들의 민족문학, 순수문학이 휴머니즘, 민족정신을 내세워 정치주의를 탈각한 것처럼 주장했지만 그것이 현실로 드러났을 때의 실질적 내용은 당시 보수주의의 정치 노선과 구별되지 않았다. 요컨대 말처럼 순수하지 않았던 것이다.

한편, 문맹으로서도 지금까지와는 달리 김동리 등의 민족문학에 대해 본격적인 반론을 펼치게 된다. 당시 정치 정세가 그냥 방관만 하고 있을 형편도 못 되었다. 남로당은 이미 1946년 7월 신전술을 채택해 좌우합작을 사실상 포기, 적극적 공세를 취하고 있었고, 정국은 박헌영에 대한 체포령(9월), 10월 대구 사건 등으로 어수선하게 돌아가고 있었다. 이런 분위기가 문단의 논쟁으로도 그대로 투영되기에 이른다. 그것이 본격화되는 것은 1947년에 들어와서였다.

문맹의 소장평론가 김병규가 김동리에 대한 정면 반박을 한 것은 1947년 초였다. 이때는 수도경찰청 장택상이 「극장에 관한 고시」(1947.1.30)를 통해 정치성・사상성이 배제된 공연만을 허용한다는 방침을 밝혔던 무렵으로, 문맹이 이에 맞서 '문화옹호남조선문화인예술가총궐기대회'(2.13)를 열었던 시기이기도 하다.

김병규의 반박은 크게 세 가지로 나뉜다.[28] 우선 김동리가 주장

---

28) 김병규, 「순수문제와 휴머니즘」, 『신천지』, 1947.1; 「순수문학과 정치」, 『신조선』, 1947.2. 두 글이 대동소이하지만 이 글에서는 주로 「순수문제와 휴머니즘」을 다루었다. 이후 보게 될 김동리의 반박도 「순수문제와 휴머니즘」에 토대를 두고 있다.

하는 순수문학은 일종의 문학사조나 하나의 문학관에 불과한 것이며, 그것도 일제가 물러간 지금의 현실에서는 정당성을 상실한 것이라는 지적이다. 이것은 서구문학사(특히 프랑스의 경우)에서 순수문학의 존재방식을 검토하면서 그가 내린 결론이기도 했다. 요컨대 김병규는 과거와 현재 순수문학이 걸어온 길을 볼 때 순수문학이 가질 수 있는 의미는 그리 많지 않다는 지적인 것이다. 두 번째로 순수문학이 인간성을 옹호한다는 주장에 대해서는, 김동리가 말하는 인간성이 추상적이고 막연한 인간 일반에 그쳐 신비화에 빠짐으로써, 오히려 인간성의 협애화·빈곤화를 초래할 따름이라고 반박한다. 그는 이어서 김동리가 이해하는 휴머니즘의 역사적 변화도 사회적, 역사적 맥락을 몰각한 나머지 단순한 이념의 교체만으로 해석한다고 비판한다. 더구나 그는 김동리가 르네상스 휴머니즘의 기반이 근대시민계급과 결부되어 있음을 간과하고 있음을 강도 높게 비판한다.

> 다만 과학적이라는 문자로써 유물사관을 종래의 부르주아 사상의 연장이라고 몰아세우며 얼토당토 않는 제3기 휴머니즘을 새로운 문학사조의 주류처럼 모셔오는 김동리 씨의 의도는 마치 파시즘 자체야말로 금융독점자본의 대변으로서 종래의 자본주의의 연장임에도 불구하고, 새로운 계급의 세계관인 유물사관을 부르주아 과학주의와 동렬에 놓고 이론 아닌 '인간성', '종족', '피', '신화' 따위로 이를 토벌하려는 그 야만행동을 연상케 함에 족하다.[29]

이렇게 보면 대체로 쟁점은 순수문학이란 용어와 개념, 그리고 그 역사적 정당성, 휴머니즘에 대한 이해와 접근 방법, 그리고 순

29) 김병규, 「순수문제와 휴머니즘」, 위의 책.

수문학과 휴머니즘을 연결하는 인간성 이해의 문제로 정리될 수 있을 것이다. 그렇다면 김동리는 김병규의 이런 반박에 대해 어떤 입장을 보였는가. 그는 자신의 입론을 보다 상세하게 설명하면서 재반박에 나선다.

우선 김동리는 자기가 말하는 순수문학이란 김병규가 지적한 것처럼 일종의 문학사조이거나 상아탑류의 순수문학이 아니라 인간성 옹호를 기본으로 하는 본령정계의 문학임을 재차 강조한다. 순수문학이란 용어가 혼돈을 초래한다면 본격문학이라고 해도 좋을 것이라고 하는데, 여기에서 벌써 김동리·김병규가 말하는 순수문학의 개념 규정이 서로 어긋나 있음을 눈치챌 수 있다. 김병규는 이미 문학사에 존재했고, 또 존재하는, 사람들이 통칭 순수문학이라고 부르는 것의 의미를 논의의 대상으로 삼은 데 비해, 김동리는 자신의 관념 속에서 상정한 순수문학을 주로 논의하고 있는 것이다.

다음으로 김동리는 인간성 옹호의 문제에 대해 왜 순수문학이 인간성 옹호를 기본으로 하는가에 대해 설명한다. 그에 따르면 정치적 목적을 위한 문학은 문학의 자율성이 결여된 것이고 인간성도 그 목적에 따라 제한될 터이므로, 순수문학이야말로 인간성을 옹호하고 문학의 자율성을 보장할 수 있다는 것이다. 그는 여기에서 한 걸음 더 나아가 유물사관은 생산 관계의 총화에서만 문학을 이해하므로 작가의 주체적 조건을 무시하고 인간성을 억압하는 공식주의, 기계주의적 이론에 다름 아니라는 공박을 덧붙인다. 그러나 김동리의 이런 주장은 정작 옹호해야 할 인간성의 내용을 설명하는 것은 아니었다. 공리주의문학관의 폐해를 자기 나름으로 지적한 것일 뿐, 김병규의 말마따나 인간성의 구체적 내용은 해명하지 못하고 있는 것이다.

한편 김동리는 유물사관이 르네상스 인본주의와 역사적 위치를 달리한다는 김병규의 주장에 대해서는 휴머니즘이 인간성 옹호와 개성의 자유에 있다는 점을 들어 유물사관과 휴머니즘은 근본적으로 배치될 수밖에 없다는 점을 강조한다. 그가 보기에 마르크스주의는 과학주의, 기계주의이므로 근대 물질사회에 토대를 둔 르네상스 휴머니즘에서 벗어난 것은 아니라는 설명이다.

> 맑시즘 체계의 세계관은 그 체계구성의 조직과 방법에 있어, 또 그 유물론적 인식론적 태도에 있어, 완전히 과학주의, 물질주의, 기계주의를 취하게 되었던 것이므로 그 사회관에 있어서는 근대주의(자본주의사회)에 강경히 양기되어야 할 근대주의의 연장과 그 여식(餘息)의 응결에 불과하게 되었던 것이니, 유물사관을 가르쳐 '다음 사회의 사상적 대변'이라고 하는 것은 그것의 일면적 타당성에만 색맹이 된 나머지 유물사관과 '유물사관의 위치'를 혼돈하고 '자본주의 사회의 붕괴, 즉 공산주의 사회의 대행'이란 공식을 망신(妄信)하는 맑스학도의 초년병이 아니면 진정한 의미에 있어서의 세계사적 과제의 전체적 파악이 없는 사람들이라 하지 않을 수 없다.[30]

김동리는 위와 같은 설명을 전제로 자신이 지향하는 제3휴머니즘을 "자본주의 사회의 모순과 결함을 근본적으로 시정하는 일방, 마르크스주의 체계의 획일적 공식적 메카니즘을 지양하는 데서 새로운 고차원의 제3 세계관을 확립하려는 데에 그 지향이 있다"고 결론 맺는다. 이제 3기 휴머니즘이 자본주의와 마르크스주의를 뛰어넘는 새로운 역사적 기획으로서 제3 휴머니즘, 제3 세계관으로

30) 김동리, 「순수문학과 제3세계관」, 『대조』, 1947.8.

구체화되는 것이다.

김동리의 이런 주장은 그 자체로 매우 야심찬 기획을 내포한 것이었다. 그러나 어떤 주장이나 사상은 그 내적 논리와 함께 현실주의적 관점에서 평가되어야 한다고 할 때, 이것은 다만 주장에만 그친, 비현실적 관념론일 따름이었다. 인간성에 대한 이해에서도 김동리 주장의 추상성을 확인한 바 있거니와, 자본주의의 모순과 마르크스주의를 동시에 뛰어넘는다는 그의 제3 세계관은 단지 주장이었지, 이론은 아니었다.

사상이나 이론의 현실성은 그것이 현실 발전의 논리를 이론화시킴으로써 현실과의 관련 속에서 그 타당성을 검증받아야 한다. 하지만 제3 세계관은, 당대 현실정치와 청문협의 연관을 생각한다면 문맹을 비판하기 위한 관념 유희에 다름 아니었다고 생각할 수도 있다. 더구나 김병규와의 논쟁은 그로 하여금 김병규의 논리에 대응할 대항 논리를 개발할 필요성을 절감하게 했을 것인데, 제3 세계관은 그런 필요의 결과이었을지도 모른다. 일제 말기 김동리의 순수는 적어도 이 시기에 오면 정치적 물결에 휩쓸리면서 변질되는 것이다. 설령 그가 자신의 삶과 생활로부터 절실하게 제3 세계관의 필요성을 느꼈더라면, 그의 이론대로 마르크스주의와 더불어 자본주의의 모순에도 더욱 적극적인 공격을 감행해야 했어야 할 터이나, 주지하는 바와 같이 그렇질 못했던 것이다.

이제 김동리의 야심찬 주장과 반론을 놓고 김병규는 다시 포괄적으로 문제를 제기한다. 김동리가 주장하는 내용을 세세히 걸고 넘어지기보다는 그 주장과 반박을 기저로부터 문제삼아 추론 과정의 오류를 지적하는 것이다. 먼저 김병규는 김동리의 순수문학·

본격문학·계급문학이 같은 범주에서 구분될 성질이 아니라는 점을 든다.[31] 김동리가 말하는 순수문학이나 대중문학 등은 계급적 입장에서는 모두 부르주아문학에 속하는 것인데 이를 어떻게 계급문학과 같은 범주에 놓고 논의할 수 있느냐는 지적인 것이다. 다시 말해 부르주아문학의 하위범주인 순수문학과 이를 모두 포괄하는 계급문학은 용어가 가리키는 범주가 다르다는 설명이다. 그러면서 김병규는 순수문학을 다시 계급적 입장에서 접근하여 그것이 부르주아 문학의 위기에서 출발한 하나의 퇴폐적 문학유파일 따름이라고 재차 주장한다.

이런 주장을 보면 두 사람의 상반된 순수문학 이해는 전혀 해결의 실마리를 얻지 못하고 있다. 김병규 역시 현실로 존재하는 순수문학의 부당성만 지적할 뿐, 김동리가 자기 나름으로 설정한 순수문학의 개념을 이해하려는 노력은 보이지 않는다. 결국 그는 김동리가 순수문학을 자기류로 해석해 본령정계의 문학임을 역설하는 것은 독선일 뿐이라고 단정짓는 것이다.

한편 휴머니즘에 대해서 김병규는 김동리의 휴머니즘 이해가 '치열(稚劣)한 수준'을 벗어나지 못했다고 평가한다. 그가 보기에 "휴머니즘은 유물사관처럼 일정한 이론적 체계를 가진 사상이 아닌 만큼 어느 고정적인 현상 범위 안에서 이해할 수 없는 것"이기 때문이다.[32] 휴머니즘이 곧 세계관은 아니라는 지적이다. 이런 휴머

31) 참고로 김동리는 「민족문학과 경향문학」(『백민』, 1947.9)이란 글에서 순정문학·순문학·순수문학을 구분하고 각각 여기에 광의의 문학, 대중문학-통속문학, 경향문학을 그 대립쌍으로 제시한 바도 있었다.

32) 김병규, 「독선과 무지」, 『문학』, 1948.4.

니즘의 성격을 이해하지 못하고, 김동리는 문제를 휴머니즘과 유물사관 사이에서 이것이냐 저것이냐 선택을 강요하는 유치한 수준으로 해결하려 한다고 비꼬는 것이다.

> 유물사관이 자본주의의 현실적 모순을 비판하고 이에 대치될 사회의 도래를 이론적으로 체계화한 데 비할 만한 내용을 현대휴머니즘(제3휴머니즘을 지칭—인용자)은 어느 곳에 가졌다는 것일까. 씨는 조선 반동 층을 발판으로 '맑시즘'의 체계보다 더 '거창한 체계와 이론'을 만들겠다고 장담하였으니 금후 우리의 기대도 큰 바 있으나 아무리 씨의 체계가 거창하더라도 하잘 것 없는 조선의 반동진은 '나치스'처럼 비참한 최후를 마칠 것을 나는 이미 예언하여도 좋을 듯하다.[33]

자본주의와 마르크스주의를 모두 넘어서려는 제3 세계관은 김병규에게는 일종의 넌센스였다. 결국 논쟁은 여기에서 더 나아가지 못한다. 주된 쟁점이었던 순수문학의 개념 규정과 범주 문제, 인간성 옹호와 문학의 자율성 문제, 제3 휴머니즘 문제에서 양자는 문제를 이해하고 해결하는 방식에서 전혀 다른 사고 체계를 갖고 있었던 것이다. 게다가 이미 때는 단정 수립이 현실화되어 분단은 기정사실로 굳어가고 있었고, 문맹에 소속되었던 문인들 대다수가 이미 월북을 한 다음이었다. 이후 김동리는 「민족문학론」을 발표하나[34] 이론적 긴장이 풀어진 탓인지 원칙론 이상으로 나아가지 못하였고, 김병규 또한 1949년 무렵까지 남한에 남아 이따금 평론을 발표하기는 하지만 논쟁과는 무관한 글들이었다.[35]

---

33) 위의 글.

34) 『대조』, 1948.9.

35) 김병규가 월북하기 전 자신의 이름으로 가장 최후에 발표한 글은 「평론의 영

지금까지 김병규와 김동리 사이에 오고 간 순수문학 논쟁을 훑어보면서도 알 수 있었듯이 이들 두 입장은 초지일관 팽팽한 대립으로 일관했을 뿐 타협의 여지는 거의 없었다. 그러나 이들은 해방 직후 좌우 대립이 격렬하던 시기임에도 불구하고 비교적 감정에 치우치지 않는 이론적 대결을 벌여, 김동리는 자기 나름대로의 순수문학론을 구체화시켰고, 주로 비판하는 입장에 서 있던 김병규도 김동리의 문학론에 개입, 어떤 방식으로든 이론 형성에 영향을 끼쳤다고 평가할 수 있다. 사실 김동리의 독특한 순수문학론은 지금까지 보아온 대로, 문맹 측 문인들과의 논쟁을 통해 논리와 체계를 얻은 것이라 해도 과언이 아니다. 물론 이들 뒤에는 서로 다른 정치적 입장이 버티고 있었고, 이는 해방 직후라는 역사적 성격 — 냉전체제의 형성과 분단의 시작 — 과 무관한 것이 아니었기에, 자신들의 의지와는 상관없이 국면은 생산적 토론이 원천적으로 불가능한 상태로 치닫고 있었다.

4. '생활의 문학'과 '생의 구경적 형식'

김병규와 김동리가 순수문학과 휴머니즘을 놓고 주로 이론적 논

도성과 문학방법」(『조선중앙일보』, 1949.6.3~5)으로, 『창작방법론』에 대한 서평이었다. 『조선중앙일보』는 좌익계통의 신문으로 1948년 5월 10일 單選을 보이콧, 일체의 보도를 거부한 적도 있었다.

쟁을 벌인 것이라면, 김동석과 김동리 · 조연현 간의 논쟁은 작품 평가로부터 시작해, 감정 대립까지 나아간 경우였다. 김동석이 김동리의 일련의 작품을 논한 것에 대해 김동리가 발끈하고 나서고 조연현이 여기에 가세함으로써 논쟁은 세인의 주목을 끌게 된다.

김동석이 「순수의 정체」라는 이름으로 김동리론을 쓴 것은 1947년 12월이었다. 앞에서도 살펴보았듯이 김동석은 애초에 순수와 양심을 문학인의 태도로 강조한 바 있었으나, 그 순수와 양심마저도 지켜가기 힘든 상황이 해방정국에서 벌어지자 상아탑을 박차고 나와 문맹에 합류, 정력적인 활동을 보이던 중이었다. 그는 글의 서두에서 먼저 김동리 소설이 일제 말기에 지녔던 순수성을 무저항의 저항이라는 의미에서 긍정적으로 평가한다. 그러나 그럼에도 불구하고 김동리의 소설은 “몽환적이고 비과학적이고 초자연적 현상”을 지향함으로써 “예술을 위한 예술”의 성격 역시 명백하다는 점을 아울러 강조한다. 이런 점에서 김동리가 현재 지향하는 방향은, 해방이 되어 모든 것이 뒤바뀐 현실에 비추어 볼 때, 받아들일 수 없다는 것이다. 설령 그 순수성을 십분 이해한다 하더라도 민족의 현실적 삶 앞에 몽환과 신비, 개성과 생명의 구경은 너무나 무력하기 때문이다. 김동석은 김동리의 이런 주장을 그의 작품 「혼구(婚衢)」의 주인공 강정우에 대입시켜 설명한다.[36] 제자인 학숙이가 생활의 문제로 학교를 그만두고 기생으로 팔려갈 운명인데, 선생인 정우는 그런 현실 앞에서 대책 없는 고민과 방황만을 거듭할

36) 「혼구」는 원래 식민지 치하 『인문평론』, 1940년 2월호에 발표된 소설이다. 김동석이 김동리론을 발표하게 된 계기는 아마도 단편집 『무녀도』가 1947년에 을유문화사에서 간행되면서였던 것 같다.

수밖에 없는 상황을 놓고, 그것이 바로 김동리의 순수이며 제3 세계관의 본질이라고 해석하는 것이다. 그는 해방된 지금 또 다른 학숙이들을 기생으로 팔아야 하는 운명을 만들 수는 없지 않겠느냐면서, 다소 비장한 어조로 김동리를 설득한다.

> 또 어떤 모리배의 첩이 되어 몸에 기라(綺羅)를 떨치고 자동차를 타고 다니게 하고 싶겠거든 막부삼상결정을 반대함도 좋고 단정(單政)을 꿈꾸는 것도 좋다. 그러나 김동리는 순수문학자인지라 이러한 반동노선을 가고 싶지는 않을 게다 — 사실상 이 길을 걷고 있다 하더라도
>
> — 가야 된다, 가야 된다!
>
> 강정우 아니, 김동리는 이 한 가지 의식은 잠시도 잊을 수 없어 진흙에도 구르고 시궁창에도 빠지고 하면서 길을 찾고 있는 것은 사실일 게다. 그러나 어디로 가려는 것인가? 또 학숙을 어디로 보내려는 것인가?[37]

김동석은 이 글의 말미에서 "조선문학이 무슨 문제든지 문제삼고 해결하려고 노력할 수 있는, 다시 말해 민족문학을 수립할 때는 왔"는데, 김동리는 왜 "홀로 민족과 민족문학을 두고 어디로 가려는 것인가?" 하고 반문하고 있다.

이렇게 보면 김동석이 김동리 소설을 평가하는 핵심은 김병규의 그것과 크게 다르지 않음을 알 수 있다. 김동석도 김동리가 지향하는 순수가 해방된 현실에서 얼마나 무력한 것이며, 또 비순수하게 이용될 수 있는가를 지적한 것이었다. 다만 이런 입장을 김동리의 소설들과 결부시켜 해석한 것이 특이했다. 물론 작가의 이념적 입장을 그렇게 소설의 인물에 직접적으로 대입시켜 해석할

37) 김동석, 「순수의 정체」, 『신천지』, 1947.12.

수 있는 것인지는 여전히 문제로 남는다.

그런데 김동석의 김동리론에 대해 청문협 측의 반발은 의외로 거세었다. 그의 평문 가운데 몇몇 문구가 그들의 심사를 건드렸던 듯하다. 김동리는 청문협의 수장격이었으므로, 김동석이 김동리를 두고 "시대에 뒤 떨어진 재사(才士)"니, "정저와(井低蛙)"니, "치기만만" 운운했던 것은, 단순히 김동리 개인에게 국한된 문제가 아니었던 것이다. 그러나 사실 김동석은 해방 직후 다양한 시인·소설가들의 작가론을 써왔던 터였고, 필자가 보기에 김동리에 대한 글도 그 연장선상에 있는 것일 뿐이었다. 김동석의 비평 스타일 역시 촌철살인적이어서 상대방을 아프게 찌르는 면이 없지 않았지만, 그것이 유독 김동리에게 심했던 것이라고 보기는 힘들 것 같다. 그리고 문제는 주장하는 내용이지 몇몇 문구가 될 수는 없는 일이었다.

하지만 때가 때였던지라 시국은 꼬일 대로 꼬여 우익 측은 법과 제도를 등에 업고 좌파 세력을 무차별적으로 탄압하였고, 좌익은 이에 맞서 극단적 투쟁을 벌이고 있었다. 2차 미소공동위원회마저 사실상 결렬됨으로써, 남로당으로 대표되는 좌파는 합법적이고 평화적으로 분단을 저지할 방법이 많지 않았던 것이다. 게다가 한반도 문제가 좌익과 소련 측의 반대에도 불구하고 유엔에 상정되어 미국 안(案)대로 가결된 상태였다(1947.12). 이것이 김동석과 김동리·조연현 사이에 논전이 진행될 때의 상황이다. 이미 청문협 측은 정국이나 문단의 판세가 자신들에게 대세가 기울었음을 느끼고 있던 상태였다.

이런 분위기를 반영하듯 우익 측의 반론은 공격적이었다. 조연현은 김동석의 글에 대해 스스로 무식을 폭로했다고 조소하면서, "문제를 좌 아니면 우, 그도 아니면 제3노선이 있을 뿐이라는 천박하고 단순한 기계주의를 드러낸 일대 넌센스"라고 받아친다.[38] 그는 「혼구」에서 나타난 주인공의 "모색과 암중진행은 유물사관이나 합리주의로는 구제될 수 없는 인간(학숙이를 지칭하는 듯—인용자)이, 어떻게든 구제되어야 한다는 고민 아래 새로운 세계로 나아가"는 것이었다고 평가한다. 이미 「논리와 생리」라는 글에서 논리로서는 거부되는 생리적 진실이 있다고 주장한 그에게 강정우의 고민은 아마 생리적 진실로 읽혀졌을 것이다. 게다가 그는 김동석이 일제 말기 김동리의 순수를 긍정적으로 평가한 것에 대해서도 동의하지 않는다. 김동석과는 다른 방식으로 순수를 이해했기 때문이다.

> 그것은 미(美)란 가장 강렬하게 현실을 긍정하는 의사이지 부정하는 의사가 아니기 때문이다. 다시 말하자면 순수란 미의식의 표현이다. 일제 때 아무 것도 긍정할 현실이 없었든 곳에서 미의식을 통하여 긍정할 것만을 골라서 우리의 순수는 표현해온 것이다. 이것이 어떻게 일제에의 반항의 형식이 되었는지 우리는 모른다.[39]

이와 더불어 그는 문맹 측에서 순수에 대해 공격을 하는 것도 "문학의 생명이 순수에 있기 때문에 그것이 주장되면 문학 아닌 문학이 폭로되기 때문"에 과민반응을 보이는 것이라고 납득하기

---

38) 조연현, 「무식의 폭로」, 『구국』, 1948.1; 조연현 평론집, 『문학과 사상』, 세계문화사, 1949에 재수록.

39) 위의 「무식의 폭로」; 위의 평론집 『문학과 사상』, 222~223면.

힘든 논리로 대응한다. 조연현은 재차 다른 글에서도 같은 논지로 김동석을 비난하지만, 김동석을 공식주의자로 비난하는 것 이외에는 특별한 논리적 틀을 발견하기는 힘들다.[40] 조연현의 반론은, 문맹에 대한 비난은 차치하고서라도, 「혼구」에 대한 해석, 일제 말기 순수에 대한 평가에서도 볼 수 있듯이 독자적인 논리적 체계를 가진 것으로 보이지는 않는다. 비난의 목소리만 도드라져 있는 형국이었기에, 결국 논쟁다운 논쟁이 펼쳐지기는 힘든 분위기였다. 문제의 핵심이 작품에 대한 해석을 달리한 데 있는 것이었다면, 작품 해석의 기준이나 그 논리적 타당성에 맞추어 반론이 제기되었어야 할 터인데, 유감스럽게도 이 글에서는 그 점이 결여되어 있었던 것이다. 논의가 이렇다 보니 합리적 이성에 토대를 둔, 재(再)반론의 여지도 그렇게 많아 보이지는 않았다.

오히려 당사자였던 김동리의 반론이 날카로우면서도 일관된 논리가 서 있는 경우였다. 그러나 그 또한 감정을 자제하지는 못하고 있다.[41] 김동리는 김동석의 글을 읽고 감정이 몹시 상했음인지, 김동석의 개인적 면모에 대해 냉소적인 비아냥거림으로 글을 시작하고 있다. 이어 그는 김동석의 "생활을 위한 문학"이 결국 빵을 위한 문학이라고 결론 내리고, "수탉이 생식을 위해 땅을 후비는 동안 앙 쪽 발톱이 발달되었"던 것처럼 김동석의 문학도 빵을 구하기 위해 손톱을 세우고, 마치 빵을 구하기 위한 손톱이 곧 문학인

40) 조연현, 「개념과 공식」, 『평화일보』, 1948.2.17~2.18; 조연현 평론집, 위의 책, 211~216면.

41) 김동리, 「생활과 문학의 핵심—김동석군의 본질에 대하여」, 『신천지』, 1948.1. 이 글은 김동리 평론집 『문학과 인간』(백민문화사, 1948)에 「毒爪문학의 본질」이란 제목으로 재수록되어 있다.

듯이 생각한다는 독설을 전개한다. 김동석의 다른 작가론들도 빵을 위해 상대방을 손톱으로 상처낸 '가십의 문학'일 따름이라면서, 정작 문학은 빵을 구하기 위한 싸움이 아니라 "사랑과 창조, 구제와 영원"을 추구해야 하는 것이라고 자기 입장을 제시한다.

김동리가 김동석의 문학을 '빵을 위한 손톱의 문학'이라고 비난하는 데에는 김동리가 지향하는 문학적 삶의 방향과 관련하여 생각해 볼 수 있다. 김동리가 정리하는 삶에는 세 부류가 있다. "첫째, 금수나 축류(畜類)가 사는 것과 같은 넓은 의미의 모든 생명현상을 통틀어 사는 것이라고 할 수 있다. 그 다음은 '직업적 삶'이다. 오늘날의 인류라는 동물이 영위하고 있는 가장 일반적인 삶의 형태다."[42] 그러나 직업적 삶에서 생의 의욕이 끝나지 않는 사람들이 세 번째 삶의 방식을 찾는데, 그것을 바로 구경적 생이라 일컫는다. 그렇다면 구경적 삶이란 무엇인가?

> 여기서(구경적 삶에서—인용자) 인류는 그가 가진 무한 무궁에의 의욕적 결실인 신명(神明)을 찾게 되는 것이다. '신명을 찾는다'는 말이 거북하면 자아 속에서 천지(天地)의 분신(分身)을 발견하려 한다고 해도 좋은 것이다.[43]

김동리는 이런 구경적 삶은 문학이나 종교나 철학 등을 함으로써 수행된다고 설명한다. 요컨대 문학 역시 구경적 삶의 형식 가운데 하나라는 것이다. 이 같은 김동리의 입장에서 볼 때 김동석의 '생활을 위한 문학'은 한낱 금수·축류에나 드는 것으로, 문학 축에도 끼지 못하는 것이 된다. 물론 김동석이 말하는 '생활'이나

---

42) 김동리, 「문학하는 것에 대한 私考」, 『백민』, 1948.3.

43) 위의 글.

김동리의 '삶의 구경적 형식'은, 삶이라는 대상을 전혀 다른 방식으로 접근하는 데서 오는 필연적 대립이었다. 그럼에도 불구하고 김동리가 생각하는 삶의 구경적 형식으로서의 문학은 김동석과의 논쟁에서 그가 도출해낸 그 나름의 문학하는 이유였다.

조연현과 김동리의 이런 주장에 대해 김동석은 아무런 반론도 발표하지 않는다. 반론을 한다고 해봤자 험악한 꼴만 더 볼 수 있을 것이란 생각을 했는지도 모른다. 반론 내용에서 보이는 분위기는 충분히 그것을 느낄 만큼 날이 서 있었던 것이다.

그러던 김동석이, 남북한으로 분단이 확정되고 자신의 입지가 점점 좁아드는 상황에서 「민족문학의 새 구상」이라는 일간지 대담에 김동리와 함께 나서는 것은 이채롭기까지 하다.[44] 순수 문제를 놓고 양자가 감정 대립까지 보였음을 상기할 때, 이들이 한자리에 앉아 대담을 나눈다는 것은 그 자체로서도 흥미로운 사건이었다.

대담은 당시 초미의 관심사였던 민족문학, 순수문학, 싸르트르로 대표되는 실존주의 문학 등을 화제로 진행된다.[45] 민족문학 수립에 대한 질문을 받고 김동리가 먼저 말을 꺼내면서 시작된 좌담에서, 그는 민족문학의 수립이 "고전으로서의 민족문학"을 통해 가능하다는 점을 역설한다. 여기에서 김동리가 말하는 고전이란

---

44) 『국제신문』, 1949.1.1. 이하 대담 인용은 모두 이 신문에 의거한 것으로 별도의 註는 생략하겠다. 참고로 이들이 대담을 한 날짜는 1948년 12월 20일이었다. 『국제신문』은 분단 이후까지 남아 있던 좌익계 신문 가운데 하나로 이 기사가 나간 지 약 두 달 후인 3월 5일에 공보처에 의해 폐간 처분을 당하고, 동시에 사회부장 金顯濟, 기자 崔起德이 구속되기까지 한다. 최준, 『新補版 한국신문사』, 일조각, 1990, 356면.

45) 당시 대표적 종합교양지 『신천지』는 3권 9호를 실존주의 특집으로 꾸미고 있다.

조선민족의 의욕과 희망을 반영하면서도 영원한 생명을 가진 문학을 지칭하는 것으로, 김동리 특유의 의미를 갖는 것이었다. 그런 문학으로 민족문학을 수립해가야 한다는 설명이었다. 그러나 김동석의 생각은 다르다. 그는 민족문학이 "형식으로서는 민족적이고 내용에 있어서는 민주주의적이 되어야 하는 것이며, 꿈이 아니라 현실에서 광명과 희망을 탐구하고 발견하는 문학이라야 한다"고 주장하는 것이다. 이렇게 김동리와 김동석은 똑같이 민족문학의 수립을 주장하지만 그 함의에 있어서는 첨예한 대립을 보이고 있다. 김동리가 '영원한 생명', 민족적 전통을 핵심으로 내건 데 비해, 김동석은 '민주주의'를 강조하였던 것이다. 김동석이 현실의 필요성에 강하게 문제의식을 갖고 있는 경우라면, 김동리는 민족적 전통과 정서를 강조하고 있는 것이었다.

논의는 이제 자연스럽게 민족문학을 구현할 방법으로 이어져, 김동석은 리얼리즘을 그 방법으로 내놓는다. 그가 말하는 리얼리즘이란 작가가 "자기 개인 속에 숨어 있던 타성을 버리고 넓고 큰 진실에 접촉"할 때 달성될 수 있는 그런 것이다. 그가 이때 말하는 '큰 진실'이란 "인민의 생활"이자 "역사의 대해(大海)"이다. 그러나 김동리가 김동석의 이 같은 리얼리즘 규정에 공감할 리가 없다. 그가 중요하게 생각하는 것은 어떤 주의가 아니라 작품 속에 생명의 창조가 있느냐 없느냐의 문제였던 것이다. 그렇다면 김동리가 반복해서 강조하는 생명이란 무엇인가? 그가 말하는 생명의 문제는 순수문학을 논하면서 본격적으로 거론되기 시작한다.

순수문학 문제를 놓고서 이들은 미묘한 감정의 대립을 보이는데,[46] 김동리가 주로 자신의 입장을 설명하는 태도에 선다면 김동석은 이를 비판하는 입장에 선다. 김동리는 진실한 문학의 기준을 언급하면서, 다시 생명의 문제를 들고 나온다. 왜냐하면 문학에서의 생명이란 보편성과 영구성을 지닌 것이기 때문이다. 보편성과 영구성을 지니므로 흔들릴 수 없는 기준이 되기도 하는 것이다. 그러나 그는 정작 생명의 정체와 기준을 묻는 사회자(신문사 측)의 질문에 대해서는 우리가 "미(美)를 완전히 분석할 수 없듯이 십분 분석하거나 증명할 수 있는 것"이 아니라는 옹색한 답변을 한다. 김동석은 이를 놓치지 않고, 설명할 수 없는 것을 가지고 어떻게 기준을 삼느냐고 반박한다. 김동리는 이에 대해

김동리—밀톤의 말과 같이 미란 우리가 분석하고 설명할 수 있는 것은 그것의 한 백분지 일쯤이야. 그러나 그 백분지 일쯤이라면 문학에 있어서의 생명이란 것의 기준도 설명하고 증명할 수 있다.

김동석—고양이나 쥐에게도 생명이 있는가? 고양이나 쥐에도 문학이 있는가?

김동리—나는 생물학적인 생명을 말하는 것은 아니다. 예술이라는 것은 생명을 갖지 않으면 안 된다는 것을 말할 뿐이다.

김동석—생명을 분석이나 설명해달라는 게 아니다. 예술작품의 가치를 판단하는 기준이 없으면 안 된다는 말이다.

김동리—그 기준이란 것을 백분지 일이라도 설명한다면 우선 우리는 '인간성'이란 것을 말할 수 있다. 왜 그러냐 하면 문학세계의 영원한 주인공은 인간이기 때문이다. 그리고 이 인간은 그 시대와 사회의 지배와 변천을 얼마

46) 한 대목만 소개하면 다음과 같다.

"**김동리**—(…전략…) 그런데 김 군은 문학보다도 정치를 먼저 하려고 해서 문학에 대한 이야기는 잘 안된단 말이야. 하……

김동석—정치를 하려고 한다니? 문학에서 정치를 피하지 않는 내가 정치를 하는지 문학에서 정치를 빼자는 동리 군이 더 정치를 하는지 나는 모르겠는데 (…후략…)"

든지 받는 동시 또 모든 시대와 사회를 초월한 보편적 요소도 가지고 있기 때문이다.

대담의 생생한 분위기를 전달하기 위해 비교적 인용을 길게 했다. 김동리는 여기에서 문학의 생명을 인간성과 등치시키고, 그것은 곧 시대와 사회의 규정을 받는 동시에 이를 초월하는 보편성을 갖는다고 설명한다. 그렇지만 김동석은 김동리의 생명론에 대해 문학의 생명을 "모든 대중이 갈망하고 욕구하는 바를 문학에서 표현"하는 것이라고 다시 규정함으로써 반박한다. 이렇게 보면 문학적 진실, 혹은 진실한 생명의 의미가 김동리에게서는 "인간성의 영원성과 보편성"으로, 김동석에게는 "대중이 갈망하고 욕구하는 바"로 서로 다르게 규정됨을 알 수 있다. 김동리는 시대와 사회를 초월하는 보편적 인간성의 내용을 여전히 설명하지 못하는 데 반해, 김동석은 대중의 갈망과 욕구가 문학에서 어떻게 시대와 사회를 초월할 수 있는지를 설명함으로써 김동리를 설득하려는 노력을 보이지 않는다.

김동리와 김동석의 근원적인 대립은 실존주의문학에 대한 평가에서도 의미심장하게 나타난다. 우선 김동석은 실존주의문학의 대표주자인 싸르트르를 놓고 "자유주의의 마지막 발악"이라고 단숨에 몰아치며, 김동리 역시 "20세기의 문학은 무력하고 빈약"할 뿐이라고 실존주의문학의 의미를 축소시키고 있다. 최소한 이 점에서 양자는 표면적으로나마 의견의 일치를 보인 셈인데, 그러나 정작 실존주의 비판의 준거점에 있어서는 중요한 견해 차이를 드러내고 있었다.

김동리—(…전략…) 우리에게는 서구사람과 같은 의미의 20세기가 아니다. 우리에게 있어서의 현대는 그 사람들의 십팔구세기와 이십세기를 합친 데다 동양이란 특이한 전통을 가지고 있다.

김동석—그것이 문제이다. 20세기 문학을 부정하는 그 이론이 대단히 중요하다. 김 군은 20세기 현재의 문학을 저조한 것으로 보는 것이 당연하다. 왜냐하면 김 군의 문학은 20세기 이전의 문학이기 때문이다. 거기서 완고한 자기를 폭로하였는데 그것은 김 군이 가지고 있는 문학이 과거에 속하는 문학이기 때문이다.

김동리—어떤 말을 하던 우선 김 군의 자유라고 해두자. 그러나 오늘날의 우리의 문학을 서구의 20세기 문학이란 개념으로 일괄하려는 자네의 그 기계주의와 공식주의란 이 경우 문자 그대로 난센스일 뿐이다.

결국 이들이 20세기의 실존주의를 거부한 것은 서로 다른 근거에서 비롯된 것이었다. 그리고 그 근거야말로 한국 근대문학을 바라보는 두 사람의 입장을 극명하게 드러낸 것이다. 똑같이 20세기를 넘어서려고 했지만 그 지향이, 한 사람은 마르크스주의를 중심으로 한 보편적 이론으로, 다른 한 사람은 서구를 온통 부정하는 동양적 세계로 나아간 것이다.

5. 순수 논쟁의 파국

이로써 우리는 부족한 대로 해방 직후 순수문학 논쟁을 일별해 보았다. 중간파의 논의가 전혀 없었던 것은 아니지만,[47] 특별히 주목할 만한 글은 찾아보기 힘들었다. 그만큼 한국 문학사에서 중간파의 위치는 취약했었다고 볼 수 있을 것이다.

글을 마치면서 필자는 논쟁을 단순한 좌우 대립으로만 치부해서는 안 된다고 생각한다. 그랬을 때 지금도 다시 좌냐, 우냐의 단순 대립만을 반복하기 쉬운 것이다. 무엇보다 김동리의 순수문학론은 김병규·김동석과의 논쟁에서 얻어진 산물이라는 것을 생각해 보아야 한다. 그는 김병규와의 논쟁에서 '제3 세계관'을, 김동석과의 논쟁에서는 '생의 구경적 형식'을 논리화시킬 수 있었다. 논쟁은 이들로 하여금 상호간에 문학적 긴장을 유지시킴으로써, 발전적으로 작용한 면도 있었던 것이다. 비록 이들이 서로 다른 정치적 지향, 대립적인 세계관에 기대고 있음으로 해서, 이들에게 섣부른 타협을 기대할 수 없는 일이었지만, 그렇다고 논쟁을 소모적인 감정 대립만으로 볼 일도 아니다. 논쟁 과정에서 볼 수 있었듯이 김동리의 순수문학론에는 김동석과 김병규의 자취가 내밀하게 담겨 있는 것이다. 결국 논쟁의 최대 수혜자는 어쩌면 김동리 자신일지도 모르고, 김동석과 김병규의 월북으로 가장 큰 피해를 본 당사자 또한 김동리일 수 있다. 남북 분단이라는 '외적 상황'으로 이들의 자유로운 토론도 더 이상 불가능하게 되었기 때문이다.

이런 점에서 이들의 논쟁을 근원적으로 불가능하게 만든 그 '외적 상황', 다시 말해 냉전체제의 형성과 남북 분단의 문제를 생각하지 않을 수 없다. 냉전과 분단은 남한 내의 자유로운 사상적 발전을 가로막아 문인들이 구속되고, 심지어는 사형까지 당하는 사

47) 홍효민, 「순수문학비판」, 『백민』, 1948.5.

태를 초래하였다.[48] 결국 순수문학 논쟁의 당사자로 마지막까지 남한에 남아 있던 김병규·김동석은 월북의 길을 택할 수밖에 없었고,[49] 이로써 논쟁은 파국 아닌 파국으로 막을 내리게 된다. 그렇지 않았더라면 김동리·조연현·김병규·김동석의 대립은 상호 문학적 긴장을 유지하게 만듦으로써 이후 한국문학의 발전에 풍성한 자양분으로 기여할 수 있었을 텐데 말이다.

---

48) 배호와 이용악이 검찰에 검거 구속된 것이 각각 1949년 5월과 8월이었고, 국문학자 김태준이 사형을 선고 받은 것도 같은 해 9월이었다. 최원식, 「이용악 연보—새자료 『좌익사건 실록』을 중심으로」, 『도곡정기호박사화갑기념논총』, 인하대 국문과, 1991; 정영진, 『문학사의 길 찾기』, 국학자료원, 1993; 박희병, 「天台山人의 국문학연구—하」, 『빈족문학사연구』 4호, 창작과비평사, 1993을 참조

49) 이들이 월북을 한 것은 아마 1949년 중반 이후부터 한국전쟁 전까지의 어느 시기였을 가능성이 크다. 한편 월북 이후 이들의 행적은 별달리 알려진 바가 없다. 다만 최근 김재용 교수의 전언에 의하면 김병규는 월북 이후 번역 활동에 종사, 『문학신문』에 그의 번역 글이 여러 편 실려 있다고 한다.

소천 이헌구론

한 외국문학 연구자의 문학적 초상

1. 비평가와 주체

한 사람의 문학평론가를 연구한다고 할 때 우리가 가장 주의 깊게 살펴보아야 할 것은 무엇일까? 그것은 아마도 작품을 분석하고 해석하는, 또는 당대 문학의 과제와 문제에 대해 발언하는 그의 관점일 것이다. 비평은 분석과 해석을 통해, 또는 이런 저런 문학적 발언을 통해 보다 직접적으로 자기를 드러내놓아야 할 경우가 많다. 이 경우 분석과 해석의 주체, 발언 주체의 관점, 그리고 그 관점을 가능케 만드는 이론적 틀이 무엇이냐가 비평가로서의 문학적 운명을 좌우하게 된다. 시인이나 소설가가 이미지와 인물, 그리고 그를 에워싼 이런 저런 문학적 장치들 속으로 자신의 모습을 감추기가 한결 쉽다는 사실을 생각해 보면 비평이란 어쩔 수 없이 자기를 전면에 드러내놓을 수밖에 없는 장르이다. 그런 점에서 비평은 시나 소설보다 상대적으로 주체의 문제가 예민하게 제기된다. 분석하고 해석하고 주장하는 주체의 입장이 일관된 합리성에 토대를 두지 않는다면 비평은 그 순간부터 파탄을 면치 못한다.

내가 이헌구의 평론에서 관심을 두고 살펴보려는 것 역시 이 문제이다. 일제강점기에 흔치 않게 일본의 정규대학을 마치고 평론 활동에 뛰어든 그는 과연 문학을 대하는 자기의 주체를 어떻게 구성시켜 갔는가? 왜 그는 외국문학연구회에 참여하여 카프의 노선과도, 민족주의 문인들의 노선과도 입장을 달리 했을 뿐만 아니라, 일제 말기에는 꽃집을 운영하며 절필, 이렇다 할 친일 행각을 남기지 않은 몇 안 되는 문인으로 기록될 수 있었던 것인가? 이런 질문은 주체 문제를 도외시하고는 해결될 수 없는 것처럼 보인다. 평론가로, 지식인으로 식민지 조선을 살아갔던 한 개인이 문학과 사회에 대해 어떻게 자신을 추슬러갔는가가 이 글의 화두인 셈이다.

2. 이헌구의 문학적 지향

소천 이헌구(1905~1983, 宵泉 李軒求)가 평론 활동에 본격적으로 뛰어든 것은 일본의 와세다 대학 불문과를 졸업하고 난 뒤인 1931년이었다. 『동아일보』지상에 「사회학적 예술비평의 발전」과 「18세기 불란서의 계몽운동」을 잇달아 발표했던 것이 이때였던 것이다. 학부 졸업논문을 요약한 이 글에서 그가 역점을 두었던 것은 문학과 사회의 관련성인데, 「18세기 불란서의 계몽운동」은 프랑스 문학이 어떻게 봉건의 탯줄을 끊고 근대문학으로 전진해 갔는가를 강한 역사주의적 관점에서 설명한 글이다. 특히 중세 봉건으로부터 근대 자본주의로의 이행을 맑시즘적 역사관에 의거해 설명하고 있는 점이 이채롭다.

이 두 편의 글을 통해 우리는 평론가로서 이헌구의 지향을 어느 정도 짐작해 볼 수 있다. 우선 그가 외국문학을 전공한 학자라는 점이다. 이것은 그가 자기의 교양적 토대를 외국문학, 구체적으로는 프랑스문학에 두고 있다는 점과 연결된다. 이 경우 우리가 쉽게 생각해 볼 수 있는 이헌구 비평의 방향은 프랑스 문학을 조선문단에 소개하는 일일 것이다. 그는 이미 와세다 대학 재학시절 김진섭·이하윤·정인섭 등과 함께 외국문학연구회 조직 및 활동에 참여한 바가 있다. 외국문학연구회는 주지하다시피 외국의 우수한 문학적 성과를 조선에 보급하자는 목적으로 일본 유학생을 중심으로 조직된 일종의 아마추어적 연구 단체였다.[1] 따라서 이헌구가 귀국하고 난 뒤 프랑스 문학을 조선에 소개하고 있다는 것은 이런 전력에 비추어보아서도 자연스런 귀결이라고 할 수 있다. 그는 프랑스문학을 조선에 소개함으로써 비평가로서 자신의 위치를 닦아 나갔던 것이다. 게다가 외국문학을 제대로 전공한 사람이 드물었던 당시 현실에 비추어본다면 이 같은 출발은 어쩌면 당연한 일이

1) 이에 대해서는 김윤식, 『한국근대문예비평사연구』, 일지사, 1976을 참조

었을 것이다.

또 하나, 이 점이 한결 문제적인데, 그가 불문학을 이해하는 관점이 다분히 맑시즘에 기울어 있었다는 점이다. 그는 외국문학연구회의 후신으로 1929년경 이홍종・김삼규・함대훈・이동석・김광섭 등과 함께 신흥과학연구회를 조직했는데,[2] 이 단체의 성격이 시사하는 바가 크다. 맑시즘의 관점에서 문예이론을 연구했다는 당시 김광섭의 언급을 존중한다면 이헌구의 이 시기 문학관 역시 이와 관련이 깊다고 파악되기 때문이다. 실제 그의 학위논문이 에밀 졸라의 『제르미날』 연구라는 것이나,[3] 1931년 『동아일보』에 발표된 글들의 성격이나, 모두 이런 판단이 근거가 없는 점이 아니라는 사실을 입증한다. 『제르미날』은 졸라 작품 가운데에서도 사회주의적 성향이 가장 강한 작품이고, 그가 발표한 「18세기 불란서의 계몽운동」은 프랑스 계몽운동의 계급적 한계를 설명한 글이기 때문이다.

물론 당시 시대적 분위기나 지식인들의 추세를 감안한다면 이

---

2) 신흥과학연구회라는 조직에 대해서는 조금 더 면밀한 조사가 필요하다. 이헌구 자신은 『사상계』 1966년 10월호 소재, 「散珠片片－나의 문단회고록」에서 마치 해외문학파의 후신인 것처럼 신흥문학연구회를 결성했다고 회고하나, 회원의 한 사람이었던 김광섭은 『삼천리문학』 1938년 4월호 소재, 「이헌구와 그 예술성」에서 신흥과학연구회를 결성했다고 밝히고 있다. '신흥문학연구회'와 '신흥과학연구회'는 그 명칭이 주는 어감상 상당한 거리감이 있는데, 그 당시 일반적인 정서에서 '신흥과학'이라 함은 대개 맑시즘을 가리키는 것이었고, 김광섭도 "신흥과학연구회의 회원으로 신흥과학적 입장에서 문예이론의 시스템을 담뤄가지고 나온 그는 마땅히 사회주의 문예 비평가가 환영하였을 것이다"라고 적고 있다.

3) 김경원, 「민족문학의 정립을 위한 외국 문학의 수용 문제－이헌구론」, 『한국현대비평가 연구』(김윤식 외), 강, 1996 참조.

헌구가 맑시즘에 경도되었다는 것을 두고 특별한 의미를 부여하기는 어려울지도 모를 일이다. 당시 지적(知的) 분위기에서 지식인이라면 맑스의 저작 한두 권 정도 읽는 것이란 특별할 게 없는 일이었다. 실제로 이후의 이헌구 평론을 보면 그가 정말 맑시즘을 자신의 이론적 토대로 삼았다고 판단하기 힘들다. 그렇지만 한 가지 분명한 것은 그의 이런 문학관으로 미루어 볼 때 그가 이광수·김동인류의 민족주의 문학인 계열에 속하는 것으로는 보기 힘들다는 점이다. 당시 문단은 크게 카프를 중심으로 한 좌파 문인들과 이광수·김동인·박종화 등 선배 문인들을 중심으로 한 우파 문인들로 나뉘어 있었는데, 이헌구의 이 같은 문학적 지향은 오히려 친카프 성향이라고도 볼 수 있는 것이다.

그런 점에서 이헌구가 카프의 중심 멤버 임화와 벌인 논쟁은 특별히 주목할 만하다. 세칭 해외문학파 논쟁이라 불리는 이 논의에서 이헌구는 비평가로서 자신의 위치를 조선문단에 뚜렷하게 각인시킨다.[4] 게다가 이 논쟁은 비평가로서 이헌구의 문학적 운명을 갈라놓는 분수령이 된다. 해외문학을 소개·번역·보급하는 것에서 스스로의 문학적 좌표를 찾았던 평론가, 문학의 사회적 역할과 의미를 뚜렷이 자각하고 있던 평론가에게 카프와, 그것도 해외문학의 소개를 놓고 벌인 논쟁은 그 의미가 각별하지 않을 수 없었던 것이다. 송영·임화 등 소위 해외문학파가 '소부르적 그룹'으로 프로문학의 적이라고 공격하는 것에 대해 반론 형식으로 쓴 글 「해외문학과 조선에 있어서 해외문학인의 임무와 장래」에서[5] 이헌구는 자신

4) 이에 대해서는 김영민, 『한국문학비평논쟁사』, 한길사, 1992, 435~457면을 참조
5) 『조선일보』, 1932.1.1~13. 이 글은 이헌구 평론집, 『摸索의 道程』(정음사, 1965)

의 당시 문학관을 압축시켜 드러낸다. 이 글의 논지는 크게 두 가지로 요약되는 데 우선 첫째는 해외문학파가 결코 '소부르적'이거나 '예술파'가 아니라는 것, 따라서 비판보다는 동반자적 입장을 추구하는 것이 필요하다는 것, 둘째는 그 연장선상에서 해외문학을 소개하는 입장이 단순한 언어유희가 아니라 "오인(吾人)의 생활하는 사회와 관련시키는 사회학적 입장을 필요로 한다는 것"이다.

> 따라서 외국문예조류의 그대로의 소개가 아니요, 반드시 그 이면과 그 중심에는 조선이라는 객체(客體)를 두어 가지고 조선에 필요한 문학으로부터 시작하지 않으면 안 된다. 그러한 조선과 깊은 인과를 맺을 수 있는 외국문학이란 무엇일까? 그는 갱론(更論)할 것도 없이 가능한 한도에서 외국문예의 새로운 위대한 발전과 인간으로서의 고민과 투쟁과 건설의 굽이치는 경로를 여실히 소개 번역하는 데 있을 것이다.[6]

이 같은 이헌구의 주장은 외국문학이 어떻게 조선사회에 수용되어야 하는 문제와 관련하여 매우 중요한 방향을 제시한 것으로 보인다. 그는 문학을 이념 위주로 이해하는 편협한 자세에서 벗어나 문학의 대사회적 관련성과 책임을 생각하고 있었던 것이다. 그러나 이헌구의 글에 대해 임화가 철우(鐵友)라는 필명으로 다시 '타도 해외문학광(狂) 일파!'를 외치며 공격에 나섬으로써 논쟁은 생산적인 결과를 낳는데 실패한다. 이헌구도 이후 몇 편의 글을 더 발표하나 진전된 입장을 보이지는 않는다. 그러나 논쟁에서 보여준 이

에 「외국문학과 조선문단」이라는 제목으로 실려 있다. 필자가 참조한 것도 이 책이다.

6) 이헌구, 「해외문학과 조선에 있어서 해외문학인의 임무와 장래」, 위의 평론집, 109면.

헌구의 태도는 존중되어 마땅하다. 해외문학을 어떻게 조선 현실에 수용할 것인가에 대한 그의 견해와 카프에 대한 애정어린 비판의 자세는 당대 카프 논자들처럼 간단하게 무시하거나 무조건 공격의 대상으로 치부할 것이 절대 아니다. 그렇지만 이런 이헌구의 견해는 카프 논자들에 의해 무참하게 배격당한다. 당시 카프는 소장파들이 주축이 되어 볼셰비키적 방향전환을 단행하고 한참 극좌적 노선으로 치달을 때였다. 이헌구의 입론이란 당시 그들의 입장에서 보자면 소시민의 예술지향주의와 크게 달라 보이지 않았던 것이다.

이렇게 보면 해외문학파 논쟁은 식민지 조선에서 외국문학 소개가 갖는 한계와 의미를 되새기게 만든 사건이었고 해외문학파라는 존재의 취약성을 드러낸 일화였다. 그들의 주장 자체는 차치하고서라도 과연 외국문학을 조선에 소개한다는 명분만으로 문학 활동을 지속해 나가는 것이 과연 의미 있는 일인가가 회의적이었던 것이다. 문학 활동을 지속할 수 있다는 것, 글쓰기를 자기 삶의 방식으로 삼는다는 것은 한 개인이 사회 속에서 자기의 주체를 세워나간다는 것과 통할 터인데, 외국문학을 식민지 조선에 소개한다는 것은 그것이 상당한 정도의 실력과 사회적 여건이 뒷받침되지 못한다면 지속되기 어려운 과제였던 때문이다. 실제로 해외문학파에 속했던 대부분의 문인들은 이후 자기 정체성을 찾지 못하고 문단의 주변과 저널리즘으로 나아가는 형국을 보인다는 점에서 자신들의 입지가 얼마나 취약한지 스스로 반증하고 있다. 외국문학의 소개와 번역에서 자기의 좌표를 찾으려한 이들이 정작 자기의 본업이라고 할 수 있는 외국문학 소개에서 진경을 보이지 못했을 때, 그리고 그것이 뿌리내릴 토양이 식민지 조선문단에서는 취약하기 이를 데 없었을 때 빚어진 사정이었다.[7)]

이헌구 개인으로서도 이 점은 크게 다르지 않다. 비록 그 스스로 "나 자신 당시 해외문학파의 문학적 성분(成分)에 대하여 일종의 불만과 반발도 갖고 있었던 것이다. 즉 일부 멤버의 지나친 자존망대(自尊妄大)와 때로는 언어유희로 자기를 호도하려는 태도에는 불만이 있어서 그러한 글을 썼던 것이"라고 말하고 있지만,[8)] 그 역시 이 논쟁 이후에는 이렇다 할 비평적 면모를 보여주지 못한다. 실제 이헌구도 논쟁 당시 자신이 밝혔던 입장에 따라 프랑스 문학을 적극적으로 소개, 조선문단에 적용시키는 영역에서도 자기를 세워가지 못한다.

그 대신 그는 극예술연구회 활동이나 영화평 등, 어찌 보면 당시로서는 문단의 주변이라 할 수 있는 영역으로 흘러간다. 그가 해방 전까지 썼던 글들을 죽 일별하다 보면 문화 일반의 다양한 영역까지 그의 관심이 고루 미치고 있음을 발견하게 되는데[9)] 이 점은 역설적으로 그가 어느 한 영역에서도 자기 나름의 고유한 문학적 입장을 세우지 못했다는 사실로도 해석될 수 있는 것이다. 예컨대 1930년대 후반 국내에서도 프랑스의 앙드레 지드 등이 주도한 문화옹호 국제작가회의 등의 영향으로 휴머니즘·행동주의·지성론 등과 같은 논의가 분분할 때조차도 그는 프랑스 문학을 전공한

---

7) 이에 대해서는 김윤식, 앞의 책과 같은 필자의 『한국근대작가론고』(일지사, 1974)에 실린 「문화와 비평—이헌구론」을 참조.

8) 이헌구, 「散珠片片」, 『사상계』, 1966.10, 268면.

9) 이헌구의 평론은 『문화와 자유』(삼화출판사, 1952), 『모색의 도정』(정음사, 1965)에 대부분 실려 있다.

학자였음에도 불구하고 프랑스 쪽 논의를 날 것 그대로 소개하는 차원 이상으로는 나아가지 못한다. 그의 전공이 유감 없이 발휘될 수 있을 때조차 그는 별다른 목소리를 내지 않았던 것이다. 최재서나 김기림 · 이원조 등이 모두 외국문학을 전공했으면서도 그런 외국문학의 소양에 힘입어 모랄론이나 모더니즘론 · 교양론 등으로 창조적 이론을 전개, 평론가로서의 주체를 세워간 점과 비교한다면 이것은 분명 범상치 않은 일이다. 평론가 이헌구의 존재를 가능하도록 만든 자기 나름의 이론적 모색, 작품을 어떤 체계로라도 분석하고 해석하고자 하는 의지, 조선의 문학과 조선의 현실에 대한 지성적 개입 등, 문학평론가로서 그만의 일관된 고민이 그의 비평에서는 보이지 않는 것이다.

3. 국외자의 초상

그렇다면 이 같은 이헌구의 평론을 어떻게 이해해야 할까. 왜 그는 자신의 좌표를 평론에서 찾지 못하고 말았는가. 이를 두고 외국문학 연구자로서 자기의 좌표를 해외문학의 수용과 번역, 보급에서 찾았던, 그리고 그런 전망이 카프와의 논쟁을 통해 상처받은 1세대 외국문학 연구자들의 초상이었다고 생각해 볼 수도 있을 것이다. 민족주의 문학인들은 말할 것도 없고, 카프 측에도 참여할 수 없었던 존재, 그러면서도 문학을 향한 자기의 주체적 입장을 외국문학의 소개에서밖에 찾을 수 없었던 존재의 문학적 운명이 그들이라고 볼 수는 없을까. 게다가 그는 조선의 문단과 대중들에 대한 문화적 회의를 지우지 못하고 있었다.

> 거리를 한참 걸었다. 돌아오는 길 부민관을 들여다보고 저기 전개된 무력한 민족의 얼굴을 보고 나는 더욱 기운을 상실했다. 대체 이 민중이 요구하는 바 오락은 무엇이고, 또 우리가 민중을 끄을 수 있는 오락은 무엇인가?
> 눈물을 흘리게 하는 것, 정열을 폭발시키는 것 …… 新劇! 그 이해자란 경성에서 천명 이상으로 헤기 어렵다. 그 나머지 민중은 무엇을 보려고 하는가? 新派! 알기 쉽고 울 수 있는 그런 감상성에 젖어있고 게다가 우리가 그들을 끄을 수 있는 무엇을 가지고 있는가를 반성하라![10)]

그래서 그가 비교적 일관되게 주장한 것은 일종의 계몽운동이었는데, 그 요체는 서구의 선진적인 문학적 산물이나 고전을 대중과 문단에 보급하는 것이었다. 유치진과 더불어 일찌감치 극예술연구회 조직에 나선 것도 그런 문제의식의 소산이었다. 그런데 그 같은 활동의 배경에는 사실 조선의 민중과 문단에 대한 자기 나름의 판단이 있었기 때문이다. 조선은 문화 후진국이라는 자의식이 프랑스 문학을 전공했던 이 평론가의 머리로부터 한시도 떠나지 않았던 것이다. 그래서 그는 종종 조선에는 문학은 없고 저널리즘만 있을 뿐이라고 말하기도 했던 것이다. 그리고 이런 자세는 역으로 그의 문학적 지향이 조선에 있기보다는 프랑스를 중심으로 한 서구에 가 있었다는 사실과 통한다. 그가 "정말 조선 작가가 인간으로 양심이 있거든, 또 그에게 문학에 대한 부단의 순정한

---

10) 이헌구, 「일기(1)」(1938.12.8), 『자유문학』, 1958.12, 122면.

야심이 있거든, 모름지기 외국작가를 모방하라"고[11] 외친 것도 그의 문학적 지향, 문학적 이상을 서구의 문화 선진국에서만 찾은 때문이었다. 그러나 정작 문제는 이헌구에게 단순한 모방과 계몽을 빼고는, 서구의 문화적 교양과 식민지 조선의 문화를 연결시킬 고리가 없었다는 데 있었다.

그리하여 그의 강렬한 서구 지향은 조선에서 벌어진 다양한 비평적 논의에 대해 시큰둥한 자세로 일관하게 만들었다. 1930년대 후반 한참 유행했던 휴머니즘 논쟁이나 지성론에 대해서도 그는 논의 자체를 그다지 신통하게 여기지 않고 있었다. 그의 눈에는 그런 논의들조차 서구의 논의를, 아니 서구를 베낀 일본의 것을 그대로 베끼고 있는 것으로 보였던 것이다. 휴머니즘 논의의 원조, 프랑스 지성계의 동향이 이 불문학 전공자에게는 너무나 빤히 눈에 들어와 있었다. 그러다 보니 그에게 휴머니즘이니 행동주의니 라며 떠드는 조선의 평론가들이란 멋모르고 제 잘난 맛에 사는 존재로밖에 보이지 않았을 것이다. 결국 그가 조선의 평론계나 문단을 바라보는 시각은 그래서 매우 자조적이다.

> 에세이스트 김진섭 씨가 언젠가 '조선문단은 일본문단의 독자층밖에 안 된다'는 신랄한 직언을 던져 스스로 이 말을 감수(甘受)하기에 너무도 미천하고도 불행한 자신에 대하여 고소(苦笑)하여 왔던 우리들이다.[12]
>
> 사실 이 땅의 문단에 있어서 이데올로기의 척도를 활용할 도량과 대담성을 가지거나, 또는 일본 문단에서 발행되는 몇 권의 잡지나 신문을 읽는 공리적 성력만 있다면, 과히 궁하지 않을 정도의 문인 행세쯤은 넉넉히 할 수

---

11) 이헌구, 「조선문학은 어디로」, 『동아일보』(1934.1.1~12); 『모색의 도정』, 13면.
12) 이헌구, 「행동정신의 탐조」, 『조선일보』(1935.4.9~12); 『모색의 도정』, 53면.

있을 법도 하다.[13]

이헌구에게 이 같은 조선의 문단에서 글을 쓰는 일이란 따라서 대수로운 일이 아니었다. 그에게는 글 쓰는 일이 어떤 정신을 지켜나가는 고고한 행위도, 사회를 변혁시키는 실천적 행위일 수도 없었다. 외국의 고전을 섭렵한 그에게 식민지 조선의 문단이란 심하게 말해서 일본 문단의 아류에 지나지 않았다. 물론 그의 이런 태도는 비평계에서 소외된 스스로를 자위하려는 생각으로부터 나온 것이기도 하다. 스스로는 상당한 자격을 갖췄다고 생각하는데 그것을 인정받지 못하는 데에서 오는 자격지심이 이런 방식으로 표출되는 것일 수도 있는 것이다.

따라서 그는 해외문학파 논쟁 이후로는 평론계의 다양한 논의들에 대해 국외자로 남는다. 그가 쓴 글들은 대개 평론계의 논의를 개괄하는 것이거나, 외국문학을 소개하는 글들, 아니면 연극과 영화에 대한 단평들, 그리고 수필이었다. 결국 그는 어디에서도 자기 삶의 방향을 찾지 못한다. 직장에서도, 문학에서도, 사랑에서도 그를 구원해줄 것은 아무것도 없다고 느끼며 스스로 좌절하고 절망한다.[14] 그는 일상적 생활인으로 삶에 무력해하기도 하기도 하

13) 이헌구, 「비평인의 졸변」, 『조광』, 1937.7; 『모색의 노정』, 117면.

14) 이헌구의 일기에서는 이런 그의 개인적 고뇌와 열망 좌절 등을 가감 없이 접할 수 있다. 다음의 일기 한 대목은 그의 이런 심사가 잘 나타나 있는 것 중의 하나이다.

"생각하면 나는 생과 문학 이 두 가지에 있어서 어디에나 충실치 못했으나 前者에 대한 추상적 비현실적 상념 때문에 後者에 정력을 쏟지 못했다고 볼 수밖에 없다. 내 자신의 문학적 소질이라는 것을 의심하거니와 나는 너무나 문학의 주위에서 산만하게 살아왔다는 것도 내 성격의 소치였다. 순수한 감정에 살려하면서 순수한 문학의 길에 서지 못한 내 자신을 다시 또 뉘우쳐본다. 저녁밥을

며 사랑을 동경하기도 한다. 30이 훨씬 넘은 나이임에도 그는 아직 가정을 꾸리지 못하고 있었다. 가끔 낭만적 삶을 꿈꾸기도 하지만 그것은 삶의 좌표를 상실했다는 반증일 따름이다.

그는 결론적으로 직업적 평론가라는 자의식이 없었다. 국외자일 따름이고, 여기(餘技)로 평론을 하는 것일 뿐이었다. 그런 그가 비평의 문제에 대해 심각히 고민할 리는 없었고, 비평가로서 자기의 주체를 비평의 이론적 틀 안에서 세워나가지 않았던 것은 당연한 일이었다. 그는 비평가이기 이전에 넓은 의미의 문화인, 그리고 신문사에 종사하는 한 생활인이었던 것이다.[15]

그렇지만 아이러니컬하게도 그의 이런 면모는 그로 하여금 친일의 길에 적극 나서는 데에 방패막이 구실을 한다. 그는 일제의 친일 정책에 적극적으로 부응하지 않은 실제로 몇 안 되는 문학인 가운데 하나였던 것이다. 국외자의 입장에서 보자면, 혹은 생활인의 논리로 보자면 친일의 문제, 대동아 공영권의 논리는 사실 부차적일 수밖에 없는 것이다. 당장의 일상적 삶의 문제가 눈앞에 있는 까닭이다. 생활인 이헌구에게 일상의 삶과 문학의 문제는 다른 차원의 것이었고, 따라서 대동아 공영권의 논리 역시도 그에게는 고민의 대상이 아니었다.[16] 그가 일제 말기에 꽃집을 차려 생

먹고 담배 한 개를 태이고 곤하여 그대로 쓰러져 잤다. 깨니 열시. 책상 앞에 무료히 앉아 잡념에 …… 인제 새로운 생의 출현을 시작해볼까? 하는 …… 마음은 부절히 시를 구한다. 그러나 나는 무엇을 써야 할지를 모르겠다. 평생 한 편의 시도 못 쓰고 …….”(1939년 11월 17일자 일기; 『자유문학』, 1959.1, 229면)

15) 이헌구는 1958년 12월부터 『자유문학』에 연재된 그의 일기(1938년부터 1943년까지)에 따르면, 언제부터였는지, 어떤 직책이었는지는 정확히 알 수 없으나, 일기가 연재된 1938년부터 1940년 8월 『조선일보』 폐간 당시까지 조선일보사에 근무하고 있었음을 알 수 있다.

활인의 모습에 전념하는 것 역시 그였기에 가능한 일이었다. 그에게 글쓰기는 자기의 주체를 유지하는 삶의 논리가 아니었던 까닭이다. 그런 점에서 해방 직후 자기를 비판하는 임화의 목소리는 이헌구의 삶의 자세와 견주어 시사적이다.

> 그런데 자기비판의 근거를 어디 두어야 하겠느냐 할 때 나는 이렇게 생각합니다. 물론 그럴 리도 없고 사실 그렇지도 않았지만 이것은 단순히 예를 들어 말하는 것인데, 가령 이번 태평양전쟁에 만일 일본이 지지 않고 승리를 한다, 이렇게 생각해 볼 순간에 우리는 무엇을 생각했고 어떻게 살아가려고 생각했느냐고. 나는 이것이 자기비판의 근원이 되어야 한다고 생각합니다. 이때 만일 내가 일개의 초부로 평생을 두메에 묻혀 끝막자는 것이 한줄기 양심이었다면 이 순간에 내 마음 속 어느 한 구텅이에 강력히 숨어있는 생명욕이 승리한 일본과 타협하고 싶지 않았던가?[17]

임화가 말한 이런 가정이 가능한 것이라면 아마도 이헌구는 평생을 두메에 묻혀 자기의 삶을 끝맺을 수도 있었으리라. 이 점이 임화와 이헌구의 차이점일 것이다.

---

16) 그런 점에서 일제 당국이 그에게 압박을 가하는 정도 역시 활발하게 활동했던 문인과 비교했을 때 그렇게 크지 않았을 거라는 추측도 가능하다.

17) 이태준 · 이원조 외 6인, 「문학자의 자기비판」, 『중성』 창간호, 1946.2; 김윤식 편, 『원본 한국현실주의비평선집』, 나남, 1989, 68면.

4. 광복과 문단

1945년 8월 15일의 광복은 그를 다시 문단으로 끌어냈다. 꽃집도 그만두고 고향에 내려가 있던 그는 다시 서울로 올라온다. 그가 서울에 와서 한 일은 좌익문인단체인 '조선문화건설중앙협의회', '프롤레타리아 문학동맹', 그리고 이들의 통합단체인 '조선문학가동맹'에 맞서 우익 문인들의 모임인 '중앙문화협회', '전조선문필가협회' 결성에 주도적으로 참여한 일이다. 이외에 『민중일보』 사장 겸 편집국장을 지내며 언론 활동에도 참여하고, 1949년에는 관계에 뛰어들어 공보처 차장을 지내기도 한다.

그렇다면 무엇이 그를 이토록 정치적인 장에 나서게 만들었는가? 우선은 임화를 중심으로 한 좌파 문인들에 대한 비원(悲怨)이 크게 작용했을 것이다. 특히 보성중학 후배인 임화에게 그가 느끼고 있던 감정은 이념을 넘어선 차원이었다. 이미 해외문학파 논쟁에서부터 시작된 이런 감정의 앙금은 일제 말기에는 더욱 심각한 정도였다. 술을 마시다가도 그와 만나면 파흥(破興)이 된다고 말할 지경이었다. 그리하여 좌파 문인들이 문단의 패권을 쥐게 되는 것에 대한 경계심이 그를 우익 문인들의 조직 건설에 적극적으로 나아가도록 재촉했을 것이다. 그 다음 문화 다방면에 관심을 갖고 있던 그로서는 새로운 국가를 건설하는 과정에서 자기 나름의 문화 정책을 펴고 싶은 강렬한 욕망을 가졌던 것이 아닌가 생각된다. 실제 그는 해방 직후 문화 정책에 대한 글들을 상대적으로 많이 발표하기도 했다.

그렇긴 하지만 그는 식민지시대와 다름없이 문단 내의 이런 저런 이론적 논쟁에는 끼어들지 않는다. 우익 측 문인단체 조직에 주도적으로 나섰으면서도 김동리·조연현처럼 좌파 문인들과 논쟁에 적극적으로 나선 것도 아니며, 그의 절친한 벗 김광섭처럼 민족문학의 이념 정립에 나서지도 않는다. 그는 문인들을 조직, 문화단체의 일을 추진하거나 문화 정책에 관여하는 일을 빼고서는 정작 현장 평론에서는 특별한 활동을 보이지 않는 것이다. 그는 여전히 국외자, 조언자의 역할에만 머물고 있다는 느낌을 지울 수 없다. 물론 문단의 조직에 관여하는 일 자체도 그의 성향과는 맞지 않는 일이었다. 어쩌면 그것은 해방과 좌우 대립이라는 상황이 불러온 외도(外道)와도 비슷한 일이었다. 그가 김동리·조연현·서정주 중심의 '문총'과 같은 보수적 문단 활동보다는 김광섭이 주도한 자유문학가협회에 가담, 문학의 대사회적 책임에 의미를 두는 행동을 보인 것도 식민지시대부터 일관된 그의 문학관에서 비롯된 것일 터이다. 물론 그 스스로의 문학관을 비평가로서 적극 실천한 것은 아니지만 말이다.

전쟁 이후 그는 1954년부터 이화여대 문리대 교수를 지내며 문단 활동보다는 후진 양성에 힘을 쓰게 된다. 불문학을 전공한 학자로 어쩌면 그가 그토록 고대했을지도 모르는 일을 50이 다 된 나이에 비로소 시작할 수 있었던 것이다. 1970년 이화여대를 정년퇴임하고 1983년 삶을 마감했을 때 그의 나이는 78세였다.